I Love You Madly

Marie-Antoinette & Count Fersen:

The Secret Letters

Evelyn Farr

マリー・アントワネットの暗号

解読されたフェルセン伯爵との往復書簡

エヴリン・ファー 著

ダコスタ吉村花子 訳

河出書房新社

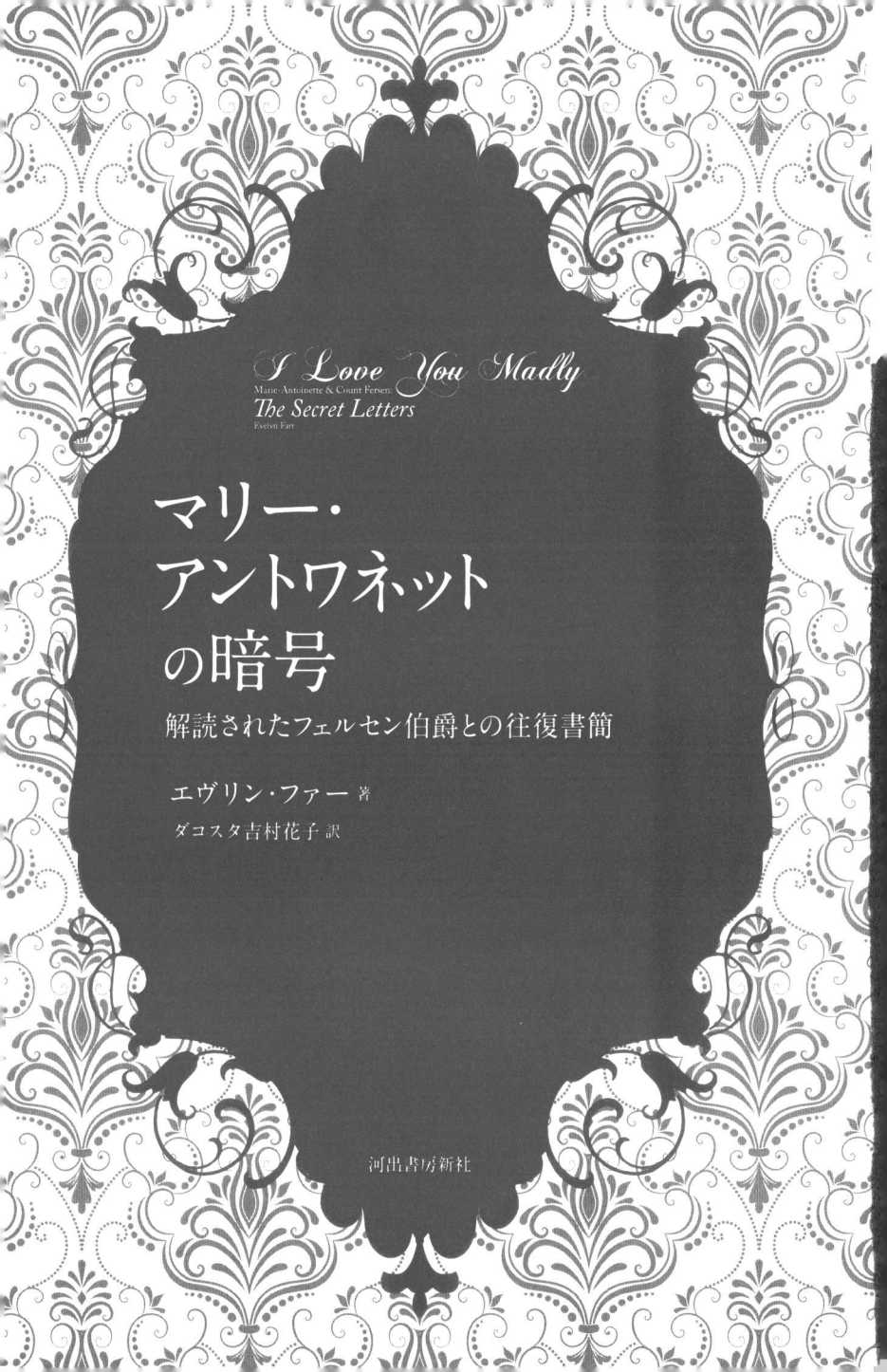

マリー・アントワネットの暗号
解読されたフェルセン伯爵との往復書簡

目次

第四章

マリー・アントワネットの暗号

解読されたフェルセン伯爵との往復書簡

友人たちへ

「大切な優しい方、気も狂わんばかりにあなたを愛していること、
そしてほんの一瞬たりともあなたを愛さずにはいられないことを記して、
筆を置きます」

マリー・アントワネットからフェルセンへ宛てた手紙
一七九二年一月四日

「さようなら、優しい方。気も狂わんばかりにあなたを愛し、
そして命尽きるまで愛し続けます」

フェルセンからマリー・アントワネットへ宛てた手紙
一七九一年一〇月二九日

凡例（訳者より）

○原注は（　）で番号を付し、訳注は本文中に［　］で示されている。

○書簡本文で（本文中に挿入された書簡も含む）、〈　〉で示されている箇所は筆者による補足、《　》で示されている箇所は訳者による補足である。原注に訳者による説明が付されている場合も、《　》で示してある。本文中の筆者による〈　〉はママとしている。

○書簡本文で傍線、下線の箇所は、書簡原本に下線が引かれていたことを示す。ただし本書中では読みやすさを重視したため、本書中欧文以外の箇所は傍線に置き換えた。

○主要人物の紹介は、第一章以降で本文初出時に記載されている。

○「書簡1」のように指示されている場合、フェルセンの付した書簡番号ではなく、本書での書簡番号である。例えば「書簡20」は、フェルセンからアントワネットへ宛てた一七九一年一〇月二九日付の書簡である。

○書簡において頻出する以下の呼び方は、次の人物を指す。
女帝：ロシアのエカチェリーナ二世　皇帝：神聖ローマ皇帝
ググ：グジュノ　ゴグ：ゴグラ

○初公表箇所についての凡例は、第三章冒頭を参照のこと。

序文

マリー・アントワネットとフェルセンの往復書簡を完全な形で刊行しようと準備していた筆者は、あるときフランス国立中央文書館や、スウェーデン国立文書館に保管されている書簡の高画質複製を閲覧する機会を得た。すると、従来のマイクロフィルムでは判読できなかった塗りつぶし箇所が、コンピュータの画面に映されたとたん、鮮やかに目に飛び込んできた。こうしてフェルセンと王妃の間で交わされた手紙のなかで判読できなかった箇所のうち、かなりの部分を読み取ることが可能となったのである。

一九世紀以降、フェルセン側の資料が破棄され、四散したため、今日《こんにち》では王妃と交わされた往復書簡の規模を正確に推し量ることは難しい。だが国立文書館に保管されている書簡が、全体のごくわずか一部にしか過ぎないことに異論の余地はない。書簡の改竄《かいざん》を試みた最初の者は、フェルセン本人である。彼自身が削除した箇所や、一部の手紙の下書きからすると、彼は当たり障りのない部分を利用して、フランス革命についての回想録の執筆を考えていたと思われる。王妃処刑後の一七九三年一〇月三〇日に、友人タウベ男爵に宛てた手紙にも、その意図が記されている。

「このおぞましい出来事を前にして、一七八〇年から綴ってきた手記を失ったことが、一層悔やまれます。毎日記していた手記でしたが、一七九一年にパリをあとにしたときに置いてきてしまいました。パリを脱出した当時、(1)この手記を持っていくことをためらい、人に預けたのですが、押収されることを恐れたその方は手記を燃やしたのです。手記のなかには、国王や王妃の実像を知らしめ、当時のことを歴史として記録するための貴重な事柄が記されていました。私は記憶力が悪く、自分自身でも何をしたのか覚えていないのですから、なおさら悔やまれます。手記が残っていれば、王妃がいかに不幸でいらしたか、ご自分の不遇をいかに正確に見極めておられたか、その不遇にどれほど心を痛めておられたかが明らかになったことでしょう。そして王妃が目標とし、実践していらした義の信念を通じて、気高い魂とは人を赦し、不正よりもさらに高みに身を置くことができるのだと、世に知らしめたことでしょう[2]」

手記をなくしたフェルセンは、執筆予定だった「当時の歴史」のために、手元に残っている王妃との書簡をまとめたが、自身で手紙の原本を破棄したとは考えづらい。アントワネットの処刑後、妹に宛ててこう書いているほどだ。「パリで彼女《アントワネット》に関するあらゆるものを購入するよう手配しました。私の所有している、彼女に関するあらゆるものは、私にとって神聖なのです。こうした思い出の品は、尽きることのない崇拝の念を、私の内に引き起こすのです[3]」。フェルセンは手紙の原本と、きわめて個人的な箇所を削除した写しの両方を保管していたと考えられる。執筆計画は実現されることなく、フェルセンは一八一〇年に惨殺されたが、彼の所有していた資料の大部分が紛失したのは、その衝撃的な死と関係している。

フェルセンと妹ソフィー・ピパー伯爵夫人は、スウェーデン王太子を毒殺したかどで告発されていた。実際には王太子の死因は脳卒中で、フェルセン兄妹は無実だったのだが、王太子の葬儀がおこなわれた一八一〇年六月二〇日、フェルセンはストックホルム中心街で民衆に虐殺された。これにはスウェーデン政府も加担していた。妹ソフィーは逮捕され、ヴァックスホルム要塞に送られた。結局、兄妹の冤罪は晴れたが、すでにフェルセンは故人となっていた。かつてのスウェーデン国王グスタフ三世の弟、すなわちカール一三世［後述のセーデルマンランド公爵。］の怨恨の犠牲となったのである。生前、フェルセンとカール一三世は、政治的意見の不一致ゆえにつねに緊張関係にあった。加えて、カール一三世の妻はフェルセンにひとかたならぬ思い入れがあったため、対立はさらに深まった。

　ソフィーは、愛する兄の葬儀さえ挙げられなかった。諸事の処理をしたのは、フェルセンの弟ファビアンで、フェルセン所有の文書類は、「犯罪」捜査の一環として当局の検査を受けたのち、ファビアンの手元に送られてきた。ソフィーはファビアンへ宛てた手紙の中で、フェルセン所有の王妃ゆかりの品々や往復書簡のすべてを送ってくれるよう依頼している。それに対しファビアンは、「親愛なるお姉さま、ニブロムが包みをひとつお持ちいたします。このなかには、亡きアクセルがフランスと交わしていた書簡が入っています。こちらで見つけた書類はこれがすべてです。ほかの手紙はすべて、ラシュタット会議［一七九七―九九年にかけて開かれた多国間和平会議。フェルセンが議長を務めた。］や、大臣として国王に仕えていた時代の外交関係のものです[4]」と回答している。

　だがファビアンがソフィーに渡した書簡は、ほんの一部に過ぎなかった。アントワネットとバルナーヴの往復書簡や、王妃がフェルセンに託した政治関係の文書は、今日ピパー家に保管されており、ファビアンからソフィーへ渡ったものと思われる。しかしフェルセンとアントワネットの往復書簡は、ソフィーへ送られることはなかった。二人の関係を知り尽くしていたソフィーは、こうした書簡をこそ期待していたはずである。ファビアンは兄フェルセンが所有していた文書類の行方について、さらにこのように述べている。

「書類入れの件ですが（中略）、その他の書類入れ同様、秘密の錠など存在しません。どの錠も普通のものです。お姉さまが秘密の書類入れをお探しであることは、ニブロムから聞きました。ですから私はあえて、お姉さまにお渡ししませんでした。こちらでお兄さまの書類を入れて、保管しておきましょう。昨年夏にお伝えしたように、ある男性方がこれらの書類を、もとあった引き出しや保管場所から取り出し、箱に入れて持ってきてくださったのです。これらの書類を目にした者はほかにはおりませんし、誰も注意を払いません。私はその大部分に目を通し、金銭に関係する箇所はすべて削除しました。（中略）残りの箇所については、夜ごと来客がお帰りになったあと、ルイーズと私で主要な箇所を抜き出してから、出版に回しました。これらの手紙は、編集者の手に渡るべき内容のものではありません。書かれた当時には差し障りがなくとも、現在の目から見ると不適当な事柄も記されていたので、文章を改めたり削除したりする必要があったのです」

これは、アントワネットとの往復書簡のことだろうか、あるいはスウェーデンの国事関係だろうか。当時公表されたフェルセンの文書類は、いずれもスウェーデン王太子暗殺の嫌疑を晴らすことを目的としていた。ファビアンは、ソフィーにこうも書いている。

「お兄さまの手による文書類は、ステーニンゲ［スウェーデン南部にあるフェルセンの居城。］の蔵書室に送りましたので、安全に保管されています。（中略）文書の一覧はありませんが、二、三日中に作成されることになっています。ほかの文書については、お兄さまご自身が以前私に、一八〇九年三月一三日以降何枚もの手紙を燃やされたとお話しになりました(5)」

ファビアンはフェルセンとアントワネットの往復書簡を姉ソフィーに渡すつもりなどなく、さまざまな口実を並べた。ファビアンが往復書簡を保管していたことは確実である。というのも、のちに彼の娘ルイーズ・フォン・ギルデンストルプのもとにあるのが見つかったからだ。賭けごとに目がなかったルイーズは金策尽きて、フェルセン一族のすべての記録文書を、従兄弟であるルドルフ・フォン・クリンコウストレーム男爵に売却した。フェルセン同様、軍人であり外交官でもあったクリンコウストレーム男爵は、ほどなくしてフェルセンとアントワネットの往復書簡集『*Le Comte de Fersen et la Cour de France*（フェルセン伯爵とフランス宮廷）』（一八七七–七八年出版）を発表した。この本は、革命中のフェルセンの役割を明らかにしつつも、革命以前のフランスにおける軍人としての歩みにはほとんど触れていない。これにより、フランス王妃に献身的に仕える騎士フェルセン、というイメージが定着することになる。

一九三〇年、歴史家アルマ・セーデルイェルムは、未発表だったフェルセンの日記選集およびソフィー宛ての書簡集を公刊した。これらの資料は、王妃に対するフェルセンの想念を余すところなく伝えている。セーデルイェルムは、フェルセンの書簡記録簿に登場する「ジョゼフィーヌ」はアントワネットにほかならないことを看破すると同時に、クリンコウストレーム男爵が刊行した書簡集には収録されていなかった短信も公表した。短信のなかで、アントワネットはフェルセンに「殿方のなかでもっとも愛され、もっとも私を愛してくださる方」と呼びかけている。だがセーデルイェルムでさえ、その他の書簡は一通も見つからなかったと述べており、ルドルフ・フォン・クリンコウストレーム男爵の息子アクセルも、塗りつぶし箇所が判読されるのを恐れた男爵がすべての手紙を燃やしたのだと、セーデルイェルムに伝えている。

その後、クリンコウストレーム男爵の娘により、フェルセンの文書類はスウェーデン国立文書館へ託された。現在この文書館には、王妃からフェルセンへ宛てた八通の手紙のみが保管されている。いずれも一七九二年付けで、王妃の近況が綴られているが、実際に執筆したのは王妃の秘書官フランソワ・ゴグラである。

一九八二年、フランス国立中央文書館は、すでに破棄されたと考えられていた複通の書簡をクリンコウストレーム家の末裔から購入し、世間を驚かせた。これらの書簡はほとんどが一七九一年から一七九二年にかけて書かれたものであるが、一七八〇年から一七八八年にかけての書簡は依然として行方不明である。一九世紀にルドルフ・フォン・クリンコウストレーム男爵が入手した文書群のなかには、おそらくこの時期の手紙は含まれていなかったのだろう。もし含まれていれば、男爵が「微妙な」箇所を削除したのちに、書簡集のなかに収録したはずだ。筆者は調査を進めるうちに、この時期の手紙はフェルセン自らの手によって、一七九二年に破棄されたのだろうという残念な結論に達した（第三章参照）。

本書には、現在見つかっているアントワネットとフェルセンの往復書簡全編が収められている。うち六通は未発表であり、二〇以上の塗りつぶし箇所が筆者により判読されている。同時に、書簡が書かれた当時の歴史的背景の説明も付してあるが、これらはフェルセンの書簡記録簿、出費帳、そして王妃やフェルセンの親友たちの手紙――なかには意外な内容のものもある――を含む未発表資料を突きあわせて得られた情報である。

原注

（1）一七九一年六月二〇日《すなわち国王一家のヴァレンヌ逃亡事件》。

（2）R. M. baron de Klinckowström, *Le Comte de Fersen et la Cour de France*, 2 vol., Paris, Firmin-Didot, 1877-78, I, p. v-vi.

（3）Löfstad, SE/VALA/02249/BXXVa/8, アクセル・フォン・フェルセンからソフィー・ピパー宛て、一七九三年一一月一七日。

（4）Löfstad, SE/VALA/02249/BXXVa/10, ファビアン・フォン・フェルセンからソフィー・ピパー宛て、一八一〇年。

（5）*Ibid.*, 日付なし。内容から一八一一年のものと考えられる。スウェーデン国王グスタフ三世の跡を継いだグスタフ四世アドルフは、一八〇九年三月一三日、クーデターにより失脚。

第一章

書簡分析

マリー・アントワネットとフェルセンの往復書簡の重要性を把握するには、当時の歴史的背景の理解が不可欠である。歴史的背景を理解してこそ、現存する書簡は、少なくとも一二年間続いた膨大な往復書簡のごく一部に過ぎないと実感できるのである。

出会い

フェルセン伯爵がマリー・アントワネットと出会ったのは、一七七三年一一月のことだった。一八歳になったばかりのフランス王太子妃アントワネットは、快活で移り気、おしゃれに目がなく、茶目っ気あふれる性格だった。同じく一八歳のフェルセンは、スウェーデン大元帥の長男であり、修学のためヨーロッパ各国を巡り、パリには六カ月の予定で滞在していた。若い二人は出会った瞬間から、互いに惹かれあった。アントワネットはオペラ座の舞踏会で仮面をつけ、身分を隠したままフェルセンとの会話を楽しんだ。以降、フェルセンは定期的にヴェルサイユ宮殿で催される王太子妃の舞踏会に出席し、日記にもその様子をたびたび記述している。

彼は一七七四年五月、アントワネットが王妃に即位して二日後にフランスを去るが、一七七八年八月に再び来仏し、王妃の内輪の集まりに加わった。彼は王妃のことを「魅力的」と述べている。一七七九年、宮廷人や外交官たちは、スウェーデンの眉目秀麗な伯爵に対するアントワネットのひいきぶりを噂し始めた。オペラ座で舞踏会が催されればフェルセンと踊り、内殿での夕食にも招いた。夕食への招待は、宮廷人ならば喉から手が出るほど望む好意の印である。数々の厚遇を受けるフェルセンは、若いフランス貴族たちの嫉妬を買った。

一七七九年七月、フランスではイギリス上陸に向けて連隊が編成されており、フェルセンも志願した。ここに彼は軽薄な宮廷人としてではなく、軍人としての道を歩み始めることとなる。しかし上陸計画は実行されることなく、フェルセンは一二月にヴェルサイユへ戻り、二四日には、王妃の親友ランバル公妃が主催する王妃のためのクリスマス・イブの集まりに出席した。冬が過ぎた。いつもと変わらぬ冬だった。

一七八〇年初頭、フェルセンはアメリカ独立戦争に従軍する決意を固め、アントワネットは、彼が連隊長任命の勅許状とロシャンボー将軍[1]付き副官の地位を手に入れられるよう尽力した。

フェルセンは出発前の数日間を、王妃の近くで過ごした。駐仏スウェーデン大使クロイツ伯爵はスウェーデン国王グスタフ三世に宛てて、王妃がフェルセンにひとかたならぬ好意を抱いていると報告している。

「王妃はフェルセン伯爵にずいぶんと肩入れをなさったため、宮廷人のなかには影が薄くなってしまった者もおります。王妃が伯爵に対し好意をお持ちであることに、疑いの余地はございません。私は、明白な数々の兆候を目にいたしました。お若いフェルセン伯爵は慎重で、控えめで、そしてアメリカ行きを決断されました。これは称賛に値する振舞いでございます。宮廷と距離を置くことであらゆる危険は遠のくでしょうが、その年齢以上の確固たる意志がなければ、誘惑に打ち勝つことなどできますまい。この数日間、王妃のまなざしは伯爵に釘付けで、伯爵を見つめられる目は涙でいっぱいでした」[2]

のちにフェルセンの親友、そしてフェルセンの妹ソフィー〔ソフィー・ピパー。一七五七－一八一六年。フェルセンの妹であり、よき相談相手。〕の愛人となるタウベ男爵〔エバート＝ヴィルヘルム・タウベ男爵。一七三七－九九年。スウェーデンの貴族。〕は、一七八〇年四月二〇日にグスタフ三世へ宛てて興味深い手紙を書いている。

「あらゆる機会において、王妃は宮廷に伺候するスウェーデン人たちに好意を示されました。（中略）特に若きフェルセン伯爵です。この冬、オペラ座の舞踏会にお越しになると、かならず伯爵と散策をされていました。伯爵と桟敷席にお入りになられて、長い間おしゃべりされていたことさえあります。王妃が外国人で年も若いフェルセン伯爵と毎回散策されることに眉をひそめ、嫉妬する宮廷人もおりますし、『王妃といつも一緒に散策をしているあの若いスウェーデン人は、いったい何者なのだ』と誰もが噂し、『今年はいつになく、王妃はオペラ座の舞踏会に長居されている』と言う者もおりました。

こうしたやっかみは王妃の耳に届いていたことでしょうが、かえって伯爵に対する夢想が広がるばかりでした。

王妃も悟られまいと、多くのスウェーデン人をご自分の社交界にお迎えになりました。あるときは、ステディンク氏(3)を内殿での夕餐に招くよう、お命じになりました。氏はアメリカから帰還後、何度か国王からお声をかけていただいております。このお招きをうのみにし、自分の美しい瞳ゆえにご招待いただいたのだと信じ込んでおりました。宮廷人たちは大騒ぎし、ステディンク氏というのは内殿での夕餐に同席できるほどの旧家の出身なのだろうかと噂しました。我が同胞ステディンク氏のことを思えば、こうした話は気持ちのよいものではありません。

　こうして王妃は目的を果たされ、ステディンク氏はごうごうたる非難を一身に浴びました。一週間後、氏が厚遇を受けていると抗議の声が降り注ぐなか、アクセル・フォン・フェルセンが国王との夕餐の席に招かれました。内殿での夕餐は週に一度か二度しか開かれませんので、そのほかの日はランバル公妃やポリニャック伯爵夫人、オシュン伯爵夫人など、王妃付きの女官たちが、ご自分たちの居室でささやかな宴やゲームの会を催します。王妃はいつもいらしており、国王とご一緒のこともしばしばでした。フェルセン伯爵はこうした集まりにも足を運び、内殿での夕餐にも毎回出席しました。また、王妃主催のゲームの会にも出席していました。コラン＝マイヤールや、我が国で『när war tar sinn, sa tar jag minn. sa far de andra inte』と呼ばれるゲームです。フェルセン伯爵はゲームの名手で、国王ご夫妻もゲームを大変楽しまれておいででした。伯爵がブレストへ出発されたあとも、宮廷人はゲームを楽しんでいたほどです。陛下、どうか彼のご両親はじめ、どなたにもこのことはお話しにならないよう、謹んでお願い申し上げます。こうしたことが国で知れ渡ってしまえば、フェルセン伯爵を傷つけることにもなりかねません(4)」

　タウベが、「フェルセンが名手」と述べているコラン＝マイヤールは、鬼役が目隠しをして、ほかの遊び手たちに触れるという雅《ギャラン》やかなゲームで、画家フラゴナールは一八世紀に流行したこの遊びを題材に、艶っぽい含みを帯びた作品を描いている。フェルセンは衆人の注目を浴びるなか、アントワネットから受けている厚遇を父に隠し通すことはできなかった。ただし、王妃とのオペラ座での楽しいひとときや、内殿での夕餐については話しても、コラン＝マイヤールについては報告することはなかっただろう。あくまで「私が知りうる限りもっとも優しい王妃」という建前を崩さなかった。もちろん彼とて、アントワネットの魅力に無関心ではなかった。フェルセンは興味のない女性に無駄な希望を抱かせるようなことはしなかったから、もしアントワネットにも興味がなければ、すぐにそれとなくわからせたはずである。だがアントワネットはフランス王妃、フェルセンは一介の外国人である。彼のほうから愛情を告白することなど、論外だった。

一七八〇年五月、フェルセンはロシャンボー将軍率いる軍と共にフランスをあとにした。彼が再びフランスの地を踏むには、一七八三年六月まで待たねばならない。

最初の手紙

我々の知りうる限り、マリー・アントワネットとアクセル・フォン・フェルセンとの最初の手紙は、一七八〇年一〇月のものである。フェルセンはアメリカのニューポートから父に宛てて、副官の職は非常に退屈なので、前線部隊での希望の地位を王妃にお願いするつもりだと書いている。そしてローザン公爵［ローザン公爵アルマン＝ルイ・ド・ゴントー・ビロン。一七四七－九三年。王妃の取り巻きの一人でアメリカ独立戦争にも従軍したが、王妃の仇敵オルレアン公爵と結びつき、次いで革命を支持した。］から、自らの連隊の准将の地位を提示され、「当件について、ローザン公爵は王妃にお願いしてくださっています。王妃は公爵を大変お気に召していらっしゃいます。私のことも少しはお気に召してくださっていますので、請願のお手紙を書きます[5]」と知らせている。

アメリカ独立戦争中、ヨーロッパからフェルセンのもとへはわずかな手紙しか届いていない。彼は一年後の一七八一年一〇月二〇日になっても、ロシャンボー将軍付き副官のままであったが、父には定期的に手紙を書き続けた。ただし父からの返事は、一七八〇年七月以降、途絶えていた。一七八二年五月、待ちに待った返事が来た。軍人としての将来を左右する返事である。どうやらローザン公爵は、自負していたほどの影響力は持っていなかったようである。フェルセンから父に宛てた一七八二年五月二二日付の手紙にはこうある。

「一七八〇年九月に、ローザン公爵が自らの連隊の准将の地位をご提案くださり、ゆくゆくは所有権も譲ろうとおっしゃってくださいましたことは、父上もご存じでしょう。（中略）公爵は万事順調に進むとお約束くださいましたが、宮廷の策略によりうまくいきませんでした。無益なことゆえ、長々とは書きますまい。ヨークの戦い(6)のち、ローザン公爵は改めて提案を繰り返されましたが、私はいっとき躊躇いたしました。最初にご提案があったときは、父上にお手紙を差し上げましたが、お返事はまいりませんでした。同じ件で、国王陛下〈スウェーデン国王グスタフ三世〉にもご連絡を差し上げましたが、お手元に届いたかどうか定かではありません。確信が持てないまま、ローザン公爵から二度目の提案をいただいた私は、一度目のときと同じように振舞い、これをお受けいたしました。ローザン公爵は、万事うまくいくと請けあってくださいました。スタール氏(7)にも、王妃に当件をお伝えいただくよう連絡をいたしましたが（中略）、実現しませんでした。ローザン公爵もスタール氏も、現時点では希望はかなわなかったが――理由はローザン公爵がいらしたときにうかがおうと思います――、王妃は今でも私を評価し目をかけてくださっているので、別の便宜を図ってくださったとおっしゃいます。ローザン公爵は、王妃がカストリ氏(8)と相談されて、氏の部隊の連隊長の地位と六〇〇〇リーヴルの俸給をご用意くださっているとおっしゃいますし、スタール氏は、王妃が私のためにロワイヤル＝ドゥ＝ポン連隊の副連隊長の地位を要求くださり、聞き入れられるはずだとおっしゃっています。お二人の手紙は同じ日付で、どちらを信じたらよいのかわかりません」(9)

正しいのはスタール氏のほうだった。一七八二年一〇月三日、フェルセンは新たに父に手紙を送っている。「私はロワイヤル＝ドゥ＝ポン連隊の副連隊長に任命され、職務を遂行しております。副官の地位を退くことができ、喜ばしく思っております」(10)。一七八〇年一〇月に王妃に宛てて送った手紙に、返事はあったのだろうか。きっとフェルセンは、宮廷でしかるべき地位にいる誰かから、昇進についての報せを受け取っていたはずである。

幸福

一七八三年六月、フランスに帰還したフェルセンは、すぐにヴェルサイユへと向かった。スウェーデンの家族へ宛てた手紙には、フランスにいることの「幸せ」について書かれている。だがその「幸せ」も、フランスに毎年数カ月間滞在することのできる役職を獲得できるかどうかにかかっていた。フェルセンと王妃はますます親しくなり、王妃は彼がフランスに住むことができるよう、あらゆる手を尽くした。そしてようやく彼は、フランス軍ロワイヤル・スウェーデン連隊の所有者兼連隊長となった。父は、息子がスウェーデンで軍務に就いてくれることを望んでいたのだが……。

「ジョゼフィーヌ」書簡

一七八三年夏、フェルセンはアントワネットとの恋愛関係を維持するために、二重生活を送り始める。それはアントワネットの死まで続いたが、確実な連絡手段の必要性から二重の往復書簡が生まれた。フェルセンは自分の所有する連隊や外交関係については、堂々と「フランス王妃」宛てに手紙を書いているが、アントワネット宛ての手紙の大部分は「ジョゼフィーヌ」宛てとして、書簡記録簿に分類されている。なぜ「ジョゼフィーヌ」なのだろうか。ひとつの手がかりとなるのが、マリー・アントワネットの三つ目の名前がジョゼファであることだ。ちなみに家庭内では、二つ目の名前である「アントワネット」と呼ばれ、オーストリアでの幼少時代には「アントワーヌ」と呼ばれていた。

「ジョゼフィーヌ」宛ての手紙には、宛名も署名もない。フェルセンの手によって手紙の余白に記された注記（受領日と返信日）のみが識別の手がかりであり、書簡記録簿と突きあわせることで確認することができる[11]。フェルセンが書簡記録簿をつけ始めたのは、一七八三年一一月のことである。さまざまな相手に宛てた手紙のなかに、「フランス王妃」宛ての公式書簡も記録されているが、それも一七八三年から一七九一年にかけての時期には、六通にとどまる。これとは対照的に、「ジョゼフィーヌ」宛てには、おびただしい数の手紙が記録されている。その上、「ジョゼフィーヌ」書簡は書簡記録簿が開始する前から始まっており、「ジョゼフィーヌ」宛てとして記録されている最初の手紙は、一七八三年一一月七日付「一一番」とある。すなわちこの手紙以前に、未記録の手紙が少なくとも一〇通書かれたということである。そして、往復書簡が途切れては再開するたびに、番号も一から再開するので、未記録の一〇通の手紙は九月二〇日（フェルセンのヴェルサイユ出発日）から、一一月七日の間に書かれたと考えられる。スウェーデン国王グスタフ三世のイタリア訪問に同行する一貴族としては、異例とも言うべき筆まめさである。

二人は熱心に手紙を交わした。仲介者や特殊インク、暗号を用いたり、使用人に封筒の宛先を書かせたり、二重の封筒を使ったりした。特に「ジョゼフィーヌ」宛ての手紙には、細心の注意が払われていた。

「ジョゼフィーヌ」書簡とは、フェルセンからアントワネットに宛てた手紙にほかならないと初めて看破したのは、二〇世紀のスウェーデンの歴史家アルマ・セーデルイェルムである。[12] 説得材料は乏しかったものの、セーデルイェルムは、フェルセンがパリをあとにするたびに書簡が再開し、帰京と共に終了することを指摘した。また、フェルセンが日記のなかで触れている、アントワネットのためにメルシー伯爵［フロリモン＝クロード・ド・メルシー＝アルジャントー伯爵。一七二七－九四年。オーストリアの外交官。駐仏神聖ローマ帝国大使ののち、革命勃発と共にオーストリア領ネーデルラントへ派遣され、ブリュッセルに駐在した。］経由で送ったダイアモンドは「ジョゼフィーヌ」のものだと指摘した上で［三九四ページ参照。］、さらに、書簡記録簿中のある一文を引用している。それは「一七八八年八月二三日：ジョゼフィーヌ。エスト宛ての手紙に同封。『親愛なる伯爵殿、この手紙は彼女《エル》宛てです』と始まる」[13]という一文である。二人とごく親しい人々にとっては、「彼女《エル》」はアントワネットを、「彼《リュイ》」はフェルセンを意味していた。[14]

一九三〇年の時点でセーデルイェルムは、「ジョゼフィーヌ」書簡は一通も残ってないと判断し、すべては破棄されたとの結論に達した。だが実際は、フランス国立中央文書館に「ジョゼフィーヌ」と題されたアントワネット宛ての手紙数通が保管されており、長い間未発見のままだったのだ。フェルセンの書簡記録簿は、これらの手紙の真正性を完全に裏付けており、「ジョゼフィーヌ」がアントワネットであることに疑いの余地はない。その証拠はフェルセン自身が提供してくれている。王妃から受領し、解読した手紙――現在フランス国立中央文書館に保管されている――の余白には、こう書かれている［資料1］。

「八日受領、ラスレ氏経由。一〇日返信、ラスレ氏経由。ジョゼフィーヌからの暗号文。一七九二年七月三日付」[16]

一方、書簡記録簿を見ると、「フランス王妃」のタイトルで、特殊インクで返信をしたと記されている［資料2］。

「一七九二年七月

一〇日：フランス王妃。ラスレとレオナール経由で届いた手紙への返信、en. bl.《特殊インク》 ラスレ経由」[17]

フェルセンの親戚に当たるクリンコウストレーム男爵も、ジョゼフィーヌを王妃だと見抜いていた。男爵出版

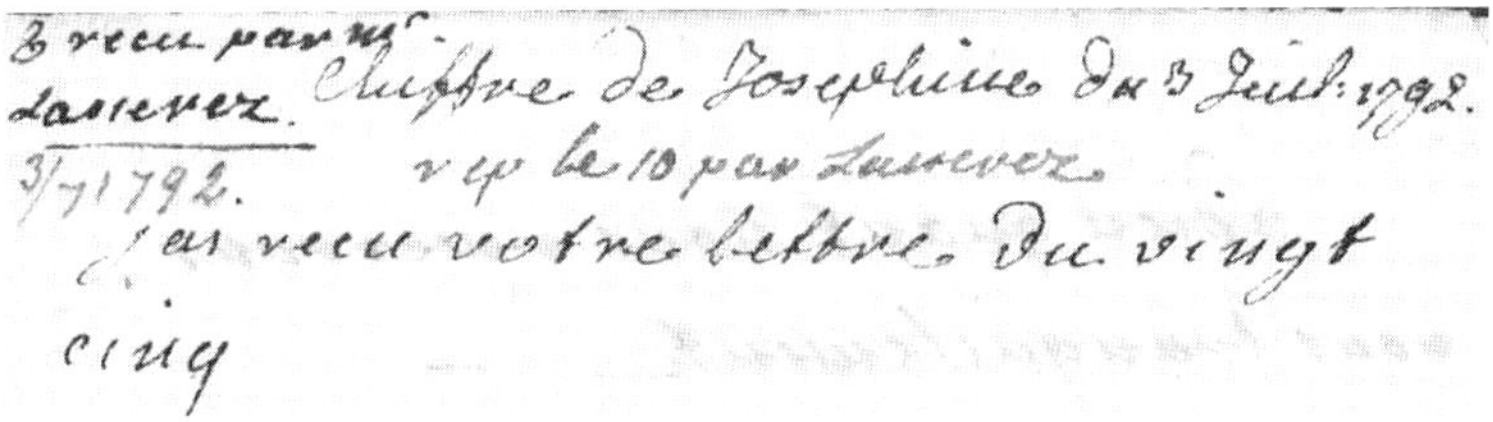

資料1：「ジョゼフィーヌからの暗号文」。1792年7月3日付のアントワネットからの手紙。フェルセン解読。

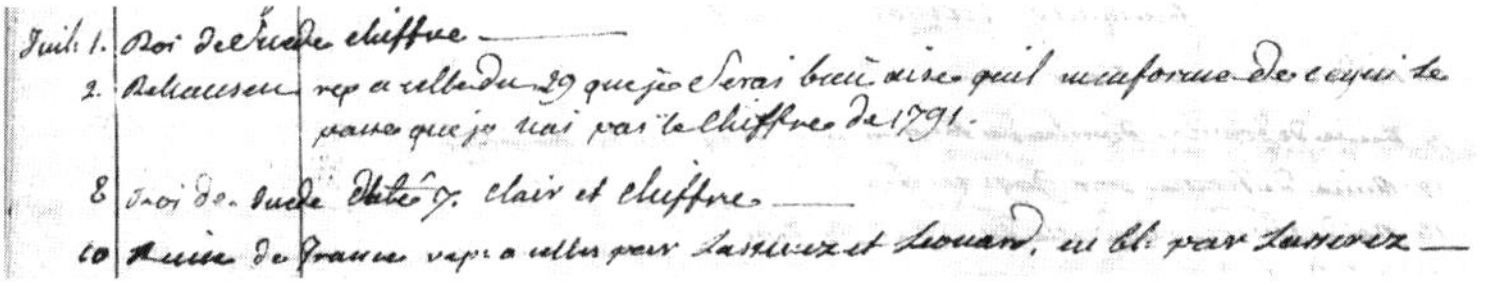

資料2：フェルセンの書簡記録簿から。7月10日に「ジョゼフィーヌからの暗号文」への返信を「王妃宛て」に送ったと記されている。

の書簡集において、この手紙を「ジョゼフィーヌの暗号」としてではなく「王妃の暗号」として扱っていることが、何よりの証左である。

フェルセンの書簡記録簿を精査してみると、一七九一年六月から一七九二年八月までに交わされた手紙の大部分が、現在紛失していることがわかる。また、記録されていない手紙もあり、現存しない手紙について言及している箇所や受領日から考えると、二人の往復書簡は、現在考えられている分量を遥かに上回る規模だったと思われる。

「フランス王妃」書簡

フェルセンとアントワネットの公式書簡は、書簡記録簿では「フランス王妃」として記録されており、一七八三年から一七八九年にかけては、六通のみが送られている。うち五通は一七八八年から一七八九年にかけてのもので、現在まで未発表であったが、本書で初めて公表される。残りの一通は一七八三年に書かれているが、現存しない。一七九一年から一七九二年にかけての複数の手紙も、「フランス王妃」書簡に分類される。本書では来歴と共にこれらの書簡を紹介している。

暗号

　フェルセンの書簡記録簿で、暗号を使った手紙の送付が初めて記録されたのは、「ジョゼフィーヌ」書簡でのことだった。この手紙は一七八七年七月四日、すなわち、ルイ一六世夫妻の次女ソフィー王女の死の直後に書かれた。この夏、フェルセンは暗号や特殊インクを使って何通かの手紙を作成している。特殊インクを使った場合は、記録簿に「En: Bl:《特殊インク》」と記されているが、暗号についてはかならずしもそうとは記録されていない。ただすでにフランス革命前の時点で、アントワネットが暗号で手紙を書いていたことは確かである。「ジョゼフィーヌ」書簡のみならず、王妃からヴァランタン・デステルアージ伯爵へ書かれた一七九一年八月一一日付の手紙からも、この点が確認できる。

「ときには私たちの暗号を使ってお手紙をください。軍事関係の文書の解読作業にも慣れました。かつて幸せだった頃も、解読は私の役目でした。紛失した手紙がないかどうか確認するために、各手紙には番号を振ってください[18]」

　一七九一年六月にヴァレンヌ逃亡が失敗して以降、アントワネットはテュイルリー宮殿で厳しく監視されており、密告者も潜んでいた。そうした状況下での書簡のやり取りは、大きな危険を意味する。だが上の手紙には、まるで長い間の習慣のごとく、「私たちの暗号」という言葉が登場すると同時に、王妃が、エステルアージ伯爵からフェルセンへ宛てた軍事報告を幾度も解読していたと推察できる。一七九一年九月三日、アントワネットは再びエステルアージ伯爵に宛てて手紙を書き、キーワード選択について詳細な指示を与えている。

「リヴィエール氏経由でそちらへお送りした手紙が届いているとよいのですが。手紙には、私へのメッセージを安全に届けるための住所を記しておきました。暗号で手紙を書く場合は、ページの最初の単語を使ってください。ただし四文字以上の単語です[19]」

　それぞれの手紙にはキーワードが設定されており、暗号開始部分に数字で示されている。これを解読するには、書き手と読み手が同じ本の同じ版を持っていなければならない。カンパン夫人［ジャンヌ＝ルイーズ＝アンリエット・カンパン。一七五二－一八二二年。アントワネットの首席侍女。『回想録』で有名。］は、王妃はベルナルダン・ド・サン＝ピエールの小説『ポールとヴィルジニー』を用いていたと記している。一方、軍人ショワズール公爵［クロード＝アントワーヌ＝ガブリエル・ド・ショワズール公爵。一七六〇－一八三八年。フランスの軍人。ヴァレンヌ逃亡計画関係者の一人で、事件後逮捕されるが、ルイ一六世による憲法承認に伴い釈放。］は、一七九一年のヴァレンヌ逃亡準備に際して、フェルセンとの通信に別の本を使っていたと述べている。フェルセンとアントワネットの書簡にもまったく同じキーワードが出てくるので、二人はこの本も暗号に使っていたと考えられる。ショワズールは、「その本とは『ローマ人盛衰原因論』である」と述べ――牧歌的な『ポールとヴィルジニー』とはほど遠い作品だ――、同時に、ある重要な手紙の暗号化を間違えたとして、フェルセンを非難している。「キーワードの書かれているページ番号が明示されていなかったせいで[20]」、協力者であるブイエ[21]は解読に七時間もかけたというのだ。しかし、フェルセンが非常に緻密な性格の持ち主であることは、彼の手による数々の文書からも明らかである。残念なことに、彼らが『ローマ人盛衰原因論』のどの版を使っていたかを突き止めるのは至難のわざだ。モンテスキューによるこの作品は大変な人気を博し、一七九一年以前の時点で複数の版が存在していたためである。

　アントワネットは、ルイ一六世の弟たちや神聖ローマ皇帝、メルシー伯爵にも、暗号で手紙を送っており、それぞれについて異なる本を使っていたと思われる。あるときフェルセンは王妃への手紙のなかで、王妃の秘書官フランソワ・ゴグラが、自分の持っていない本を使って手紙を暗号化したと書いている。「ゴグからの手紙を受け取りましたが、解読できませんでした。私が持っていない本を使って暗号化したためです[22]」。このことから、キーとなる本は時折変更されていたと考えられる。『ポールとヴィルジニー』や『ローマ人盛衰原因論』のどの版が使われていたのかを調べたいという読者のために、それら書籍の数ページに出てくる最初の単語リストを以下に記載しておく［資料3］。実際の手紙では、暗号開始部分に、キーワードが記載されている本のページ番号が記されており、さらに本文の下には暗号化あるいは解読の際に書き込まれたキーワードが残っている。このリストも、そうした手紙をもとに作成した。

　本とキーワードを選んだら、あとは暗号表を使えばよ

ページ番号	最初の単語《1》	ページ番号	最初の単語
15	neuf（九）	49	adroit（器用な）
17	courage（勇気）	60	subvenir（援助する）
19	raison（理性）	100	vertu（美徳）
20	autres（他の）	111	servires（仕える）
27	contraire（反対）	141	paroîtra（現れる）
36	depuis（以来）	166	froid（冷たい）

資料3：アントワネットとフェルセンが使用した暗号一覧。
《1》暗号解読には必要ないが参考までに和訳を付す。

い（暗号化と解読の方法については後述）。

　スウェーデン国立文書館にはひとつの文書箱が保管されているが、フェルセンの手による文書群ではなく、一族のその他の文書と共に整理されているため、この箱の存在を知る者は少ない。「暗号」というラベルが付されたこの箱には、スウェーデンおよびフランスの外交に関する暗号文書が収められている。作成者はフェルセンとその父、そしてグスタフ三世の侍従頭を務めたタウベ男爵である。さらにスウェーデン語で「一七九〇――九四年――アクセル・フォン・フェルセン伯爵による王妃マリー・アントワネットやフランスとの連絡用暗号[23]」と銘打った文書群もある。ひっそりと保管されているこの文書群のなかにこそ、フェルセンがアントワネット宛ての手紙で用いた暗号情報や、コードネームリスト（ただし現存する手紙のなかでは一切使われていない）、一七九一年から一七九二年にかけての往復書簡で重要な役割を果たした二人の仲介者の情報が収められている。またフェルセンが、従来のものよりもさらに確実な暗号を使うよう、王妃の説得を試みたことを裏付ける文書もある。今日まで知られることのなかったこの「第二の暗号表」は、資料4の通りである。

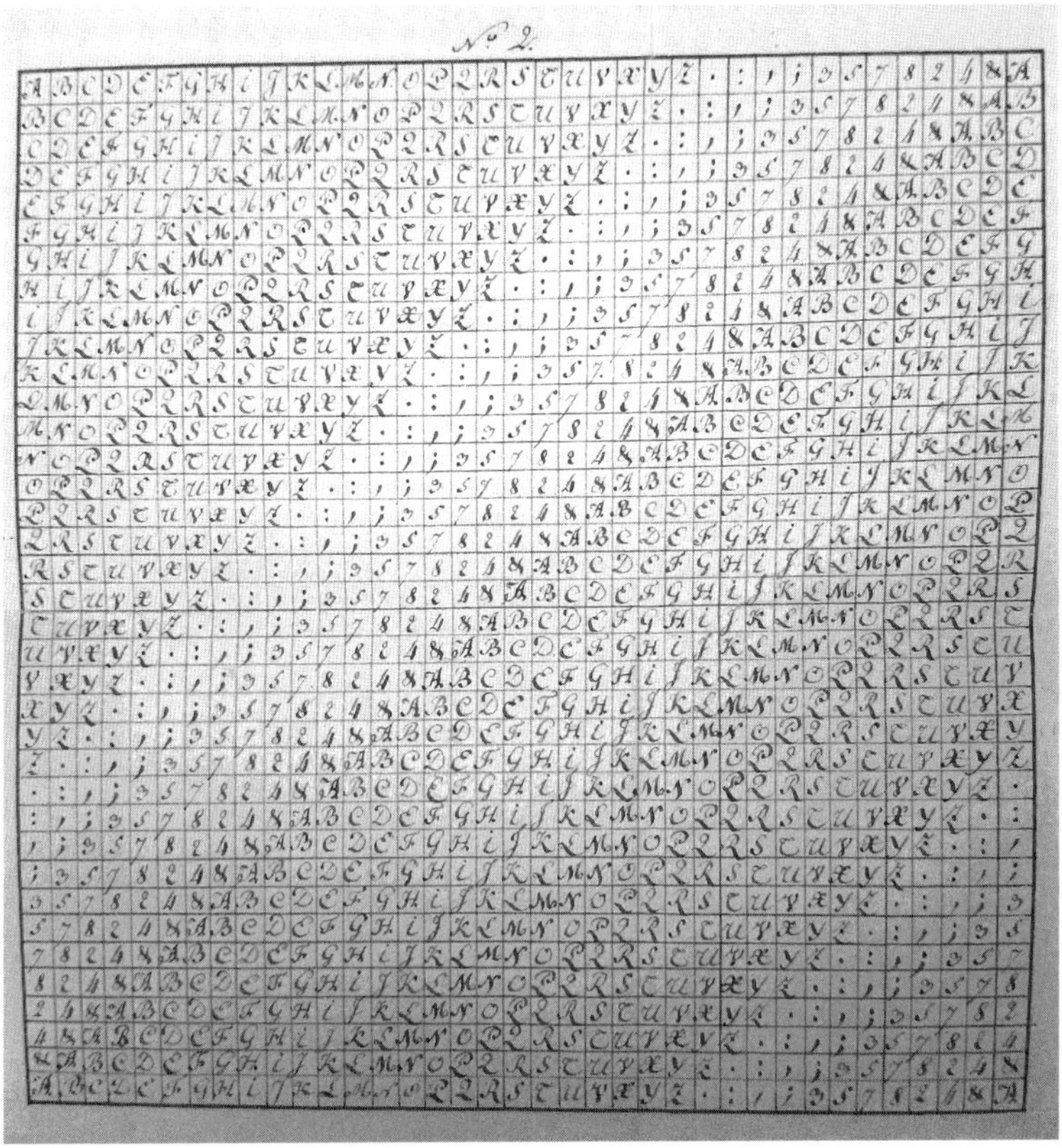

Nº 2.

A	B	C	D	E	F	G	H	I	J	K	L	M	N	O	P	Q	R	S	T	U	V	X	Y	Z	.	:	,	;	3	5	7	8	2	4	&	A
B	C	D	E	F	G	H	I	J	K	L	M	N	O	P	Q	R	S	T	U	V	X	Y	Z	.	:	,	;	3	5	7	8	2	4	&	A	B
C	D	E	F	G	H	I	J	K	L	M	N	O	P	Q	R	S	T	U	V	X	Y	Z	.	:	,	;	3	5	7	8	2	4	&	A	B	C
D	E	F	G	H	I	J	K	L	M	N	O	P	Q	R	S	T	U	V	X	Y	Z	.	:	,	;	3	5	7	8	2	4	&	A	B	C	D
E	F	G	H	I	J	K	L	M	N	O	P	Q	R	S	T	U	V	X	Y	Z	.	:	,	;	3	5	7	8	2	4	&	A	B	C	D	E
F	G	H	I	J	K	L	M	N	O	P	Q	R	S	T	U	V	X	Y	Z	.	:	,	;	3	5	7	8	2	4	&	A	B	C	D	E	F
G	H	I	J	K	L	M	N	O	P	Q	R	S	T	U	V	X	Y	Z	.	:	,	;	3	5	7	8	2	4	&	A	B	C	D	E	F	G
H	I	J	K	L	M	N	O	P	Q	R	S	T	U	V	X	Y	Z	.	:	,	;	3	5	7	8	2	4	&	A	B	C	D	E	F	G	H
I	J	K	L	M	N	O	P	Q	R	S	T	U	V	X	Y	Z	.	:	,	;	3	5	7	8	2	4	&	A	B	C	D	E	F	G	H	I
J	K	L	M	N	O	P	Q	R	S	T	U	V	X	Y	Z	.	:	,	;	3	5	7	8	2	4	&	A	B	C	D	E	F	G	H	I	J
K	L	M	N	O	P	Q	R	S	T	U	V	X	Y	Z	.	:	,	;	3	5	7	8	2	4	&	A	B	C	D	E	F	G	H	I	J	K
L	M	N	O	P	Q	R	S	T	U	V	X	Y	Z	.	:	,	;	3	5	7	8	2	4	&	A	B	C	D	E	F	G	H	I	J	K	L
M	N	O	P	Q	R	S	T	U	V	X	Y	Z	.	:	,	;	3	5	7	8	2	4	&	A	B	C	D	E	F	G	H	I	J	K	L	M
N	O	P	Q	R	S	T	U	V	X	Y	Z	.	:	,	;	3	5	7	8	2	4	&	A	B	C	D	E	F	G	H	I	J	K	L	M	N
O	P	Q	R	S	T	U	V	X	Y	Z	.	:	,	;	3	5	7	8	2	4	&	A	B	C	D	E	F	G	H	I	J	K	L	M	N	O
P	Q	R	S	T	U	V	X	Y	Z	.	:	,	;	3	5	7	8	2	4	&	A	B	C	D	E	F	G	H	I	J	K	L	M	N	O	P
Q	R	S	T	U	V	X	Y	Z	.	:	,	;	3	5	7	8	2	4	&	A	B	C	D	E	F	G	H	I	J	K	L	M	N	O	P	Q
R	S	T	U	V	X	Y	Z	.	:	,	;	3	5	7	8	2	4	&	A	B	C	D	E	F	G	H	I	J	K	L	M	N	O	P	Q	R
S	T	U	V	X	Y	Z	.	:	,	;	3	5	7	8	2	4	&	A	B	C	D	E	F	G	H	I	J	K	L	M	N	O	P	Q	R	S
T	U	V	X	Y	Z	.	:	,	;	3	5	7	8	2	4	&	A	B	C	D	E	F	G	H	I	J	K	L	M	N	O	P	Q	R	S	T
U	V	X	Y	Z	.	:	,	;	3	5	7	8	2	4	&	A	B	C	D	E	F	G	H	I	J	K	L	M	N	O	P	Q	R	S	T	U
V	X	Y	Z	.	:	,	;	3	5	7	8	2	4	&	A	B	C	D	E	F	G	H	I	J	K	L	M	N	O	P	Q	R	S	T	U	V
X	Y	Z	.	:	,	;	3	5	7	8	2	4	&	A	B	C	D	E	F	G	H	I	J	K	L	M	N	O	P	Q	R	S	T	U	V	X
Y	Z	.	:	,	;	3	5	7	8	2	4	&	A	B	C	D	E	F	G	H	I	J	K	L	M	N	O	P	Q	R	S	T	U	V	X	Y
Z	.	:	,	;	3	5	7	8	2	4	&	A	B	C	D	E	F	G	H	I	J	K	L	M	N	O	P	Q	R	S	T	U	V	X	Y	Z
.	:	,	;	3	5	7	8	2	4	&	A	B	C	D	E	F	G	H	I	J	K	L	M	N	O	P	Q	R	S	T	U	V	X	Y	Z	.
:	,	;	3	5	7	8	2	4	&	A	B	C	D	E	F	G	H	I	J	K	L	M	N	O	P	Q	R	S	T	U	V	X	Y	Z	.	:
,	;	3	5	7	8	2	4	&	A	B	C	D	E	F	G	H	I	J	K	L	M	N	O	P	Q	R	S	T	U	V	X	Y	Z	.	:	,
;	3	5	7	8	2	4	&	A	B	C	D	E	F	G	H	I	J	K	L	M	N	O	P	Q	R	S	T	U	V	X	Y	Z	.	:	,	;
3	5	7	8	2	4	&	A	B	C	D	E	F	G	H	I	J	K	L	M	N	O	P	Q	R	S	T	U	V	X	Y	Z	.	:	,	;	3
5	7	8	2	4	&	A	B	C	D	E	F	G	H	I	J	K	L	M	N	O	P	Q	R	S	T	U	V	X	Y	Z	.	:	,	;	3	5
7	8	2	4	&	A	B	C	D	E	F	G	H	I	J	K	L	M	N	O	P	Q	R	S	T	U	V	X	Y	Z	.	:	,	;	3	5	7
8	2	4	&	A	B	C	D	E	F	G	H	I	J	K	L	M	N	O	P	Q	R	S	T	U	V	X	Y	Z	.	:	,	;	3	5	7	8
2	4	&	A	B	C	D	E	F	G	H	I	J	K	L	M	N	O	P	Q	R	S	T	U	V	X	Y	Z	.	:	,	;	3	5	7	8	2
4	&	A	B	C	D	E	F	G	H	I	J	K	L	M	N	O	P	Q	R	S	T	U	V	X	Y	Z	.	:	,	;	3	5	7	8	2	4
&	A	B	C	D	E	F	G	H	I	J	K	L	M	N	O	P	Q	R	S	T	U	V	X	Y	Z	.	:	,	;	3	5	7	8	2	4	&
A	B	C	D	E	F	G	H	I	J	K	L	M	N	O	P	Q	R	S	T	U	V	X	Y	Z	.	:	,	;	3	5	7	8	2	4	&	A

資料4：「第二の暗号表」。ただしアントワネットはこれを退けている。

人名	コードネーム
皇帝〈レオポルト２世〉	C
ロシア女帝	B
スペイン国王	f
プロイセン国王	A
イギリス	i
スウェーデン国王	D
ナポリ国王	L
サルデーニャ国王	m
バイエルン選帝侯	v
ヘッセン方伯	S
デンマーク	K
国王〈ルイ 16 世〉	n
王妃〈マリー・アントワネット〉	o
王弟殿下〈プロヴァンス伯爵〉	g
アルトワ伯爵	E
フェルセン伯爵	R
ブルトゥイユ男爵	Q
メルシー氏	P
カロンヌ氏	h
ラ・ヴォギュヨン氏	y
ボンベル氏	x
パミエ司教	g^2

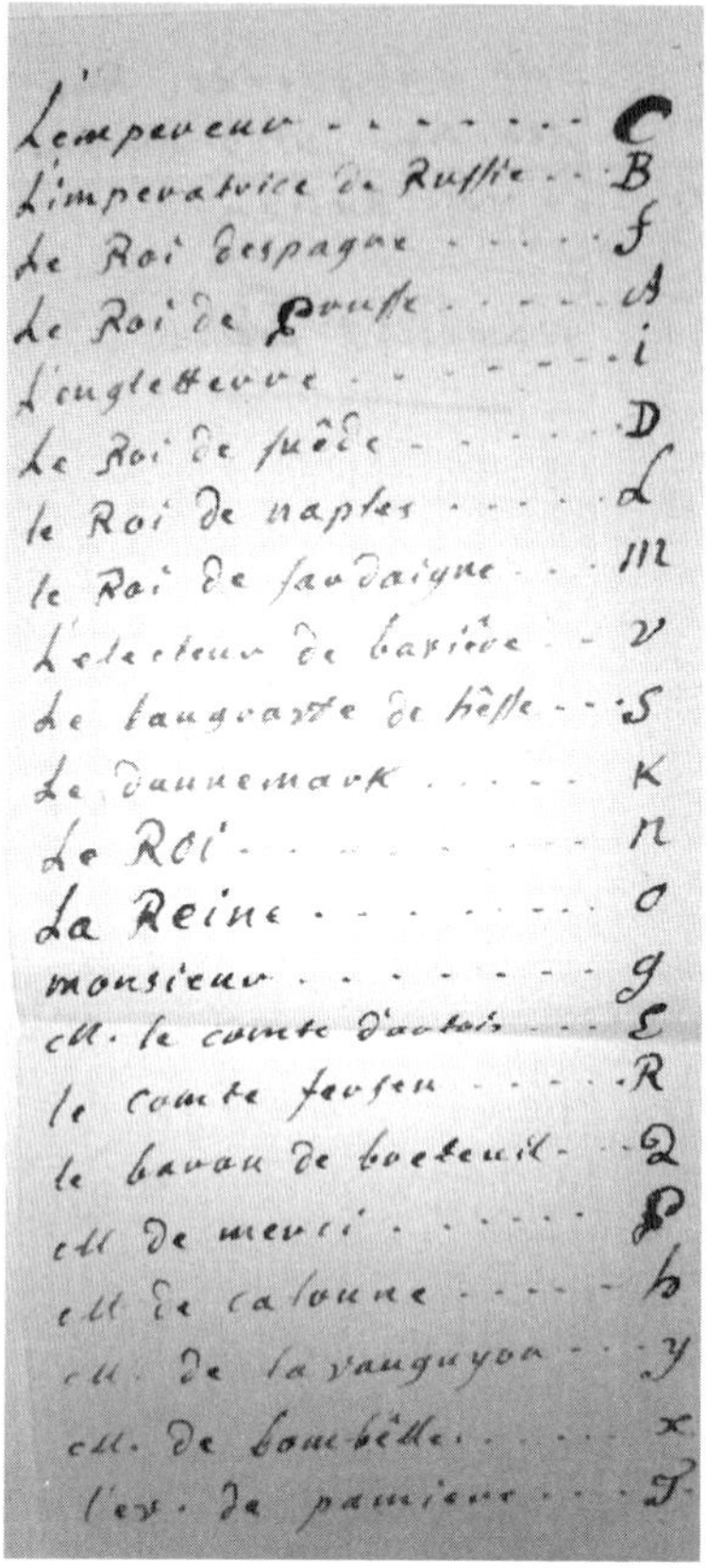
L'empereur C
L'imperatrice de Russie .. B
Le Roi d'espagne ..... f
Le Roi de Prusse ..... A
l'angleterre i
Le Roi de suède ...... D
le Roi de naples L
le Roi de sardaigne .. m
L'electeur de bavière .. v
Le landgrave de hesse .. S
Le dannemark ..... K
Le Roi .... n
La Reine .... o
monsieur .... g
M. le comte d'artois ... E
le comte fersen .... R
le baron de breteuil .. Q
M. de merci ..... P
M. de calonne .... h
M. de la vauguyon .. y
M. de bombelle x
l'ev. de pamiers ... g^2

資料５：《フェルセンからアントワネット宛に》イタリア語で書かれた手紙用のコードネームリスト。

アントワネットがこの暗号を退けた理由は一目瞭然だろう。頻繁に重要な手紙のやり取りをする彼女にとって、あまりに複雑すぎたのだ。それでもフェルセンは「用例」と題された手紙のなかで（これも今日まで未公表であった）、この暗号の使い方を王妃に説明している。一七九〇年二月一日付のこの手紙は書簡6として本書第三章に収録されているが、現在残っている書簡では第二の暗号は一切使われていない。

多表換字法を使った王妃の手紙では、人名も暗号化されていたため、コードネームが使われた形跡はない。したがって、資料5のコードネームリストも利用されなかった可能性はある。このリストでは、人名がアルファベットに置き換えられている。一七九二年三月三〇日にフェルセンに宛てた手紙のなかで、アントワネットはこう書いている。「私宛てのお手紙を、暗号を使わずにイタリア語で書く方法は、クロフォード氏［クインティン・クロフォード。一七四三―一八一九年。スコットランド出身。インドで財産を築き上げ、パリに住んでいた。フェルセンやフランス王家とも親しく、ヴァレンヌ逃亡事件後はアントワネットの秘密外交に深く関与していた。］からお聞きのことでしょう。人名リストを忘れずにお送りください[24]」。資料5の右はフェルセン直筆のコードネームリスト、左はその転記である[25]。

フェルセンが実際にこの方法でアントワネットへ手紙を書いたのかは、不明である。もうひとつ興味深い点は、この紙の裏にゴグラとグジュノの名前と住所が書かれていることである。両者とも王妃の忠実な腹心で、手紙にも何度も登場している。

この文書グループには、ほかにも重要な情報が隠されていた。フェルセンがアントワネットとの手紙を暗号化するために、一七九一年から一七九二年にかけて使っていた多表換字表である[26]［資料7］。

解読方法は単純だ。例えばアントワネットがゴグラに

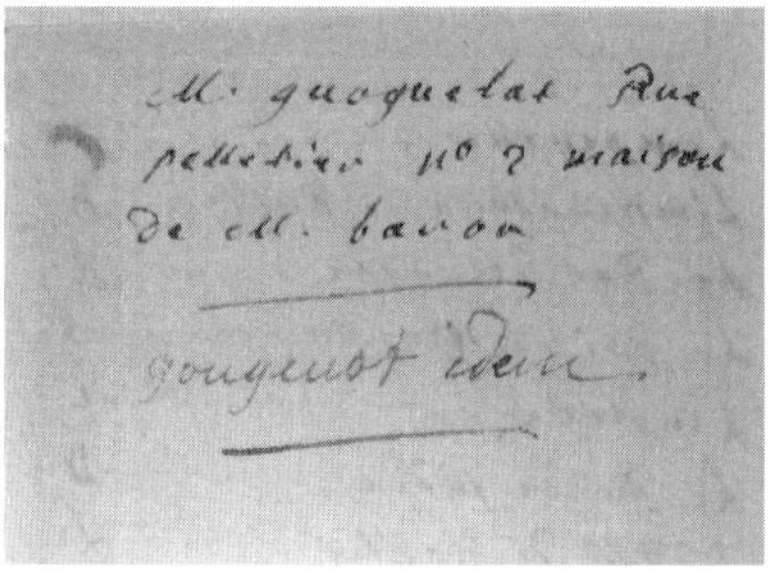

資料6：コードネームリストの裏側。ゴグラとグジュノの住所が書かれている。

ゴグラ氏、
ペルティエ通り2番地、
バロン宅、
グジュノ同上

ました。以下のようにいたしましょう。まず暗号部分にピリオドを記入します。飛ばし暗号の場合はコロンにします(29)」

実際にこの手紙のなかにもコロンが記入されている。フェルセンはこの方法を忠実に守り、飛ばし暗号を使用する場合は、キーワードを示すページ番号のあとにコロンを記した。だが大量の手紙を暗号化するのは、気が滅入るような作業だった。一方、フェルセンの一七九二年三月六日付の手紙には、興味深い情報が含まれている。暗号や特殊インクについての指示が記されているが、後世のクリンコウストレーム男爵をはじめとする出版者たちは、ある重要な一文を削除している。この一文こそ、フェルセンが王妃と二重往復書簡を交わしていたことの裏付けである（以下、太字は初公表）。

「次のことをゴグラにお知らせください。49——のように、暗号文の上部に番号と横線が書かれている場合、あなたのみに**宛てた内容で、特殊インクが使われており、暗号部分には何の意味もありません。49：——のように、ピリオドあるいはコロンがある場合は、**次のピリオドまでに暗号文があることを意味します。その他の暗号部分には意味がなく、続いて特殊インクが使われます。49のように《数字に》下線が引かれている場合は、ゴグラ宛ての手紙であり、番号とピリオドあるいはコロンが記されていない限り、暗号文には意味はありません。番号とピリオドやコロンの組合せのあとに平文《ひらぶん》が続いている場合は、行間に特殊インクで文章が書かれています。こうした点をゴグラに知らせておかねばなりません。私にお手紙をお書きになる場合は、意味のない暗号文を記した上で、行間に特殊インクで文章をお書きになるのがよろしいでしょう。こちら〈ブリュッセル〉でも暗号が解読される可能性があるからです。特殊インクであることの合図として、暗号部分のあとあるいは下部に、ピリオドではなく横線をお引きください。紛失した手紙がないかどうか確認するために、各手紙にはかならず番号を付すことといたします(30)」

頭痛を引き起こしそうなこの文章からは、フェルセンはアントワネットとの往復書簡に際して、とりわけ特殊インクを好んでいたことがうかがえる。資料9はこの内容をまとめたものである。

印	意味
49 ——	アントワネットのみに宛てた手紙。特殊インクが使われており、暗号文には意味はない。
49.——あるいは 49：——	アントワネット宛ての手紙ではあるが私信ではない。次のピリオドまでは暗号文（49. の場合は全文字が、49：の場合は 2 文字ごとに暗号化されている）で、続いて特殊インクが使われる。
49	王妃の秘書官フランソワ・ゴグラ宛ての手紙。
49. あるいは 49：	ゴグラ宛ての手紙。49. の場合は全文字が、49：の場合は 2 文字ごとに暗号化されている。
49. 親愛なるお友達、私は……	ゴグラ宛ての手紙。意味のない平文の行間に特殊インクで文章が書かれている。

資料9：暗号ルールのまとめ。

二人の暗号や特殊インクの使用状況を分析してみると、フランス革命前から秘密書簡を交わしていたことがわかるが、当時の手紙の内容は政治的というよりも、むしろ個人的なものだった。

特殊インク

暗号解読作業は煩雑で、時間がかかる。そのためフェルセンとアントワネットは、かなり頻繁に特殊インクを使用した。手紙や書簡記録簿では、「en blanc《アン・ブラン》」とか「en bl.」という言葉が出てくるが、これは特殊インクを意味する。早くも一七八七年には、暗号を試したあとに特殊インクも使い始めたようである。すなわち、暗号では何らかの不都合があったのであろう。

フェルセンの書簡記録簿には、アントワネット宛ての暗号文を用いた最初の手紙として、一七八七年七月四日付の書簡が記録されている（「ジョゼフィーヌ」書簡）。その後、暗号書簡四通が綴られ、一七八七年一〇月六日に特殊インクを用いた最初の手紙が書かれたと記録されている。以降一七九一年まで、特殊インクによる手紙と平文の手紙は交互に続き、（少なくとも書簡記録簿上は）暗号は使用されなかった。

　暗号を再開してからも、その煩雑さゆえにほどなくして特殊インクに戻っているが、ときには不備もあった。こうした状況は、フランス国立中央文書館に保管されている往復書簡の端々からもうかがえる。アントワネットは一七九一年一〇月一九日の手紙のなかで、ブルトゥイユ男爵[31]が使用している特殊インクの問題を指摘している。

「コワニー騎士[32]のお持ちになった溶液では、男爵のお手紙を読み出すことができません。この溶液の使い方とその成分を——もしこの溶液が不良品なら、私たちでもう一度調合できるように——、すぐに郵便経由で送ってください[33]」

　その間もフェルセンは暗号で手紙を書いているが、一七九一年一〇月二九日付の手紙で、王妃にこう書いている。

「白紙そのもの、あるいは白紙や版画の入った本が届けられた場合、手紙は特殊インクで書かれていることを意味します。手紙の末尾に日付が入っている場合も同様です[34]」

　一〇月三一日の王妃の手紙にはこうある。

「昨日、ブリージュ氏経由で、あなたのお手紙をすべて受け取りました。薬剤師から溶液を取り寄せたところ、完璧に読み出しができました。そちらから送っていただきました溶液は蒸発してしまったようですが、今のところ支障はありません[35]」

　こうした手紙を読めば、なぜ暗号が必要とされていたかが理解できる。特殊インクの読み出しには、薬剤師が特別に調合した溶液が使われていた。つまり外部者が介入することになり、書簡の続行は不確実となる。もし溶液が切れてしまったら、手紙を読み出すこともできない。アントワネットはこうした制限を嫌った。一七九一年一一月二六日、フェルセンは暗号の問題点を認め、一般的な特殊インク、すなわちレモン汁の使用を提案している。

「それほど手間のかからない別の方法がございますので、そちらを採用すべきでしょう。グラスにレモンを絞り、それを使ってパンフレットや雑誌の行間に書くのです。（中略）行と行の間が空いていて、にじみにくい紙を選ばねばなりません。これを温めると、いつもの特殊インクのように読み出すことができます[36]」

王妃はレモン汁を使った手紙を書くための手はずを整え、暗号よりも頻繁に使用するようになった。だが、万全というわけではなかった。彼女は一七九一年一二月九日の手紙で、特殊インクを使った手紙はもろいこと、夫ルイ一六世が薬剤師の調合した溶液を持っていることを、フェルセンに知らせている。次に引用する手紙の太字部分は、今回初めて公表されるものである。原本ではクリンコウストレーム男爵によって塗りつぶされているが、男爵が自分用に作成した写しにははっきりと転記されている。

「私にお手紙をくださる際の不都合については、司祭からお聞き及びのことと思います。いつも国王に送付物をお渡しするラ・ポルト氏[37]が、今日あなたから送られてきた包みを持ってきました。**陛下はインクを読み出すための溶液をお持ちです。私が気付いたのはしばらくしてからのことでした。幸運にも陛下はまだ読み出していらっしゃらなかったので、私は素早く手紙を回収しました。**〈一行半塗りつぶし〉**手紙の内容には、くれぐれもお気を付けください。特に政治について書かれている場合です。**ブラバン新聞については、私のほうで手配します。おそらくこちらに届くでしょうから、それを使ってどうぞご自由にお書きください[38]」

王妃は一七九一年一二月二二日付の手紙のなかで、インクの読み出しができないと言っているが、それは「ブラバン新聞」を指すのだろうか。「すでに印刷された紙を四枚受け取りました。それを炎にかざしたり溶液をつけたりしましたが、何も出てきませんでした[39]」。こうした支障にもかかわらず、特殊インクの利用は続いた。ただし、フェルセンの手紙が誤ってルイ一六世の手に渡ってしまうことがないよう、仲介者は変更された。明らかにアントワネットは、フェルセンとの書簡の内容を夫に知られたくなかったのだ。

この方法は数カ月の間はうまく機能したが、一七九二年七月六日、アントワネットの秘書官ゴグラがフェルセンにこう報告している。

「貴殿からの最新のお手紙を受け取りました。特殊インクで書かれていますが、すでに読み出されていました。このようなことは二回目です。同じ間違いを犯さないよう、ほかの手段を取らねばなりません。貴殿もこの件の重大性を、容易にご理解のことと存じます[40]」

しかし一七九二年七月の時点で王政の崩壊は時間の問題であり、王妃とフェルセンの往復書簡もまもなく終わりを告げるのである。

書簡番号

フェルセンの書簡記録簿を見ると、アントワネット宛ての手紙には、しばしば番号が付されている。記録簿に登場する最初の手紙は、一七八三年一一月七日付で一一番と記されている。一七八三年一一月一四日には、「ジョゼフィーヌ、一二番。P. J. 四番。二番、三番、および一〇月二九日付の手紙に返信」とある[41]。

書簡記録の冒頭には何度も「P. J.」という言葉と番号が出てくるが、何の略語かは謎である。アントワネットも書簡記録簿をつけていたのだろうか。あるいは二人が手紙を送る際に用いた新聞だろうか。もしくは仲介者の一人のイニシャルだろうか。書簡記録簿は何の手がかりも与えてくれないが、「P. J.」という言葉はアントワネット以外の人物との書簡記録には現れない。

二人は書簡を交わし始めた当初、毎回番号を付けていたわけではなかった。手紙が「機会に応じて」(すなわち信頼の置ける人物により)届けられた場合には、書簡記録簿に番号は記されていない。往復書簡は何度も中断しては再開するが、再開するときはかならずフェルセンがヴェルサイユを離れるタイミングである。また書簡記録簿に記録されておらず、番号も付されていない手紙や短信もある。ナンバリングは、郵便で送った場合に紛失がないかどうかを確認するためであり、手紙の機密性と危険な内容を考えれば、当然の対策だった。郵便物は監視されており、国王や大臣の利害に絡むような手紙は開封され、写しを取られてから届けられることもあった。オーストリア大使メルシー伯爵は、ルイ一六世の即位から一カ月後の一七七四年六月七日に、マリア＝テレジア女帝に宛ててこう書いている。

「国王《ルイ一六世》は王妃に、先王《ルイ一五世》のご存命中は、アントワネットさま宛ての郵便はすべて開封されていたが、今後は王妃宛ての手紙も包みも一切開封しないよう、通信監視担当のオニー氏に命じたとお話しになりました(42)」

今後、郵便物は開封しないという夫の約束も、アントワネットにとって、さほどの説得力はなかったようだ。それどころか、郵送で公然と手紙を送ることの危険性が露呈してしまった。というのも一七七八年、当時の宰相モールパはヴェリ神父に宛てて、王妃の手紙が監視から漏れていると不平を述べているのだ。

「王妃はウィーンにお手紙をお送りになるのに、オーストリア大使の外交便しかお使いになりません。かつて王太子妃となられるためにお輿入れされたときならまだしも、現在となっては、こうした習慣を改めることは不可能でしょう(43)」

つまりアントワネットは長年、ウィーンの家族と秘密裏に手紙を交わすことに慣れていたのだ。だがフェルセンとの手紙のやり取りでは、ウィーンの外交便を使うわけにもいかず、しばしば郵便に頼らねばならなかった。そこで手紙のナンバリング、仲介者、二重封筒、単一の印章が用いられた。使用人が宛先を書き、仲介者は二重封筒の中身――おそらく宛名にはコードネームが使われていた――を王妃に直接手渡していた。

現在、文書館に保管されている手紙には、ナンバリングについてのいくつかの手がかりが残されている。一七九一年一二月二二日、王妃はフェルセンに、「私からの手紙がそちらに届いていないことが心配」だと述べ、数カ月間中断していた手紙のナンバリングを再開すると書いている。これ以降、郵送の手紙のみに番号が付されるようになった。

「この手紙以降、特殊インクや暗号を用いたものを含め、郵送の手紙にはすべて番号を付すことにいたします。どうぞ同じようになさってください。すべての手紙をメモして、欠けているものがないかどうか確かめねばなりません(44)」

しかし一七九二年三月六日付のフェルセンの手紙を読むと、かならずしもナンバリングが徹底されていたわけではないことがわかる。

「紛失した手紙がないかどうか確認するために、各手紙にはかならず番号を付すことといたします。パリ当局は専用の道具を持っておりませんので、手紙が開封されていないことは確かです[45]」

革命期の議会は、アンシャン・レジーム時代の当局ほど有効な通信監視手段を持っていなかったようで、比較的自由に手紙が交わされていたが、幽閉されている王妃についてはその限りではなかった。

往復書簡の規模

しばしばフェルセンの書簡記録簿には、彼が返信した王妃からの手紙の番号と日付が記されている。フェルセン自身は明記していないが、王妃は彼からの手紙には毎回返信していたと考えられる。現在でも記録簿を用いれば、革命前に交わされた手紙の概数を把握でき、さらに文書館に保存されている手紙と突きあわせてみると、一七九一年から一七九二年にかけて何通の手紙が破棄あるいは紛失したかを算出できる。また文書館に保管されている書簡のなかには、記録簿に記されていない手紙も含まれている。

筆者は、二人の往復書簡の規模と紛失の深刻度をおおよそ把握するために、以下の調査をおこなった。

フェルセンの書簡記録簿を見ると、一七八三年から一七九〇年にかけて、アントワネットに宛てて一六〇通の手紙が送られたとある（一五四通は「ジョゼフィーヌ」宛て、六通は「フランス王妃」宛て）。書簡記録簿と、一七九一年から一七九二年にかけて書かれたもので現存する書簡を突きあわせてみると、フェルセンは、郵便あるいは信頼の置ける者を通して送った手紙のすべてに番号を付していたわけではないことがわかる。またヴェルサイユやパリでの滞在時に、使用人や友人を通して受け取った短信は記録簿に記録されていない。フェルセンから王妃へ宛てた未記録の手紙は一年に一〇通、記録されている手紙と合わせると全部で二三〇通の手紙が送られたと考えられる。王妃からも同数の返事があったとすると、一七八三年から一七九〇年にかけて、全部で四六〇通の手紙がやり取りされたことになるが、フランス国立中央文書館に保管されている手紙は五通のみ――すなわち一七八八年から一七八九年にかけてフェルセンから王妃へ宛てた公式書簡の下書き――であり、この時期のほぼ全書簡が紛失したことになる。

フランス国立中央文書館に保管されている手紙のほとんどは、一七九一年六月二八日から一七九二年八月にかけて綴られたものである。この時期、フェルセンはアントワネットに宛てて四九通の手紙（二二通が「ジョゼフィーヌ」宛て、二七通が「フランス王妃」宛て）を送ったと、書簡記録簿に記している。国立文書館に保存されている書簡とフェルセンの日記からは、王妃に宛てた手紙のうち少なくとも一〇通の記録漏れがあり、この時期だけでもフェルセンから王妃宛ての手紙は、最低五九通に上ると考えられる。王妃が欠かさず返信していたことから、王妃からフェルセンへ送られた手紙もやはり五九通はあっただろう。したがってこの年だけでも、二人の間で少なくとも一一八通の手紙が交わされたことになるが、フランスおよびスウェーデンの国立文書館に保管されている同時期の書簡原本は五九通しかない（アントワネットの「書簡原本」と呼ばれるものの大部分は、フェルセン直筆の解読文書である）。五九通のうち一一通は王妃の秘書官であるフランソワ・ゴグラの手によるものとされ、残りのうち四通を除くすべてはフェルセン直筆の写し、あるいは解読文書である。王妃が一七九一年から一七九二年にかけて綴った手紙のうち、少なくとも二三通が紛失しており、この時期の手紙で現存しているものは約四割にとどまることになる。

一七八三年一一月から一七九二年八月まで、二人は約五七八通の手紙を交わしたことになるが、国立文書館に保管されている原本は六八通のみ、すなわち全体の一一・八パーセントであり、書簡の大部分が紛失したことがわかる。こうした調査から、二人は頻繁に手紙を送りあっていたこと、そしてフェルセンの私生活において、アントワネットの存在がいかに大きな位置を占めていたかを推し量ることができる。

秘書官たち

絶対に秘密を守らねばならないこの書簡のやり取りにおいて、フランス革命前は秘書官は不要であった。一七九〇年一月以降、フェルセンはルイ一六世夫妻のもとで政治的な役割を担うようになり、政局に関する報告書や公式文書を作成し、国王一家をパリから脱出させるための準備と資金集めに奔走するようになる。そのため極秘書簡の分量が激増したが、フェルセンは秘書官を雇うことを躊躇した。

一七九一年一〇月、ヴァレンヌ逃亡計画が失敗し、その後神聖ローマ皇帝を相手に二カ月かけておこなった交渉も進展せず、ブリュッセルへと戻ったフェルセンは、王妃のみならずルイ一六世やグスタフ三世の外交密使とも頻繁に書簡を交わし続けた。当時のブリュッセルには、多くの反革命派の外交官たちが住んでいた。フェルセンは疑惑を招かぬよう、社交界通いを続け、いつも通り晩餐会やスペクタクルにも出席しなければならなかった。一方、重要文書の作成は非常に負担の重い作業であり、その上フェルセンは数年来、視力に問題があったからなおさらであった。一七八八年には視力回復のために、友人の助言に従って耳に針を刺したこともあり、妹ソフィーにこう書き送っている。

「一週間前のことですが、ものが見えにくくなりました。ときどきこうしたことがあるのです。耳に針を刺すとよいと皆に言われましたので、助言に従うことにしました。どのような結果になるのか、少なくとも効果はなくとも、害もないでしょう[46]」

「治療」にもかかわらず、一七九一年秋にはロンドンのドロンド店であつらえた眼鏡をかけなければならないほどに視力が低下した。「書き物ばかりで消耗していま す[47]」と一〇月一三日に王妃に宛てて書いているほどだから、グスタフ三世の侍従頭であり友人のタウベ男爵から送られてきた一〇月一二日付の手紙には胸をなでおろしたことだろう。「文書作成や複写作業のために、コペンハーゲン駐在の秘書官のうち一名を貴殿に派遣すると、フランクから知らせてきました[48]」。しかし一〇月一八日の手紙では、秘書官が本当に役に立つのか、タウベ男爵は懐疑的である。

「駐コペンハーゲン・スウェーデン大使は、現在当地におります。大使によりますと、ブルランは詮索好きで、主人よりも自分のほうが優れていると思い込んでいて、仕事ぶりにもそれが現れているそうです。友よ、ブルランには必要最低限の仕事しか任せないよう、とりわけ私からの特殊書簡の解読作業は決して任せないよう、忠告いたします[49]」

タウベ男爵の状況分析や人物評価が優れていたことを考えると、ブルランの存在はむしろ危険であったと判断できる。一方、ブルランがまだブリュッセルに到着していない一七九一年一〇月三一日の時点で、王妃はフェルセンに、政治に関する書類の作成作業を免除したいと申し出ている。「あなたはもうすでに膨大な量の文書作成に追われていらっしゃいますので、こうした書類の作成はあなたではなく司教か、あるいは読みやすい筆跡の方にお願いしたいと思います[50]」。この文章は、乱筆のブルトゥイユ男爵を牽制しているとも読み取ることができる。

王妃自身も膨大な量の外交文書に押しつぶされるような思いで、一一月二日および七日付の手紙にこう書いている。「さようなら。書き物ばかりで疲れてしまいました。こうした作業をしたことはかつてありませんでしたし、何か忘れているのではないか、誤ったことを書いていないかと、いつも気がかりです[51]」

王妃はブリュッセルにいるフェルセンの身を心から案じており、ヴァレンヌ逃亡事件に関連して彼を相手取った裁判がフランスで開かれるという噂なので、ブリュッセルを離れてほしいと書き送ったようである。ただしこの手紙は現存しない。これに対し一七九一年一一月二六日、フェルセンは自分の責任についてこう述べている（太字は現在まで未公表だった部分）。

「ブリュッセルを離れる件ですが、あなたのご意向に沿いたい、安心していただきたいとは思っているものの、それはできかねます。私は国王陛下の命令によって当地に滞在しており、留守にすることはできません。私は陛下から使命を拝して、当地にいるのです。陛下から秘書官一名が派遣されてくる予定で、彼を待っているところです。スウェーデンの全公使および大使は、ブリュッセルにいる私と連絡を取ること、私から彼らに書き送る内容に従って行動することと、陛下から命じられておりますす。**心から大切なあなたでしたら**、私の立場をご理解できるでしょう。それに、ここにいれば何の危険もありませんから、ご心配には及びません[52]」

一一月二五日、タウベ男爵はフェルセンに、「今頃、暗号を携えたブルランがそちらへ到着したことでしょう」と書いている。同じ日に王妃はフェルセンに宛てて包みを送り、こう書いている。「キーワードは『cause《原因》』です。ただし代筆を頼まざるをえなかったので、すべての文字が暗号化されているのかはわかりません。あなた宛ての〈空白〉はありませんので、b〈男爵〉に解読作業をさせてください」。彼女は、フェルセンの負担を何とか軽くしたいとつねに配慮していた。一二月六日、タウべ男爵は「私からの手紙は、ブルランには解読させないでください」と念を押している。だがブルランの到着が待たれていたのは事実で、アントワネットも一七九一年一二月七日の手紙で「あなたの秘書官が到着したのかどうか、早く知りたいです」と書いている(53)。

　王妃との書簡には、ブルランについてこれ以上の情報は記されていないが、フェルセンは極秘文書を彼に任せることはなかったようである。というのも、スウェーデン国立文書館に保管されているフェルセンの文書のうち、重要文書や手紙の写しの代筆を見ると、明らかにフレデリック・ロイテルスヴァルト(54)の筆跡であることがわかるからだ。ロイテルスヴァルトは元フランス軍ロワイヤル・スウェーデン連隊の士官で、連隊長であるフェルセンを深く慕っていた。一七九二年二月にフェルセンがパリをひそかに訪問したときも、同行している。翌年ストックホルムに召還されたが、「ブルランは貴殿を監視するために派遣されたのだと聞きましたが、彼にそうした能力があるとは信じ難いですし、信じたくもありません(55)」と書いている。

　一方、アントワネットには、少なくとも秘書官に関する心配はなかった。王妃付き秘書官フランソワ・ゴグラは忠誠心にあふれ、口の堅さも群を抜いていた。技術部隊に属す士官で、王妃からもフェルセンからも絶大な信頼を得ていたため、一七九一年のヴァレンヌ逃亡計画の折りも極秘の準備作業を任された。王妃は一七九一年二月三日にメルシー伯爵に宛てた手紙のなかで、ゴグラについてこう述べている。

「何度か話題に出たことのあるゴグラが、暗号をそちらにお持ちしてご説明します。私たちは重要な件に限ってゴグラを使っており、ブルーメンドルフ［フランツ・ポール・ツィゴイナー・フライヘル・フォン・ブルーメンドルフ男爵。一七三八－一八二六年。駐仏オーストリア大使。メルシーと非常に近かった。］には任せたくないと考えています。ゴグは何も知りませんし、知るべきでもありません。信頼の置ける、役に立つ人間です。参謀部の士官で切れ者です。彼を経由して私にお返事をくださる場合は、暗号を使わずにどんなことも書いていただいて結構です。ただし手紙の中で私のことを名指しなさらないように[56]」

ゴグラはヴァレンヌ逃亡の際に重傷を負い、投獄された。その後ルイ一六世が革命政府の制定した憲法を承認したため、ゴグラにも大赦が与えられ、間一髪のところで死刑を免れた。釈放後は多くの者のように亡命することなく、パリへ戻り王妃に仕える道を選んだ。王妃に対する絶対的な忠誠心は、後年、彼の記した『回想録』にも綴られている。

「人の心を支配するのに、王妃は王冠など必要となさらなかった。王妃には女性の持つ魅力、高貴な血筋ならではの偉大なる美点、王妃としての威厳そのものが備わっていた。これほどの優美さと善良さを持ちあわせた方はいらっしゃらなかった[57]」

ロシア大使シモリン男爵「イワン・マトヴェーヴィチ・シモリン。一七一五－九九年。駐仏ロシア大使。国王夫妻に忠実に仕えた。」は一七九〇年七月二三日付の手紙で、ゴグラはオルレアン公爵を亡き者にしようと、決闘をしかけたことがあるとさえ書いており、その忠誠ぶりがうかがえる。なお、名門貴族オルレアン公爵は、長年アントワネットを陥れようと画策していた。

「オルレアン公爵は国王にご挨拶しようとテュイルリー宮殿に伺候したところ、ゴグラという名の参謀部所属の士官から侮辱を受けました。ゴグラは公爵に非常に不快な言葉を投げつけただけでなく、国王の控えの間に並ぶ宮廷人たちの前で発言を撤回させたほどです。国王から国へ帰るよう命じられたゴグラは、自らの責任で公爵に出立の連絡をしました。しかし公爵からは何の返事もありませんでした[58]」

ゴグラの追放は長くは続かなかった。残念ながら、ルイ一六世はゴグラの大胆さを使いこなすことはできなかったが、アントワネットは彼の誠実さを見抜き、彼も徹底的に沈黙を貫いた。ヴァレンヌ逃亡事件後も王妃のために微妙で危険な使命を担っていたが、決して口外することはなかった。王妃とフェルセンとの往復書簡では、「ゴグ」と呼ばれ（短いほうが解読も容易になる）、秘書官、密使、仲介役として何度も登場している。

ゴグラ、グジュノ、ブラウン夫人、リニョン氏

一七九一年から一七九二年にかけて、ゴグラは仲介者としてフェルセンの書簡記録簿にたびたび登場するが、王妃の秘書官という立場を考えると当然と言えよう。だが、ゴグラと似た名前を持った忠実な男性がもう一人いた。彼の名はグジュノ。書簡記録簿では「ググ」と記されている。クリンコウストレーム男爵はグジュノの名を正確に、ただし身元についての情報は抜きに記している が、出版者たちはゴグラを指すのだと勘違いし、綴りを書き換えて出版した。しかしグジュノの身元を特定することにより、アントワネットのコードネームの謎を解く手がかりとなり、ヴァレンヌ逃亡事件以降に王妃への手紙の送り先としてフェルセンが使っていた住所を特定することができた。

グジュノの身元特定には、スウェーデンに保管されている資料が役立った。「グジュノ」の名は、ヴァレンヌ逃亡事件後にアントワネットがフェルセンに宛てた有名な短信（「殿方のなかでもっとも愛され、もっとも私を愛してくださる方」）に登場するが、セーデルイェルムをはじめとする歴史家は「グジャン」と書き換えている。しかしスウェーデンに保管されているコードネームリストの裏には、下のようなフェルセン直筆のメモが残されている（資料6参照）。

「ゴグラ氏、ペルティエ通り2番地、バロン宅、
　グジュノ同上」

フェルセンは、一七九一年六月のヴァレンヌ逃亡事件の際にパリに残してきた家具を回収しようと、一七九五年六月五日に駐仏スウェーデン代理大使に手紙を書いた。そのなかには、秘書官たちについてさらなる情報が含まれている。

「一七九二年一月下旬、以下に挙げるフェルセン伯爵所有の家具がゴグラ氏により、ペルティエ通り二番地の家に運ばれました。この家の中二階には家主であるワイン総徴税官が、二階にはグジュノ夫人、三階には夫人の夫である王妃付き召使頭グジュノ氏と、グジュノ氏のもとで勤務していたゴグラ氏が住んでいました。家具はグジ

ユノ氏とゴグラ氏に引き取られましたが、以来、何の報せもありません。ゴグラ氏は亡命し、オーストリア軍でc〈連隊長〉となり、グジュノ氏は死刑となったため、その所有物は供託に付されることになりましたが、国民公会の決定によりグジュノ夫人のもとに返却されるようです。夫人に詳細を伝え、家具はフェルセン伯爵の所有物である旨を伝えれば、回収できるでしょう(59)」

革命裁判所の記録には、「五六歳、パリ出身、ルペルティエ通り在住、元カペーの侍従頭」ルイ・ジョルジュ・グジュノが、一七九四年四月一八日に死刑に処されたとある(60)。

フェルセンとアントワネットの往復書簡の重要な鍵は、ヴァレンヌ逃亡事件後に書かれた短信に隠されていた。この短信のなかで、アントワネットはフェルセンに、「暗号で手紙を書いて、郵便で送ってください。宛名はブラウン、グジュノ宛ての二重封筒を使ってください(61)」と書いている。すなわち、王妃に手紙を送る際は、グジュノが住んでいたル・ペルティエ通り二番地（現在のパリ九区）宛てに郵送するようにという指示である。なかに入っている二番目の封筒の宛先「ブラウン夫人」は、アントワネットのコードネームである。グジュノは、自分宛てに二重封筒の手紙が届いたら、王妃に直接渡さねばならないとわきまえていた。当時アントワネットが仲介役にグジュノを任命した理由は、同じ家に住んでいたゴグラがヴァレンヌ逃亡事件で逮捕されたためである。この二人に対するアントワネットとフェルセンの信頼が裏切られることは決してなかった。彼らが書簡のやり取りにおいて担った役割は決して明かされることなく、グジュノは哀れにも断頭台に上るまでその秘密を守り抜いたのである。

コードネーム「ブラウン夫人」は、王妃の友人で駐仏イギリス大使ドーセット公爵［第三代ドーセット公爵ジョン＝フレデリック・サックヴィル。一七四五－九九年。イギリスの公爵。一七八三－八九年まで駐仏イギリス大使を務める。］が付けた名である。ドーセット公爵は、以前からデヴォンシャー公爵夫人［デヴォンシャー公爵夫人ジョージアナ・キャヴェンディッシュ。一七五七－一八〇六年。イギリスの公爵夫人。］や、クインティン・クロフォード、フェルセンとの手紙で、国王夫妻を「B夫妻」と呼び、ときには「ブラウン夫妻」、「ブラウン家」とも呼んでいる。コードネームを使うことで、フランス国王夫妻に関する情報の機密性を保持していたのである。

アントワネットはコードネームの有用性を理解し、面白がってさえいたようである。何しろエレガントで典雅なことではヨーロッパ随一と称賛を浴びていたフランス王妃が、フェルセンとの書簡のなかではジョゼフィーヌ・ブラウンという一女性になってしまうのだ。

　フェルセンはアントワネットとの往復書簡用にブリュッセルに安全な住所を確保しており、「リニョン」というコードネームも持っていた。なぜ「リニョン」なのか、理由は不明である。彼は一七九一年一一月二六日付の手紙で、レモン汁を使った手紙の書き方を記している。

「パンフレットや雑誌の行間に書くのです。そのお手紙をリニョンの住所、あるいは直接私の住所にお送りください(62)」

　クリンコウストレーム男爵により保存され、現存する唯一の封筒には、「ボーヴラン司祭、ポスト・レスタント、ブリュッセル」と記されている。おそらくこれがリニョンの住所だろう。ボーヴラン司祭の痕跡は一切見つからないが、「ブラウン夫人」同様、架空の人物だったと考えられる。

秘密の印章

　一七九四年一月二一日、フェルセンは、アントワネットからジャルジェ騎士［フランソワ・オーギュスタン・レニエ・ド・ジャルジェ。一七四五－一八二二年。フランスの軍人。国王夫妻への忠誠を貫き、秘密書簡の仲介役を果たした。一七九三年二月には、タンプル塔からの王妃救出作戦を企てた。ま］に宛てた短信の写しを日記に記録している。この短信は、ジャルジェの手紙と共にフェルセンのもとに届けられた。

「R《王妃》の手紙の断片を彼から受け取った。以下その写しである。彼女自身の手によって書かれている。

『（前略）安全な場所に到着されましたら、昨年会いに来てくださった大切なお友達に、私の近況をお伝え願いたいのです。その方がどこにいらっしゃるかはわかりませんが、ゴグ氏かクロフォード氏がご存じでしょう。クロフォード氏はロンドンにいらっしゃると思います。私からお友達に手紙を書くことはできませんが、私の銘を押したものを同封いたします。どうかその方に、この銘の持ち主にとって、今ほどこの言葉が真実だったことはないとお伝えください』

　銘は空を飛ぶ鳩と共に、印章指輪に刻まれていた。

『Tutto a te mi guida《すべてが我が身を御身に導く》』とある。当初、彼女は私の紋章を使おうと考えたが、本来の空を飛ぶ魚が鳥として描かれている。印章はカードに押されていたが、残念なことに暑さで完全に消えてしまった。それでも私は、これを小箱のなかに大切にとっておいてある。短信の写しと印章のデッサンと共に[63]」

書簡群を読めば、秘密の印章の必要性が明らかである。アントワネットはフェルセンに宛てた手紙には署名せず、宛先もしばしば召使に書かせた上で、二重封筒に入れ仲介者に送っていた。王妃付き首席侍女カンパン夫人が『回想録』で述べているように、アントワネットが秘書官や侍女に暗号を口述することもあった。こうした状況では、印章は差出人の正当性を裏付ける、もっとも確実な手段だったのだ。クインティン・クロフォードは『回想録』のなかで、王妃が秘密書簡用に特別な印章を使っていたと述べている。

「私がパリを出発する数日前、王妃は私がはめていた刻印の施された指輪に目を留められ、大切にしているものなのかとお聞きになった。いいえ、これはローマで買ったものです、と私は答えた。『それならば、私にいただけないかしら。きっとあなたにお手紙を書くこともあるでしょうし、私自身が書かない場合でも、印章があれば私からだと証明できるでしょう[64]』」

同じ理由で、アントワネットはフェルセンの紋章を用いた印章指輪を作らせた。ただし彫師は空飛ぶ魚を鳥として描いたので、完全に同一ではない。指輪にはイタリア語で「Tutto a te mi guida」、すなわち「すべてが我が身を御身に導く」という銘が刻まれている［図版6参照。］。

スウェーデン国立文書館には、フェルセンの死後に弟ファビアン［ファビアン・フォン・フェルセン。一七六二―一八一八年。ハンス・アクセル・フォン・フェルセンの弟。］がソフィーに書き送った手紙が保管されており、空飛ぶ魚の印章が押されている[65]。

フェルセンの居城レフスタード城に収蔵されている王妃の細密画は、さらに興味深い。一八世紀画家カンパナが描いた王妃は、指輪を二つはめている。この絵の複製はナポリ王妃であるアントワネットの姉［マリア・カロリーナ・ダズブルゴ。一七五二―一八一四年。］に送られたが、そこには指輪は描かれていない。レフスタード城で保管されている絵を拡大し、コントラ

資料10：フェルセンの紋章の「空飛ぶ魚」。アントワネットはこの図柄を印章指輪に用いて、「Tutto a te mi guida」の銘を刻ませた。

資料11：フェルセンの用いていた印章。AMAの三文字、すなわちAxel ama Marie-Antoinette（「アクセルはマリー・アントワネットを愛する」）が表されている。

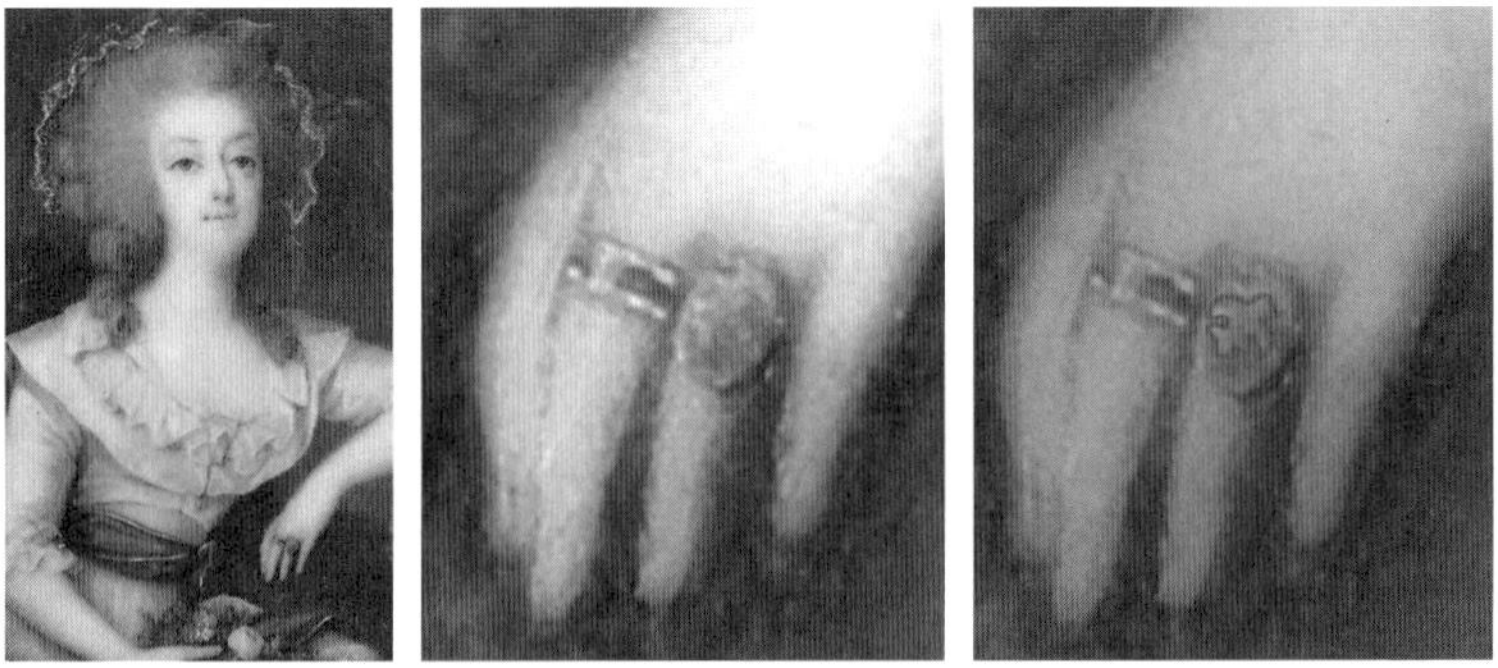

資料12：レフスタード城に収蔵されている王妃の細密画と、空飛ぶ鳩が刻まれた指輪の細部。

ストを調整してみると、通常は婚姻指輪をはめる左手の薬指に指輪があり、フェルセンが言及している空飛ぶ鳩の図柄が見えるように思われる。しかし、指輪の刻印を読み取ることはできない。

フェルセンの弟ファビアンがソフィーに送った一八一〇年一二月二五日付の手紙を読むと、フェルセンも王妃との往復書簡用に秘密の印章を用いていたことがわかる。ソフィーは、亡きフェルセンが持っていたアントワネットゆかりの品々を取り戻そうとしていた。そんな彼女にファビアンは、兄の紋章が入った印章は不正に使用されるのを防ぐために（フェルセンはスウェーデン大元帥だったことが背景にある）、十字が彫り込まれて使えなくなっているが、「音符とAAの二文字が刻まれた二つの小さな印章はもとのまま残っている」と述べている[66]。

フェルセンとアントワネットの間では、「AAの二文字」はマリー・アントワネットを意味するMでもあり、AMA（イタリア語で「彼は愛する」）、そしてAxel ama Marie-Antoinette（「アクセルはマリー・アントワネットを愛する」）をも表していた。この印章の存在は今日まで知られることがなかったが、王妃がフェルセンとの書簡で用いていた印章指輪の銘「Tutto a te mi guida」に呼応しているのである。

原注

（1）ジャン＝バティスト・ドナティアン・ド・ヴィムール・ド・ロシャンボー伯爵。一七二五－一八〇七年。アメリカ独立戦争におけるフランス軍将軍。

（2）A. Geffroy, *Gustave III et la Cour de France*, 2 vols, Paris, Didier, 1867, I, p. 360-361.

（3）クルト・フォン・ステディンク男爵。のちに伯爵。一七四六－一八三七年。当時はStedingと表記されるのが一般的だったが、現代ではStedingkの綴りが一般的。スウェーデンの軍人、外交官。アメリカ独立戦争でフランス軍に従軍し、武勲を立てた。数年間スウェーデン連隊の准将を務めたのち、一八一四年の王政復古では駐仏スウェーデン大使に任命された。

（4）Roger Sorg,《Fersen, officier français et Marie-Antoinette》, *Mercure de France*, 842, 15juillet 1933, p. 325-327. この記事には、スウェーデンのウプサラ図書館に保管されているタウベの手紙の写しが掲載されている。スウェーデン語の部分の意味は『それぞれ自分の妻を見つけたら、私は我が妻を見つけよう。そしてほかの者は何も手に入れることはできない』。

（5） Klinckowström, *op. cit.*, Vol. I, p. 45.

（6） 一七八一年九月のヨークタウンの戦いを指す。

（7） エリック・マグヌス・フォン・スタール＝ホルシュタイン男爵。一七四九－一八〇二年。裕福な銀行家ネッケルの娘ジェルメーヌの夫。一七八五年、グスタフ三世から駐仏スウェーデン大使に任命されたが、革命によりフェルセンとの親交が途絶える。

（8） シャルル＝ウジェーヌ＝ガブリエル・ド・ラ・クロワ・ド・カストリ侯爵。一七二七－一八〇一年。フランスの元帥、一七八〇－八七年まで海軍卿。一七八九年に亡命し、スイスのコペに住む友人ジャック・ネッケルのもとに身を寄せた。

（9） Stafsund, SE/RA/720807/02/5/II/8, 一七八二年五月二二日。

（10） *Ibid.*, 一七八二年一〇月三日。

（11） Stafsund, SE/RA/720807/02/6/III/10（1783–1808）.

（12） Alma Söderhjelm, *Fersen et Marie-Antoinette: correspondance et journal intime inédits du comte Axel de Fersen*, Paris, Éditions Kra, 1930.

（13） エステルアージを指す。ヴァランタン＝ラディスラス・デステルアージ伯爵。一七四〇－一八〇五年。アントワネットの取り巻き。軍人。アントワネットがフランスにお輿入れしたときからの友人で、ウィーンからヴェルサイユまでの旅程に同行している。一七八七年にフランス陸軍審議官に任命される。

（14） Stafsund, SE/RA/720807/02/6/III/10.

（15） Valentin comte d'Esterhazy, *Mémoires*, Paris, Plon, 1905, p. xxxiii–xxxv. フェルセンは日記や妹ソフィーへの手紙のなかで、アントワネットを「彼女《エル》」と呼び、アントワネットは二人の共通の友人エステルアージ伯爵への手紙の中で、フェルセンを「彼《リュイ》」と呼んでいた。

（16） AN, 440AP/1.

（17） Stafsund, SE/RA/720807/02/6/III/10.

（18） Esterhazy, *op. cit.*, p. xxxiii–xxxiv.

（19） *Ibid.*

（20） Claude Antoine Gabriel, Duc de Choiseul-Stainville（1760–1838）, *Relation du départ de Louis XVI le 20 juin 1791*, Paris, Baudouin Frères, 1822, p. 39.

（21） フランソワ＝クロード＝アムール・ド・ブイエ侯爵。一七三九－一八〇〇年。王党派の将軍。アルザスおよびフランシュ＝コンテ地方で指揮を執っていたが、一七九〇年のナンシー事件で反乱を鎮圧。一七九一年、息子ルイ・ド・ブイエ伯爵、ショワズール公爵、フランソワ・ゴグラ、フェルセンと共にヴァレンヌ国王一家脱出作戦を計画。

（22）AN, 440AP/1, 一七九一年一二月二四日。

（23）Stafsund, SE/RA/720807/10/20.

（24）AN, 440AP/1.

（25）Stafsund, SE/RA/720807/10/20.

（26）*Ibid.*

（27）Stafsund, SE/RA/720807/022/11.

（28）アントワネットからメルシー宛て、一七九一年一〇月一九日、Feuillet de Conches (éd.), *Louis XVI, Marie-Antoinette et Madame Élisabeth: lettres et documents inédits*, Paris, Plon, 1866, Vol. IV, p. 212. アントワネットからフェルセン宛て、AN 440AP/1.

（29）AN, 440AP/1.

（30）*Ibid.*

（31）ルイ＝シャルル＝オーギュスト・ル・トヌリエ・ド・ブルトゥイユ男爵。一七三〇－一八〇七年。フランスの外交官、政治家であり、フェルセンの父の友人でもあった。一七八三年、宮内府およびパリの担当大臣に任命された。

（32）ジャン＝フィリップ・ド・フランクト・ド・コワニー騎士。一七四三－一八一〇年。フランスの軍人として、ルイ一六世夫妻から複数回、任務を託される。

（33）*Ibid.*

（34）*Ibid.*

（35）*Ibid.*

（36）*Ibid.*

（37）アルノー・ド・ラ・ポルト。一七三七－九二年。元海軍大臣。宮内府大臣。一七九二年八月二三日に処刑。

（38）*Ibid.* 未発表箇所は第四章に収録。

（39）*Ibid.*

（40）*Ibid.*

（41）Stafsund, SE/RA/720807/02/6/III/10.

（42）Florimond, comte de Mercy-Argenteau, *Correspondance secrète entre Marie-Thérèse et le comte de Mercy-Argenteau avec les lettres de Marie-Thérèse et de Marie-Antoinette*, 3 vol., Paris, Firmin-Didot, 1874, II, p. 164.

（43）*Journal de l'abbé de Véri*, 2 vol., Paris, Tallandier, 1928 : Plon, 1930, II, p. 114.

（44）AN, 440AP/1.

（45）*Ibid.*

（46）Löfstad, SE/VALA/02249/BXXVa/8, 一七八八年三月二五日。

(47) AN, 440AP/1.

(48) Stafsund, SE/RA/720807/02/6/IV/14, 一七九一年一〇月一二日。

(49) *Ibid.*, 一七九一年一〇月一八日。

(50) AN, 440AP/1.「司教」はパミエ司教を指す。ルイ一六世の秘密外交において、ブルトゥイユ男爵の補佐をしていた。

(51) *Ibid.*

(52) *Ibid.*

(53) タウベからフェルセン宛て、Stafsund, SE/RA/720807/02/6/IV/14. アントワネットからフェルセン宛て、AN, 440AP/1.

(54) アンダース・フレデリック・フォン・ロイテルスヴァルト。一七五六－一八二八年。スウェーデンの軍人、外交官。

(55) Stafsund, SE/RA/720807/02/6/IV/14, 一七九三年二月八日。

(56) *Lettres de Marie-Antoinette*, éd. Rocheterie & Beaucourt, 2 vol., Paris, Alphonse Picard, 1896, II, p. 223.

(57) François de Goguelat, *Mémoire ... sur les événements relatifs au voyage de Louis XVI à Varennes*, Paris, Baudouin Frères, 1823, p. 12.

(58) Feuillet de Conches, *op. cit.*, I, p. 351. ロシアのエカチェリーナ二世に仕える外務大臣オステルマン男爵宛て。

(59) Stafsund, SE/RA/720807/02/6/I/3.

(60) *Liste générale et très exacte...*, Paris, 1793, p. 26.

(61) AN, 440AP/1.

(62) *Ibid.*

(63) Stafsund, SE/RA/720807/02/6/II/5.

(64) Quintin Craufurd, *Notice sur Marie-Antoinette*, Paris, J. Gratiot, 1819, p. 46-47.

(65) Löfstad, SE/VALA/02249/BXXVa/10, ファビアン・フォン・フェルセンからソフィー・ピパー宛て、一八一〇年九月二一日。

(66) *Ibid.*, 一八一〇年一二月二五日。

第二章

失われた書簡（一七八〇―八八年）

フェルセンがアントワネットに手紙を書き始めたのは、一七八〇年一〇月と思われる。当時彼は父に、アメリカに駐留しているフランス軍での昇格を願い出るため、王妃に手紙を書くつもりだと知らせている。ただし、フェルセンの書簡記録簿は一七八三年一一月に始まるので、一七八〇年に嘆願書を受け取った王妃が返事をしたのかどうかは不明である。だが二人の親密さは増す一方で、王妃は彼と連絡を取り続ける機会を得たことを喜んでいたはずだ。いずれにせよ、フェルセンが前線部隊で昇格できるよう、王妃が積極的に働きかけたことは明らかである。しかしフェルセンは辛抱強く待たねばならなかった。一七八二年三月には、妹ソフィーに宛てて、「ロシャンボー将軍付き副官の仕事は単調で、非常に退屈です」と書き送っている。(1) その一カ月後になっても、待ち焦がれるパリからの報せは届かなかった。

「〈ローザン公爵の〉部隊を引き継ぐことを期待していましたが、それはかなえられないようです。今の時点では無理ですが、ほかの便宜が図られていて、きっと満足のいくものだろうと言われました(2)」

フェルセンは職務に関する情報ではかならずその情報源を記しているが、ここには記されていない。すなわちこの情報は、王妃からもたらされたことと考えられる。実際は、一七八二年一月二七日の時点でアントワネットは、フェルセンをロワイヤル＝ドゥ＝ポン連隊の「副連隊長」に任命する国王の許可を得ていたが、(3) 戦時下の大西洋間では通信に大きな遅れが出ていた。フェルセンはソフィーにこう書いている。

「あなたのご令嬢の訃報を受け取りましたが、まったく知りませんでした。ヘッダ〔ヘドヴィグ・エレオノーラ・フォン・フェルセン。一七五三－九二年。フェルセンの姉だが、妹ソフィーほどフェルセンとは親しくなかった。クリンコウストレーム伯爵に嫁ぐ。〕やあなたに何人子どもがいるのかさえ、私は知らないのです(4)」

二人はすでにこの時期には、定期的に手紙を交わしていた可能性が高い。一七八三年三月には、フェルセンはソフィーにこう書き送っている。

「もし戦争がこのまま続けば、アメリカにとどまることにします。戦争が終結すれば、いや、終結せねばならないのですが、アメリカをあとにし、フランス軍で勤務を続けようと思います。もしかすると連隊の所有者兼連隊長になって、連隊を持つことができるかもしれません。そうすれば住居も必要ありませんし、好都合です。このことは誰にも口外しないでください[5]」

連隊の所有権をフェルセンに提案したのは誰だろう。そしてなぜフェルセンは、ソフィーに口止めしているのだろうか。

王妃はフェルセンのフランス軍ロワイヤル・スウェーデン連隊の購入――結局彼は一〇万リーヴルを払って購入した――の交渉を後押ししたが、おそらくその間かなりの量の手紙が二人の間で交わされただろう。それもフェルセンのヴェルサイユ帰還前のはずだ。というのも、彼がソフィーに一七八三年六月二七日付で送った手紙から、フランスに帰還したときには、すでにすべての手はずが整っていたことが読み取れるからである。

「一七日にはブレストに、二三日には当地に到着し、大変な歓迎を受けました。私の抱えている件についてはクロイツ伯爵からお知らせがいくでしょう。もし実現できれば私はこの世で一番の幸せ者ですが、かなえられねばこの世で一番の不幸者になるでしょう。大切な妹よ、どうか父上が賛成してくれるよう、話してみてください。私の幸せは父上の賛成にかかっています。私からも手紙を書きましたが、強く働きかけてみてください。問題はお金です。私のために父上と話しあってください[6]」

わずか四日のうちにフェルセンは、宮廷に伺候し、ロワイヤル・スウェーデン連隊の所有者兼連隊長の地位を提示され――すでに陸軍卿の承認は下りていた――、駐仏スウェーデン大使に報告し、ソフィーやグスタフ三世に手紙を書き、スウェーデンの父を説得してくれるよう、ブルトゥイユ男爵に依頼した。この迅速さはヴェルサイユでは異例である。事前に交渉し、王妃の支援を取りつけていたからこそ、話が進んだのであって、アントワネット自らがグスタフ三世に手紙を送り、ロワイヤル・スウェーデン連隊を一〇万リーヴルでフェルセンに売却するよう、当時所有者だったスパール兄弟を説得した。

ルイ一六世はフェルセンの連隊購入に一切関与せず、それどころか、この件でグスタフ三世から書簡が送られてきたときも、なかなか返事をしなかった。当時、アントワネットの兄ヨーゼフ二世の外交方針について、ルイ一六世はアントワネットと意見が一致せず、ボンベル侯爵は日記のなかで、一七八三年六月二八日にこう記している[7]。「使用人のうち何人かは、国王が、（中略）王太子も生まれたからには、国王の利益に反してまでハプスブルク家のために便宜を図ろうとするのは、もはや望ましくないと、強い口調で話しているのを耳にした」。二日経っても、王妃は機嫌を損ねたままで、国王はポリニャック夫人に王妃はまだ怒っているのかと尋ねている[8]。

つまり、フェルセンを後押しした人物は王妃ということになる。その上、一七八三年七月には二人は親密な仲になり、アントワネットにはフェルセンの連隊購入について、ひとかたならぬ思い入れがあった[9]。七月三一日、父から連隊購入を認める旨の報せを受け取ったフェルセンは、喜びに有頂天になった。ただし購入に必要な資金は送られてこなかったが……。スウェーデンをあとにしてから五年が経っていても、フェルセンにはまだ帰国するつもりなどなかった。彼はソフィーに宛ててこう書いている。

「あなたに再会できるのは大変うれしくはありますが、それでもパリを去るのは名残惜しいことです。あなたも理由がわかれば、当然だと思うでしょう。（中略）リエル嬢が結婚なさったのは、大変結構なことです。もうリエル嬢の話を聞かされることはありませんし、ほかの女性の話も持ってこないでいただきたいものです。私の心は決まっています。決して結婚はいたしますまい。自然に反することだからです。（中略）私がその方のものになりたいと思っている唯一の女性、私を心から愛してくださる唯一の女性のものになれないのですから、誰のものにもなりたくないのです[10]」

この「女性」とは、アントワネットにほかならない。一七九四年一〇月一六日、すなわちアントワネットの死からちょうど一年後にも、彼はこう書いている。

「私にとってこの日は、忘れ難く耐え難い日です。この日私は、この世で誰よりも私を愛してくれた方、心底愛してくれた方を失ったのです[11]」

　フェルセンの日記にも、ボンベル侯爵の日記にも、一七八三年七月一五日について興味深い記述が見られる。この日を境に、フェルセンの人生は一変した。一七九八年七月一五日、フェルセンの日記にはこう記されている。「私にとってこの日は特別だ。あの日、私はマティニョン夫人のダンギュ城から戻り、昼食後、彼女《エル》に会いに行った[12]」。フェルセンの日記で、「彼女《エル》」という言葉があえて大文字で始まり、下線が引かれている場合は、アントワネットを指している。ダンギュ城はブルトゥイユ男爵とその娘マティニョン夫人の田舎の城館である。この日、ボンベル侯爵もダンギュ城の宴に出席しており、日記にフェルセンが七月一二日に到着し、一五日には国王と狩りに行くためヴェルサイユへ出発したと記している[13]。フェルセン——そもそも彼は狩りは好きではなかった——は、あらゆる機会を利用して王妃のもとをひそかに訪れていたが、この訪問は一五年後にも正確な日にちと時間を記憶しているほど、特に重要な意味を持っていた。一七八三年七月末にソフィーに宛てたフェルセンの手紙には、幸福感が綴られている。これらのことから、この一五日の訪問時に、アントワネットから「本当に」愛しているとの証を与えられたと考えられる。

　ボワーニュ伯爵夫人は、二人の関係が始まったのは、この時期だったと回想している。

「王妃はひとかたならぬ、そしておそらくは抑えきれぬほどの想いを抱いていらした。天使のように美しく、どこから見ても秀でているフェルセン伯爵がフランス宮廷に伺候した。王妃はほかの外国人に対するのと同じく、フェルセン伯爵に対しても、愛想よく接された。外国人たちは宮廷の寵児だった。フェルセンは真剣に、激しく王妃を慕った。王妃もおそらく心動かされただろうが、ご自分を制され、距離を置くよう伯爵に強いられた。伯爵はアメリカへ発ち、二年間滞在した。その間病を患い、ヴェルサイユに戻ってきたときは、一〇歳も年をとったようにやつれ、端麗さはずいぶんと損なわれてしまった。フェルセン伯爵の変わりようが、王妃の心を打ったと言われている。いかなる理由であれ、王妃と親しい者たちにとって、王妃がフェルセン伯爵の情熱に抗いきれなかったことは、今や疑いの余地がなかった。フェルセン伯爵の掛け値なしの献身ぶり、誠実で恭しく控えめな愛情は、王妃の譲歩に値した。フェルセン伯爵は王妃のためだけに生き、生活のすべては、いかに王妃の名誉を守るかという点を中心に計算されていた。そのため、二人の関係は薄々知られてはいても、決して醜聞に発展することはなかった(14)」

二人の関係が始まったこの夏、フェルセンは幾度も人目を忍んでヴェルサイユ宮殿を訪れた。夏のヴェルサイユ宮殿はがらんとしているとボンベル侯爵が述べているように、密会は難しいことではなかった。「祝宴がない場合、週の中頃のヴェルサイユ宮殿はずいぶんと人気《ひとけ》がない(15)」。とはいえ、目立つのは禁物で、突然それまでの友人との交流をおろそかにするわけにはいかなかった。八月六日には、フェルセンはヴェルサイユ郊外のサン＝クルーで、マティニョン夫人やボンベル侯爵一家と昼食を共にし、「ブルトゥイユ男爵は（中略）、宮廷人のいない夏のヴェルサイユ宮殿ですっかり退屈なさっている王妃を少しでもおなぐさめしようと、宮廷に伺候した(16)」。八月一〇日、フェルセンはアントワネットのもとへ戻り、ヴェルサイユからソフィーに手紙を書いた。そのなかで彼は、父に別の手紙を送ったところだが、そちらはパリ発となっている、と説明している。父は連隊購入には強い不満を抱いていた。

「いただいたお手紙はあなたの想像以上に、ずっと有意義でした。パパのお考えがわかったのですから。パパに手紙を書いたところですが、それは三日前に受け取った、さほど重要ではない内容の七月一二日付の手紙への返事です。（中略）ネッケル嬢(17)の結婚についてですが、スタールは将来性のある男ですし、何も気をもむことはないとパパには話してあります。ネッケル嬢の両親は娘と離れたくないという噂ですし、そうなると私には不都合だとも知らせました。外国に移住するつもりはないこと、パパと暮らすことの幸せを重ねて書いたので、この手紙が功を奏すことを祈っています。手紙は詳細な内容で、八ページあります。パパには一番早い郵便で返信します。パパからの手紙には、反対とも賛成とも書かれておらず、単に私に会いたいとあります。けれどもそれは無理な話で、まずは連隊購入に関する承認が必要ですし、国王〈グスタフ三世〉からも早急に要求を出していただかねばなりません。一年に五、六プラート［プラートplatesについての詳細は見つからず。］も出してもらえたら充分ですし、それ以下でも結構です。以上が父上に書き送ったことですので、適当と思われる場合に利用してください[18]」

フェルセンから父へ宛てた書簡を読む場合、なぜ慎重さが要求されるのか、この手紙を読めば明らかである。フェルセンは自分の連隊の士官とアントワネットに宛てた手紙においてのみ、正確な所在と日付を記している。連隊長たる者、副官には閲兵日を隠すことはできないし、王妃に自分の到着日を偽ることもありえないためである。しかしその他のほぼすべての相手に対しては（一七八八年までは妹ソフィーに対してさえ）、偽っている。王妃を訪問していることを隠すためである。

「パパ」は息子の長い不在に不満だった。父からソフィーに宛てた八月一五日付の手紙では、「遅くとも一〇月半ばまでには帰国するようにと、三度も命じた」と書かれている[19]。だがフェルセンは荷造りをする気配もなく、アントワネットのそばにとどまった。

八月二五日、王妃懐妊の報せが広がった。「王妃の産科医ヴェルモン氏[20]の言によれば、王妃は胎動を感じられて、九日間、ベッドや椅子で安静になさった[21]」。誰もが王妃の懐妊を心待ちにしていたものの、宮廷には不安が広がった。ボンベル侯爵は、八月二九日に「王妃はシメイ公妃［シメイ公妃ロール＝オーギュスト・ド・フィッツ＝ジェームズ。一七四四－一八一四年。アンシャン・レジーム時代にアントワネットの首席女官を務め、寵愛を受けた。］に対し、公妃にもそのほかの女官にもお会いにならないとお伝えになった。首席女官であったシメイ公妃は、自由に王妃の居室に出入りすることができる。（中略）宮殿にはずいぶんと険悪な雰囲気が漂っていた[22]」と書いている。八月三一日、ルイ一六世は苦しんでいる妻を置いて、弟たちと共にパリの北郊コンピエーニュへと狩りに向かった。アントワネットは四日間、「国王がご出発されて人気《ひとけ》のなくなったヴェルサイユ宮殿[23]」に残されたが、フェルセンがそばにいる限り、夫の不在は苦にならなかっただろう。

一方フェルセンは、連隊購入には父からの資金援助が不可欠なため、帰国せざるをえなかった。ただスウェーデンでの滞在は六カ月にとどめて、その後はフランスで一年を過ごそうと決めており、ソフィーにも、「帰国して冬をあなたと過ごしますが、春にはまたフランスへ戻り諸事を処理するつもりです。スウェーデンにはその翌年の春に戻ります[24]」と書き、一七八三年九月二〇日には、「あと二時間で出発します」と伝えている。おそらくフエルセンは、人知れずアントワネットと数日を過ごすことができたのだろう（二人の密会は、一七九一年のヴァレンヌ逃亡事件での別離まで続くことになる）。というのも、普段ならブルトゥイユ男爵を通じてフェルセンの動向によく通じているはずのボンベル侯爵も、九月二四日の日記に「フェルセンは八日あるいは一〇日前に出発した[25]」と書いている。

ただし、フェルセンの目論見は計画通りにはいかなかった。スウェーデン国王グスタフ三世のイタリア訪問に、近衛隊長として同行するよう命じられたのだ。訪問の目的は、表向きは腕に傷を負ったグスタフ三世の療養のためとされた。フェルセンの父は、息子がイタリアへ発つことを喜ぼうともせず、「我が子たちを横暴に扱っている[26]」と国王を非難している。だが、グスタフ三世も君主としての務めをおろそかにすることなく、数カ月かけてイタリアを回ってからフランスに到着したときには、フェルセンの外交能力を頼ろうと考えていた。

一七八三年一一月、フェルセンはフィレンツェで詳細な書簡記録簿をつけ始める。最初に記録されている書簡のなかに、アントワネット宛ての手紙二通も含まれている。一通は「ジョゼフィーヌ」宛て、もう一通は「フランス王妃」宛てである。

一七八三年

一一月

七日：ジョゼフィーヌ、一一番。P. J. 三番。
七日：フランス王妃。連隊の件についてのお礼と、ステディンクを准将に就けるよう請願[27]。

フェルセンは同じ日にブルトゥイユ男爵、フランス軍に勤務する親友ステディンク、スタール男爵に宛てた手紙でも、連隊購入や、ステディンクを准将に推す旨を記している。王妃宛ての公式の手紙ではおそらく、陸軍卿セギュール元帥の支持を取りつけてくれるよう、請願したのだろう。

その後一七八八年まで、「フランス王妃」宛ての手紙が書かれることはなかったが、「ジョゼフィーヌ」への手紙は途切れることなく続いた。だが「ジョゼフィーヌ」は、フェルセンの連隊購入以上の重大事を抱えていた。フォンテーヌブロー城滞在中の一一月三日午前三時、流産したのだ。報せはまもなくイタリアにも届いた。流産当日、スタール男爵が事の次第をフェルセンに書き送り、フェルセンも一一月一八日に返事を出したと、書簡記録簿に記されている。「スタール。流産について詳細に記されたフォンテーヌブロー城発一一月三日付の手紙に返信」[28]。同じ日に王妃にも郵便で返事を出しており（この手紙には番号が付されている）、二〇日には信頼できる者、すなわちナポリの興行監督を介して別の手紙を送っている。

しかし王妃は一一月一一日には、ボンベル侯爵の言によれば、何事もなかったかのように、上機嫌で宮廷に姿を見せている。フェルセンも王妃同様、流産からすぐに立ち直ったのだろうか。王妃の流産は、妊娠三カ月目で起こった。つまり「偽りの萌芽」――とボンベル侯爵は呼んでいた――が宿ったのは、七月下旬、フェルセンとの恋愛関係が始まってまもなくの頃に当たる。世継ぎの一人になるかもしれない子を亡くしたことに、王妃は落胆したはずである。だが、彼女は兄ヨーゼフ二世に宛てて、次のように簡潔な手紙を送っている。

「次男を授かりたい気持ちはやまやまですが、それを成就させるには数カ月の休養が必要でございましょう[29]」

王家の系譜を守るための夫婦の務めに消極的なアントワネットの姿勢は、今に始まったことではなかった。結婚七年目にして国王との婚姻が成就された二年後の一七七九年にも［夫妻は一七七〇年に結婚したのちも、七年間夫婦関係が成就されないままだった。］、オーストリア大使は、国王夫婦が褥《しとね》をなかなか共にしないと報告している。メルシーの手先であり王妃の腹心でもあるヴェルモン神父［マチュー＝ジャック・ド・ヴェルモン神父。一七三五－一八〇六年。アントワネットの朗読係。］の友人ヴェリ神父は、一七八〇年の日記のなかで、こう国王夫妻の関係を観察している。

「王妃は公の場で、夫君に対してこの上なく冷淡である。国王自身も、王妃に夫らしい情愛を示されることは少なく（寵姫がいないにもかかわらず）、寝室を訪れることも稀である」

若くて健康であるにもかかわらず、国王は妻に無関心だった。さらに悪いことに、彼は大食漢だった。

「国王は見るからに太っていらっしゃり、近い将来、自力では動けなくなるほど恰幅のよい王弟殿下《ムッシュー》［国王のすぐ下の弟の尊称。本書ではプロヴァンス伯爵を指す。プロヴァンス伯爵ルイ・スタニスラス・グザヴィエ。一七五五－一八二四年。ルイ一六世の長弟。革命勃発後も国王一家と共にフランスに残るが、ヴァレンヌ逃亡の際に別ルートを取り、亡命に成功。革命後に帰国し、ルイ一八世として即位する。］にも迫る勢いだ。国王についても王弟殿下についても、おそらく暴飲暴食がその原因だろう(30)」

だがアントワネットは、夫の冷淡さに動じることはなかった。母マリア＝テレジアに宛てた一七八〇年一〇月一一日付の手紙では、

「ずいぶん以前から私たちは寝室を別にしておりますこと、お母さまはご存じかと思っておりました。こちらでは夫婦別室が習慣でございますし、この件で波風を起こして、陛下の流儀や個人的嗜好に反するようなことはすべきでないと判断いたしました(31)」

と書いている。妻と寝室を共にすることが、国王の個人的嗜好に反することと言えるのか、疑問が残る。

寝室にいれば、世継ぎをもうけるべく夫が訪れてくるかもしれない。若くて優雅で愛らしいアントワネットが、パリのオペラ座で踊り明かすほうを好んだのは当然だろう。一七七九年夏の流産から一七八一年一〇月の王太子誕生まで、夫婦関係はきわめて薄く、あったとしても結果は芳しいものではなかったが、王家の存続を確かにするための第二子、第三子が生まれないことに、宮廷が驚く様子もなかった。王太子が誕生してからも二年の間は、懐妊の兆しも夫婦関係の改善も見られなかったのが、一七八三年から一七八五年にかけては、三度妊娠している。しかもいずれも、長い間不在にしていたフェルセンの帰還後のことだ。

しかしフェルセンと親密になった当時でも、王妃にライバルがいなかったわけではない。イタリアを訪問していたフェルセンは、レディ・エリザベス・フォスター［一七五九－一八二四年。イギリスの貴婦人。一度目の結婚が失敗に終わる。親友ジョージアナの夫デヴォンシャー公爵と三角関係に陥り、ジョージアナの死後デヴォンシャー公爵夫人となる。］と出会っている。彼女は親友ジョージアナの夫デヴォンシャー公爵と不倫に走ったため、祖国を追われ、夫や子どもと離れて暮らすイギリス人女性であった。ジョージアナが没するまで、デヴォンシャー公爵を挟んだ妻妾三角関係は、イギリスで大変な顰蹙《ひんしゅく》を買った。エリザベスもジョージアナも、不義の子をひそかに出産するため、何度か国外に旅行している。生まれた子どもたちはフランスの寄宿舎に入れられ、アントワネットとジョージア

ナの共通の親友ポリニャック夫人が教育の監督をしていた。エリザベスはヴェルサイユ宮殿を訪れてアントワネットにも迎えられており、生涯、王妃への感嘆の念を抱き続けた。革命中、エリザベスからフェルセンへ宛てた手紙では、王妃を指して「私たちの不幸なお友達」と呼んでいる（一八一ページ参照）。一般に考えられているように、エリザベスとアントワネットがフェルセンの愛情をめぐって張りあうことなどなかったのである。

ここでフェルセンの女性関係について、触れておく必要があるだろう。フェルセンには、放埒でヨーロッパ中にコレクションのごとく愛人を作る一方、王家の血筋を汚すことを恐れ、アントワネットを一女性として見ることをよしとせず、ひたすら崇拝していたという偽りのイメージが付きまとっている。だがこの説は信憑性に欠ける。フェルセン家においては、王族との恋愛関係は決して珍しいことではなく、フェルセン自身も、こうした恋愛関係から派生したスウェーデン王家の血筋を引いている。フェルセンにとっては、王族といえど血と肉を持った人間であり、決して近寄り難い偶像などではなかった。ヴァレンヌ逃亡事件後にスウェーデンで軍務に従事したブイエ伯爵は、ストックホルムでフェルセン一族に面会した際に、「この一族は（中略）栄誉と愛を同等に考えていると見受ける[32]」と書き、フェルセンと王妃の関係についても疑いの余地はないとしている。

「フェルセンの名誉のために記しておくが、その物腰の控えめさや落ち着きぶりは、どんな悪意にも付け入る隙を与えなかった。王妃に忠実で、冷静沈着な彼は成功に酔うことなく、いかなる障害を前にしても動じない慎重さと慎み深さがその成功を裏付けていた[33]」

フェルセンが愛するただ一人の女性を手に入れるよりも、かりそめの愛人たちとの駆け引きを楽しむほうを好んだなどという説は、彼と王妃の性格や気質への無理解からきている。誇り高く毅然とし、友情に篤いアントワネットが、そのような男性に心を許すなど、考えられるだろうか。しかも宮廷の反王妃派は、複数の男性を王妃の愛人にすべく送り込んだのに、王妃はこれを拒んだのである。情のかけらもない一介の放蕩者を、アントワネットが何年にもわたり愛し通すことなど、ありうるだろうか。本当にフェルセンが悦楽ばかりを追いかける厚顔な利己主義者であったならば、「殿方のなかでもっとも私を愛してくださる方」などと呼ばれることはなかったであろうし、幾度となく命の危険を冒してまで王妃を救おうともせず、生涯、彼女への愛を貫くこともなかったであろう。飽くことなき誘惑者と、王妃を前に躊躇する内気な男性という像は共存し難い。

こうした数々の矛盾にもかかわらず、フェルセンがアントワネットとの恋人関係が始まったばかりの一七八四年のイタリアで、エミリー・コーパーとエリザベス・フォスターを征服したとする説は根強く支持され、エリザベスはフェルセンの愛人とされている。エミリー・コーパーについては、フェルセンと恋愛関係になかったことは明らかで、単に縁談が持ち上がっただけであり、年頃の、しかも兄の庇護下にあるレディを誘惑するなど論外だった。すでにフェルセンは父から勧められたリエル嬢やジェルメーヌ・ネッケルとの縁談を二回にわたって断っており、妹ソフィーに対し、「その方のものになりたいと思っている唯一の女性」のものになれないので、決して結婚はしないと明言し、実際に独身を貫いた。一方で、息子がフランスで軍務に就くことに不満な父の機嫌を損ねぬよう、結婚の意思はあるふりをし続けなければならなかった。ただし縁談が本格化するのは避けねばならない。同時に、グスタフ三世のお付きという地位も微妙なものであった。グスタフ三世が眉目秀麗なフェルセンを偏愛していた可能性はある。こうした状況であればこそフェルセンは、これ見よがしに足しげく女性たちのもとへと通ったのだ。この翌年、ジェルメーヌ・ネッケルとの縁談が再び持ち上がった際に、グスタフ三世はフェルセンにこう書き送っている。

「もし新聞の記事を信じるならば、貴公の縁談の成就が間近ということであるが、そうなると気の毒なかの者〈スタール〉は破談ということになる。貴公からは何の連絡もないので信じるしかないが、驚くには値しない。ネッケルが自分の娘をほかならぬ貴公に嫁がせるというのも充分に合点がいくし、銀行家ネッケルにとって貴公の莫大な財産は、決してささいなことではなかろう。とはいえ、貴公が結婚に消極的であり、イギリス女性がお気に入りであることを知っている余としては、疑いの念を抱いている(34)」

フェルセンは、「陛下、私の縁談についての新聞記事は、まったくのでたらめでございます」と返信し、資産家ネッケルの令嬢との結婚の機会をスタールから取り上げることなど、望まないと述べている[35]。手紙の調子はあくまで断固として揺るぎなく、噂が王妃の耳に届いてその心を深く傷つけないよう、配慮していたことがうかがえる。王妃の存命中、フェルセンが結婚を考えたことは一度たりともなかったし、一八世紀に普通とされていた功利重視の結婚を軽蔑し、心の自由な結びつきを信じていた。彼はこうした考えを、一七九七年にクインティン・クロフォードと別れて自分と暮らすよう、エレオノール・シュリヴァン［一七五〇－一八三三年。イタリア生まれ。ヴュルテンベルク公爵やレオポルト二世と浮名を流し、クロフォードの愛人となりパリに住む。ヴァレンヌ逃亡に協力した。］を説得しようとした際にも述べている[36]。エレオノールについて彼が妹ソフィーに宛てた手紙には、恋愛関係に対する姿勢やアントワネットとのかつての関係が述べられている。彼は強制力を持たない、自由意志による愛を信じていた。そしてこうした愛は、結婚により縛られている愛に劣らず、深く尊いものだと考えていた。

「自らの選択と意志により私と生きる女性と生を共にしたい、そして喜びのなかにも、彼女が与えてくれる愛の証のなかにも、強制されたものは一片たりともないと確信したいと思います。彼女を愛し続け、妻と同じように慈しみますが、そこから始めたくはないのです。そんなことになれば、私の愛情ゆえに一緒にいてくれるのではないかと疑い続け、もはや幸福にはなれないでしょう。私はつねに、あらゆる不自由、束縛、強制——感情により生じる強制は別として——を一切受けない関係こそが、何にもまして安定し、幸せな結婚を生むと考えてきました。（中略）あなたは、女性は隷属状態にあると言いますが、男性も同じです。男性にとっても女性にとっても、破棄が可能な自由で自発的な絆だからこそ、強固にもなり、情も増すのです[37]」

これほど感受性が強くロマンティックな男性が、放蕩に走るとは考えにくい。一七九五年にスウェーデンに帰国した際には、幾度も秋波を送ってくるセーデルマンランド公爵夫人を、「彼女を裏切ることはできませんし、愛することもできないのです[38]」と言って断っている。放蕩者であれば、降って湧いたような好機を逃すはずなどないだろうが、フェルセンにおいては感情が欲望に勝っていた。ひと言で言えば、フェルセンが、「気も狂わんばかりに」愛した一人の女性アントワネットと結ばれるよりも、愛してもいない女性たちとの関係を求めたとは考え難いのである。

確かにエリザベス・フォスターはフェルセンに魅力を感じていたし、フェルセンも彼女の美しさと不幸な境遇に惹かれていた。だが、アルマ・セーデルイェルムはじめ多くの歴史家が主張するような恋愛関係は、成立しなかった。エリザベスはジョージアナへの手紙のなかで、フェルセンについて「本当に魅力的な方」と述べているが、二人の体が接触したのは、ある舞踏会の宵、哀愁に沈んだエリザベスの頬にフェルセンが口づけをしたときだけである。翌日、フェルセンは、それとなく自分には恋愛感情がないことを示した。「今日は皆でパーティーへ行きました。彼は私を送ってくださり、私を傷つけてしまったのではないかと心配しているとおっしゃり、敬意を込めた愛情以外の感情をお見せになることはありませんでした。そしてどうか自分の気持ちを理解いただきたい、決してこの気持ちが変わることはないだろうとだけ口にされました」。その夜は数分間二人きりになってもⅹ(エリザベスも二人きりになるように仕向けたのだろう)、フェルセンは口づけすることも、手を握ることもなかった。彼女はジョージアナにこう書き送っている。

「正直に申して、彼の出発後は寂しくなることでしょう。どこから見ても彼は素敵で立派な方です。けれども親友であるあなたは、私のことをよくご存じです。この心の弱さをあなたに告白して、これを正す方法を教えていただきましょう」。翌年、エリザベスは、フェルセンには「愛情を感じるが」、かつて愛したデヴォンシャー公爵とのような関係を持とうとも思わないし、公爵との関係を後悔している、と日記に書いている[39]。

フェルセンは妹ソフィーに宛てた手紙のなかでエリザベスについて触れているが、もし彼女が愛人であったなら、決して手紙には登場しなかっただろう。一七八四年二月一〇日付のナポリからの手紙にはこう書かれている。

「こちらでは快適な毎日を過ごしています。ほとんどいつも、ラスヴェン伯爵夫人やフォスター夫人とご一緒しています。二人は一緒に滞在されています。午前中に待ち合わせ、その日何をするかを決め、天気が良ければ散歩をするか、四輪無蓋馬車で外出します。タウベも呼び寄せましたが、なかなか外出しません。こうしたご婦人方とのお付き合いがなければ、ナポリでは退屈していたことでしょう。気の毒なフォスター夫人のことはすでにお話ししましたね。不当にも不幸な境遇にありますが、素敵な方です。わずか二四歳の女性が悲しみに暮れ、両親や子どもや友人から離れ、一人で捨て置かれている様子を想像できるでしょうか。考えてみれば、孤独は悲惨です。そして彼女は孤独をひしひしと感じています。私に対して多大な信頼と友情を寄せてくれ、私も同様に思っています[40]」

実際のところ、二人は稀にしか会わなかったが、恋愛関係ではなかったからこそ、友情が生涯にわたって続いたのかもしれない。アントワネットの死後、エリザベスはフェルセンのためにアントワネットゆかりの品々を購入したし、フェルセンはエリザベスの息子がストックホルムのイギリス大使館に職を得られるよう、力添えをした。日記や書簡からもわかる通り、エリザベスはアントワネットとフェルセンの関係を知っていた。一七九一年に、ヴァレンヌ逃亡事件でフェルセンが果たした役割を知ったエリザベスは、日記にこう書いている。

「八年来、彼は王妃の愛人だと考えられてきたし、実際に親密な間柄なのだろう。だが彼は何かを要求するでもなく、物腰は謙虚で控えめ、行動は勇敢で忠実なことから、王妃の友人たちのなかでは唯一、中傷による迫害を免れた[41]」

フェルセンの書簡記録簿には、一七八四年一二月七日にエリザベスに宛てて、「すべてを明らかにした」手紙を書いた、とある。彼はエリザベスにアントワネットとの関係を告白したのだろうか。エリザベスが、フェルセンと王妃の関係は一七八三年に始まったと確信するにいたったのは、この手紙ゆえだろうか。

おそらくアントワネットは、フェルセンが一七八三年の王妃の流産に、いかに心を痛めていたかを知っていたのだろう。彼も自らを、「繊細[42]」と述べている。王妃が数々の困難に見舞われたこの時期、フェルセンはそばにいることができなかったが、手紙の数はわずかに増えている。グスタフ三世の旅行に同行していたフェルセンが、一七八四年六月七日にヴェルサイユに戻るまでの間にしたためた手紙は以下の通りである。

一七八三年

一一月

七日：ジョゼフィーヌ、一一番。P.J. 三番。

一四日：ジョゼフィーヌ、一二番。P.J. 四番。二番、三番、および一〇月二九日付の手紙に返信。

一八日：ジョゼフィーヌ、一三番。P.J. 五番。

二〇日：ジョゼフィーヌへの手紙をレーリチ［イタリアの都市。］から書き、ナポリの興行監督あるいは支配人に託す。

二八日：ジョゼフィーヌ、一四番。P.J. 六番。四番の手紙に返信。

一二月

五日：ジョゼフィーヌ、一五番。五番の手紙の受領確認。

一七日：ジョゼフィーヌへの手紙を、パリへ戻るフォンテーヌに託す。

三一日：ジョゼフィーヌ、一六番。

一七八四年

一月

七日：ジョゼフィーヌ、一七番。

一四日：ジョゼフィーヌ、一八番。P.J. 七番。三通の手紙へ返信。

二月

七日：ジョゼフィーヌ、一九番。

一四日：ジョゼフィーヌ、二〇番。

三月

六日：ジョゼフィーヌ、二一番。三月四日付の手紙。

一七日：ジョゼフィーヌ、二二番。P.J. 八番。

二四日：ジョゼフィーヌ、二三番。

三一日：ジョゼフィーヌ、二四番。旅程について。

四月

一七日：ジョゼフィーヌ。ローゼンスタイン。

二八日：ジョゼフィーヌ。ローゼンスタイン。オールバニ伯爵について書く。

五月

八日：ジョゼフィーヌ、二五番。P.J. 九番。ウィーン訪問計画について。

一二日：ジョゼフィーヌ、二六番。ウィーン訪問計画は実現しないこと。

一五日：ジョゼフィーヌ、二七番。国王の近況、ウィーン訪問は中止になったこと、フォンテーヌが到着したこと。

一八日および二一日：ジョゼフィーヌ。フォンテーヌ経由、国王より先には行けないこと、および――。

二五日：ジョゼフィーヌ、二八番。(43)

ナポリの興行監督やフォンテーヌ、ローゼンスタイン（駐仏スウェーデン大使館の秘書官）といった使者が運んだ手紙には番号が付されていないことから、郵送の場合に番号が付されていたと考えられる。ヴェルサイユとイタリアとの距離を考えれば、手紙のやり取りの頻度は驚きに値する。内容はほとんど記録されていないが、一七八四年五月に書かれた複数の手紙からは、アントワネットがフェルセンに、グスタフ三世よりも先にヴェルサイユに到着してほしいと伝えていたことがわかる。だがグスタフ三世付き近衛隊長であるフェルセンにとっては、無理な要求である。一七八四年五月五日付のソフィーへの手紙では、書類入れを盗まれたと書かれている。「すでにローマから送った手紙でお願いしたことですが、あなたと夫君のためのすべての用事を一覧にしてパリの私宛てに送ってください。ローマで書類入れを盗まれてしまったのですが、リストもすべてそのなかに入っていたのです」(44)。書簡記録簿も盗まれたのだろうか。そうだとすれば、現存する記録簿がイタリアで一七八三年一一月から始まっていることの説明がつくし、なぜアントワネットとの手紙には一切署名がないのか、なぜコードネームで送られていたのかも納得がいく。

一七八四年五月二九日、メルシー伯爵はヨーゼフ二世に宛てて、「王太子が風邪を引いたのち、八日から一〇日の間、原因がわからないまま体力が減退され衰弱されたため、王妃はまたもやご心配されています」と報告している。これは結核の初期症状であり、王太子は一七八九年に夭折することとなるのだが、このときは特に治療することもなく、体力を回復している。さらにメルシー伯爵は一流の率直さをもって、「国王の生活態度や習慣からして、多くの子どもに恵まれる見通しはほとんどないため、王太子の存在は一層かけがえのないものとなっております」とも書き、王太子誕生後、ルイ一六世夫妻が夫婦生活を営むことは稀で、皆無に等しいと述べている。(45)ルイ一六世は太る一方で、ボンベル侯爵は一七八四年二月に、「国王がダンスを好まれたことはない。もしお好きであったとしても、今の体型ではダンスを楽しむことさえできないだろう」[46]と書いている。国王が肥満体だったこと、そして妻に対して無関心だったことは、重要な点である。というのも、アントワネットが次男ノルマンディー公爵を身ごもったのは、メルシーの手紙のわずか三週間後、さらに言えばフェルセンがヴェルサイユに戻っていた時期に当たるためである。

グスタフ三世は六月七日にヴェルサイユに到着し、数々の祝典や、晩餐、スペクタクル、娯楽行事が催された。だが彼は、同盟条約やフランスからの援助金の額についての再交渉を忘れはしなかった。一方、フェルセンはロワイヤル・スウェーデン連隊の購入を果たすが、父が頑として援助を拒んだため、ルイ一六世から保証を受けて、ほかから購入資金を借り入れなければならなかった（今日でも当時の書類がストックホルムに保管されている）。しかしグスタフ三世がフェルセンのために交渉し、年俸二万リーヴルの待遇を得ることができたので、ようやく父のくびきから解放され、フランスに定住し、アントワネットの近くで暮らすことができるようになった。飽くことなく方々を巡るグスタフ三世に同行していたフェルセンだったが、合間を見計らって抜け出していたことが、六月二〇日付の父宛ての手紙からわかる。

「ヴェルサイユ宮殿では大がかりなオペラや夜会服着用の舞踏会が催されたほか、数々の昼餐会や晩餐会が開かれました。明日は、王妃のトリアノン宮殿の庭園での祝宴が予定されています。これが最後の祝宴となりますが、パリではまだ多くの晩餐会や観劇が催されます。（中略）親愛なる父上、そろそろ筆を置かねばなりません。父上に手紙を書いたり、用事を片付けたりするために、病気だと偽らざるをえなかったのです。今夜ヴェルサイユ宮殿で催される晩餐会までは、外出しないつもりです[47]」

ルイ一六世夫妻の次男ノルマンディー公爵が生まれたのは、この手紙の四〇週間後のことである……。六月七日にボンベル侯爵が、フェルセンはヴェルサイユの街のオテル・デ・ザンバサドゥール亭に投宿していると記していることから、この手紙もパリではなくヴェルサイユで書かれた可能性はある。一七八四年のフランス滞在中、フェルセンの書簡記録簿には、アントワネットへの手紙が書かれた形跡は一切ないことから、二人は何らかの方法で頻繁に会っていたと仮定できる。六月二一日、プティ・トリアノンでグスタフ三世とその一行を歓迎する王妃主催の祝宴が開かれ、フェルセンには王妃のそばの席が、グスタフ三世とルイ一六世には貴婦人たちのいる少し離れた席が用意された。アルムフェルトは、日記のなかでこの魅惑的な宵について語っている。

「六時、全員がトリアノンへ向かった。トリアノンの小劇場では、『起きている眠り人』というオペラ・コミックが上演された。マルモンテルが台本を書き、ピッチンニが音楽を担当し、ガルデルがバレエを振り付けた作品だ。タウベとフェルセンと私は、王妃の後ろの席だった。国王方は貴婦人たちの後ろの奥の席だった。オペラが終わると、いくつかのあずまやに分かれて晩餐が催され、私たち複数のスウェーデン人はひとつのテーブルについていた。王妃は私たち一人一人の椅子の後ろで立ち止まられては、少しの間歓談されていた。その後私たちは、まるで舞台装置のようにカンテラで美しく照らし出された庭園を散歩した。素晴らしい眺めで、これほどの美しさを想像することなどできないだろう(48)」

トリアノン庭園での宵の散歩。スウェーデン貴族たちにエスコートされた、白いドレスの貴婦人たち……。王妃にとっては、フェルセンに会うことのできる貴重な時間でもあった。だが彼女は、グスタフ三世を手厚くもてなすことも忘れなかった。フェルセンがロワイヤル・スウェーデン連隊を購入し、父の反対を克服するためには、グスタフ三世の後押しが不可欠である。以前からアントワネットがフェルセンに好意を抱いていることを知っているグスタフ三世は、フランスで軍務に従事したいというフェルセンの願いを聞き入れた。そうすることで、ヴェルサイユ宮廷の権力者に貸しをつくることができるからだ。旅行も終わりに近づき、一七八四年七月一九日、フェルセンはアントワネットに別れを告げ、グスタフ三世と共にスウェーデンへと出発した。書簡記録簿では、別離の翌日から、かつてない頻度で書簡が再開されたことがわかる。それほど、フェルセンにとっても王妃にとっても、別離は苦痛に満ちていたのだろう。複数の手紙には、王妃のためにフェルセンが珍しい贈り物を探していたことが綴られている。

一七八四年

七月

二〇日：ジョゼフィーヌ。シャンティイからスタール経由で手紙を送る。

二一日：ジョゼフィーヌ。スダンから宿駅監督官ル・ブラン氏経由で手紙を送る。

二三日：ジョゼフィーヌ。デュッセルドルフから郵便で手紙を送る。

二五日：ジョゼフィーヌ。オスナブリュックから郵便で手紙を送る。

二七日：ジョゼフィーヌ。リューネブルクから郵便で手紙を送る。犬にどのような名前を付けるか、秘密にしておくべきか尋ねる。アリア E cosi fatta il padre & c を依頼する。

二九日：ジョゼフィーヌ。ヴァーネミュンデから手紙を送る。犬にどのような名前を付けるか、秘密にしておくべきか尋ねる。この手紙はボイツェンブルクで書き始めたもの。(49)［スダンはフランス北東、オスナブリュックはドイツ北西、リューネブルクはドイツ北部、ヴァーネミュンデはドイツ北東、ボイツェンブルクはドイツ北部の町。］

一七七八年にフェルセンは、パリにポリフェームという名の犬を連れて行っており、「大変な人気者だった」。王妃も同じ犬をほしいと考えたのだろう。書簡記録簿からは、フェルセンが苦労してスウェーデン産のシェパードを手に入れたことがうかがえる。

一七八四年

八月

一四日：ポレ氏。約束のシェパードの件を、ボイェ氏、トゥン氏、ボルティンスティエルナ氏に確認してくれるよう依頼。

一〇月

八日：ポレ氏。九月二〇日付の手紙に返信。犬はフランス王妃に差し上げること、王妃は小さな犬ではなく、大きく立派な犬をお望みであること、私は四月には出発してドイツには寄らないので、その前にここで犬を引き取りたいことを伝える。

二二日：ボイェ氏。九月一七日、二八日付の手紙に返信。犬はまだ到着せず、引き取り方法を尋ねる。

一一月

九日：ボイェ氏。小ぶりではなく、ポレ氏が飼っていた犬と同じ大きさの犬を送ってくれるよう依頼。フランス王妃への贈り物だと伝える。

一二月

一六日：ポレ氏。一一月二三日付の手紙に返信。二匹のうちより立派なほうの犬を送るよう依頼。雄でも雌でも構わないこと、私宛てで父の家に送るよう伝える。

一七八五年

三月

一一日：ポレ氏。一月二二日付の手紙に返信。犬が送られてくるのが遅れはしないか心配であること、ドイツに寄る場合、シュトラールズントかハンブルクで引き取ることができるので、連絡することを伝える。

四月

一日：ポレ氏。コペンハーゲン経由で、今月一五日にはハンブルクに到着することを伝え、約束のシェパードをファクセルの家へ送るよう依頼。私の到着まで面倒を見てもらうよう、ファクセルに伝言してほしいと伝える。(50)

書簡記録簿にはシェパードについては詳細に記されているものの、アントワネット宛ての手紙の内容については、政治的に重要な話題について扱っている書簡があるにもかかわらず、ほとんど触れていない。フェルセンのストックホルム到着後から、一七八五年五月八日にパリへ戻るまでの「ジョゼフィーヌ」宛ての手紙の記録は以下の通りである。

一七八四年

八月

三日：ジョゼフィーヌ、一番。
九日：ジョゼフィーヌ、二番。
一四日：ジョゼフィーヌ、三番。
二四日：ジョゼフィーヌ。使者経由。
三一日：ジョゼフィーヌ。まだ到着していない二四日の手紙と同じ使者経由。
三一日：四番を郵送。

九月

九日：ジョゼフィーヌ。リンシェーピング［スウェーデン南部の町。］にまだ到着していない二四日の手紙と同じ使者経由。
二四日：ジョゼフィーヌ。セーデルストロムが到着したこと。

一〇月

八日：ジョゼフィーヌ、五番。ルダンゴト《男性用乗馬コートが原型の肩幅が広くウエストがくびれた裾広がりのコート》を着た女性のデッサンを送るよう依頼。

一一月

五日：ジョゼフィーヌ、六番。用事を片付けてくれるよう、スタールに催促してほしいと依頼。
一五日：ジョゼフィーヌ、七番。
二六日：ジョゼフィーヌ、八番。P.J. 一番。オランダの件。

一二月

二八日：ジョゼフィーヌ、一〇番。

一七八五年

一月

〈日付なし〉：ジョゼフィーヌ、一一番。
二二日：ジョゼフィーヌ。セーデルストロム男爵経由、進行中の件についての詳細な手紙。

二月

一五日：ジョゼフィーヌ、一二番。
二五日：ジョゼフィーヌ、一三番。

三月

一五日：ジョゼフィーヌ、一四番。
二四日：ジョゼフィーヌ、一五番。P.J. 二番。イギリスには寄らないことを伝える。

四月

一五日：ジョゼフィーヌ、一六番。P.J. 三番。一八日に出発すること、五月八日か九日には到着する予定であること、父との折衝が終わり満足していることを伝える。(51)

とりわけ、一七八四年一一月二六日および一七八五年一月二二日付の手紙は注目に値する。フランス革命勃発の五年前に当たるこの時期からすでに、アントワネットがフェルセンに政治面、すなわちスヘルデ川［フランス北部、ベルギー、オランダを流れる川。］の自由航行問題、別名ケトル戦争の件で助言を仰いでいるからだ。アントワネットの兄ヨーゼフ二世は、スヘルデ川を神聖ローマ帝国の船舶に開放し、マーストリヒトをオーストリア領ネーデルラントに割譲するようオランダに迫り、オランダはフランスを後ろ盾にして、これをはねつけた。将来のノルマンディー公爵を身ごもっていたアントワネットには、母国オーストリアから大きな圧力がかかり、ヨーゼフ二世やオーストリア大使メルシー伯爵から懇願されてルイ一六世にこの件について切り出すも、話し合いは激しい調子を帯びた。まさにフランス＝オーストリア同盟の危機である。こうした状況を考えると、アントワネットがスウェーデンでも指折りの政治家の一族であり、外交駆け引きに長《た》けたフェルセンに相談したのも納得がいく。フェルセンによると、一月二二日付の王妃宛ての手紙を運んだのは、フランスへ向かうロワイヤル・スウェーデン連隊の士官セーデルストロム男爵だった。書簡記録簿には、この「進行中の件についての詳細な手紙」がどのような経路を経てアントワネットの手元に届いたかが示されている。

一七八五年

一月

二二日：セーデルストロム男爵経由、ケーラー氏。

ただちに使者をパリにやって私の手紙を届けること、信頼できる男を使うことを言付ける。[52]

書簡記録簿のなかに散らばっている情報を拾っていくと、一月二二日付のアントワネット宛ての手紙には三人の仲介者が関わっていたことが判明する。ロワイヤル・スウェーデン連隊のケーラーに手紙を届けたセーデルストロム男爵は、自分の運んでいる手紙が最終的に誰の手に渡るのか、想像だにしなかった。ロワイヤル・スウェーデン連隊の副官ケーラーは、この手紙をほかの手紙と共に「信頼できる男」を使って、駐仏スウェーデン大使館のスタールのもとに届けよという命令を受けていた。そのためケーラーはこれを、スウェーデンの公用文書だと信じていたはずだ。そしてヴェルサイユ宮殿でも名の通っていたスタールが、アントワネットに直接、あるいは――おそらくこのほうが可能性が高いが――王妃の友人を介して手紙を届けた。こうした手順を見ていくと、手紙の内容が極秘であったこと、そしてフランス革命以前にも二人が秘密の経路を通じて、人知れず書簡をやり取りしていたことが明らかになる。二重封筒や、コードネーム、複数の仲介者、手紙のナンバリングなど、種々の予防策を取っていたのは、何も革命という危機的時期に始まったことではなく、それ以前からの習慣だったのだ。

一七八四年から一七八五年にかけての書簡のなかには、取るに足らない話題も登場するが、これは二人が信頼しあい、気の置けない仲であったことを示している。例えばフェルセンは王妃に、「ルダンゴトを着た女性のデッサンを送るよう依頼」したり、「用事を片付けてくれるよう、スタールに催促してほしいと依頼」している。これに対しアントワネットは、自身がモデルのルダンゴト姿の女性の絵を送っており、現在スウェーデンのレフスタード城に収蔵されている。実物には、手紙に同封しようと王妃自身が一六回折った跡が残っている［図版5参照］。

一七八四年一一月二六日、一七八五年三月二四日、四月一五日付の手紙には、「P. J.」と二重のナンバリングが再登場している。このうち、一七八四年の手紙ではオランダ問題が扱われているが、その他の手紙は政治ではなく自身の帰国後の件について書かれている。おそらく王妃との密会の手はずを整えるためだろう。王妃は、間違いなく妊娠の件についても話していたはずだ。次男が誕生したのは、一七八五年三月二七日。ルイ＝シャルルと名付けられ、アントワネットやポリニャック夫人からは「愛のキャベツ《シュー・ダムール》」の愛称で呼ばれた[53]。だがこの愛称からは、ルイ一六世は本当に「愛のキャベツ《シュー・ダムール》」の父親だったのかという疑問が浮かんでくる。王妃が夫に対して激しい愛情《アムール》を抱いているなどと考える者は、一人としていなかった。一方、王妃の友人ヴァランタン・デステルアージが手紙のなかで、フェルセンと王妃の関係について言及する際に、フェルセンを「シュー《キャベツ》」と呼んでいた事実は注目に値する。ルイ一六世の日記では、のちにルイ一七世となり悲劇的な運命を歩むことになるこの次男の誕生について、ごくあっさりと記されている。その四年前に生まれた王太子ルイ＝ジョゼフのことは「我が息子」と呼んでいるが、ルイ＝シャルルについては「ノルマンディー公爵」と呼び、誕生の祝賀がおこなわれなかったことを強調している。

一七八五年

三月

「一七八五年三月二七日：七時半、王妃がノルマンディー公爵を出産。万事、我が息子の誕生時と同じように進んだ。八時には洗礼式が挙げられ、聖歌『テ・デウム』が斉唱された。同席したのはシャルトル公爵のみで、祝辞も最敬礼もなし。名付け親は王弟殿下《ムッシュー》とナポリ王妃[54]」。

フェルセンの書簡記録簿には、「フランス王妃」に宛てて次男誕生の祝辞を送った形跡はない。意外にも思えるが、四月一五日付の「ジョゼフィーヌ」宛ての手紙にお祝いの言葉が綴られていたか、フランスに到着してから誕生の報せを受け取ったのかもしれない。

書簡記録簿に記録されているアントワネットやその他の相手に送った手紙からは、フェルセンが一七八五年五月八日か九日頃にパリへ戻るつもりだったこと、またストックホルムを出発する前から、ヴェルサイユでの住居を手配すべく手紙を書いていたことがわかる。

一七八五年

二月

二五日：リュイーヌ公爵[55]（中略）。ヴェルサイユの公爵邸の一室を依頼する。

リュイーヌ公爵邸は、大部分が一九世紀に取り壊されたが、一八世紀当時はシューランタンダンス通り（現在のアンデパンダンス・アメリケーヌ通り）にあった［図版2参照］。宮殿南翼、すなわち王妃の居室を含む翼棟がこの通りに沿って建ち、いくつもの執務室が収容されていた。邸宅からは王妃の居室や百段階段が一望でき、シューランタンダンス通りと宮殿の正面中庭を結ぶ小路もあった。フェルセンからの手紙をスウェーデンで受け取る者たちは、彼が表向きの住居であるパリのアパルトマンや連隊にいると思い込んでいたが、実際はヴェルサイユにも秘密の住居を有していた。フェルセンの父はブルトゥイユ男爵と親しくしており、スウェーデン国王グスタフ三世もパリやヴェルサイユ宮廷に複数の連絡先を持っていたので、彼の公的な活動や移動については、ストックホルムは定期的な報告を受けていた。しかしフェルセンは、人目を忍んでアントワネットを訪問する際には、手紙の相手に自分は連隊にいると偽っていた。一方、フェルセンから「ジョゼフィーヌ」に宛てた手紙や、指令を伝えるために連隊士官たちに宛てた手紙は、彼の正確な所在を明らかにしてくれる。

一七八五年四月一五日からパリ到着の五月八日頃にか

けて、さらにはフランス北部ランドルシーに駐留する連隊に戻る一七八五年六月二二日まで、書簡記録簿にはフェルセンからアントワネットに手紙が送られた形跡はない。つねにアントワネットの近くにいたため、手紙を書く必要がなかったためだ。このことは、フェルセンからグスタフ三世に宛てた五月二六日付の手紙からも明らかである。スヘルデ川自由航行の件で人気が急落した王妃が、ルイ＝シャルル出産後にパリを公式訪問したときのことを記した手紙である。

「一昨日、王妃はパリを訪問されました。ジュルナル・ド・パリ紙において、一行の行進の様子がおわかりになるかと思います。随員は立派とは言い難く、王妃は非常に冷淡な待遇を受けました。歓呼の声は一切上がらず、完全な沈黙が支配していました。大勢の人が詰めかけておりました。夜になると、王妃は拍手喝采でオペラ座に迎えられ、拍手は一五分近く続きました。いくつかの場所ではイリュミネーションが灯され、大変美しく、とりわけルイ一五世広場［現在のコンコルド広場。］は素晴らしい眺めでした。スペイン大使の邸宅で催された花火は、非常に美しかったのですが、あまりにも小規模でした。広場で花火をご覧になられた王妃が出発されると、『王妃万歳』の歓声が沸き起こりました。スタール男爵が催されたイリュミネーションも、それは立派でございました。王妃とエリザベート王女［エリザベート・フィリピーヌ・マリー・エレーヌ。一七六四－九四年。ルイ一六世の末妹。革命勃発後も国王一家とフランスにとどまり、処刑される。］はテュイルリー宮殿にお泊りになられ、昨日はお二方ともイタリア座にお越しになり、王妃は大きな拍手をもって迎えられました[56]」

全体に流れる冷静さからは、彼が王妃への感情を押し隠す能力を備えていたことがうかがえる。フェルセンが連隊に合流する前の六週間については、パリに滞在した記録はないので、おそらく王妃と過ごしたと推測される。アントワネットとフェルセンの書簡が再開したのは六月二二日、新たな別離の直後だった。フェルセンは自らの連隊を視察するために、ヴェルサイユをあとにした。

一七八五年

六月

二二日：ジョゼフィーヌ、一番。
二六日：ジョゼフィーヌ、二番。

二九日：ジョゼフィーヌ、三番。

七月

四日：ジョゼフィーヌ、四番。
八日：ジョゼフィーヌ、五番。
二〇日：ジョゼフィーヌ、六番。火曜日の夜に行くと伝える。
二二日：ジョゼフィーヌ、七番。月曜日の夜に出発すると伝える。

八月

一日：ジョゼフィーヌ、八番。
六日：ジョゼフィーヌ。サン＝ティニョン伯爵経由。
一三日：ジョゼフィーヌ。我が御者経由。
二二日：ジョゼフィーヌ。ナヴァール経由で届けられた手紙への返信を、ナヴァールを介して送る。ナヴァールが届けた手紙の日付は一二日、一四日、一五日、一六日。
三一日：ジョゼフィーヌ、九番。

九月

二〇日：ジョゼフィーヌ。ナヴァール経由。
二六日：ジョゼフィーヌ、一〇番。(57)

このリストは、二人の往復書簡を理解するための大きな手がかりを与えてくれる。使者を経由した場合以外は、ほぼすべての手紙にナンバリングされており、郵便で送られていたことが再確認できる。ここに使者として登場するサン＝ティニョン（あるいはサンティニョン）とナヴァールは、ロワイヤル・スウェーデン連隊の士官である。連隊に戻ってからはやや頻度は落ちるものの、フェルセンは王妃のもとを去るや否や、熱心に手紙を書き送っている。七月二〇日付のグスタフ三世宛ての手紙では、オーストリア軍の士官たちを訪問したと報告している。

「平穏はかつてないほど堅固と見受けられます。（中略）数日前、監察官のサリス男爵と数名の士官と共に、モンスに行ってまいりました。指揮を執るリリアン将軍が、大変立派な駐屯部隊を披露してくださいました。彼らはオーストリアへの出発命令を待ち続けておりますが、戦争が勃発しなかったことを、私ども同様残念がっております(58)」

同じ日にフェルセンは、短い間ではあるがヴェルサイユに戻ると王妃に書き送っている。王妃は夫と兄の間に戦争が勃発するのではないかと、深く憂慮していた。「火曜日の夜に行くと伝える」、すなわち七月二六日である。フェルセンの旅脚の速さは驚異的で、月曜日夜にランドルシーを発ち、二三〇キロメートルを旅して翌日夜にヴェルサイユへ到着している。書簡記録簿には、八月一日に書簡が再開したとあるが、フェルセンが七月一七日に弟ファビアンへ送った手紙には、「八月五日にランドルシーに戻るが、それ以前には不在」とある。おそらくフェルセンは八月一日以降もヴェルサイユに滞在するつもりだったのだろう。だが、メルシー伯爵やアントワネットがオーストリアへ宛てた書簡から判断すると、平穏はフェルセンが考えているほど堅固ではなかったようだ。アントワネットはスヘルデ川自由航行の件で、再びフェルセンに助言を仰いだのだろうか。オーストリアは、ルイ一六世がヨーゼフ二世の擁護を明言するよう画策しろと、アントワネットを毎日のように急き立てていた。だが同時にフランス軍は、オランダ側について戦う準備ができていた。一七八五年八月八日（すなわちフェルセンのヴェルサイユ出発直後）、プティ・トリアノンから王妃が兄ヨーゼフ二世に宛てて書いた手紙は、フェルセン独特の文体で論点も的を射ており、非常に興味深い。

「トリアノンにて、一七八五年八月八日。（中略）私は、国王陛下は戦争回避のためにあらゆる手を尽くされるだろうと、信じておりました。半年以上も前のことですが、私は陛下にオランダに対して断固たる言動を取っていただこうと考え、大臣たちの冗長さや愚かさが原因で、陛下のご意思にもかかわらず、戦争勃発の可能性があるとお伝えしました。幾度も進言し、決定を迫りましたが、大臣はいつもうまくやり過ごします。さまざまな出来事が重なって、陛下は、噂というものは必要以上に出回るものだし、危惧すべきことなど何ひとつないと説得されてしまいました。期日は五月とされましたが、現時点では九月一五日となりました。お兄さまは八万の兵を進軍させるとおっしゃいましたが、二万五〇〇〇名もいないだろうと人々は申しております。騒動が起こらなかったのは、お兄さまの賢明なご判断ゆえでしょう。けれども九月一五日に行動を起こされるおつもりだとすると、五月に思いとどまられた理由が、九月には変わっているということでしょうか。お兄さまは、陛下の断固たるお言葉があれば充分とお考えなのですから、この件で陛下に書簡をお書きになる際に、オーストリア側につくようにと、そしてそのことをオランダに宣言するようにと、積極的にお願いされてはいかがでしょう」[59]

この一件は騙しあいのゲームだったのだろうか。フェルセンは七月二〇日にグスタフ三世に宛てて、フランス軍は砲兵隊の馬をすべて売却したと報告している。「六五〇〇頭の馬のうち、わずか一〇〇頭のみが、必要な作業と供給品運搬のために残っています」[60]。フェルセンはこうした状況や、オーストリア軍が退却命令を受けたことを、アントワネットに知らせたはずだ。しかしいつ状況が変わるとも知れず、夏中、国境付近に駐留せざるをえなかった。

首飾り事件が明らかとなる八月、二人の書簡のやり取りは再び活発になる。書簡記録簿には、八月一二日にナヴァールに手紙を託したと記されている。「ジョゼフィーヌ。ナヴァール経由で届けられた手紙への返信を、ナヴァールを介して送る。ナヴァールが届けた手紙の日付は一二日、一四日、一五日、一六日」。このことから、二人がしばしば数日分の書簡を綴り、一度に送っていたことがわかる。

本書では首飾り事件の詳細については割愛するが、この年の八月初旬に宝石商べーメルがヴェルサイユ宮殿を訪れ、王妃との謁見を要求したこと、八月一五日には、ロアン枢機卿が鏡の回廊で逮捕されたことのみ記しておこう。まもなくこの事件は大スキャンダルへと発展するが、その渦中に当たる八月三一日から九月二〇日にかけて、書簡のやり取りは中断している。八月末から王妃は、天然痘の予防接種を受けた王太子に付き添ってサン＝クルー宮殿に滞在していたが、フェルセンはひそかに王妃に会っていたのかもしれない。彼は首飾り事件についてもかなり把握しており、駐屯地ランドルシーからグスタフ三世に宛てた九月九日付の手紙にも、詳細が綴られている。こうした詳細をフェルセンに伝えたのは、王妃にほかならない。ここで焦点となるのは、ロアン枢機卿逮捕には、政治的意図は一切ないとフェルセンが主張していることだ。同時に、自分は事件とはあまりにも隔たっており、一部始終に通じているわけではないとも書いている。

「枢機卿の事件について、陛下には一切ご報告申し上げませんでしたが、パリに滞在し、詳細を私よりも把握しているスタール氏から、ご説明がいっているかと存じます。これは卑劣な事件であり、一二〇万から一五〇万リーヴルもの禄を受けている男性が疑惑に巻き込まれるなど、考え難いことでございます。確かに枢機卿は苦しい状況に置かれており、キャンズヴァン盲人院も一八〇万から一九〇万フランの負債を抱え、運営状況の悪化が重くのしかかっていました。特に地方に流布している枢機卿についての噂は、にわかには信じ難いものばかりです。枢機卿の逮捕理由が首飾りと署名偽造であることを、誰も信じようとしません。何らかの政治的背景があるはずだと言われていますが、そのようなことがあるわけがございません。パリにおいてさえ、王妃と枢機卿が取引をしたのだとか、枢機卿は王妃のお気に入りだったとか、王妃が枢機卿に首飾りを購入させたのだとか、王妃が枢機卿を利用して閣議の内容を神聖ローマ皇帝に知らせ、枢機卿は状況報告のためにイタリアに旅行しヴェネツィアまで行ったのだとか、取引を隠蔽するために王妃は枢機卿を毛嫌いするふりをしていたのだとか、国王は真実を知って王妃を非難したため、困った王妃は妊娠を装ったなどという噂が流れております。連日のように止めどもなく流れてくるこうした噂をすべてご報告差し上げていたら、とてもきりがございません。気の毒なことに、枢機卿に同情する者は誰一人としておりません」[61]

フェルセンは妹ソフィーに、ブリュッセルに住むスウェーデン人の友人たちを九月二七日に訪問し、翌日出発して、三〇日の夜にはパリに到着する予定だと書き送っている。[62] 書簡記録簿によると、一七八五年にアントワネットに宛てて書いた最後の手紙は、九月二六日付となっている。同じ日、彼はかつて投宿したリュイーヌ公爵邸の部屋を借りるため、スタールに「リュイーヌ公爵のもとへ出向いて、渡すように」と一通の手紙を託している。公爵への手紙は、「ヴェルサイユの住まいの件で、誰と連絡を取ればよいか知らせてくれるように」[63]という内容である。こうしてフェルセンは再び、アントワネットの居室のすぐ近くに住まいを見つけた。書簡記録簿からは、フェルセンがパリのコーマルタン通り（現在の九区）にある家の四階に部屋を借りていたこともわかっている。フェルセンは所有する馬車や馬に手間をかけることをいとわず、自分だけでなく、弟ファビアン――一七八五年から一七八六年にかけて、家庭教師ボレマニー（かつてフェルセンの家庭教師でもあった）と共に数カ月パリに滞在していた――のためにも、馬車庫を探している。

一七八五年

九月

二日：ラ・ファール夫人。コーマルタン通り一四番地。二〇日から二六日にかけて滞在できるよう、部屋を整えておくように、馬を八頭収容できる廏舎と、馬車、折り畳み式幌付き二輪馬車、四輪無蓋馬車をそれぞれ二台ずつ駐車できる車庫が必要なこと、車庫は彼女の敷地内に空きがあるかどうか、廏舎は近いほうがよいこと、金額を連絡してほしいことを伝える。

一七日：ラ・ファール夫人。宿泊予定の部屋について、向かいにある小さな部屋を取れるかどうか聞く。

二四日：四階の部屋にすること、三〇〇から四〇〇リーヴルで廏舎と車庫を六カ月分借りたいこと、二八日に到着することを知らせる[64]。

フェルセンはほとんどの時間をヴェルサイユで過ごすつもりだったので、パリでは広いアパルトマンは不要だった。スウェーデン大使館に勤務するアスプに送った手紙からもそれは明らかだ。

一七八五年

九月

一七日：アスプ。一〇日付の手紙への返信、ラ・ファール夫人の宿の向かいの部屋、廏舎、車庫を見に行ってくれるよう依頼。

二四日：アスプ。彼が見に行ってくれた四階の小さな部屋と、廏舎を借りることを連絡。

二六日：アスプ。三〇日に到着すること、泊まる部屋についてのメモを、柵のところに置いておいてほしいと依頼[65]。

一七八五年一〇月初め、フェルセンは表向きにはパリのコーマルタン通りに居を定めると同時に、ヴェルサイユ宮殿の王妃の居室のすぐ近く、リュイーヌ公爵邸にも部屋を借りた。そして一〇月から一一月にかけて宮廷がパリ南東フォンテーヌブロー城に滞在するときは、ファビアンにパリの住居を貸すと父に書き送っており、事実彼がアントワネットとフォンテーヌブローで過ごしていた間、ファビアンはパリの住居をほぼ独占していた。

　以降、書簡記録簿には一七八六年六月二日まで王妃へ手紙を書き送った形跡は見られないが、奇妙な方法で短信は交わされ続けた。後述のように、あるイギリス人――ドーセット公爵――の書簡がその方法を明らかにしている。一七八五年九月二二日、フェルセンは駐仏イギリス大使を務める友人ドーセット公爵に宛てて、「私の二通の手紙をお忘れなきよう」と書き送っている。アントワネットに宛てた手紙だろうか。ドーセット公爵は王妃とフェルセンの関係についてよく知っていた。一七七七年、メルシー伯爵はマリア＝テレジア女帝に、オペラ座の舞踏会でドーセット公爵とアントワネットが会っていること、アントワネットが公爵を「とりわけ親切に」遇していることを報告している。このことから見て、公爵と王妃の親交は、少なくとも一七七七年にさかのぼると考えられる。王妃の首席侍女カンパン夫人も、王妃のごく内輪の取り巻きの一人として公爵の名を挙げている。

　文体と同じくらい性格も変わっていたドーセット公爵は、ポリニャック夫人の親友デヴォンシャー公爵夫人ジョージアナに宛てた手紙のなかで、驚くほどぶしつけに、「B夫人」と「ロマン」――すなわちアントワネットとフェルセン――について書いている。エリザベス・フォスターがフェルセンと知りあったのはローマでのことだったから、ドーセット公爵はそこからヒントを得て、フェルセンに「ロマン《ローマ人》」のあだ名を付けたのかもしれない。

　一七八四年からイギリス大使を務めていたドーセット公爵自身も、アントワネットに少なからず恋をしていたようである。グスタフ三世のフランス訪問やノルマンディー公爵誕生当時に公爵がジョージアナに宛てて書いた手紙は、残念ながらすべて破棄された。しかし一七八六年には、再び書簡のやり取りが始まり、フェルセンと王妃について、多くの貴重な情報を提供してくれている。例えば、公爵は一七八六年一月一一日に、ヴェルサイユからジョージアナに次のような手紙を送った。


「B夫人はいつもながらのお美しさです。先の手紙にも書きましたが、あなたがお会いになりたがっている人物、すなわちロマンは、B夫人が私に示してくださる好意に嫉妬したことでしょう。B夫人のお振舞いの原因は、それ以外に考えられません。というのも、ここ二、三日、私に声をかけてくださらないのです。そのことを友人に話したところ（あなたがお手紙の中で美しいとおほめになったH夫人です)、原因はフェルセンの嫉妬だと言い当てられ、先日B夫人が私のことをこの上なく熱心にお ほめくださったと教えてくれました。B夫人は、私をほめたことが私の耳に入ってくると確信されていたのでしょうし、事実そうなりました。夫人の冷淡な態度に私が傷つかぬよう、配慮してくださったのです。この推測は当たっていました。ロマンの不在中にB夫人にお会いしましたが、そのときは大変親切にしてくださったからです。今夜は舞踏会があります。きっとまた冷たくされるでしょう。

親愛なる公爵夫人《ミア・カーラ・デュケッサ》、B夫人から、私にお会いになりたいとのメッセージが届いたので、いったん筆を置きました。今戻ってきたところですが、大変満足しています。夫人のところへ向かおうとしたときに、奇妙なことが起こりました。ロマンが私に会いに来たのです。私は用事があってヴェルジェンヌ氏のところへ向かうのだと、精一杯の嘘をつかねばなりませんでした。その後、ロマンに会ったこと、そしてヴェルジェンヌ氏に会いに行くと話したことを、B夫人に伝えました。夫人は声を潜めて《ソット・ヴォーチェ》、『それでよろしいのよ。愉快ではなくて?』とおっしゃいました。けれども、ロマンと私は無二の親友です。彼は自分の愛情を示そうと、B夫人の前で嫉妬を装ったのでしょう。もし本当に嫉妬していたら、私のことなど到底我慢ならなかったはずです[66]」

ドーセット公爵の想像は的外れである。日記からもわかる通り、フェルセンは巧みに感情を隠すすべを知っていたものの、嫉妬深い性格だった。革命期には、穏健派バルナーヴ[67]がアントワネットに近づく様子を目にして、彼への激しい憎悪を見せている。王妃はフェルセンの性格を知り抜いていたからこそ、ドーセットのとっさの嘘をほめ、面白がったのだ。フェルセンに知られたら、きっと一波乱起きていたに違いない。だが嫉妬に苦しんだのはフェルセンばかりではなかった。ドーセット公爵がジョージアナに宛てた二月八日付の手紙からは、アントワネットがフェルセンとエリザベス・フォスターの噂を耳にしたことがわかる。

「先日、B夫人から彼女のことについて聞かれました。夫人はロマンが四月か五月に出発するまで、彼女が来ないことを願っているでしょう。私としては、何としてもあなたにフェルセンに会っていただきたいものです[68]」

ドーセット公爵は二月一五日にもジョージアナに手紙を送っており、王妃が宮廷人に囲まれながらも、人目を避けてフェルセンにメッセージを渡す方法を説明している。

「私の病気のことについてお話しできる女友達がいなくなってしまいました。この国で私の秘密をご存じなのは、B夫人だけです。しかし夫人にお会いする機会があっても、言葉をかけることはできません。せめて数カ月でも、夫人が王妃の地位を離れることができればと思います。ロマンは変わりありません。私たちがいかに忙しいか、想像さえできないでしょう。ときどき、彼女を思って身震いすることもあります。私は、親愛なるポ〈ポリニャック夫人〉が秘密に通じていることを知りました。先日の夜、ポはB夫人から預かった紙片をマフから取り出して、ロマンに渡しました。ロマンが出発すれば、ポも安心することでしょう。彼女は、誰かがB氏〈ルイ一六世〉に何かをほのめかしたりしないかと、心配しているはずです。B氏は疑り深い性格ではありませんが、そうしたほのめかしに耳を貸すことはありえます。妊娠は順調に進んでいますが、まだ公にされていません[69]」

フランス王家の子女たちの養育係を務めていた王妃の親友ポリニャック夫人は、秘密のメッセージの取次ぎ役でもあったのだ。ここで触れられているように、アントワネットは当時妊娠していたが、そのことは数カ月にわたり伏せられていた。一七八六年七月九日、次女ソフィー王女が誕生する。ドーセット公爵は三月二日付の手紙で、王妃は国王の前では控えめに振る舞っていると指摘している。

「ディアーヌ伯爵夫人〈ポリニャック夫人〉主催の舞踏会が、火曜日にヴェルサイユで開かれました。宮廷中の美男美女が集まりました。その後夕餐が振る舞われ、ビリヤードの間《ま》でオペラ座のダンサーたちが登場し、スペクタクルと共に宴が締めくくられました。デュガゾン［舞台一家出身の役者。］が小喜劇を、イタリア座が『レ・プリュンヌ』と題した小劇を演じました。それはそれはうっとりするようでした。ブラウン氏〈ルイ一六世〉もいらっしゃり、ずいぶんと楽しまれたようです。B夫人は相変わらずお美しいのですが、いつもよりやや控えめでいらっしゃいました。理由はご存じのはずですから、これ以上申しますまい。あなたのご想像通り、ロマンも舞踏会に来ていました(70)」

一七八六年三月九日、とうとう王妃の懐妊が発表されたが、ドーセット公爵は、生まれてくる子の父親はフェルセンだとほのめかしている。

「彼女〈B夫人〉から許しを得て、彼女が妊娠五カ月であることを大臣に書き送りました。出産は六月末頃でしょう。お腹の赤ちゃんはもう活発に動き始めています。旅行の件はいかがでしょうか。私はスパに行くと思いますが、七月初旬まではパリを離れたくありません（あなたとどこかで落ちあえるならば別ですが）。ロマンは五月か四月に出発します。私は赤ん坊からは目を離さないつもりです。眼鏡などなくとも、誰に一番似ているのか当ててみせましょう。親愛なる公爵夫人、どうぞご用心ください。ご自分がどれほどの危険を冒しているか、おわかりにはならないでしょうから(71)」

フェルセンはイギリス経由でスウェーデンに帰国することにしたため、デヴォンシャー公爵夫人も「ロマン」に会う機会を得た。一七八六年三月一〇日、フェルセンは父に宛て、「こちらを四月中旬に出発し、ロンドンかハル、あるいはニューキャッスルで乗船するつもりです(72)」と書いている。一方、ルイ一六世は妻の懐妊に心動かされることもなく、シェルブールの新要塞を六月末に訪問する計画を立てた。ドーセット公爵はカーマーゼン卿に宛てた公用文書のなかで、「妊娠は順調に進んでおり、国王不在の間に生まれるかもしれないと言われています(73)」と述べている。フェルセンは出産予定日よりずっと以前にフランスを発つつもりだったが、数カ月遅らせて、六月二五日に出発した。王妃への愛情と軍務ゆえに、出発を遅らせたのだ。彼は四月七日付の父への手紙で、「野営が終了してから帰国します」と説明している。ドーセット公爵からジョージアナへ宛てた五月一八日付の手紙によれば、野営は五月下旬から六月上旬にかけておこなわれたようだ。

「ロマンはあと数日で出発します。可哀そうなB夫人は、悲しげな様子です。彼女は兄上とその妻［アントワネットの兄フォン・エスターライヒと、その妻マリア・ベアトリーチェ・デステを指す。フェルディナント・］に飽き飽きしており、早くイタリアへ帰ってほしいとお思いですが、ご夫妻は少なくともあと三週間は滞在の予定です(74)」

だがフェルセンの野営も、アントワネットの兄夫妻の長逗留も、二人の逢瀬を妨げることはなかった。六月七日、フェルセンは「ジョゼフィーヌ」に宛てて、「一一日日曜日に戻ります」と書き、六月二五日にイギリスへ出発するまで、彼女のそばで過ごした。最後の数日はそろってプティ・トリアノンに滞在したようだ。一九世紀に刊行された『秘密書簡集』には、ルイ一六世が六月二〇日にシェルブールに向けて出発したあとの様子が描かれている。「国王のシェルブール訪問中、王妃はトリアノンから一歩も出られることはありませんでした。王妃は瀉血を受け、マダム［ここでの「マダム」とは、ルイ一六世の妹エリザベート王女を指すと思われる。］がお見舞いにいらっしゃいましたが、訪問は断られてしまいました(75)」。フェルセンの書簡記録簿には、彼がヴェルサイユ滞在をどのように家族に隠していたかが示されている。次に挙げるのは、アントワネット宛ての書簡記録の抜粋である。五月下旬に送られたはずの一番の手紙が欠けている。

一七八六年

六月

二日：ジョゼフィーヌ、二番。

四日：ジョゼフィーヌ。使者経由。

七日：ジョゼフィーヌ、三番。一一日日曜日に戻ると伝える。

だが父宛ての手紙では、場所を偽っている。

一七八六年

六月

二日：父。五月二〇日付、ヴァランシエンヌにいると知らせる。

一五日：父。ヴァランシエンヌ発信、父からの手紙が届かなければ二五日に出発すること、出発前はパリに滞在することを伝える(76)。

「ジョゼフィーヌ書簡」からもわかる通り、フェルセンは六月一一日には王妃のもとへ戻っており、連隊と共に過ごしたのは、かろうじて二週間だった。また六月一五日には、「弟。ヴァランシエンヌ発信、五月一七日付の手紙への返信」と記載されている。この日、彼はヴァランシエンヌに駐屯するロワイヤル・スウェーデン連隊准将ステディンクに対し、自分がヴェルサイユに滞在していることや、王妃を訪問したことを隠すため、弟に嘘をついたと書き送っている。長い別離を前にした、最後の訪問だった。もし出産が予定通り六月末だったならば、見届けるつもりだったのかもしれない。

　結局ソフィー王女は一七八六年七月九日に生まれ、フェルセンはロンドンで出産の報せを受け取った。ジョージアナは長年の願いがかない、とうとうフェルセンとロンドンのデヴォンシャー邸で会った。彼女はエリザベス・フォスターに、「ロンドンの人々は、彼を不器量と言っています。B夫人に愛されているのだから、さぞ麗しい殿方に違いないと考えられていたからです。彼の瞳は美しく、考えうる限り容姿端麗で、高貴な物腰です。私は彼に恋しなかったことを、神に感謝しております[77]」と書き送っている。

　フェルセンは「B夫人」への手紙で、ジョージアナの近況についても触れたことだろう。書簡記録簿からは、一七八六年六月二八日から一七八七年五月にかけて、フェルセンからアントワネットに宛てて二七通の手紙が書かれたことがわかっている。

一七八六年

六月

二八日：ジョゼフィーヌ、一番。
三〇日：ジョゼフィーヌ、二番。

七月

七日：ジョゼフィーヌ。シェルドン経由。
一一日：ジョゼフィーヌ、三番。
一七日：ジョゼフィーヌ。我が門番ローラン経由。
二五日：ジョゼフィーヌ、四番。

八月

九日：ジョゼフィーヌ、五番。
二三日：ジョゼフィーヌ、六番。日付削除。
二七日：ジョゼフィーヌ。ポンス氏経由。

九月

六日：ジョゼフィーヌ、七番。
一〇日：ジョゼフィーヌ、八番。七番と記す。九月一日付。

二四日：ジョゼフィーヌ。ムーヴェル氏経由。

二九日：ジョゼフィーヌ、八番。

一〇月

八日：ジョゼフィーヌ、九番。

二七日：ジョゼフィーヌ、一〇番。P. J.

一一月

六日：ジョゼフィーヌ、一一番。P. J.

一二月

五日：ジョゼフィーヌ、一三番。一一月二八日付、一三P. J. と番号を付ける。

一八日：ジョゼフィーヌ、一四番。

一七八七年

一月

九日：ジョゼフィーヌ、一五番。三日付。

二五日：ジョゼフィーヌ、一六番。P. J. 肖像画、会議、スパール、エステルアージ。

二月

九日：ジョゼフィーヌ、一七番。

二二日：ジョゼフィーヌ、一八番。私の旅行の時期について、ヴァランシエンヌに寄ると知らせる。P. J.：ノワールフォンテーヌおよび相続について話す。

三月

一五日：ジョゼフィーヌ。イースタッド〔スウェーデンの都市。〕発信、七日付。一九番ではなく二〇番の番号を付す。一五日から二〇日の間に出発予定と伝える。

四月

三日：ジョゼフィーヌ、二一番。三月一七日付。

七日：ジョゼフィーヌ、二二番。P. J. 守備隊、六〇〇〇人、名士会、子どもたち。上階に住む計画について、返事は連隊宛てに送ること、五月一五日には戻っていることを伝える。

二〇日：ジョゼフィーヌ。二四番。P. J. 私が上階に住むことができるよう、手配が必要なこと、二九日か三〇日には出発すること、モブージュに一五日、パリには二〇日か二一日に到着することを知らせる。

二七日：ジョゼフィーヌ、二五番。三〇日に発つことを知らせる。[78]

ここから判明する点を挙げてみよう。まず、一二番と二三番が欠けている。また、この時期「フランス王妃」宛ての手紙は一通もないことから見て、彼は「フランス王妃」にではなく、「ジョゼフィーヌ」に対して、ソフィー王女の誕生を祝う手紙を送ったと考えられる。謎の「P. J.」が再び七回登場し、奇妙なことに複数の手紙の日付が変えられている。一七八七年一月二五日には「肖像画」と記されている。だがもっとも注目すべきは、四月七日と二〇日の手紙であろう。内容は、ヴェルサイユ宮殿内の王妃の居室の「上階」、すなわち王妃の内殿の一室あるいは二室に住居を用意してほしいという依頼である。「私が上階に住むことができるよう、手配が必要なこと」という文体は、我が物顔とさえ言えるほど、ぞんざいである。一介の貴族にしてはあまりにもなれなれしく場違いに感じられるが、フェルセンには絶対拒否されない自信があったのだろう。

四月七日の手紙では、王妃の子どもたちや「上階に住む計画」について語られている。当時、幼いソフィー王女の健康状態は日に日に悪くなり、王妃は心を痛めていた。一七八七年六月一九日に王女が他界したとき、フェルセンはヴェルサイユにおり――彼は幼い王女に会ったことは一度もなかった――、悲しみに沈む王妃をなぐさめた。彼は王妃のもとにいることを隠すために、家族への手紙で繰り返し嘘をついているが、このことはドーセット公爵の抱いていたソフィー王女の父親に関する疑惑と、奇妙に呼応している。

フェルセンは、一七八七年五月一五日にフランスへ戻ってきた。モブージュで連隊を視察し、四月二〇日付の「ジョゼフィーヌ」宛て手紙で予告しているように、五月二〇日に王妃のもとへと戻った。書簡記録簿には、一七八七年四月二七日から六月二六日の間にアントワネットに宛てて手紙が書かれた形跡はない。自分の連隊宛ての手紙にも書いているように、当時フェルセンはヴェルサイユに数週間滞在していた。六月一七日には副官サンティニョン伯爵に宛てて、六月二三日か二四日には連隊に戻ると書いており、事実、ソフィー王女の逝去後にヴェルサイユを出発している。だが父に対しては、「一五日付、一三日からモブージュにいると伝える」という手紙を六月二九日に発送している。[79] 妹ソフィーに宛てた六月五日付の手紙では、偽りはさらに明白である。「買い物が終われば、一二日か一三日にはモブージュに向けて出発するつもりです」と書いてはいるものの、書簡記録簿にはこの手紙について、「ソフィー。六月一五日。五日付とする」[80]と記してある。フェルセンが手紙を書いていた日付には、ソフィーは兄がモブージュに到着していると信じていたのだが、実際はまだヴェルサイユにいたのである。

娘の死に打ちのめされるアントワネットを残して、フェルセンは軍務へと戻らねばならなかった。書簡記録簿を見ると、連隊へ戻った直後の二六日から、往復書簡は再開している。そしてこの時期から、二人の用心深さはさらに増していくのである。七月四日には、初めて暗号を使った手紙が書かれている。フェルセンはモブージュ滞在中、娘の死を悲しみプティ・トリアノンに義妹エリザベート王女と引きこもっている王妃に宛てて五通の手紙を送っている。

一七八七年

六月

二六日：ジョゼフィーヌ、一番。

二七日：ジョゼフィーヌ、二番。我が御者経由。

三〇日：ジョゼフィーヌ、三番。ヴァランシエンヌのジョゼフ大公の使者経由。

七月

二日：ジョゼフィーヌ、四番。ゲッダ経由。

四日：ジョゼフィーヌ、五番。暗号文。[81]

六月三〇日の手紙は「ヴァランシエンヌのジョゼフ大公」とあるが、おそらくランベスク大公[82]の弟、ヴォーデモン大公マリー＝ジョゼフ・ド・ロレーヌ[83]を指しているのだろう。ランベスク大公自身も、王妃への手紙の仲介役として、フェルセンの書簡記録簿に登場している。ジョゼフ大公はアントワネットの父方の従兄弟に当たり、ヴァランシエンヌに駐屯する連隊を率いていた。

フェルセンは時間の合間を縫っては王妃のもとへ戻っているが、父に対してはつねのごとく偽りを続け、ようやく七月一一日になってからヴェルサイユへ戻ったことを告げている。フェルセンは七月末までヴェルサイユに滞在し、副官サンティニョン伯爵には七月一九日付の手紙で「モブージュには二九日あるいは三〇日に帰還する」[84]と連絡している。八月三日には王妃との文通が再開しているが、その日だけで二通の手紙が作成され、うち一通は暗号で書かれている。

一七八七年

八月

三日：ジョゼフィーヌ、一番。
三日：ジョゼフィーヌ、二番。夜、暗号文。
七日：ジョゼフィーヌ。ジョルジュ・――経由、八日朝発送。
一四日：ジョゼフィーヌ、三番。暗号文。
一九日：ジョゼフィーヌ、四番。暗号文。
二八日：ジョゼフィーヌ、五番。暗号文。[85]

九月初旬、フェルセンはひそかにヴェルサイユへ戻っている。一方で、八月八日に父と妹ソフィーに宛て、「九月一五日にパリへ戻ります」と書いており、スウェーデンにいる人々は、フェルセンは九月一五日までモブージュにいると考えていた。九月七日には、タウベ男爵に宛てて「モブージュ発信として」手紙を出した、と書簡記録簿に記されている。フェルセンはスウェーデンにいる文通先に対し、偽りの発信地を書く場合は別として、決して手紙の発信地を明かさなかった。ヴェルサイユから連隊に戻った彼は、一七八七年一〇月六日、アントワネットとの書簡を再開し、五日間で四通の手紙を送り、ヴェルサイユ宮殿内の秘密の住まいの住み心地をよくするため、いくつかの指示を出している。

一〇月

六日：ジョゼフィーヌ、一番。ヴァランシエンヌ発信、En：B：《特殊インク》
七日：ジョゼフィーヌ、二番。En：B：
八日：ジョゼフィーヌ。ヴァロワ氏経由。ストーブ設置用に壁に場所を作るよう頼む。一八日に出発し、一九日にパリに到着、夜には彼女のもとへ行くことを知らせる。指示を記した手紙を、三時か四時頃に私のところへ送るように依頼。
一一日：ジョゼフィーヌ、三番。En：B：[86]

のちの革命時同様、暗号よりも特殊インクが重用された。暗号あるいは特殊インクを用いた手紙には、すべて番号が付されている。すなわち郵便で送られたということとである。
ロワイヤル・スウェーデン連隊士官ヴァロワが運んだ一〇月八日付の平文の手紙は、フェルセンが確かに、ヴェルサイユ宮殿の王妃の居室近くに部屋を持っていたことを示している。

「ストーブ設置用に壁に場所を作るよう頼む。一八日に出発し、一九日にパリに到着、夜には彼女のもとへ行くことを知らせる。指示を記した手紙を、三時か四時頃に私のところへ送るように依頼」［図版3参照。］

簡潔な文体は、自分の指示が滞りなく実行されるという確信に満ちており、実際アントワネットはすぐに手配した。アントワネットが自分の内殿のためにストーブ設置工事を命じたことを示すメモが、今日でも、国王建築物部監督官の記録文書として保管されている。

「国王建築物部監督官殿、王后陛下は、王女殿下の居室にストーブを設置したスウェーデン人のストーブ職人を呼び寄せられ、ご自分の内殿の一室にストーブを設置するようお命じになりました。配管を使って、隣の小さな部屋を暖めるためでございます。妃殿下はまた、ストーブ設置場所についての指示も出されました。すなわち、羽目板の二カ所を取り外し、仕切り壁先端を取り除いて、煉瓦で作り直し、寄木張りの床の一部を取り外して、煉瓦で暖炉の火床を設置するというものです。
ヴェルサイユにて、一七八七年一〇月一〇日
ロワズルール[87]」

この手紙の余白には、別の役人の手で、「職工たちは王妃ご用命の小工事を開始した。工事は滞りなく続行するだろう」と書かれている。つまり工事を依頼するフェルセンの手紙は、一〇月八日、遅くとも九日には王妃に届けられ、王妃はすぐにロワズルールに工事命令を出したことになる。パリからモブージュまで一日あれば移動可能であることは、フェルセンの一〇月八日付の書簡記録簿や、ソフィー宛ての六月一五日付の手紙からもわかる[88]。

一七八七年一〇月一一日から一七八八年四月一八日――すなわちフェルセンがスウェーデンに出発してから三日後――まで、王妃宛ての手紙は書かれていない。彼はスウェーデンの文通先全員に対して、母国には六カ月

しか滞在しないつもりだと知らせている。父は息子を二年間引き留めるため、スウェーデンの一個連隊を買い与えようと考えたが、フェルセンの心はフランスに行ったままだった。当時スウェーデンはロシアと戦争状態にあり、フェルセンはその副官として数カ月フィンランドにとどまったのち、一七八八年一一月にフランスに戻った。不在の間、彼は定期的に「ジョゼフィーヌ」へ手紙を送っているが、信頼できる使者経由で運ばれる場合は別として、手紙のほとんどは特殊インクで書かれていた。

一七八八年

四月

一八日：ジョゼフィーヌ、一番。En：B《特殊インク》：
二一日：ジョゼフィーヌ、二番。En：B：
二五日：ジョゼフィーヌ、三番。
二九日：ジョゼフィーヌ、四番。En：B：

五月

二日：ジョゼフィーヌ、五番。En：B：
九日：ジョゼフィーヌ、六番。En：B：
一三日：ジョゼフィーヌ、七番。En：B：
一六日：ジョゼフィーヌ、番号なし。En：B：
二〇日：ジョゼフィーヌ、八番。En：B：
二七日：ジョゼフィーヌ、九番。En：B：
三一日：ジョゼフィーヌ、一〇番。En：B：

六月

八日：ジョゼフィーヌ、一一番。En：B：
二〇日：ジョゼフィーヌ、一二番。En：B：

七月

三日：ジョゼフィーヌ、一三番。En：B：
一六日：ジョゼフィーヌ、一四番。En：B：

八月

二日：ジョゼフィーヌ、一五番。En：B：アスプ経由の一五番の手紙の続き。
九日：ジョゼフィーヌ、一六番。En：B：
一九日：ジョゼフィーヌ、一七番。En：B：ナンバリングを失念。
二三日：ジョゼフィーヌ。エスト〈エステルアージ〉宛ての手紙に同封。「親愛なる伯爵殿、この手紙は彼女《エル》宛てです」と始まる。

九月

二六日：ジョゼフィーヌ。En：B：一八番。

一二日：ジョゼフィーヌ。ポンス氏の使者経由。
一九日：ジョゼフィーヌ、一九番。En：B：
二九日：ジョゼフィーヌ、二〇番。En：B：

一〇月

一三日：ジョゼフィーヌ、二一番。En：B：(89)

八月二三日の手紙からは、エステルアージも、アントワネットとフェルセンの手紙を仲介する忠実な使者だったことがわかる。フェルセンは日記同様、親しい人々とのやり取りでも、王妃を名指しすることなく、かならず「彼女《エル》」と呼んでいる。私的な手紙は「ジョゼフィーヌ」宛てとして記録されているが、スウェーデン滞在中の一七八八年五月二日および一六日には、「フランス王妃」宛ての手紙も送られている。この二通は現在、フランス国立中央文書館に保管されており、本書で初めて公になる（書簡1および2参照）。

一七八八年

五月

二日：フランス王妃。添付の写し参照。
一六日：フランス王妃。添付の写し参照。アメリカに従軍した連隊長たちに関する考察を送る。(90)

一七八八年夏のソフィー宛ての手紙を読むと、彼はとうとう王妃との関係を打ち明けたようだ。おそらく、妹の親友セーデルマンランド公爵夫人にこれ以上付きまとわれないよう、牽制することが目的だったのだろう。以降、彼は妹に対しては、フランスでの所在について偽ることもなく、手紙でも「彼女《エル》」について触れている。だが対ロシア戦争のため、妹に会うこともままならず、七月三日には、フィンランドの参謀部から妹にこう書き送っている。

「ああ、あなたと一緒にいられたらどんなにか幸せでしょう。あなたと一緒にいられれば、自分についてもほかの方々についても、心安くいられるでしょう。しかし、心配のあまり苦痛は増すばかりです。自分のことではなくほかの方々のために心を痛めているのです。けれども心配しないでください。そうした方々のこともあなたのことも愛しておりますから、我が身も大切にいたしましょう。愛しい妹よ、彼らやあなたにお会いすることが私の幸せ、真の幸せです。それ以外はささいなことに過ぎません[91]」

フェルセンはソフィー宛ての封筒に、特殊インクでしたためた「ジョゼフィーヌ」宛ての手紙を同封し、「どうか郵便で投函してください」と頼んでいる。

しかし恋しい思いを抱えていたのは、フェルセンだけではなかった。ドーセット公爵はジョージアナに宛てた一七八八年六月一二日付の手紙で、「B夫人はひどくふさいでいる」と報告し、六月一九日には「B夫人はまだずいぶんとふさいでいる[92]」と記している。不穏な政治状況や病気がちな長男に心痛めていたアントワネットにとって、フェルセンの不在は一層耐え難かった。アントワネットからフェルセンに宛てた手紙には、彼の身を案じる不安が綴られていたことだろう。フェルセンは七月四日に、手紙が届くのに時間がかかりすぎるとソフィーにこぼしている。「スタールから送ってくるはずの包みがまだ届かないので、驚くと同時に苛立ってもいます。すぐにでも受け取ることができればうれしいのですが[93]」。スタールはヴェルサイユに駐在するスウェーデン大使であり、「ジョゼフィーヌ」書簡の仲介役もしていたことから、フェルセンがじりじりと待ちかねている包みは、王妃からの手紙だったのかもしれない。

彼は、手紙がまもなく届けられるだろうと期待しながら、こう記している。

「時間がありませんので、私はあらゆる出来事を喜んでいるとだけ書いておきましょう。結局はすべてが解決するからです。あなたも安心でしょうし、彼女《エル》も同様です。またお会いしましょう。おお、神よ、なぜあなた方二人と同時に会うことができないのでしょう[94]」

一〇月二四日、フェルセンはフランスに向けて出発し、一一月六日にはソフィーに手紙を送っている。

「今朝二時にようやく着きました。無事に旅を終えて到着でき、非常に満足です。神よ。あなたに会うことができれば、今の私にはこれ以上の幸福はありません[95]」

本書第三章では、未公表書簡も含めた現存する書簡全体を収録すると同時に、一七八九年から一七九三年にかけて交わされながらも、破棄あるいは紛失した書簡群の軌跡をたどっている。

「ジョゼフィーヌ」書簡には、少なからず思いがけない発見が隠されている。

原注

（1）Löfstad, SE/VALA/02249/BXXVa/8, 一七八二年三月二五日。

（2）*Ibid.*, 一七八二年四月二五日。

（3）Stafsund, SE/RA/720807/02/6/IV/15a.

（4）Löfstad, SE/VALA/02249/BXXVa/8, 一七八二年五月一二日。

（5）*Ibid.*, 一七八三年三月。

（6）*Ibid.*, 一七八三年六月二七日。

（7）マルク＝マリー・ド・ボンベル侯爵。一七四四－一八二二年。外交官。妻アンジェリーク・ド・マッコウは、ルイ一六世の妹エリザベート王女の親友だった。革命期に侯爵は、ブルトゥイユ男爵の代理人として、ルイ一六世の秘密外交のために活動した。妻の死後は修道会に入る。彼の日記はルイ一六世時代の宮廷についての格好の資料である。

（8）Marc Marie, marquis de Bombelles, *Journal 1780–1789*, 2 vol., Genève, Droz, 1978–82, I, p. 236.

（9）Evelyn Farr, *Marie-Antoinette and Count Fersen*, Londres, Peter Owen, 2013, chapitre 6 :《Joséphine》.

（10）Löfstad, SE/VALA/02249/BXXVa/8, 一七八三年七月三一日。

（11）Stafsund, SE/RA/720807/02/6/II/5, 一七九四年一〇月一六日。

（12）Stafsund, SE/RA/720807/02/6/II/7, 一七九八年七月一五日。奇妙なことにアルマ・セーデルイェルムは、著書『Fersen et Marie-Antoinette』の三八六ページにおいて、フェルセンの言葉を以下のように変更している。「あの日のことは覚えている。私はダン（ダンケルク？）から到着し、マティニョン夫人を訪れた。彼女《エル》のところへ行くのは初めてだった」。ここでの「彼女」はアントワネットではなくマティニョン夫人を指しているが、マティニョン夫人邸に到着したフェルセンが、パーティーをあとにして、「彼女」すなわちアントワネットにひそかに会いに行ったことは明らかである。こうした経緯はフェルセンの日記に明確に記されているので、転記を誤ったとは考えにくい。

（13）Bombelles, *op. cit.*, I, p. 244.

（14）Adèle, comtesse de Boigne, *Récits d'une tante*, Paris, Émile-Paul, 1921, I, p. 35–36.

（15）Bombelles, *op. cit.*, 一七八三年七月二日、I, p. 242.

(16) *Ibid.*, I, p. 247.

(17) ジェルメーヌ・ネッケル。一七六六－一八一七年。父ジャック・ネッケルは、ルイ一六世治下で財務大臣を務めたスイスの銀行家で、ヨーロッパ有数の資産家。スタール男爵と結婚し、スタール夫人の名で文筆家として活躍した。

(18) Löfstad, SE/VALA/02249/BXXVa/8, 一七八三年八月一〇日。

(19) *Ibid.*, SE/VALA/02249/BXXVa/14.

(20) シャルル＝トゥサン・ヴェルモン。医師。アントワネットの朗読係ヴェルモン神父の兄弟。

(21) Bombelles, *op. cit.*, I, p. 252.

(22) *Ibid.*

(23) *Ibid.*, I, p. 253.

(24) Löfstad, SE/VALA/02249/BXXVa/8, 一七八三年七月一一日。

(25) *Ibid.*, 一七八三年九月二〇日 : Bombelles, *op. cit.*, I, p. 263.

(26) Löfstad, SE/VALA/02249/BXXVa/14, 一七八三年九月二六日。

(27) Stafsund, SE/RA/720807/02/6/III/10.

(28) *Ibid.*

(29) *Lettres de Marie-Antoinette*, éd. Rocheterie et Beaucourt, II, p. 30. ヨーゼフ二世宛て、一七八三年一二月二〇日。

(30) *Journal de l'abbé de Véri*, Paris, Tallandier, 1928 : Plon, 1930, II, p. 262 et 264.

(31) Évelyne Lever, *Marie-Antoinette: Correspondance*, Paris, Tallandier, 2005, p. 394.

(32) Louis Joseph Amour, marquis de Bouillé, *Souvenirs et fragments...*, 2 vol., Paris, Picard, 1906, I, p. 394.

(33) *Ibid.*, I, p. 190.

(34) Stafsund, SE/RA/720807/02/6/I/1, 一七八五年六月七日。

(35) *Ibid.*, 一七八五年七月二〇日。

(36) エレオノール・シュリヴァンはクロフォードの長年の愛人で、フェルセンとは一七九一年、ヴァレンヌ逃亡計画期間中に出会っている。

(37) Löfstad, SE/VALA/02249/BXXVa/8-9, 一七九七年四月一一日および一二月二日。

(38) Stafsund, SE/RA/720807/02/6/II/6, 一七九五年三月一一日。

(39) Chatsworth, CS5/604, エリザベス・フォスターからデヴォンシャー公爵夫人宛て、ナポリ、一七八四年二月二九日。C. Chapman et J. Dormer, *Elizabeth*

and *Georgiana*, Londres, John Murray, 2002, p. 55.

(40) Löfstad, SE/VALA/02249/BXXVa/8.

(41) Chapman et Dormer, *op. cit.*, p. 114-115.

(42) Löfstad, SE/VALA/02249/BXXVa/8, ソフィー宛ての手紙、一七八〇年一二月七日。「あなたの報せをもう七カ月も受け取っていません。妹を心から愛する兄のことを思ってくれているのか、あなたが生きていらっしゃるのかも知りません。繊細な私ですが、あなたを大変な状況のなかに置いてきてしまいました。こちらの状況はひどいものです」

(43) Stafsund, SE/RA/720807/02/6/III/10.

(44) Löfstad, SE/VALA/02249/BXXVa/8, 一七八四年五月五日。

(45) Mercy-Argenteau, *Correspondance secrète du comte de Mercy-Argenteau avec l'empereur Joseph II et le prince de Kaunitz*, 2 vol., Paris, Imprimerie nationale, 1889-91, I, p. 264.

(46) Bombelles, *op. cit.*, I, p. 304.

(47) Stafsund, SE/RA/720807/02/5/II/9, 一七八四年六月二〇日。

(48) Gunnar W. Lundberg *Lavreince: Nicolas Lafrensen, peintre suédois*, Paris, Bibliothèque nationale, mai-juin 1949, p. viii.

(49) Stafsund, SE/RA/720807/02/6/III/10.

(50) *Ibid.*

(51) *Ibid.*

(52) *Ibid.*

(53) アントワネットは友人であり王家の子女の養育係でもあったポリニャック公爵夫人との書簡において、次男ノルマンディー公爵のことを「愛のキャベツ《シュー・ダムール》」と呼んでいる。

(54) Louis Nicolardot, *Journal de Louis XVI*, Paris, E. Dentu, 1873, p. 43-44.

(55) Stafsund, SE/RA/720807/02/6/III/10.

(56) *Ibid.*, SE/RA/720807/02/6/I/1, 一七八五年五月二六日。

(57) *Ibid.*, SE/RA/720807/02/6/III/10.

(58) *Ibid.*, SE/RA/720807/02/6/I/1, 一七八五年七月二〇日。

(59) Mercy-Argenteau, *op. cit.*, I, p. 437.

(60) Stafsund, SE/RA/720807/02/6/I/1, 一七八五年七月二〇日。

(61) *Ibid.*, 一七八五年九月九日。ロアン枢機卿はパリにある一三世紀に設立されたキャンズヴァン盲人院の管理官であり、八〇〇名の患者を収容するこの施設を一七七九年に現在の場所に移転した。

（62） Löfstad, SE/VALA/02249/BXXVa/8, 一七八五年九月二四日。

（63） Stafsund, SE/RA/720807/02/6/III/10.

（64） *Ibid.*

（65） *Ibid.*

（66） Chatsworth, CS5/703.

（67） アントワーヌ・バルナーヴ。一七六一－九三年。フランスの弁護士で一七八九年に第三身分議員として三部会に選出。ジャコバンクラブを設立し、議会でも議長を務める。ヴァレンヌ逃亡事件をきっかけに王妃に取り込まれ、彼女に立憲君主制を説く。三頭派の一人。一七九二年に逮捕され、アントワネット処刑の六週間後に死刑に処された。

（68） *Ibid.*, CS5/720.

（69） *Ibid.*, CS5/722.

（70） *Ibid.*, CS5/724.

（71） *Ibid.*, CS5/725.

（72） Stafsund, SE/RA/720807/02/5/II/9, 一七八六年三月一〇日。

（73） Dorset KHLC, U269/C170, ドーセットからカーマーゼン宛て、一七八六年六月一五日。

（74） Chatsworth, CS5/738.

（75） M. de Lescure, *Correspondance secrète inédite sur Louis XVI, Marie-Antoinette, la Cour et la ville*, 2 vol. Paris, Plon, 1866, II, p. 54, 一七八六年七月四日。

（76） Stafsund, SE/RA/720807/02/6/III/10.

（77） Chatsworth, CS5/749.

（78） Stafsund, SE/RA/720807/02/6/III/10.

（79） *Ibid.*

（80） Löfstad, SE/VALA/02249/BXXVa/8, 一七八七年六月五日：Stafsund, SE/RA/720807/02/6/III/10.

（81） Stafsund, SE/RA/720807/02/6/III/10.

（82） ランベスク大公シャルル＝ウジェーヌ・ド・ロレーヌ。一七五一－一八二五年。ヴォーデモン大公の兄。アントワネットの父方の従兄弟。軍人。亡命し、オーストリア軍に入隊。ロレーヌ大公となる。

（83） ヴォーデモン大公マリー＝ジョゼフ・ド・ロレーヌ。一七五九－一八一二年。ランベスク大公の弟。アントワネットの父方の従兄弟。軍人。亡命し、オーストリア軍に入隊。ロレーヌ大公となる。

（84） *Ibid.*

（85） *Ibid.*

（86） *Ibid.*

（87） AN, O/1/1802.

(88) Löfstad, SE/VALA/02249/BXXVa/8, 一七八七年六月一五日。

(89) Stafsund, SE/RA/720807/02/6/III/10.

(90) *Ibid.*

(91) Löfstad, SE/VALA/02249/BXXVa/8, 一七八八年七月三日。

(92) Chatsworth, CS5/871 : CS5/872.

(93) Löfstad, SE/VALA/02249/BXXVa/8, 一七八八年七月四日。

(94) *Ibid.*, おそらくこの手紙は一七八八年八月一〇日に書かれたものだろう。というのも同日に父に宛てて、「こちらではすべて終わりました」と書いているからだ。

(95) *Ibid.*, 一七八八年一一月六日。

第三章

書簡

表記について

本書では、塗りつぶされてはいても判読に成功した単語や文章について、第四章において該当箇所の写真と判読結果を紹介している。第三章には各手紙の全文が収録され、判読された塗りつぶし箇所（あるいはクリンコウストレーム男爵版の書簡集では削除されていて、原本では無傷のまま残っている箇所）は太字で記載されている。綿密な分析にもかかわらず、塗りつぶし箇所のなかには判読不可なものもある。それらも本文中で示されている。特に注がない限り、本書で紹介する判読は筆者によるものである。

初公表の箇所について

○**太字部分**：塗りつぶされてはいるが、判読可能な未公表箇所（あるいは塗りつぶされてはいないが、既刊の書簡集では削除されていた箇所）［既存の資料で発表されてはいても、著者により別の読み方がされている箇所も太字とする。］。

○**下線、傍線を伴った太字部分**：塗りつぶしのため判読困難だったが、内容から推測できる部分。未公表箇所。［ただし、通常字体の傍線は、原文の下線からきている。また、取消線も原文からきている。］

○**【イタリックで大かっこに入った太字部分】**：フェルセンの下書きや写しでは彼自身により削除されてはいるが、判読可能な未公表箇所［書簡自体が初公表のものは、大かっこのみで太字なし。初公表については、書簡冒頭の見出しを参照のこと。］。

○{中かっこに入った部分}：『回想録』の執筆を計画していたフェルセンが、著作から削除しようと小かっこを付しておいたものの、クリンコウストレーム男爵により発表された箇所。

○クリンコウストレーム男爵が一八七七－七八年に、セーデルイェルムが一九三〇年に、エヴリーヌ・ルヴェが二〇〇五年に刊行した書簡集において未収録だった手紙には、「初公表書簡」と記した。これらは太字ではない。
○フェルセンが書簡記録簿に記していた「ジョゼフィーヌ」あるいは「フランス王妃」の見出し、および現在保管されている国立文書館の整理番号は、各手紙に明記されている。筆者は、フェルセンが解読した暗号部分をすべて確認した。本書で初公表される暗号書簡の解読は、筆者によるものである。
○その他書簡中の傍線などはすべて書簡原文が示したままとする。

整理番号について

○AN, 440AP/1：パリ近郊、フランス国立中央文書館ピエールフィット分館
○Stafsund：スウェーデン国立文書館（ストックホルム）、スタフスンドアーカイブ
○Löfstad：スウェーデン地方文書館（ヴァドステーナ）、レフスタードアーカイブ

書簡集は二通の公式書簡から始まる。現在まで未公表だったこれらの手紙は、フェルセンが一七八八年にスウェーデンに六カ月間滞在した折に書いたもので、非常に改まった文体である。この夏、フェルセンは「ジョゼフィーヌ」に多くの手紙を送っているが、現在ではすべて紛失している。彼が妹ソフィーや父に宛てた手紙から判断すると、フィンランドで繰り広げられていた対ロシア戦争のため、多忙をきわめていたようだ[1]。

原注
（1）第二章参照。

1

フェルセンからアントワネットへ

（初公表書簡、一七八八年五月二日）

AN, 440AP/1. 初公表書簡。フェルセン直筆の写し。書簡記録簿では「フランス王妃」宛てとなっている。同じ日に、「ジョゼフィーヌ」に宛てて特殊インクで別に手紙を書いているが、現存しない。

「王妃宛て、イースタッドにて
一七八八年五月二日

妃殿下、つねにステディンク男爵にお示しになっているご好意を、再びお示しくださいますようお願い申し上げます。ステディンク男爵はスウェーデン国王のご命令により、自らの指揮する連隊の閲兵に向かわねばなりません。男爵は、ロワイヤル・スウェーデン連隊に合流しなければならないと申し上げたのですが、聞き入れられませんでした。国王陛下〈グスタフ三世〉は解決策としてスタール男爵に、ステディンク男爵のためにロワイヤル・スウェーデン連隊に休暇を申請するよう、お命じになりました。ステディンク男爵は、妃殿下のご好意により休暇が許可されることを望んでおります。男爵は後ろ髪をひかれるような思いで国王陛下のご命令に従わねばなりませんが、妃殿下のご庇護に行動をもって報いようとの熱意と希望を妃殿下から疑われることがあれば、絶望するでしょう。

引き続き男爵へのお力添えをお願い申し上げます。妃殿下への敬意を込めて、これをお足元にささげることをお許しください」

2

フェルセンからアントワネットへ

（初公表書簡、一七八八年五月一六日）

AN, 440AP/1. 初公表書簡。フェルセン直筆の写し。書簡記録簿では「フランス王妃」宛てとなっている。同日に特殊インクを用いて書かれた、「ジョゼフィーヌ」宛ての手紙は行方不明。「妃殿下のお力添えにより、今日の軍人としての私があります」という箇所は、一七八三年にフェルセンがロワイヤル・スウェーデン連隊を購入した際、アントワネットの後ろ盾があったことを示している。

「王妃宛ての手紙の写し
一七八八年五月一六日

マダム

　軍における昇進に関し非常に重要な局面を迎えている今、日頃から妃殿下がお示しくださるご好意に甘え、お力添えをお願いしたく存じます。妃殿下もお聞き及びのことと存じますが、軍法審議会は、アメリカ独立戦争に従軍した連隊長に、かの地での戦いを戦歴として数えることを禁じる決定をくだしました。しかしながら連隊長のうちには、アメリカで従軍し、代将や少将に任命された者もおります。明らかに不当なこの決定に対し、ロシャンボー伯爵が異議を唱えましたが、徒労に終わりました。審議会は決定を固持し、我々は戦歴の上では同等の同僚たちが受けている恩恵を享受することができません。

　建白書を同封いたします[1]。同じものをブリエンヌ伯爵[2]にもお送りしました。目を通していただければ、我々の申し立ての正当性をご理解いただけるものと存じます。大臣は、建白書は正当であるとお考えのようです。もし妃殿下からも同様の意見がいただければ、かならずや主張は通ると信じております。【私といたしましても、うれしい限りでございます。】こうした恩恵を妃殿下のご厚意により享受できるのであれば、私にとってはさらに値打ちあるものとなるでしょう。妃殿下のお力添えにより、今日の軍人としての私がありますが、さらに昇進についてもお力添えをいただければ、この上ない幸せでございます。私はアメリカで四つの戦いを経験いたしました。審議会の決定が変わらない場合、少将に昇進するには、さらに八つの戦場を経験せねばなりません。もし決定が覆されれば、四つの戦いを経験したのちに少将に就任できます。

　情け深くお優しい妃殿下のことですから、私の執拗さをお許しくださり【とりわけ現在のところ、妃殿下はより重要な用事でご多忙のことと存じます】、より重要な用事でご多忙とは存じますが、当件についても決しておろそかにはなさらず、恭しい献身をお認めくださると確信しております。

敬意を込めて」


書簡記録簿では、一七八八年に「ジョゼフィーヌ」宛てに二四通、「フランス王妃」宛てに二通、計二六通の手紙が書かれたとされるが、国立文書館に保管されているのは後者の二通のみである。一七八八年一一月六日から一七八九年六月一六日にかけてのパリ滞在中、フェルセンからアントワネットに手紙が送られた形跡はない。

一方、彼の出費帳を見てみると、往復書簡やフランスでの生活ぶりについていくばくかの情報を得られるが、特筆すべきは彼がヴェルサイユにまだ住居を持っていた点だろう[3]。

四月二九日と五月一一日には「王妃の使者への心付け」、六月一一日には「王妃の御者への心付け」とある。おそらく、王妃からの手紙を運んできた使者に返信を託したのだろう。書簡記録簿に記載されていない手紙があるのも、そのためだと考えられる。

一月一〇日には、「牛眼の間《ま》のスイス兵」という奇妙な記述がある。牛眼の間は国王の寝室の控えの間で、その扉のひとつを抜けて階段を上ると、王妃の内殿へとたどり着く。王妃のところへ向かうフェルセンは、牛眼の間でこのスイス兵とすれ違っていたはずだ。スイス兵は、フェルセンが王妃のもとに通っていることを知っていた。通常、スイス兵への心付けは「ヴェルサイユでの雑費」項目に計上され、個別に記録されることはなかったが、今回は特別のようだ。これは口封じなのだろうか。こうした心付け二四リーヴルは、王妃の使用人に対する額としては妥当としても、一般的には桁外れだった。フェルセンの従僕のなかで一番の高給取りだったジョンでさえ、月給は一〇〇リーヴルである。すなわち牛眼の間のスイス兵への心付けは、ジョンの一週間の給金に値するのだ。

出費帳は、フェルセンがほとんどの時間をヴェルサイユで過ごしていたことをも示している。一七八九年三月一六日には、ヴァランシエンヌへの出張として一九二リーヴルが計上されており、三月二二日には帰京している。フェルセンが父に宛てた手紙によると、出張の目的は、「我が連隊を城塞に配置することが可能かどうか検分す

1789年			リーヴル	スー	ドゥニエ
1月	10日	牛眼の間のスイス兵	24		
	12日	ヴェルサイユの召使	12		
	24日	馬場通行料	12		
		1月のヴェルサイユでの昼餐			
		1月のヴェルサイユでの馬用飼料	53	8	
		1月のヴェルサイユでの薪	37	6	
		1月のヴェルサイユでの雑費	10	16	
2月		2月のヴェルサイユでの昼餐			
		2月のヴェルサイユでの馬用飼料	35	18	
		2月のヴェルサイユでの薪	5	1	
		ヴェルサイユの壁紙用室内装飾業者	126		
		ヴェルサイユでの複数の昼餐	72		
3月	16日	ヴァランシエンヌ出張	192		
	22日	ヴァランシエンヌからパリへ移動	213		
		ヴェルサイユへ移動中の昼食	72		
		3月のヴェルサイユでの昼餐			
		3月のヴェルサイユでの馬用飼料	30	19	
		3月のヴェルサイユでの薪	15	1	
		3月のヴェルサイユでの雑費	8	18	
4月	29日	リュイーヌ公爵邸の召使への心付け	24		
	29日	王妃の使者への心付け	24		
5月	3日	ヴェルサイユへの駅馬三頭	20		
		ヴェルサイユへ移動中の昼食	13	12	6
	11日	王妃の使者	24		
	12日	サン＝クルーでの昼餐	8	2	
		5月のヴェルサイユでの昼餐	30	10	
		5月のヴェルサイユでの馬用飼料	158		
		5月のヴェルサイユでの薪	80		
		5月のヴェルサイユでの雑費	30		
	31日	ヴェルサイユからの駅馬三頭	18	15	
6月	6日	ヴェルサイユの駅馬三頭、往復	39	10	
	7日	車庫	27		
	11日	王妃の御者への心付け	24		
	13日	ヴァランシエンヌ出張	200	5	

資料13：フェルセンの出費帳。

ること」であり「市中よりも城塞に配置するほうが望ましく、指揮も執りやすい」と書いている[4]。四月二九日には「リュイーヌ公爵邸の召使への心付け」とあることから、フェルセンは宮殿内の王妃の内殿の「上階」ではなく、リュイーヌ公爵邸の部屋に再び住み始めたと考えられる。五月五日の三部会招集のため、宮殿には多くの人々が押し寄せ、王妃の居室近くに住み続けるのは難しかったためだろう。だからといって、二人の会う頻度が減ったわけではない。五月一一日に「王妃の使者」の訪問を受けたフェルセンは、翌日サン＝クルー宮殿で昼餐をとったと記している［王妃は、ヴェルサイユ郊外にあるサン＝クルー宮殿にたびたび滞在した。］。

　五月には馬の飼料代と薪代にかなりの額が費やされており、フェルセンがほぼ一カ月をヴェルサイユで過ごしたことを示している。当時、アントワネットはつらい日々を送っていた。長男ルイ＝ジョゼフは日に日に衰弱し、死の淵をさまよい、三部会は王権に反旗を翻しつつあった。こうした状況にあって、アントワネットはフェルセンの存在を必要としていた。だがフェルセン自身も大きな衝撃に見舞われることになる。グスタフ三世が王権と対立する貴族を牽制しようと、フェルセンの父を逮捕、投獄したのである。フランス国立中央文書館には、フェルセンが父から受け取った手紙をアントワネット自らが書き写したものが保管されており、父は絶対権力の乱用を非難している。フェルセンはスウェーデンで要職を務める一族が全員、宮廷を去るよう希望したが、父は息子に対し、復讐の誘惑に屈しないこと、フランスに残ることを命じた。

　フランス王太子ルイ＝ジョゼフは、六月四日にヴェルサイユ郊外のムードン城でこの世を去った。六月六日、フェルセンは至急ヴェルサイユへと戻り、王太子の葬儀がおこなわれた六月一三日に連隊へと戻っている。この激動の夏、アントワネットと、ヴァランシエンヌに滞在するフェルセンの間では頻繁に手紙が交わされた。しかし歴史家アルマ・セーデルイェルムは、フェルセンの書簡記録簿に目を通していたにもかかわらず、「フェルセンがヴァランシエンヌへ出発した六月一三日からパリに戻ってくる九月二四日までの間、ジョゼフィーヌへ送られた手紙はわずか二通だった[5]」と述べている。だが書簡記録簿では、六月一六日から八月二八日にかけてアントワネットへ一五通の手紙が送られ、うち一二通が「ジョゼフィーヌ」宛て、三通が「フランス王妃」宛てとなっている。「ジョゼフィーヌ」宛ての手紙もその返信も行方不明だが、「フランス王妃」宛ての公式な三通の手紙は本書で初公表されている。フェルセンの書簡記録簿に記されている、一七八九年のアントワネット宛ての手紙は以下の通りである。

六月

一六日：ジョゼフィーヌ、一番。
一九日：ジョゼフィーヌ、二番。
二〇日：ジョゼフィーヌ。使者経由。
二三日：ジョゼフィーヌ。使者経由。
二七日：ジョゼフィーヌ。彼女の使者経由。
二八日：ジョゼフィーヌ、三番。en B.《特殊インク》
三〇日：ジョゼフィーヌ。ランベスク大公の使者経由。

七月

二日：ジョゼフィーヌ。サンティニョン伯爵経由。
六日：ジョゼフィーヌ。~~ランベスク大公~~我が兵フレデリック経由。
八日：ジョゼフィーヌ、四番。en B.：神父に送付、R——《王妃》宛ての手紙、ブログリ(6)、ピュイセギュール(7)宛ての手紙。
八日：王妃。写しを添付。
一〇日：ジョゼフィーヌ。エステルアージ夫人経由。
一一日：ジョゼフィーヌ、五番。en B. 私自身が手紙を書く。

八月

一一日：王妃。写しを添付。
二八日：王妃。写しを添付、バルタザール経由(8)。

七月八日には二通の手紙が神父（アントワネットの朗読係ヴェルモン神父？）に託されている。一通は「ジョゼフィーヌ」宛て、もう一通は「フランス王妃」宛てであることから見て、アントワネットとフェルセンが往復書簡を二重に交わしていたことがわかる。また七月一一日には特殊インクによる手紙が書かれており、「私自身が手紙を書く」とある。つまり、通常は召使に手紙を書かせ、その行間にフェルセンが特殊インクでメッセージをしたためていたのだろう。だが今回は平文の文章も、特殊インクを用いた行間のメッセージも、彼自身がしたためた。

父宛ての手紙からもわかる通り、フェルセンはパリの不穏な状況をよく把握しており、ヴァランシエンヌに長逗留するつもりはなかった。二日おきにアントワネットに手紙を書いていたことから見て、ヴェルサイユに複数の部隊を招集する計画を彼に知らせたのは、アントワネットだったと考えられる。六月二六日にはフェルセンは父にこう書いている。

「国王はご自分の意を通されるとお決めになったようで、一万二〇〇〇から一万五〇〇〇の兵がヴェルサイユやラ・ミュエット、ムードンなどの周辺に招集されます。進軍する部隊のなかに我が連隊はまだおりませんが、招集令を待っているところです。国王がフランス兵に信を置くことができず、できる限り外国人部隊を雇わざるをえないとは、遺憾に耐えません。大砲四〇門も向かっているところです。今後どのような結末を迎えるのか、予想もつきません[9]」

フェルセンはロワイヤル・スウェーデン連隊の招集を強く望んでいたが、命令は一向に来ない。七月八日には、陸軍卿にも手紙を送っている。七月一三日にはブログリ公爵がピュイセギュール伯爵に代わって陸軍卿に就任したが、フェルセンは手紙が届く頃にはどちらが大臣に就任しているのか判断しかね、両者に宛てて書いた。

原注

(1) この建白書は書簡と一緒には保管されていない。
(2) ルイ＝マリー＝アタナーズ・ド・ロメニー・ド・ブリエンヌ伯爵。一七三〇－九四年。フランス陸軍卿。
(3) Stafsund. SE/RA/720807/02/6/VI/22.
(4) *Ibid.*, SE/RA/720807/02/5/II/9, 一七八九年三月八日。
(5) Söderhjelm, *op. cit.*, p. 132.
(6) ヴィクトール＝フランソワ・ド・ブログリ公爵。一七一八－一八〇四年。三日間だけフランス陸軍卿を務めた。
(7) ルイ＝ピエール・ド・シャストゥネ・ド・ピュイセギュール伯爵。一七二七－一八〇七年。一七八八年一一月三〇日から八九年七月一二日までフランス陸軍卿を務めた。
(8) Stafsund. SE/RA/720807/02/6/III/10. バルタザールとは、ヴァレンヌ逃亡事件でも登場するフェルセンの御者バルタザール・サペルを指すと思われる。

（9） *Ibid.* SE/RA/720807/02/5/II/9. 一七八九年六月二六日。

3

フェルセンからアントワネットへ

（初公表書簡、一七八九年七月八日）

AN, 440AP/1. 初公表書簡。フェルセン直筆の写し。書簡記録簿では「フランス王妃」宛てとなっている。同日に書かれた「ジョゼフィーヌ」宛ての手紙は、行方不明。フェルセンのメモによれば、王妃宛ての公式書簡、「ジョゼフィーヌ」宛ての私的な手紙、ブログリ公爵およびピュイセギュール伯爵宛ての手紙を届けた使者は「神父」であるが、これは、アントワネットに仕えていたヴェルモン神父を指すのだろうか。余白に書かれたメモも下記に収録されているが、これはおそらくピュイセギュール伯爵宛ての短信の下書きであろう。

「ヴァランシエンヌ発信、王妃宛て
一七八九年七月八日

マダム

妃殿下におかれましては、国王陛下並びに妃殿下への私の熱意と忠誠のほどをよくご存じでいらっしゃいますから、現在の状況に私が心痛めておりますことをお疑いにはなりませんでしょうし、その証を立てたいという切なる願いの発露を退けられることもあるまいと、ぶしつけながら信じております。パリ周辺に軍隊が招集されておりますが、これは私の忠誠心を証しする機会でございます。もったいなくも私が指揮を執らせていただいている部隊も参加できれば、私のあらゆる望みはかなえられたも同然でございますし、国王陛下【**のご意思の一手段となることができれば**】にお仕えする幸せを得ることができれば、我が人生最良の日となりましょう（我が軍隊も同じ望みを抱いております）。ですからマダム、私にお示しくださったご好意として、この望みをかなえてくださいますよう、お願い申し上げます。国王陛下にお仕えする熱意と、妃殿下ではなく国王陛下への尊敬の念を証しして、ご好意にお応えする機会をお与えください。

敬意を込めて。

――――――――――――――――

伯爵殿、私の希望の動機について、こまごまと申し上げることをご容赦ください。貴殿への心からの尊敬の念を込めて。

妃殿下宛ての手紙をお渡しくださるよう、お願い申し上げます」

七月一〇日および一一日に書かれた王妃宛ての手紙は、残念ながら行方不明である。フェルセンはヴェルサイユへの招集命令を待つ間、宮殿近くに滞在することができるよう、クリニョンという男性に手紙を送っている。

七月一四日：クリニョン。私の伯母の住まいを一〇リーヴルで押さえておくよう伝える。安ければそれに越したことはない。あるいは宮殿近くに同じ額の住まいを見つけること、私の所有物やマットレス等々を回収するよう伝える。

七月二七日：クリニョン。オルレアン家の廏舎(1)に滞在することができるか、連絡するよう伝える。

七月一四日にバスティーユが襲撃され、アルトワ伯爵(2)やコンデ大公(3)、ポリニャック一族、ヴェルモン神父、ブルトゥイユ男爵が亡命する一方、フェルセンは王妃のもとへ戻る計画を立てていた。ヴェルサイユ宮殿で国王一家に会ったエリザベス・フォスターとデヴォンシャー公爵夫妻は、ブリュッセルへ向かう途中でヴァランシエンヌに寄り、フェルセンに近況を伝えた。エリザベス・フォスターの日記には、アントワネットとの会見の様子が記されている。

「王妃は私の手を取り、いかに絶望されているかお話しになった。王太子に引きあわせてくださったが、可愛らしい男の子だ。ドーセット公爵が、国王夫妻にはもう一人ご子息が必要でしょう、と申し上げたが、『なぜです。オルレアン公爵に殺されてしまうのに』とお答えになった(4)」

七月一六日にスタール男爵からの手紙を受け取ったフ

エルセンは、使者に一四四リーヴルを払ったと記している。一七八九年当時、近況を知るには高くついたのだ。そしてその近況は、決して安心できる内容ではなかった。ルイ一六世は第三身分に譲歩した。第三身分は今や憲法制定国民議会と名乗り、法を解体し、軍隊をはじめとする国王の権力機構を排除しようとしていた。このため、ヴェルサイユ周辺に部隊を配置する計画は放棄された。アントワネット自身が、フェルセンに宮廷に戻ってこないよう指示した可能性もある。何しろすべての友人たちが、オルレアン公爵のパレ・ロワイヤルから発せられるプロパガンダに染まった凶暴な民衆の手から逃れ、亡命していたのだから。出費帳を見ると、フェルセンはヴァランシエンヌにとどまったことがわかる。八月一六日には父に宛てて、「閲兵の合間を縫ってパリに行こうと考えていましたが、状況を考慮して考えを変えました。九月一〇日から一五日頃に二回目の閲兵がありますので、その後パリへ向かおうと思います」と書いている(5)。

七月一一日に「ジョゼフィーヌ」へ手紙が送られて以降、八月二八日まではわずか二通の手紙が送られたと、書簡記録簿にはある。二通とも公式書簡である。「大恐怖［一七八九年夏、貴族が外国人や浮浪者を雇って農民を襲撃させるという噂がフランス全土に広がった。そのため一部の農民は、地方貴族の館を襲撃した。］」が猛威を振るったこの夏、アントワネットは、往復書簡を一時中断するのが妥当だと判断したのかもしれない。フェルセンは父に、パリにいる友人たちとの連絡が困難だと述べている。「パリでは手紙類は厳しく調べられました。国王や王妃の手紙も例外ではありません。現在はもはやこうした追及はないとは思いますが、慎重を期して気を緩めないことが肝心でしょう(6)」

アントワネットからフェルセンおよびエステルアージ伯爵へ

（現存せず、一七八九年八月八日）

フェルセンは八月一一日付の手紙において、王妃からの「八日付」の手紙を受領したと記している。

原注

（1） Stafsund. SE/RA/720807/02/6/III/10. フェルセン

の母方の伯母ラ・ガルディ嬢はヴェルサイユに住んでいた。

（2）アルトワ伯爵シャルル＝フィリップ・ド・ブルボン。一七五七－一八三六年。ルイ一六世の次弟。一八二四年に上の兄ルイ一八世が亡くなると、シャルル一〇世として即位するが、一八三〇年の七月革命にて退位。

（3）ルイ五世ジョゼフ・ド・ブルボン＝コンデ。一七三六－一八一八年。革命中、亡命貴族たちを率いていた名門貴族の一人。

（4）Chapman et Dormer, *op. cit.*, p. 100.

（5）Stafsund. SE/RA/720807/02/5/II/9, 一七八九年八月一六日。

（6）*Ibid.*, 一七八九年九月三日。

4

フェルセンからアントワネットへ

（初公表書簡、一七八九年八月一一日）

AN, 440AP/1. 初公表書簡。フェルセン直筆の写し。書簡記録簿では「フランス王妃」宛てとなっている。公式文書らしい改まった文体ではあるが、王妃の身を案ぜずにはいられない様子がにじみ出ている。最後の段落からは、二人が共通の友人であり、ヴァランシエンヌの地方総督であるヴァランタン・デステルアージを介して手紙を交わしていたことがわかる。また、友人のステディンク男爵がロワイヤル・スウェーデン連隊の准将としての務めを果たせない理由は、グスタフ三世に従ってフィンランドで対ロシア戦争に従軍しているためだと擁護している。手紙のなかほど、いつ頃再会できそうか知らせる箇所が、この手紙の本題である。

「王妃宛て
一七八九年八月一一日

マダム

妃殿下におかれましては、つねにステディンク男爵に目をかけられ、庇護なさっておいでですから、きっと男爵の今後についてもお心にかけてくださるものと期待しております。男爵はスウェーデンにとどまるよう命じられ、戦争が終結するまで離れることはできません。そのため准将としての務めを果たすことができません。そこで、フランスに帰国してから少将に昇進できるよう、**【代理者を】**任命し、現在の准将の俸給と地位を保留くださるよう、ぜひとも国王陛下のご厚情をお願い申し上げたく存じます。お力添えをいただけるようでしたら、ステディンク男爵の代理として、准将にはサンティニョン伯爵を、少佐補佐としてスウェーデン大使の甥であるスタール男爵をご任命いただくよう、ご配慮のほどをお願い申し上げます。エステルアージ伯爵は、これまでのサンティニョン伯爵の働きぶりを、妃殿下にご報告申し上げると約束くださいました。スタール男爵も妃殿下のご厚情に値する者であると、断言いたします。

国王陛下がエステルアージ伯爵に宛てて、ヴァランシエンヌ駐屯部隊の指揮官たちの働きに満足なさっているとお手紙をお書きくださいましたことに、私は深く感激しております。熱意と忠誠が一層増す思いでございます。しかしながら、我々はそうしたことを必要としないほどの熱意と忠誠を備えておりますし、市民の安寧と幸福を守ることで、国王陛下並びに妃殿下の慈悲深いご意思に従っているのだと確信してまいりました。当地は非常に安定していると見受けられます。

今月二〇日あるいは二五日にジョクール元帥[1]が最後の閲兵にいらっしゃいますので。その後パリに戻り、妃殿下に私の熱意と忠誠、敬意をお目にかけたく存じます。

敬意を込めて。

パリからの報せに接し、**【妃殿下】**王妃のご健康を案じております。しかし、妃殿下からエステルアージ伯爵宛ての三一日付のお手紙、そして昨日到着しました八日付のお手紙を拝見しまして、不安が解け、心から胸をなでおろしました。妃殿下のご健康を願う我々の気持ちを、お疑いになられることはありますまい。当地は安定しており、この安定を覆すような要素もございません。住民たちとは大変うまくいっており、彼らと協力して治安維持に努めております」

アントワネットから　フェルセンへ

（現存せず、一七八九年八月）

次に掲載する手紙は、王妃が八月一一日付のフェルセンの手紙に返信したことを示している。

原注

（1）アルナイユ＝フランソワ・ド・ジョクール侯爵。一七五七－一八五二年。プロテスタント教徒、フランスの軍人。立憲王政を支持し、一七九一年には立法議会に選出された。

5

フェルセンから　アントワネットへ

（初公表書簡、一七八九年八月二八日）

AN, 440AP/1. 初公表書簡。フェルセン直筆の写し。書簡記録簿では「フランス王妃」宛てとなっている。当時フランスが大混乱に見舞われていたことを考えると、この手紙の内容は場違いにも感じられる。八月に最後の閲兵をおこなう予定だったジョクール元帥がヴァランシエンヌに来なかったため、この手紙ではフェルセンのヴェルサイユ帰還については触れられていない。彼は父に宛てて、閲兵は九月二〇日頃になるだろうと書いている。(1)

「王妃宛て
一七八九年八月二八日

マダム

お手紙をくださいましたこと、そしてステディンク男爵の件で労を取っていただきましたことに、敬意を込めてお礼申し上げます。**【お力添えをいただいたおかげで首尾よく運ぶと期待しておりますが、私が思いますに】**現在の状況においては、時間をおいて、請願を重ねる必要があることは明らかでしょうし、別の機会に本件について再びお話しさせていただくことを、お許し願いたく存じます。

　当地での騒乱についてはお聞き及びかと思います。現在はすっかり沈静化し、今後は平穏が続くでしょう。スウェーデンからの手紙を読みますと、かの地は平穏とはほど遠いようでございます。艦隊に乗船したある士官によりますと、戦闘に参加したものの、決着はつかなかったとのことです。艦隊は大砲の射程内にわずかに**【とどまり】**入っていたのですが、〈セーデルマンランド〉公爵[2]の合図にもかかわらず、中将は指揮下の部隊に発射命令を出さなかったのです。中将はリリホルンという名で、議会で元帥代理を務めたこともあります。公爵はリリホルンを逮捕させ、港の監獄へ投獄しました。艦隊は帰還しました。一部の軍艦は損傷を受けていましたが、大きな災いをもたらしたのは病気です。三〇〇〇名を超える兵士が罹患し、代わりの兵士を手配するのも難しいでしょう。公爵はもう一度出陣するおつもりでしたが、危険を顧みないのならともかく、そのようなことが可能なのかと誰もが疑っておりました。

　フィンランドでは担当の持ち場を守らなかったとして、ある士官が逮捕されました。国王は沿岸小型艦隊を指揮する提督に、たいそうご不満なことでしょう**【包囲しようとしていたフレゼリクスハウン**［フィンランドの都市。］**が占領され、あきらめざるをえなかったためです】**。艦隊が帰還すると、リリホルン氏は殴り殺されそうになったとか、ムンク氏がやってきて、過激な者たちがロシアへの攻撃を阻止しようと陰謀を巡らせていると船上の公爵に知らせた、などという話も聞いております。この報せは妃殿下のお耳にも入るでしょうが、まったくの誤報であること、陰謀など存在しないことは確かかと存じます。昨年の夏と同じことになりましょう。

　こうした詳細は妃殿下にとっても興味あるものと考えましたので、ご一読の労を取らせていただきました。私の考え違いでしたら、どうかこの意図を汲み取ってお許しください。

　敬意を込めて」

　一七八九年八月二八日以降一七九一年まで、フェルセンの書簡記録簿にはアントワネット宛ての書簡記録は一切残されていないが、ヴェルサイユへの帰京日程や、パリからヴェルサイユに「正式に」移り住む計画について、手紙が書かれなかったとは考えにくい。彼は父に宛てて、ヴェルサイユに住むほうが経済的にも助かるという理由をつけて移住計画を報告しているが、貴族が節約を理由にヴェルサイユへ移住するなど、この街の歴史上、前代未聞だろう。誰もが王妃を見捨てていくなか、フェルセンは彼女のそばにいることを望んだ。そこで、倹約を好む父の性格に訴えて、ヴェルサイユへの移住の必要性を説いた。しかしヴェルサイユに居を移すことで、王妃との噂がますます広がることになる。

「ヴァランシエンヌにて、一七八九年九月一四日

いつ出発できるか、まだわかりません。監察官は二〇日頃においでになるとのことで、二五日から三〇日の間は自由な時間ができるでしょう。しかし、パリには行かないつもりです。もうほとんど知人もおりませんし、亡命しなかったほぼすべての方々は、ヴェルサイユにいらっしゃいます。ヴェルサイユには住まいがありますので、そちらへ行くつもりです。家の賃貸契約は解除し、もう必要のない馬や奉公人は解雇して、今後の動きを見守ります。計画は決定ではありません。状況次第です」

「ヴェルサイユにて、一七八九年九月三〇日

ヴェルサイユに到着して五日が経ちます。先日お伝えした倹約計画を実行に移す予定です。この冬、エステルアージ伯爵はお戻りにならないので、居室をお借りしています。一冬をこちらで過ごすつもりです。したがってパリの家は引き払い、短期滞在する場合には、小さなアパルトマンを借ります[3]」

フェルセンは上記の手紙のなかで、ヴェルサイユに住みながらも——実際は一七八五年からヴェルサイユに住まいを持っていた——、パリにも小さなアパルトマンを借りると、父に打ち明けた。だが彼は、事実をやや曲げて報告している。九月一四日付の手紙では、「ヴェルサイユには住まいがありますので」と述べ、住まいを有していることを知らせているのに、九月三〇日にはエステルアージ伯爵の居室に滞在すると書いている。事実、エステルアージ伯爵はヴェルサイユ宮殿内に居室を持っていたので、フェルセンは「公式には」エステルアージの

ところに住んでいるとして、王妃の内殿の「上階」にある秘密の住居の存在を隠し通すことができた。出費帳からは、彼が九月二四日にヴァランシエンヌを出発したことがわかる。宮内府大臣サン＝プリースト伯爵の[4]『回想録』によれば、アントワネットはもはやフェルセンに対する気持ちを、夫ルイ一六世に対して隠し立てしなかったらしい。

「王妃は、フェルセン伯爵との関係を国王に認めさせる方法を見つけた。王妃は、この陰謀に関して巷で流れているあらゆる噂を国王に話し、もうフェルセンには会わないと申し出た。しかし国王はそれをよしとしなかった。彼女は、自分に対する悪意が荒れ狂うなか、外国人であるフェルセンは唯一頼るに値する人物であると、国王にほのめかしたのかもしれない。国王はこの意見に同意されたが、これについては後述する[5]」

宮廷中が亡命していくなか、アントワネットは「かつてないほど孤独であった。彼女にはフェルセン伯爵しかいなかった。フェルセン伯爵は王妃の居室に自由に出入りし、プティ・トリアノンでも頻繁に王妃に会ってい

た[6]」。

一七八九年一〇月五日から六日にかけて、パリ市民がヴェルサイユに押し寄せ、国王一家をパリへと連行した。こののち、フェルセンとアントワネットがトリアノンで会うことは二度となかった。六日早朝、（オルレアン公爵に買収されたとされる）暴徒が王妃の命を奪おうと、居室の扉めがけて殺到したとき、フェルセンはヴェルサイユ宮殿に滞在していた。二人の近衛兵が殺され、斬首された。ルイ一六世は暴徒に屈し、一家と宮廷、大臣たちを連れてパリへ移ることを承諾した。フェルセンが一〇月九日に父へ送った手紙には、こう書かれている。

「親愛なる父上、月曜日から六日火曜日にかけてヴェルサイユで起こったこと、そして国王一家がパリに到着されたことは、あらゆる新聞で伝えられていることでしょう。私はすべてをこの目で見、国王ご一行の馬車の一台でパリに到着しました。パリに到着するのに六時間半もかかりました。この二日間のようなおぞましい光景は、二度と経験したくありません。国民は国王とご一家を目にして喜んでいるようです。王妃は拍手喝采を受けまし

た。人々が王妃のことをよく知り、善を望む優しいお心が正当に知られるようになれば、いつまでも拍手を受けることでしょう[7]」

書簡記録簿によれば、フェルセンは一〇月七日にエステルアージ伯爵へ「出来事」の詳細を書き送り、八日にソフィーへ「ヴェルサイユで起こったこと」を知らせている。五日から六日にかけての緊張をはらんだ夜、パリの国民衛兵を指揮するラ・ファイエット侯爵[8]は、騒ぎは沈静化し、宮廷人たちも退出してよいと請けあったが、フェルセンは王妃のそばを離れなかったはずである。一九世紀に出版されたさまざまな『回想録』では、あたかも誰もが破局を予感していたかのように描かれているが、同時代の資料には、六日早朝、暴徒が侵入してくると、王妃は身支度もそこそこに国王の居室へ避難したと書かれている。王妹エリザベート王女は友人ボンベル侯爵夫人に宛てて、「粗野な女どもが迫ってきて、王妃はシュミーズ姿［当時の貴婦人たちが着用していた長衣のような下着。］で国王の寝室へと逃げざるをえませんでした」と書いている。一〇月六日、アメリカ大使ガヴァヌーア・モリス［一七五二－一八一六年。アメリカの政治家。革命期にヨーロッパへ派遣され、一七九二年からは二年間、駐仏全権大使を務めた。］は日記に、「カペリスから事件について聞く。王妃は寝台から飛び起きて、ペチコートとシュミーズをまとい、ストッキングを手に持って、国王の寝室へと逃げ込まねばならなかった[9]」と書いている。すなわち前夜の時点で、アントワネットは服を脱ぎ、眠れる程度には、安心していたのだ。フェルセンがいてくれるという安心感があったのだろう。

フェルセンはいつもながらの平静さをもって、一〇月二二日に父に手紙を送っている。「国のためにいつでも剣を抜く用意はできておりますが、政治については関わりを持たず、大変静かに、世間から離れた生活を送っています。週に一度か二度は、宮廷にまいります[10]」。もちろんこれはフェルセン一流の建前である。その三日後、ガヴァヌーア・モリスは財務大臣ジャック・ネッケルのところで、フェルセンに会っている。「ヨーロッパに到着してから初めて、王妃の愛人として名高いフェルセン伯爵に会った。彼は疲れ切っているように見えた[11]」。フェルセンが直面している危険と、王妃の身を案ずる心労を考えれば、疲れ切っているのも当然であろう。テュイルリー宮殿に住む国王一家には、ラ・ファイエット将軍の指示により、監視がつけられていたが、だからといって並外れて冷静なフェルセンの熱意が薄れるわけではなかった。国王一家を助けようと考えていた彼は、まもなくテュイルリー宮殿へ出入りする方法を見つけた。

スコットランド出身でパリ在住の裕福なクインティン・クロフォードは、のちの国王一家のヴァレンヌ逃亡計画に加わった人物で、一七九一年八月、イギリスのウィリアム・ピット首相に宛てて、一通の興味深い手紙を書いている。以下は一七九一年にフェルセンがクロフォードに、一七八九年一〇月のことを語った内容であり、彼がどのようにテュイルリー宮の国王一家の居室に出入りしていたかがわかる。

「数カ月前のことですが、フェルセン伯爵がテュイルリー宮やサン＝クルー宮で国王夫妻に内密にお会いしているという話が伝わってきました。しかし国王夫妻に会見するなど困難かつ危険ですので、私は到底信じられませんでした。のちにわかったことですが、国王夫妻がヴェルサイユからパリへと連行されてからの約三週間、フェルセンは週に一度か二度、話しあいの必要がある場合はより頻繁に、国王夫妻に会っていたようです。場所はつねに国王の衣裳部屋でした。夜暗くなると、テールコートに身を包み帽子をかぶったフェルセンが宮殿へと向かい、召使たちに交付されていた通行証を使って居室を訪れていました。フランス国内外に宛てた国王夫妻の秘密書簡は、フェルセンの手を通じて届けられていました。一部の者たちは不実で、誰もが慎みに欠けていたため、国王夫妻は極端に用心深くなり、なかなか人を信用しませんでした。それでも信頼の置ける人物が必要です。フェルセンは国王夫妻からの全面的な信頼を受け、それに応えました。私は彼のことをよく存じております。彼は物静かで思慮深く、毅然として、この上なく控えめですが、内気というわけではありません」

余白にはクロフォードの手で、「この貴族はロワイヤル・スウェーデン連隊長でした。信仰篤き王妃の大の寵臣で、現王太子の父だと考えられております[12]」というメモが残されている。クロフォードは個人的にもフェルセンと知り合いだったから、この話を事実無根だと考えていたら、こうしたメモを、ましてや首相に宛てて書いたりはしなかったはずだ。

苦難の連続だった一七八九年秋、書簡記録簿にはアントワネット宛ての手紙が書かれた記録はない。二人は定期的に会ってはいたが、決して二人きりになることはなかった。しかしアントワネットは一七八九年一二月二九日にポリニャック夫人に宛てて、ある人物と会ったときの様子を伝えている。その人物とはフェルセンにほかならない。フェルセンとは宮廷やルイ一六世との秘密会議でも顔を合わせていたので、あえてこうして様子を伝えたということは、二人きりで会えたことを意味しているのだろう。

「あなたの弟君［ここでは、ポリニャック夫人の異母兄弟ドゥニ＝ガブリエル＝アデマール・ド・ポラストロンを指すと思われる。］がヴァランシエンヌから、あなたのお手紙を送ってくださいました。あの方にお会いしました。三カ月の間、同じ場所にはいても、まるで引き裂かれているかのように苦しい思いをしていましたが、一度だけあの方と二人きりでお会いすることができました。あなたはあの方のことも私のこともご存じですから、私たちの喜びのほどがご想像できるでしょう。あの方はあなたの弟君を訪問される予定です[13]」

「あの方」がフェルセンであることは確実だ。というのも、フェルセンも一二月二七日にほぼ同じ内容の手紙を妹ソフィーに書き送っているからだ。

「とうとう二四日に彼女と一日を過ごすことができました。初めてのことです。私がどれほど幸せか、おわかりになるでしょう。わかってくださるのはあなただけです。二九日には友人に会いに出発します。三日には到着するでしょう。彼と会うのが楽しみでなりません。（中略）ヘッダお姉さまには、ヴァランシエンヌに行くと伝えてあります[14]」

二人きりで会うことができたのは、アントワネットが足を痛めたためだ。ポリニャック夫人に宛てた手紙では、「また弱いほうの足を捻挫してしまいました。そのため一二日間、部屋にこもりきりでした」とある。この手紙の一カ月後の一七九〇年二月九日には、ルイ一六世がポリニャック夫人に宛てて、王妃は捻挫のために「約三週間[15]」居室にこもっていたと書き送っている。したがって一七八九年一二月二四日は、王妃はフェルセンと一日を居室で過ごしたと考えられる。二人の間では、フェルセンがアーヘンに滞在するタウベ男爵をひそかに訪問する計画も話題に上ったであろう。タウベ男爵はグスタフ三世の侍従頭であり、フェルセンは反革命の旗手であるグスタフ三世の秘密外交に巻き込まれていくことになる。フェルセンがグスタフ三世に宛てた一七九〇年一月七日付の手紙には、彼の新たな役割が描かれている。

「(前略)フランスと王権を復活させることができるのは、内戦あるいは外国との戦争です。しかし国王がパリで囚われの身となった今、どうすればよいのでしょう。パリへ移り住むことを承諾したのは間違いでした。今後は、パリから脱出させる方法を考えねばなりません。国王は一〇月に、自分は自由の身であり、それを証明するために春には地方を訪問する、と宣言なさいました。これは、国王をパリから脱出させるための格好の口実になります。しかし脱出するまでは、議会が愚行を重ねるのを看過せねばなりません。国王がパリから脱出しさえすれば、新たな秩序が生まれるでしょう。もし阻止されることがあれば、国王が囚われの身であることが国中に露呈し、大変動も起こりうるでしょう。

フランス国王夫妻の置かれている状況について、陛下《グスタフ三世》の態度は気高く、情に満ち、寛大でいらっしゃいます。まさに陛下にふさわしいお振舞いと言えましょう。国王夫妻は、陛下のお手紙に大変感激していらっしゃいます。人は不幸のなかにあるときには、感受性がより鋭くなります。陛下の伝言を託されたことは、私にとって大きな喜びであり、自らの手でお渡しする所存でございます。誰を信用できるか定かではありませんし、陛下の優しく寛大なお心を国王夫妻に直接お伝えできれば、これに勝る喜びはないからでございます。

二日前にヴァランシエンヌに到着いたしました。以前、タウベ男爵との会見のためにまいりましたときには、一週間滞在いたしました[16]」

この時点からフェルセンの書簡の規模は拡大し、政治的な性格を色濃く帯びていく(ただ駐仏スウェーデン大使のスタール男爵は、妻のスタール夫人の影響で民主主義を支持していたため、フェルセンはグスタフ三世と策定した計画の数々を大使に秘密にしていた)。今後は、ルイ一六世やアントワネット宛ての公式文書や報告書も作成せねばならない。こうした書簡の機密性から、フェルセンは第二の暗号を王妃に提案するのである。

原注

（1）Stafsund. SE/RA/720807/02/5/II/9, 一七八九年九月一四日。

（2）セーデルマンランド公爵。一七四八－一八一八年。スウェーデン国王グスタフ三世の弟。一七九二－九六年まで摂政職を務め、一八〇九－一八年までカール一三世としてスウェーデンを治める。フェルセンの従姉妹アウグスタ・フォン・レーヴェンエルムは彼の愛人で、二人の息子がいた。

（3）Stafsund. SE/RA/720807/02/5/II/9, 一七八九年九月一四日および三〇日。

（4）フランソワ＝エマニュエル・ギニャール・ド・サン＝プリースト伯爵。一七三五－一八二一年。フランスの外交官、閣僚。

（5）Saint-Priest, *Mémoires*, Paris, Calmann-Lévy, 1929, p. 80.

（6）*Ibid.*, p. 84.

（7）Stafsund. SE/RA/720807/02/5/II/9, 一七八九年一〇月九日。

（8）ジルベール・デュ・モティエ・ド・ラ・ファイエット侯爵。一七五七－一八三四年。アメリカ独立戦争に従軍。初期ジャコバン派の首領の一人。革命当初は絶大な人気を誇り、国民衛兵の総司令官を務めた。

（9）*Correspondance de Madame Élisabeth*, éd. Feuillet de Conches, Paris, Plon, 1858, p. 120 ; Gouverneur Morris, *A Diary of the French Revolution*, ed. B. C. Davenport, 2 vol., Londres, Harrap, 1939, I, p. 245. カペリス侯爵はモリスの愛人アデル・ド・フラオのサロンに出入りしていた。同様の情報は、エステルアージの『回想録』にも、エリザベス・フォスターの日記にも記されている。

（10）Stafsund. SE/RA/720807/02/5/II/9, 一七八九年一〇月二二日。

（11）Morris, *op. cit.*, I, p. 271, 一七八九年一〇月二五日。

（12）クインティン・クロフォードからウィリアム・ピットおよびグレンヴィル卿宛て、一七九一年八月三日、James Hutton (ed.), *Selections from the Letters and Correspondence of Sir James Bland Burges*, Londres, John Murray, 1885, p. 365.

（13）AN, 440 AP/4.

（14）Löfstad. SE/VALA/02249/BXXVa/8, 一七八九年一二月二七日。「友人」とはタウベ男爵を指している。男爵はソフィーの愛人でもあり、対ロシア戦争で負傷していた。

（15）マリー・アントワネットからポリニャック夫人宛て、AN, 440 AP/4. ルイ一六世からポリニャック夫人宛て、一七九〇年二月六日、Feuillet de

Conches, *op. cit.*, t. 1, p. 307（二〇一三年一一月二六日にサザビーズで売却された書簡）。
(16) Stafsund. SE/RA/720807/02/6/I/1, 一七九〇年一月七日。

6 フェルセンからアントワネットへ

（初公表書簡、一七九〇年二月一日）

Stafsund. SE/RA/720807/10/20.「用例」と書き出しのあるこの手紙は、フェルセンの書簡記録簿には記録されていないが、アントワネットとの往復書簡用の暗号と共に整理されている。手紙のなかでフェルセンは、第二の暗号(1)の使い方について説明している。しかし当時王妃が使用していた多表換字法よりもずっと複雑で、実際にこの暗号を使って書かれた手紙は見つかっていない。

「用例」

ストックホルム、一七九〇年二月一日

1. J'ai reçu ma chère amie la vôtre du…
2. lun dilu nd ilund ilun di lundi lu…
3. 4q7 08, a &2 58ueb……………
4. lun dilu nd ilund…………
5. J'ai reçu ma chère……………

この暗号を利用するには鍵、すなわちある単語が必要です。もっとも推定が難しい単語は、手紙の日付の曜日です。つまり上の例のキーワードは『lundi《月曜日》』ということになります。二月一日は月曜日だからです。もし手紙の日付が二日なら、キーワードは『mardi《火曜日》』、三日なら『mercredi《水曜日》』ということになります。曜日ではないキーワードを使う場合は、手紙の発信地に下線を引きます。例えばStockholmというようにです。下線は、その単語がキーワードだということを示します。日付の前に曜日を記してある場合は、その曜日がキーワードです。これは、実際の曜日以外の日をキーワードにしたい場合のみに使う手段です。例えば、『mercredi《水曜日》二月一日』と書かれていれば、『mercredi《水曜日》』がキーワードです。

上記一行目を暗号化するには、行の下に『lundi《月曜日》』と書き込みます。二月一日は月曜日だからです。二月二日の場合は『mardi《火曜日》』と書き込みます。各文字の下に確実にキーワードの文字が来るよう、気を付けねばなりません。上記二行目を参考になさってください。その後、暗号表の№1と書いてある側でLを探します。Lを見つけたら水平にたどってJを探します。そこから№2の側に垂直に上っていくと、4という数字が見つかります。これが第一の暗号文字です。次に№1側でUを探し、同じくその行をたどってAを見つけます。№2側に上っていくとqという文字ですから、これが第二の暗号文字となります。このように続けていくと、上記三行目のような文章になります。

解読するには、暗号文の下に同じく『lundi《月曜日》』と書き込みます。上記四行目をご覧ください。それから表の№1側でLを、№2側で4を見つけます。二つの列が交差しているところにはJとあります。次に№1側でUを、№2側でqを探すと、Aという文字にたどり着きます。解読作業のために、あらかじめ行間には充分な余白を空けねばなりません。各行は『lundi《月曜日》』で始まります」

フェルセンの書簡記録簿には、一七九〇年にアントワネットに手紙が書かれた記録はないが、ソフィーや父との書簡のやり取りから、フランスにおける彼の動向がおぼろげに見えてくる。なかでも興味深い事実は、アントワネットがフェルセンと二人きりで会うことができるよう、テュイルリー宮の自分の居室を整えさせたことだ。「パリへ移り住むことを承諾したのは間違いでした」と考えるフェルセンとは裏腹に、ルイ一六世は決してパリを離れようとはしなかった。国王に行動を取るよう説得するのは至難のわざであり、この時点ではまだ逃亡計画も提案されてはいなかった。一方、フェルセンは自らの連隊に対する関心を失っていた。議会は軍の改革を計画しており、外国人部隊は改革対象の筆頭に上がっていたからだ。

一七八九年一一月、革命に譲歩を続けていたルイ一六世は、「スペイン国王［本書でのスペイン国王は、カルロス四世（一七四八－一八一九年）を指す。］」に宛てて、パリ拘束中に実行や承認を自分に迫るあらゆる強制力に対し、それがどのような形のものであれ抗議をする旨、書き送っている」[2]。だが、静かな抗議は自発的な行動とは別である。

ガヴァヌーア・モリスは、ジョージ・ワシントンに宛てた手紙のなかで、祖国が危機に瀕しているにもかかわらず、「よく食べ、よく飲み、よく眠る」国王について触れている。国王は流されるがままだと述べ、最大の欠点は手を差し伸べてくれる者を遠ざけてしまうことだと指摘している。

「国王は事実上パリに幽閉されており、議会の言いなりです。（中略）もし君主が彼のような小物でなければ、情勢を鑑みてうまく利用し、再び権力を奪回する可能性もありましょう。しかしあのような立場で、よく食べ、よく飲み、よく眠り、陽気に笑っているような国王に、何が期待できるでしょう。いくばくかの金を彼らから与えられ、貯蓄することができると考えるだけで、国王は大満足なのです。気の毒なこの男性は、自分の不安定な状況について考えることもありません。彼は愛されていますが、君主が人々の内に生じさせるべき念は愛情ではありません。人々が抱いているのは、むしろ連行される囚人に対し、自然と湧いてくる善良な哀れみの感情に似ています。国王に仕えることなど不可能です。抵抗の兆候が少しでも見られれば、国王はあらゆること、あらゆる者を退けてしまうからです[3]」

これとは対照的に王妃は、自分の置かれている状況を屈辱として受け止めていた。さらに、兄ヨーゼフ二世が一七九〇年二月二〇日に没すると、かつてないほどフェルセンの愛情を必要とした。ドーセット公爵はデヴォンシャー公爵夫人に宛てた三月一七日付の手紙で、状況を憂いている。

「パリの近況は本当に気が滅入ります。お気の毒な王妃は、この上なく不幸でいらっしゃいます。王妃の兄上は死の前日、大変情のこもったお手紙をお書きになりました。優しさと愛情に満ち、妹の身の上を案ずるお手紙です。王妃にとっては何という衝撃でしょう。可哀そうなお方。心底同情いたします。お手紙を王妃に届けたメルシー氏は、届けたことをとても悔いていました。古いお友達のフィッツ＝ジェームズ公爵夫人〔フィッツ＝ジェームズ公爵夫人マリー・ド・ティアール・ド・ビッシー。一七五二－一八一二年。アンシャン・レジーム時代にアントワネットの筆頭女官を務めた。〕からも、哀れを誘うお話が知らされてきました」

ドーセット公爵は、フランスの政情を冷徹なまでに描き出している。一方、ジョージアナはラ・ファイエット将軍にいくばくかの親しみを感じていたが、公爵は、王妃の不幸と非常に個人的な事情から、これを激しく非難した。民衆がヴェルサイユを襲撃したときでさえ、王妃を救出しようともしなかったラ・ファイエットのことだから、彼女の親友として知られるドーセット公爵を亡き者にしようと画策していたという以下の話も、不自然ではない。

「議会はすべてを転覆しようと決意を固めているようです。遠くない将来、すべてが爆発するでしょう。遅かれ早かれ、バイイ［シルヴァン・バイイ。一七三六－九三年。初代パリ市長。一七九三年に処刑。］もラ・ファイエットも、フーロン［ジョゼフ＝フランソワ・フーロン。一七一五－八九年。一七八九年七月二二日に、ルイ一六世により財務総監に起用される。ベルティエの義父。軍備品の供給を担っていた。］やベルティエ［ルイ＝ベニーニュ＝フランソワ・ベルティエ・ド・ソヴィニー。一七三七－八九年。フーロンの義理の息子。軍備品の供給を担っていた。］と同じ運命をたどることでしょう。彼らに対する下層民たちの熱狂が覚めたことは、さまざまな場面で証明されています。あなたがラ・ファイエット将軍と手紙を交わしているとは、嘆かわしいことです。確かに彼は機を得て名が知られるようにはなりましたが、信条からしても行動からしても、まったく称賛に値するような人物ではありません。それにイギリスに関するあらゆること（あなたのことはおそらく別でしょうが）に対し反感を抱いている点も、私の目には許し難く映りますが、あなたはそうした点を評価していらっしゃるのでしょう。彼はあらゆる手を使って、パリにいる私を亡き者にしようとしました。あとから知ったことですが、もし当時信頼できる筋から知らされていたら、わざわざパリに滞在し続けるような危険は冒さなかったでしょう。しかしあくまでも噂でしかなかったため、信じられなかったのです(4)」

夫ルイ一六世は、臣下が公衆の面前でなぶり殺しにされても（一七八九年七月二二日、フーロンとベルティエは国民衛兵の指揮官ラ・ファイエットの目の前でリンチを受け、吊るし首にされたのち、斬首された）、なすすべもなく、アントワネットはますますフェルセンを頼りにした。この年にフェルセンから妹ソフィーに宛てた手紙のなかでは、何度もアントワネット（「彼女《エル》」あるいは「私のお友達」）が登場する。王妃とフェルセンは確かに恋人同士だったのだ。

「一七九〇年四月四日

私のお友達へのお心遣い、ありがとうございます。愛しいソフィー、彼女は、あなたが彼女に抱きうるあらゆる好意に値する女性です。私が知る限りもっとも完璧な女性で、非の打ちどころのない振舞いは、すべての人の心をつかみました。どこへ行っても彼女を称賛する声が聞こえてきます。私がどれほどうれしく思っているか、ご想像できるでしょう」

「〈一七九〇年〉四月一〇日

以前よりも少し幸福が感じられるようになってきました。ときどきですが、お友達に自由に会いに行けるからです。すると彼女の味わっている苦痛が、彼女や私のなかで少しだけ和らぐのです。お気の毒な女性。その振舞い、勇気、情の深さは、天使そのものです。彼女ほど情を込めて人を愛した者はいないでしょう。彼女は、あなたの思いやりある言葉にとても心を打たれ、涙を流しました。そして私に、どれほど心動かされたか、あなたに伝えるようにとおっしゃいました。あなたに会うことができれば、彼女はどれほど喜ぶことでしょう。彼女は、私たちの計画がうまくいけば、あなたもこちらを訪れることができると想像して、喜んでいます。確かに、そうしたこともありうるかもしれません[5]」

一七八九年八月以降、フェルセンはソフィーやタウベ男爵を通じて、スタール男爵に代わって駐仏スウェーデン大使に就任したいとグスタフ三世に申し出ていた。軍の改革に伴って、フランスでの住居を確保しておくためである[6]。これ以上フェルセンと離れたくないと考えていたアントワネットは、スウェーデン大使就任計画を彼と二人で検討した。四月一〇日付の手紙には、そうした背景がある。

「一七九〇年五月七日

大切な妹よ、私たちはつねにあなたの幸せを願い、彼女はあなたのことを思っています。あなたの言葉に彼女は心動かされ、涙を流しました。人は不幸な境遇にあるとき、とりわけ彼女のような清らかな魂を備えていれば、一層心が敏感になるものです」

「一七九〇年五月三一日

大切な妹よ、こちらの状況は相変わらず、つまり悪い方向へ向かっています。地方やパリにおけるおぞましく残忍な所業については、新聞でご存じのことでしょう。(中略)彼女はこの上なく不幸ですが、本当に勇敢です。彼女は天使です。あなたからの伝言をお伝えすると、喜んでいらっしゃいました。私の力の及ぶ限り、彼女をおなぐさめするつもりです。それが私の使命ですし、私にとって彼女はあまりにも完璧なのです(7)」

議会からの許可がおり、国王一家はひと夏を王妃の領地であるサン=クルー宮殿で過ごした。一七九〇年六月二八日付の手紙で、フェルセンはソフィーにこう書いている。

「彼女は、あなたのお心遣いに感激しています。彼女ほど徳を備えた、完璧な方はおりません。彼女が味わっている不幸を完全になぐさめて差し上げられないこと、彼女にふさわしい幸福をかなえられないことが、私の唯一の苦しみです。田舎にいる彼女のところから、この手紙を書いています(8)」

その前年、フェルセンは妹に「この国の政情や彼女《エル》のことを話すときは、くれぐれも慎重に」と書いている。また手紙が検閲を受けた場合に嫌疑がかけられぬよう、「国王とその一家はサン=クルーにいらっしゃいます、お好きなだけ散歩もできるので、パリよりも快適ですし、自由なことでしょう。サン=クルーへ行くのは職務のある者だけで、私は行ったことがありません(9)」と書いている。こうしてフェルセンはアントワネットとの関係を隠し続けた——以前は宮廷人たちに対して、そして今や革命家たちに対して。ソフィーにだけは自分の本当の所在を明らかにしていたが、父に対しては別で、サン=クルーにいることを知られぬよう、上記の手紙を書いた六月二八日に、パリ発信として別の手紙を送っている。

一七九〇年七月一四日、フランス革命一周年を記念して、パリのシャン=ド=マルスで連盟祭が開催された。このため国王夫妻もサン=クルーからパリへ戻り、フェルセンも同行した。彼が父に宛てた手紙には、「地方議員の振舞いは文句のつけようがなく、国王と王妃に敬意の念、愛情、そして忠誠を絶えず示していました[10]」とある。現存するソフィー関係の資料には、当時、議員たちが王妃のためにおこなった演説のパンフレットがあり、王妃から彼らへの回答がフェルセンの手で書き込まれている。それによると、王妃は一七八九年一〇月六日に命を救ってくれたデュールペールという名の近衛兵を称賛したとされる。

「王妃は涙を抑えきれず、こうお答えになった。『この震える声は何よりも雄弁に、私の動揺のほどを物語っていることとでしょう。皆さまは、国王へ向けた演説の原稿を見たいという私の希望を聞き入れ、私はそれに満足しております』。そしてたまたま同席していたデュールペール氏を見つけて、こうおっしゃった。『皆さまは私の勇気をおほめになりますが、(デュールペール氏を指して)この方こそほめられてしかるべきでしょう。この方は、宮殿の扉で殺された近衛隊に所属していらしたのです』。誰もが彼に駆け寄って、口づけをした。人々は『王妃万歳、近衛兵万歳、デュールペール万歳』と叫び、皆が涙した[11]」

連盟祭が終わると、フェルセンは宮廷に従ってサン＝クルーへと戻った。七月三一日にはソフィーに宛てて、「以前もお知らせしたように、このところたびたび、エステルアージ伯爵の田舎の館で過ごしています。明日から一週間はフィッツ＝ジェームズ公爵夫人のところに滞在します」と書いている。八月八日にはフィッツ＝ジェームズ邸滞在について、「私たちは七人だけでしたが、意気投合し、楽しく過ごしました。彼女〈アントワネット〉がいなかったのが心残りですが、それを除けばこの上なく愉快でした[12]」と記している。

彼はほとんどの時間をパリの西郊オートゥイユで過ごし、夜になるとサン＝クルー宮殿のアントワネットのところへ通っていた。あまりにも訪問が頻繁なので、サン＝プリースト伯爵は「王妃に対し、『フェルセン伯爵の存在やその訪問は、何らかの危険を引き起こすでしょう』と進言すると、王妃は『そうお考えでしたら、フェルセン伯爵におっしゃってくださいい。私自身は気にかけておりません』と答えた。事実、フェルセン伯爵の訪問はその後も続いた[13]」と書いている。

当時、ルイ一六世夫妻はラ・ファイエットを牽制しようと、革命家ミラボー[14]とひそかに協議していた。フェルセンは一七九〇年九月五日付の手紙で、グスタフ三世にこう書き送っている。

「ラ・ファイエット氏の立場は決して安泰とは言えず、非常に不安定な状況です。彼は哀れな悪党ですが、悪党になりきれないのが救いです。（中略）八九年クラブ［立憲君主制を目指す政治クラブ。］のミラボー伯爵はラ・ファイエットの仇敵ですが、宮廷に接近しております。彼は利用されているようで、そのためラ・ファイエットは、さらに不安を感じているようです。しかし、それぞれをこうして引き離しておくのは好都合でしょう[15]」

ガヴァヌーア・モリスによると、ミラボーはラ・ファイエットを毛嫌いしていたそうだが、ラ・ファイエットは悪党になりきれないどころか、相当腹黒かったと思われる。王妃の失脚を画策していた彼は、彼女への中傷を煽ろうと、故意にフェルセンが王妃の居室へ訪問するのを放置していたのだ。フェルセンの弟のファビアンは、一七九〇年一一月三〇日にストラスブールからソフィーに宛てて、特殊インクを用いた手紙を書いている。「今日入ってきた報せでは、議会は王妃と離縁するよう国王に迫り、姦通罪で王妃を裁判にかけようとしているそうです。夫妻のお子さまを私生児と断じて、王妃を厳重に処罰しようとしているとのことです[16]」。その三週間前、ラ・マルク伯爵［すなわちアランベール大公オーギュスト＝マリー＝レイモン。一七五三－一八三三年。オーストリア領ネーデルラント出身の軍人、外交官。宮廷とミラボーの秘密交渉の仲介役を果たすが、一七九一年にはブリュッセルに移住し、オーストリアに仕え、王妃救出のために働いた。］はメルシー伯爵に宛てて、王妃とラ・ファイエットとの謁見について述べている。

「（前略）ラ・ファイエットは王妃を動揺させようと、この上なく忌まわしい手段を用いた挙句、国王と離婚させるためだったら姦通罪で追及することもありうると、ご本人に申し上げさえしました。王妃は威厳をもって、毅然と大胆にお答えになりました。こうした王妃のご性格は貴殿もご存じでしょう。しかしラ・ファイエット氏ごときがこのような態度を取るとは、憤慨に堪えません[17]」

ラ・マルク伯爵は、ラ・ファイエットの「忌まわしい手段」については衝撃を受けているが、姦通罪の件については驚愕していないようだ。王妃は、自称「心は共和主義派[18]」のラ・ファイエットを忌み嫌っていたし、暴徒がヴェルサイユへ押し寄せた一七八九年一〇月六日にも、彼には民衆を抑える能力も意思もなかったことを知っていた。

　オートゥイユ滞在中の一七九〇年一〇月にフェルセンがソフィーに宛てた手紙は、彼の私生活についての、多くの歴史家たちの誤解を正す内容である。彼にとってはアントワネットこそが完璧な女性であった。王妃の死後にいたってもなお、「何という甘美さ、思いやり、善良さ、心遣い、感じやすく、愛情にあふれた繊細な心」と書いている(19)。端正な顔立ちのフェルセンは、多くの女性たちから愛されたが、彼女たちが皆アントワネットのような美点を備えていたわけではない。そうした女性の一人が、ルイ一六世治下の大臣サン＝プリースト伯爵の奥方である。フェルセンは妹に宛てて、伯爵夫人に絶えず追いかけられていると書いている。伯爵夫人はオーストリア人で、兄弟のカール・フォン・ルドルフはストックホルムに駐在するオーストリア大使だった。次に挙げるソフィー宛ての手紙からは、伯爵夫人は自称していたようにフェルセンの恋人などではなく、彼に付きまとい、迷惑がられていた存在だったことがわかる。

「一七九〇年一〇月一五日

　彼女〈アントワネット〉についてタウベがあなたにお話しした内容を、私は非常にうれしく思います。天使のような彼女は、そうした思いやりに値する方です。彼女は驚くほど清らかで、私は、すべての人に彼女を愛し、正当に評価してほしいと思っています。私はオートゥイユでの滞在を続け、大変満足し、幸せを感じています。（中略）あなたは賢明にも、ルドルフ氏がノルケンを介して尋ねてきた件に回答しませんでした。ルドルフ氏からの質問には一切答えないでください。氏の姉妹〈サン＝プリースト伯爵夫人〉が親切にしてくださるのは恋愛感情ゆえだとわかったときから、彼女にはほとんど会っていません。夫人は私に激しい恋愛感情を抱いており、意を尽くしてお話ししたのですが、状況が変わることはありませんでした。本当に狂気の沙汰です。夫人に告白されたときから、連絡を断ちました。夫人が気の毒になることもあります。何とも信じ難い顛末で、夫人はあらゆる屈辱を受け、それに耐えました。夫人は私に、女性が男性に与えうるあらゆるものを差し出しましたが、私はそれを拒みました。夫人はすべてを知っていますが、それを気に病むこともありません[20]」

サン＝プリースト夫人はおそらく、フェルセンとアントワネットの関係の「すべて」を、夫から聞いていたのだろう。そして一七九一年にストックホルムを訪問するや、あちこちに触れて回った。

フェルセンは一七九〇年一〇月三〇日の手紙で、二日前にパリ（彼は「この汚らわしい掃き溜め」と呼んでいる）に戻ってきたと書いている[21]。一七九〇年冬から一七九一年春にかけてのソフィーへの手紙では、王妃との親密な関係が何度か言及されている。王妃とフェルセンの政治面での協力が緊密になっていく時期でもあるが、それについては妹への手紙では触れられていない。当時、ソフィーは愛人タウベ男爵との別離に苦しんでいた。対ロシア戦争で負傷した男爵は、グスタフ三世によりモスクワへの使者に任命されたためだ。フェルセンはできる限りの優しさをもって妹をなぐさめ、アントワネットは自分の髪を一房と指輪を送った。二人には、ソフィーの苦しみが手に取るようにわかった。

「〈一七九〇年一二月〉一九日

大切な妹よ（中略）、髪の毛をいただきたいという希望を、彼女へ伝えておきます。私もとてもうれしく思いますし、彼女もきっと喜ぶでしょう」

「一七九一年一月三日

ご依頼の髪の毛です。もし足りなければ、またお送りします。これは彼女からのもので、髪の毛をいただきたいというあなたの希望に、心から感激していらっしゃいました。本当に善良で完璧な方です。彼女があなたのことを大切に思ってくださるようになってから、彼女への愛がさらに増すばかりです。あなたの心の痛みがよくわかること、そしてあなたとその痛みを分かちあっていると伝えてください、とのことです。ああ、あなたが彼女に会いさえしたら、私は満足して死ぬことができるでしょう」

「〈一七九一年一月〉一七日

可愛いソフィー、先ほどあなたからの二八日付のお手紙を受け取りました。あなたの苦しみが手に取るようにわかり、思いを共にしています。私の苦しみも増すばかりです。かつては、あなたが幸せで平穏に暮らしていることが、なぐさめでした。幸せなあなたの姿を見ることが、私の幸せでした。今となっては、そのなぐさめさえ得られず、あなたの悲しみが心に染み入るようです。可愛い妹よ、悩みを頻繁に、いえ、いつでも打ち明けてください。苦しみや悩みを、残らず打ち明けてください。友に心の内を吐露することは必要でもあり、なぐさめをもたらしてもくれます。私以上に真実の友、愛情深い友はいないことはおわかりでしょう。（中略）彼女からも、くれぐれもよろしく伝えてほしい、あなたの苦しみをかげながら分かちあいたいと、託《ことづ》かっています。彼女はよく私と一緒に泣きます。愛するに値する女性だということが、おわかりになるでしょう。あなたのご希望の指輪をこちらで簡単にあつらえる方法をご存じなら、どのようなものが希望なのかも、あわせて教えてください。あなたに差し上げたいという彼女のたっての願いですので、私のほうで手配しましょう。なるべく早いお返事を待っています」

「〈一七九一年二月六日〉具合が悪いと聞いて心配しました。彼女もとても心配していましたが、少し気がまぎれたようです。我々の友人から、あなたが回復したと聞いて胸をなでおろしました。（中略）私は元気にしておりますし、彼女の悲しみも尽きませんが、元気にしております[22]」

フェルセンは、何の危険も冒していないと妹には書きつつ（「私は何にも首を突っ込みませんし、単なる傍観者です。平穏な暮らしを送っており、危ないことなど何ひとつありません[23]」）、毎日のようにアントワネットと国事について密談を重ねていた。ルイ一六世は無気力で行動を起こそうとしなかったため、アントワネットが秘密外交の書簡のやり取りを担っていたのだ。ルイ一六世は王権奪回への望みを抱きつつも、亡命した大公たちへの不信感をぬぐえず、反革命を主導する気力も覇気もなかった。ガヴァヌーア・モリスは外務大臣のモンモラン[24]から、「国王は何ひとつ頼りにならない。今や国王と執務するときは、王妃の同席を要求している」と打ち明けられたと述べている[25]。メルシー伯爵も、国王一家逃亡計画についてオーストリア宰相カウニッツ[26]へ宛てた手紙のなかで、同様のことを書いている。「私は国王と一対一でお話ししたことはありません。国王と会談するときは、かならず王妃がそばにいらっしゃいました。誰もが王妃のところへ話を持っていきます」[27]。この最後の一文は、革命以降に王妃が書いた手紙を読む際の重要な鍵となる。クインティン・クロフォードの文章を見てみよう。

「フランス国外において、国王を代理して諸外国との交渉全権を与えられている唯一の人物は、ブルトゥイユ男爵です。国王は弟君アルトワ伯爵を可愛がってはおられますが、慎重さについては疑いをお持ちのようです。アルトワ伯爵がカロンヌ氏[28]登用を決めた折には、国王も王妃もはっきりと反対の意を表明されました[29]」

スイスのゾロトゥルンに滞在していたブルトゥイユ男爵や、王族たちとの書簡は、フェルセンの手を通して届けられていた。フェルセンは公用文書を作成し、さまざまな提案をした。とりわけ、国王一家の逃亡計画を練り、フランス北東モンメディに君主政権を確立しようと、休むまもなく画策し、一七九〇年に計画をミラボー伯爵に持ちかけた。ミラボーは、国王がジャコバン派の囚われ人としてテュイルリー宮殿にいる限り、一家は破滅を免れえないと見極めていた。「Mの計画の第一条件は、国王一家がパリから脱出すること、しかし外国ではなくフランスにとどまることです」とアントワネットは、「怪物」ミラボーとの初会見四日後に、兄レオポルト二世に書き送っている。「計画の詳細については、追ってお知らせいたしましょう。きわめて重要な内容ですので、細心の注意と絶対守秘の必要があります[30]」

国王一家の逃亡とヴァレンヌでの逮捕は、それだけで一冊の本に値する事件である。本書ではこの事件について、フェルセンとアントワネットの往復書簡の理解に有用な、あるいは二人の関係を解明する鍵となるような資料や情報のみを取り上げることとする。アントワネットは一七九一年一月一一日にメルシー伯爵に宛てた手紙のなかで、自分の所有するダイアモンドが入った宝石箱を送ると知らせ、逃亡計画についても述べている。メルシー伯爵はその数カ月前から、レオポルト二世の全権公使としてオーストリア領ネーデルラントに滞在していた。

「二大強国〈オーストリアとスペイン〉の回答も私たちの希望にかなっていれば、すぐにウィーンへの逃亡計画をお知らせし、時期と方法について協議したいと思います。ゾロトゥルンにいらっしゃる〈ブルトゥイユ〉男爵は、すべてをご存じですので、お手紙をお書きになって結構です。この秘密を知っている者は、全部で四人です。秘密を守るためには人数を限定するのが最上の方法です。ウィーンからの返事を早急にいただければと思います[31]」

パリではフェルセンが王妃の右腕となって、テュイルリー宮、そしてパリから国王一家を脱出させる手はずを整えた。諸外国の宮廷と連絡を取りあい、資金を借り入れ、馬車を注文し、国境守備隊で王党派将軍のブイエ侯爵と協議して、入念に計画を練った。しかし実行に移すためには、事なかれ主義のルイ一六世に、パリを脱出して王権を奪回する必要性を説き、決断させねばならない。次に掲載するフェルセンから国王夫妻に宛てた覚書には、一七九一年春の時点における国王一家の状況について、ブルトゥイユ男爵やメルシー伯爵、そしてフェルセン自身の見解が述べられている。手紙の前半は「両陛下」と二人に語りかけているが、後半はアントワネットだけに宛てられている。

原注

(1) 第一章参照。
(2) クロフォードからウィリアム・ピット宛て、一七九一年八月三日、Hutton, *op. cit.*, p. 366.
(3) Morris, *op. cit.*, I, p. 381-384. 一七九〇年一月二四日。
(4) Chatsworth, CS5/1051, ドーセットからジョージアナ宛て、一七九〇年三月一九日。
(5) Löfstad, SE/VALA/02249/BXXVa/8.
(6) Stafsund, SE/RA/720807/02/6/III/10.「一七八九年八月一五日：ソフィー。友人に大使館に関する私の計画を話してもらうこと。一七八九年一〇月一二日：大使館の件について話す」
(7) Löfstad, SE/VALA/02249/BXXVa/8.
(8) *Ibid.*
(9) Stafsund, SE/RA/720807/02/6/III/10, 一七八九年八月二四日。Löfstad, SE/VALA/02249/BXXVa/8.
(10) Stafsund, SE/RA/720807/02/5/II/9, 一七九〇年七月一六日。
(11) Löfstad, SE/VALA/02249/BXXVb/8, 初公表文書。
(12) *Ibid.*, 一七九〇年七月三一日、一七九〇年八月八日。
(13) Saint-Priest, *op. cit.*, p. 91.
(14) オノレ＝ガブリエル・リケティ・ド・ミラボー伯

爵。一七四九－九一年四月二日。フランスの演説家、作家、熱烈な民主主義者である一方、ルイ一六世と密約を結び、王政を支持した。ガヴァヌーア・モリスは、ミラボーとラ・ファイエットは仇敵だったと述べている。

(15) Klinckowström, *op. cit.*, I, p. 80.

(16) Löfstad. SE/VALA/02249/BXXVa/10. 一七九〇年一一月三〇日。

(17) ラ・マルク伯爵からメルシー＝アルジャントー伯爵宛て、一七九〇年一一月九日、A. F. de Bacourt, *Correspondance entre le comte de Mirabeau et le comte de La Marck*..., Librairie Veuve Le Normant, 1851, II, p. 300.

(18) 二四七ページ参照。ラ・ファイエットからデヴォンシャー公爵夫人宛ての一七九一年七月一八日付未公表書簡。

(19) Stafsund. SE/RA/720807/02/6/II/5, *Journal*. 一七九三年一一月一八日。

(20) Löfstad. SE/VALA/02249/BXXVa/8.

(21) *Ibid*.

(22) *Ibid*. これらの書簡の日付はフェルセンの書簡記録簿をもとに判明したもの。

(23) *Ibid*., 一七九〇年一〇月二二日。

(24) アルマン＝マルク・ド・モンモラン・サン＝テレム伯爵。一七四五－九二年。革命中、宮廷とミラボーとの交渉を支持する。一七九二年の九月虐殺事件で、アベイ牢獄で殺された。

(25) Morris, *op. cit.*, II, p. 157. 一七九一年四月八日。

(26) ヴェンツェル・アントン・フォン・カウニッツ。一七一一－九四年。リートベルク伯爵、のちにカウニッツ大公。外交官。一七五三－九二年まで、オーストリアの宰相。

(27) メルシーからカウニッツ宛て、一七九一年一月二二日、Feuillet de Conches, *op. cit.*, I, p. 452.

(28) シャルル＝アレクサンドル・ド・カロンヌ。一七三四－一八〇二年。フランスの財務総監。一七八七年に失脚。

(29) クロフォードからウィリアム・ピット宛て、一七九一年八月三日、Hutton, *op. cit.*, p. 365-366.

(30) アントワネットからレオポルト二世宛て、一七九〇年七月一一日、Feuillet de Conches, *op. cit.*、I, p. 345.

(31) アントワネットからメルシー宛て、一七九一年一月一一日、Feuillet de Conches, *op. cit.*, I, p. 417.

7 フェルセンからアントワネットおよびルイ一六世へ

（一七九一年三月二七日）

AN. 440AP/1. フェルセン直筆の写し。主にアントワネットに宛てて書かれている。フェルセンの書簡記録簿にはこの手紙の記録はなく（ヴァレンヌ計画に関する手紙は、書簡記録簿には一切記されていない）、王妃へ直接渡したと考えられる。「大公たち」とは、亡命しコブレンツに住む国王の従兄弟や、彼らを率いる王弟アルトワ伯爵を指している。彼らは絶対王政の復活と、貴族の特権の全面回復を目指していた。太字は初公表部分に当たる。

「一七九一年三月二七日

王国に秩序と幸福を取り戻し、滅亡を防ぎ、解体を食い止め、玉座を奪回し、王権を回復しようとお考えならば、徹底的な行動を取ることが肝心だという点に、疑いの余地はないでしょう。ジャコバン派はひたすら悪行へと突き進み、議会では民主主義派たちが分裂し、大公方は不満を唱えています。この不満は明らかに増大していますが、中心となる存在がいないため、爆発することはございません。コンデ公をはじめとする大公方は、国王が行動を起こされないのなら、自分たちが起こそうと意を固めています。こうしたすべてのことは、決意の時機が近づいていると示しているように思われます。今こそがその時機とさえ言えます。あとになればなるほど、困難が増します。しかし皇帝からの報せの内容や、スペインの優柔不断さ、資金調達の難しさを考えると、どのように行動すべきか、検討が必要です。

選択肢は二つございます。一つ目は同盟が結ばれ、諸外国から必要な人的、金銭的援助が確保されるまで何もしないこと。二つ目は諸外国の意向について確認が取れ、スイスから資金を借り入れるまでの二、三カ月間、軍隊への支払いに必要な資金――**六〇〇から八〇〇万**――を確保できた時点で、パリを脱出することです。

一つ目の選択肢は、もちろん安全ではございます。両陛下へ及ぶ危険が少なく、成功した場合にはより確実な、少なくともより明白な利点がございましょう。しかし、いつ実行可能かが予測できません。その間に国内の状況が悪化して、修復がさらに難しくなることを危惧すべきではないでしょうか。馴れあいと失意が広がって、これに打ち勝つことができなくなってしまうのではないでしょうか。激高した者たちが冷静さを取り戻し、団結して、国王に不利な体制を築いてしまうのではないでしょうか。そうなれば、人々は平和による利益を手にし、これを享受し、内戦の動乱よりも平穏を好むでしょう。大公方は何らかの試みを企てるのではないでしょうか。そしてそれが成功したあかつきには、名誉と利益を独占し、全貴族、現体制に不満を持つ者たちを結集して、両陛下の王国の主《あるじ》となられるのではないでしょうか。

二つ目の選択肢は、より不確実ではあります。メルシー伯爵やブルトゥイユ男爵も同意見のようです。数々の重要事の確実性が、成功を左右します。皇帝とスペイン国王は乗り気ではありますが、スペインは皇帝抜きでは何もしようとしませんし、皇帝は政治的合意が得られず、先行きを憂慮するあまり、意思の表明を先延ばしにされようとしています。北欧諸国も前向きではございますが、地理的隔たりと対トルコ戦争のため、積極的に両陛下を支援することができません。サルディーニャ王国とスイスの支持は得ていますし、両陛下が明確な働きかけをなされば、両国が動くことは確実です。決断がつきかねるとしたら、両陛下の決意の堅さに確信を持てないか、決意が変わった場合に、無意味に自分たちの身が危うくなることを危惧しているためでしょう。メルシー氏の手紙にも同様のことが書かれています(1)。かような行動は偉大かつ高貴で、威厳と大胆さを備え、国内やヨーロッパ中に計り知れない影響を与えることでしょう。軍隊を呼び戻すこともできるでしょうし、軍隊の完全な解体を防ぐこともできましょう。憲法を根絶やしにすることもできますし、反乱分子どもが憲法を持続可能なものとし、革命推進のために変更を加えることも防げるでしょう。今実行に移せば、大公方の運動は国王に有利に働くでしょう。こうした運動は、大公方が独自に起こしたものであれ、あるいは裏があるものであれ、あとになれば国王に有利に働くことはないでしょう。

両陛下がどのような立場をお取りになるのであれ、ウィーンとスペインの意向を確認し、何が期待できるかを見定めるには、両国からの返事を待たねばなりません。もし第一の選択肢にされるならば、B――――〈ブイエ〉に準備を中断させて、交渉を続ける必要があります。第二の選択肢を採られる場合は、実行に向けた準備を続行し、必要な資金を確保して、能力ある支持者を見つけ、すぐにでもイギリスに派遣し、危険を冒すことなく巧妙にイギリスの意向を探らせねばなりません。そして国王のご出発のときが来たら、交渉の指示を出すのです。交渉は、イギリス宮廷の完全な中立性を確保するために、適度な犠牲を払うか、あるいは北欧諸国の援助を盾にするかのいずれかです。後者の場合、北欧の姿勢は曖昧であってはならず、遠方の国だからこそ、国王を救う決意が誰の日にも明らかでなければなりません。

両陛下は、スウェーデン国王のご意向と、両陛下のお役に立ちたいというご希望をご存じでいらっしゃいます。それならば、スウェーデン国王に両陛下の計画をお伝えすることに、いかなる支障がありますでしょうか。イギリスが和解案を一切受け付けず、両陛下の計画を妨害する場合に備えて、これを牽制するための調停を、両陛下に好意的なスウェーデン国王に依頼することもできます。スウェーデン国王も、両陛下からの信頼を示されればお喜びになるでしょうし、成功に向けてさらに力が入ることでしょう。スウェーデン国王にはタウベ男爵を通して提案します。私は、タウベ男爵のスウェーデン国王や両陛下への忠誠のほどをよく存じております。男爵には、必要と判断されることや、両陛下にもっとも有利なことのみを実行するよう、申し付ける意向でございます。

現在の状況についての考察および先刻届いた手紙の翻訳を、妃殿下にお送りいたします。スウェーデン国王がいかに両陛下の**お立場**をご心配なさっているか、いかに両陛下のお役に立ちたいと願っているか、ご理解いただけるでしょう。こちらに添付いたします」

フェルセンからブルトゥイユ男爵へ、アントワネットの注釈付き

（一七九一年四月二日）

AN. 440AP/1. フェルセン直筆の手紙。余白には、アントワネットの手による注釈が記されている。フェルセンの書簡記録簿には、この手紙の記録はない。国王一家のパリ脱出計画は順調に進んでいた。手紙では、実行日は「五月の最後の二週間」とされている。最初の段落からは、この書簡の厳重な機密性がうかがえる。アントワネットに仕えるフェルセンの

政治的役割を雄弁に物語る書簡である。フェルセンはブルトゥイユ男爵宛ての手紙を作成し、確認用に王妃に渡し、王妃はルイ一六世と確認したのちに、余白に注釈を書き入れていた。こうして仕上がった手紙は、フェルセンにより暗号化され、男爵へと送られていた。

　＋*MA*から始まるイタリックの箇所は、アントワネット直筆の注釈。

「一七九一年四月二日、一〇番

　貴殿の三月一一日および一六日付の至急便をヴェラック子爵(2)から受領いたしましたが、あまりにも秘密めいていて非常に読みづらく、危うく解読不能に陥るところでした。お使いのインクは大変もろく、日にかざさなければ読み出しができません。国王に読んでいただくのに、私のほうで全文を書き写したほどです。誰も信用できないので、この作業にはだいぶ時間がかかりました。

　ベルリンからの書簡は非常に興味深く、国王もかならずやご満足されるでしょう。ベルリン宮廷が巡らしている陰謀や、事の進め方からして、現時点で彼らと交渉するのは不用心かつ無意味です。国王陛下のご計画を遂行するに当たり、プロイセン国王〔本書でのプロイセン王は、フリードリヒ・ヴィルヘルム二世（一七四四－九七年）を指す。〕が手を下さないにせよ、善意あるいは個人の利害から動くにせよ、これを恐れる必要はないと存じます。陛下も同様のお考えですが、イギリスについては別です。陛下は、ロンドン宮廷との交渉に伴う危険を承知していらっしゃり、バルテレミー氏(3)にもこれを厳に禁じられておりますが、先方の意向は探らせ続けていらっしゃいます。バルテレミー氏への指示の写しを同封いたしますが、この任務は何ら危険を生じさせるものではございません。バルテレミー氏への指示の連絡は、テュイルリー宮長官〈の息子〉、シャンスネッツ(4)＋が担っています。彼の忠誠と口の堅さは保証します。

　＋*MA*：シャンスネッツの両親と男爵との関係を考えると、ここで彼の名を挙げることは危険かもしれません。彼が渡航できるかどうかも不明です。

　メルシー伯爵の複数の手紙から引き出した結論については、陛下も貴殿と同意見ですし、パリを離れることが大前提であり、この前提なしには、本件に協力し手を差し伸べてくれる国は一国としてないだろうと確信しておいでです。しかし皇帝の積極的な協力に関しては、陛下は貴殿ほど確信していらっしゃいません。＋***MA*：皇帝に関しては、です。**皇帝がボンベル氏に話された内容が国王陛下のところにまで伝わっていることから見て、おそらく皇帝はほかの方々にも同様のことをお話しになったはずです。その発言内容は、妃殿下におっしゃられていることとまったく一致しません。皇帝は両陛下の置かれている状況について、善意、関心、同情を示されつつも、ご自分の難しい立場や、近隣国から紛争をしかけられる可能性を鑑みると、現時点では、国王陛下による王権復活計画を積極的に支持することはできかねると明言なさいました。そして、辛抱して、計画実行は延期したほうがよいと勧告なさいました。こうした発言の食い違いは、平穏を望まれる皇帝のご性格や、国王陛下への支持により平和が脅かされることへの危惧、優柔不断なご性格に起因しているに違いないと、私は考えております。そして国王がいかに悲惨な状況におられるかを訴え、国王の主張はあらゆる君主の主張であり、君主たちはこれを擁護する義務があると説く人々に対して、明確な回答をすることに当惑もしていらっしゃるのでしょう。

　示威作戦については、ブイエ氏の直近の手紙の抜粋を同封いたします。ブイエ氏は、メルシー氏の回答についての私の意見を踏まえ、要請をひとつに絞っています。もっとも従順な部隊も含め、国王の部隊はほとんど頼りにならないため、規範を示すためにも、場合によっては刺激を与えるためにも、一定の外国人部隊を雇いたいとの意向です。貴殿がカウニッツ大公やメルシー伯爵に書き送られた内容について、陛下は全面的に賛成なさっています。そして、すでにB――氏からの書簡に従ってメルシー伯爵へ連絡を取られ、一五〇〇万〈リーヴル〉の件について明確な回答を要求なさっています。＋

＋*MA*：行動を起こすか否か、明確な要請は回答次第です。ただ直近の手紙では一五〇〇万の件には触れていません。

　五月の最後の二週間のうちに出発するという国王陛下の決意に変わりはありません。出発の必要性を実感されており、その頃にはスペインからの返事が届き、当座の費用に必要な資金が集まっていることを希望されています。

　メルシー伯爵は情報が回ってこないと不満を述べておられますが、それは間違いです。極秘書簡のやり取りは困難で、手紙を送る機会もごく稀ですが、我々はできる限り伯爵に連絡を取っております。こうした障害や人手不足が原因で、頻繁な書簡のやり取りはできませんが、この大計画の妨げとなることもないでしょう。秘密に通じ実行準備に関わっているのは、たったの四人なのですから。

お話のあった新たな使者の件ですが、国王は彼らのことは知らず、彼らを派遣したこともないと、貴殿に伝えよとおっしゃっております。重ねて申し上げますが、貴殿のみがウィーン宮廷との交渉の権限をお持ちです。フォンブリュンヌ氏[5]は策士であること、氏が必要となる機会があるかもしれないという口実でウィーンに留め置くほうが望ましいことは、すでに貴殿にお伝えした通りです。ただ氏には何の任務もありませんし、一切何も知りません。**＋*MA*：何が目的でフォンブリュンヌ氏を登用しているのか、なぜ彼に相当の待遇をしているのかを、そろそろ男爵に打ち明けるべきかもしれません。これは私一人の考えです。国王とお話ししたときに考えつきました。**

八九年の一一月だったか一二月、国王のパリご到着後、フォンブリュンヌ氏はスペイン大使から確かな人物として国王陛下に紹介され、国王が自ら実行されることや署名されることへの異議を、スペイン国王のもとへ運ぶよう命じられました［ルイ一六世は表面的には革命政府に同意するものの、真意すなわち異議をスペイン国王に届けることを意味すると思われる。］。手紙はスペイン国王に届けられ、保管されています。フォンブリュンヌ氏を丁重に遇するのは、こうした理由からです。

陛下はエスカール男爵[6]とは何のつながりもありませんし、評定官であるグロボワ[7]が高等法院を去ったこともご存じありませんでした。フラックスランド男爵[8]は、ドイツ諸侯の意向を探る以外の任務は負っておらず、それさえも満足に果たすことができませんでした。きっと自らの才覚や能力からして、荷が重すぎると感じたのでしょう。六週間前に手紙を送ったのですが、現地に赴くことさえなかったのですから。こうした方々はおそらく、アルトワ伯爵かコンデ大公から遣わされたのでしょう。あるいは迷惑で不用心な熱意を持ち、国王の役に立つというよりは、交渉の妨げになるような者たちの送った使者かもしれません。陛下からは、貴殿にこのことをお知らせし、とりわけ彼らを信用してはならないこと、彼らを使ってはならないことをお伝えするようにと仰せつかっております。またカウニッツ大公にもこのことをお知らせし、貴殿ないしはメルシー伯爵からの使者以外は信用せぬよう、伝えてほしいとおっしゃっています。すでに王妃も、同様の内容を皇帝にお知らせしています。

　ボンベル氏にも、慎重には慎重を期すように、アルトワ伯爵への用心を怠らないようにと、お伝えください。国王はこの計画がコンデ大公の耳に入ること、そして権力への野心と欲望に衝《つ》き動かされた大公が、現実味のかけらもない企てを性急に実行に移すのではないかと、恐れておいでなのです。これはありうることですし、そうなったら国王のご計画への影響、不都合のほどは想像に難くないでしょう。

　スペイン国王は自国の大使以外の仲介者抜きで、陛下と直接交渉なさりたいとのことです。以前、私は貴殿に、二月一四日付の指示の写しをお送りしました。しかし陛下は、この指示がラ・ヴォギュヨン氏[9]の手に渡ることをお望みではありませんでした。しかしすでに氏の手に渡った今となっては、スペイン国王の意向を汲んで、陛下がスペイン宮廷と調整をなさいます。陛下は、ベルニ枢機卿[10]とフロリダブランカ氏[11]のつながりを利用するという貴殿のお考えに、賛成でいらっしゃいます。スウェーデン国王への援助金については、援助金の要請が出されたことを確認できるまでは、話題にすべきではないでしょう。

　プロイセン、オランダ、イギリスが当方に好意的に出るか否かがはっきりするまでは、また見返りとしてどれほどの利点と犠牲が見込まれるのかが明らかになるまでは、これらの国々に対抗して形成される連合について、交渉は待ったほうがよいという貴殿のご意見に陛下も賛成です。これらの国々への見返りということについては、陛下はつねに嫌悪感をお持ちでしたし、見返りを与えようともお考えではありませんでしたが、もしどうしても必要ということでしたら、同意されるおつもりです。イギリスのみに有利な決定をくだす可能性さえ、検討なさっています。

　こちらでは相変わらず資金集めに奔走しておりますが、なにぶん極秘計画ですので、難航しています。オランダの愛国者の協力や、少額でも資金を集めることで、目的が達成できることを祈っております。新立法府の結成も、格好の口実として使えます。

　一八日の出来事[12]を受けて、国王は迅速に行動を起こす必要を、一層強く感じていらっしゃいます。ご計画の遂行のためには、すべてを犠牲にすると決意なさっておりますし、成功を可能な限り確実にするため、行動を変えることをお決めになりました。計画を悟られないためには反乱分子どもの目をくらまそうと、革命に合意し、革命家たちに歩み寄る必要があると認めているふりをなさるのです。つねに革命家たちの言葉のみに従い、ならず者たちの要求をのむふりをされていますが、これは蜂起のためのいかなる理由や口実もつかませず、平穏を維持して、パリを脱出するための信頼を勝ち取るためです。目的達成のためなら手段は選びません。巷では宮内府の全面解雇の要求が提出されるだろうと言われていますが、承認されるでしょうし、これを機に少額でも資金が入ってくるかもしれません。

アルトワ伯爵から、ずいぶん執拗な手紙が送られてきました。それによると、伯爵はコンデ大公に合流する準備ができているとのことで、ご自身の資力についてずいぶんと強調していらっしゃいました。そこで伯爵に、どれほどの資金があるのか知りたく、行動を起こすことが可能かどうかも協議したいので、信用できる使者を送ってほしいと伝えました。これは伯爵を引き留めて時間稼ぎをするための方策です。コンデ大公にも、コンティという名の彼の腹心を遣わし、国王の立場を知らせ、現時点で行動を起こせば、国王一家が危険にさらされることを説明して、思いとどまるよう説得するつもりです。

バルテレミー氏宛ての指示の写し
B――氏の手紙の写し」

一七九一年四月一八日、国王一家は復活祭をサン＝クルー宮殿で過ごすため、テュイルリー宮殿を出発しようとしたところ、民衆に妨害され、戻ることを余儀なくされた。この事件をきっかけに、ようやく国王も早急にパリを脱出しなければならないことを理解した。「出発する《パルティール》か、さもなくば破滅するかです《ペリール》」と王妃はメルシー伯爵に書き送っている。フェルセン、ブイエ侯爵、ブルトゥイユ男爵の間で交わされていた暗号書簡には、逃亡計画の詳細が綴られている。フェルセンの計画はブイエ将軍の案よりもさらに北部を通るもので、通過する主要都市は五つのみだった。また彼の計画には、ルイ一六世が正体を見破られたサント＝ムヌーや、国王一家が逮捕されることになるヴァレンヌは含まれていない。だがブイエは、より早く進むことができるという理由で、通過する町の多いルートを取った。

フェルセンからブイエへ

「〈一七九一年〉五月六日、一二番

行程上の複数箇所に護衛隊を配置せねばなりません。裏切られ逮捕されたらと考えると、恐怖で身も震えんばかりです。行程はモー、シャロン、ランス、イル・ルテル、ポーヴルに決まりました。変更が必要であれば、お知らせください。不測の事態に備えてどのような対策をお取りになるかも、ご連絡ください。シャロンの町から、もう近衛兵は置かないでほしいと言われているので、ここには配置できません」

ブイエからフェルセンへ

「〈一七九一年〉五月九日、一五番

ゴグラ氏は貴殿と一緒だと存じますが、こちらに派遣してください。後述する行程上のエルハイム地点で、人物確認のために氏が必要です。（中略）あらゆる点を検討しましたが、最短かつもっとも安全かつ単純な行程は、モー、モンミライユ――ここではラ・フェルテ＝スー＝ジュアール道を通ること――、シャロン、サント＝ムヌー、ヴァレンヌ、デュン、ストゥネです。ランスは通りません。サント＝ムヌーからストゥネまでの距離は一二リュー［原文ではリュー・デ・ポストとなっている。一七世紀から一八世紀にかけては何度か度量改正がおこなわれており、リュー・デ・ポストもそのひとつ。四キロメートル強。］、ここに護衛としていくつか派遣隊を配置します。決行数日前にアグー氏[13]に秘密を明かし、三〇名ほどのもっとも忠実な近衛兵たちをつけて、シャロンに送ることはできないでしょうか。シャロンの町に依頼されて馬を引き取りに行くのだと、口実をつければいいでしょう。三〇名の近衛兵たちは、時間になったら馬に乗って町の門に集合し、サント＝ムヌーまで国王一家を警護します。（中略）

詳細な行程は以下の通りです。パリからモーまでは一〇リュー、モーからラ・フェルテ＝スー＝ジュアールまでは五リュー、フェルテからモンミライユまでは九リュー、モンミライユからシャロン＝シュール＝マルヌまでは一四リュー、シャロンからサント＝ムヌーまでは一〇リュー、サント＝ムヌーからヴァレンヌまでは五リュー、ヴァレンヌからデュンまでは五リュー、デュンからストゥネまでは三リュー、ストゥネからM〈モンメディ〉までは二リューです。地図で行程が確認できます。全行程六一リュー［六三のはずだが計算違いか？］、夜出発して翌日夜も走り続ければ、翌々日には到着するでしょう」

フェルセンからブルトゥイユへ

「パリにて、〈一七九一年〉五月二三日、一四番

国王は六月の第一週に出発をご希望です。と申しますのも、その時期に王室費二〇〇万《リーヴル》が支払われる予定だからです。陛下はどなたを同行させるか、頭を悩ませていらっしゃいます。サン＝プリースト伯爵をとお考えでしたが、かつて大臣だったことを考えると、同行させることで何らかの約束を交わしたかのように見なされることを恐れておいでです。ただ必要に応じて国王のお話し相手となる方が必要です」

フェルセンからブイエへ

「一七九一年五月二六日、一三番

貴殿のところへ赴きご命令に従うよう、ゴグラに手紙を書きました。確かな男で、その熱意を抑えねばならないほどです。国王は貴殿ご提案の行程を承認されましたので、近日中に決定となるでしょう。近衛兵については手配中です。貴殿には明日か火曜日の駅馬車で、白いタフタの袋のなかにコンタード氏宛てとして、アッシニア紙幣で一〇〇万《リーヴル》を送ります。我々は四《〇〇万リーヴル》を持っていますが、そのうち一《〇〇万リーヴル》は国外にあります。

（中略）パリからシャロンまでは、特に用心すべきことはありません。何もしないことが、最上の用心でしょう。

迅速さと守秘、すべてはここにかかっています。もし貴殿が派遣隊の配置を迷っていらっしゃるのでしたら、配置しないほうがよろしいでしょう。あるいは人目を引かないよう、ヴァレンヌから先に配置するのがよろしいでしょう。国王は通過するだけです。シャロンでは騒ぎを起こしたくないので、近衛兵を集めることはできません」

フェルセンからブイエへ

「〈一七九一年〉五月二九日、一四番

出発は来月一二日に決定しました。準備は万全で六日か七日には出発できるのですが、二〇〇万《リーヴル》が支払われるのが七日か八日なのです。その上、王太子付きの侍女が熱心な民主主義者で、一一日まで勤務しています。前回打ち合わせた行程をたどります。国王のご希望により、私は同行いたしません。私はル・ケノワ経由でバヴェからモンスへ抜けます［ル・ケノワ、バヴェはいずれもフランス北部の町。］」

フェルセンからブルトゥイユへ

「〈一七九一年〉五月三〇日

出発は一二日の予定でしたが、ブイエ氏は一五日か二〇日に延期してほしいとおっしゃっています。オーストリアがルクセンブルクの監視線を強化するための時間を稼ぐためです。ブイエ氏が部隊を集結させるための口実として、こうした状況が必要なのです。メルシー氏にもお伝えください」

フェルセンからブイエへ

「〈一七九一年〉六月一三日、一七番

出発は二〇日夜一二時に決定です。もう延期はありません。王太子付きの侍女がたちの悪い人物なのですが、解雇することもできず、月曜日まで勤務しているので、当日夜まで待たねばなりません。今回は信頼していただいて結構です」

「〈一七九一年〉六月一四日、一八番

何も変更はなく、かならず二〇日月曜日夜一二時に出発します。遅くとも火曜日の二時には、確実にポン・ド・ソンム＝ヴェルに到着しています。王弟殿下《ムッシュー》もご到着になることはご承知でしょうか。ムッシューをモンメディにお泊めするか、ロンウィにお連れいただけますでしょうか。もし私のためにモンメディに部屋を確保していただければ、大変ありがたいです。メルシー伯爵からの返事はまだ来ません。もう一度こちらから手紙を書いて、部隊を配置するようお願いしておきます。

二〇日夜一二時に出発することは、確実でございます。王弟殿下《ムッシュー》は別のルートを取られます(14)」

フェルセンは、少なくともモンメディまでは御者として国王一家に同行することを考えていたが、国王は断固として拒否し、同行はパリを脱出するまでとした。国王は逮捕された場合を想定し、交渉能力のある者を一人連れて行こうと考えていた。例えば、大臣と外交官を務めた経験豊かなサン＝プリースト伯爵である。結局この案は実現しなかったが、フェルセンもサン＝プリースト伯爵も同行させなかったのは、致命的な間違いだった。ルイ一六世には戦の経験も、強い意志も、フェルセンのようなエネルギーや冷静さも、サン＝プリースト伯爵のような如才のなさも欠けていた。彼は人生でただ一度だけ決断した。彼にとっては、ヨーロッパ中が見守るなか、国王たる者が外国人の、それも妻の愛人だと噂される男に護衛されてパリをあとにするなど論外だった。同様に、逮捕された場合に自分たちを助け出してくれるための大臣を同行させるのも、弱さの表れだと考えた。

だがルイ一六世には、こうした逃亡計画を成功させるための手腕が欠けていた。勇気はある。しかしクインティン・クロフォードが述べているように、その勇気とは、威厳をもって苦しみを耐えるための受け身の勇気だ。逃亡計画を知る者はわずかだったが、誰もが国王が力強い行動を起こしてくれることを期待していた。協力国の宮廷は計画を知っていたし、スウェーデン国王は表向きは

支出	リーヴル
必要品	2853
コップ、食卓用品、調理台	1414
馬車	5944
馬一頭	2400
馬三頭	4350
馬一頭	720
馬車と馬具一式	922
馬車用馬一頭	800
	1万 9403

資料 14：フェルセンの支出表。

療養として、その実モンメディで自由の身となるはずのフランス国王を援護しようと、アーヘンに向かった。亡命貴族たちは、もし国王が王権を回復するのに優柔不断な態度を見せようものなら、大公たちの率いる軍隊と共にフランスへ攻め入ろうと、苛立ちに身を焦がしていた。亡命の成功にはこの上なく大きな利害がかかっていたのだ。

フェルセンは国王の決定に従うしかなく、粛々と準備を続け、膨大な作業をこなした。コルフ男爵夫人［コルフ男爵夫人テオフィリア・ベニグナ・フィンク・フォン・フィンケンシュタイン。スウェーデン出身の裕福な男爵夫人。ロシア士官の未亡人であり、フェルセンの友人。ヴァレンヌ逃亡に尽力した。］や夫人の母スティーゲルマン夫人など昔からの女友達に二六万二〇〇〇リーヴルの借金をし、自らも一〇万リーヴルを出している。旅券を入手し、国王一家のためのベルリン馬車（一家は別々に逃亡することを拒んだ）と侍女たちのための馬車を注文した。馬車が完成すると食料を積み込み、ブイエやショワズール公爵、ゴグラのもとへ馬を手配した。そして一七九一年六月二〇日夜一二時、テュイルリー宮から国王一家を脱出させ、計画の最大の難関を突破した。御者に変装したフェルセンは、国王一家を乗せた馬車を、パリ郊外ボンディまで走らせた。

現在ストックホルムに保管されているフェルセンの書類のなかには、計画費用の詳細が記された資料が数点ある[15]。

借りた資金のほとんどはブイエに送られ、残りはモンメディでの国王の当座の生活費用として、アムステルダムのウィルキエソン銀行に預けられた。フェルセンは「一七八〇年以降の回想録」をエレオノール・シュリヴァンの家令フランツに預けたが、フランツは国王逮捕の報せがもたらされるや、これを燃やしてしまった。

エレオノール・シュリヴァンは裕福なクインティン・クロフォードの愛人だったが、フェルセンと運命的ともいえる関係を結ぶことになる。フェルセンの日記を見ると、国王の逃亡手配が佳境にさしかかった時期に彼女との関係が始まったことがわかる。この関係は断続的にではあったが、数年にわたって続いた。計画実行の前の週、フェルセンは三回エレオノールのところに泊まっている（クロフォードはその年の五月からイギリスに行っていた）。日記にはスウェーデン語で、彼女の家に「滞在した」と記されている。のちには、より明確にフランス語で「寝た」と書かれており、エレオノールと夜を過ごしたことを示唆している。しかしクロフォードが家を空けることは非常に稀だったため、こうした記述もわずかしかない。

一七九一年六月の同じ週、フェルセンは「彼女《エル》」のところへも通い続けていたが、何時に退出したのか、日記には書かれていない。つまり、アントワネットのところにも「滞在した」可能性がある。六月一六日、フェルセンは「彼女のところ」に午後六時半に到着したと書いている。通常は時刻や帰宅時間など詳細が記されているが、この日に限ってはそれ以上の記載はない。翌日は単に「ボンディおよびブルジェへ」とだけ書かれている。

歴史家アルマ・セーデルイェルムは、フェルセンには愛人が複数人いたと主張し――これは事実に反している――、エレオノールとの関係は一七八九年の革命勃発直後に始まったとしている。つまり、二年以上にわたってアントワネットを欺いていたことになる。しかしフェルセンの資料のなかには、こうした主張を裏付けるものはひとつとしてない。アルマ・セーデルイェルムは、フェルセンは一七八九年夏にアントワネットへは二通しか手紙を書いていないとしているが、これも誤りで、実際には何通もの手紙が送られていた（一一二ページ参照）。一七八九年から九〇年にかけては苦難の連続だったが、フェルセンとアントワネットは多くの時間を共に過ごし、幸せを享受した。この時期、エレオノールはロンドンやパリに滞在する一方、フェルセンはたびたびサン＝クルーで王妃と共に過ごしており、二人の間で書簡はやり取りされていない。マティニョン夫人やエリザベス・フォスター、コルフ男爵夫人などの女友達には定期的に手紙を送っているから、もし二人が本当に恋人同士だったなら、当然手紙の行き来があったはずだ。フェルセンの書簡記録簿に出てくるエレオノール宛ての最初の手紙は、一七九一年八月一三日付である。その一カ月前、フェルセンはブリュッセルでエレオノールに会っているが、社交界の集まりで大変な人だかりの上、クロフォードも出席していた。

一七九一年の時点で、フェルセンはエレオノールとの関係に深入りするつもりはなかったし、一〇週間離れていた時期も、ほとんど連絡を取っていない（しかし翌年以降はかなりの数の手紙を送っている）。エレオノールもクロフォードも国王の逃亡計画に積極的かつ大胆に協力したが、この計画なしにはフェルセンとエレオノールの出会いはなかっただろう。彼の日記や妹ソフィーに宛てた手紙からは、フェルセンがエレオノールに出会ったのは逃亡計画を進めている最中の一七九一年初頭だったことがわかる。フェルセンは一七九三年一一月二五日に、「私の知っていることすべてを彼女は知っている。私の人生のもっとも重要な時期に、私たちは出会ったのだ」[16]と書いている。重要な時期とは、日記でも手紙でも、一七九一年六月二〇日を意味している。

フェルセンにとってエレオノールは、愛人以上の存在だった。友人であり協力者であり、あらゆる危険に立ち向かうことのできる女性であった。そしてその危険とは、国王一家の救出というただひとつの目的に向かっていた。クロフォードはメルシー伯爵やドーセット公爵の友人だったから、フェルセンも彼らを通してクロフォードや「シュリヴァン夫人」に紹介されたのだろう。美貌のエレオノールは、かつてヴュルテンベルク公爵との間に二人の子をもうけ、アントワネットの兄ヨーゼフ二世の愛人でもあった。逃亡用のベルリン馬車を隠すことを引き受け、資金を援助した。パリに住み続けるのは危険なため、フェルセンが国王一家とパリをあとにするのと同時に、ブリュッセルに滞在するクロフォードのもとへと旅立った。フェルセン自身はルイ一六世から命じられ、王弟プロヴァンス伯爵にパリ脱出の報を届けるためモンスへと向かい、五時間滞在したのち、六月二二日にモンメディへ向けて発った。クロフォードとエレオノールはパリに戻る機会をうかがいながら、ブリュッセルで快適な生活を整えた。

一七九一年六月二〇日から二四日までのフェルセンの日記は、鉛筆で書かれており、冒頭部分は現存しない。文体はいつものごとく冷静で、感情の表出もない。そして国王一家逮捕の知らせを受けると、「恐ろしい悲しみ」を感じていると書いている。

「六月二〇日：（中略）彼の希望を聞いた。二人とも〈ルイ一六世とアントワネット〉、躊躇してはならない、出発しなくてはとおっしゃった。我々は**時間**等を打ち合わせ、もしお二人が逮捕されるようなことがあれば、私はブリュッセルに行き、行動を起こすこと等を取り決めた。国王は去り際に『フェルセン、この先何が起ころうと、貴公がしてくださったことを決して忘れはしない』とおっしゃった。王妃はずいぶんと泣かれた。六時、私は彼女のもとを去った。彼女は**万が一の用心のために**、お子さまたちを散歩へと連れて行った。私は用事を片付けるために帰宅した。七時、馬車が届いているかシュリヴァン宅で確認し、その後帰宅。八時、侍女たちとの待ち合わせを変更する旨王妃に書き送り、正確な時間を近衛兵を通して私に伝えるよう依頼。手紙を持っていく。八時四五分、Mou〈判読不可〉が手紙を書く。近衛兵が合流し、メルシー宛ての手紙を**私に**渡す。彼らに連絡事項を伝える。帰宅し、駕籠を**返す**。出発に備えて我が御者と馬を送る。馬車を取りに行く。メルシーへの手紙を忘れたと勘違いする。一〇時一五分、プランスの中庭［現在のルーヴル美術館に隣接するフロール館前にあった中庭。］。一一時一五分、お子さまたちが出られ、難なく**到着**。ラ・ファイエットが二回通る。一一時四五分、エリザベート王女、国王、王妃。一二時出発。サン＝マルタン門で馬車に乗り込む。一時半にボンディに到着し馬を取り換え、私は引き返す。三時、ル・ブルジェ到着、出発(17)」

クロフォードはフェルセンから聞いた話を書き残している。

「（前略）彼は出発する馬車を見送りながら、好意から出たご命令に背いて、ついて行きたいという衝動に駆られたそうです。彼は二二日早朝にモンスに到着し、ほぼ同じ頃到着した王弟殿下《ムッシュー》に伝言をお渡しし、国王と合流しようとモンメディへ向かいました。しかしアルロンでブイエ氏に会って、ヴァレンヌでの事件を聞いたのです。その後、彼はブリュッセルへと向かいました[18]」

王妃の友人たちは誰もが衝撃を受け、パリへの道中で一家が民衆からリンチを受けるのではないかと危惧した。議員であるバルナーヴとペティヨン〔ジェローム・ペティヨン・ド・ヴィルヌーヴ。一七五六－九四年。ジロンド左派の革命家で、ヴァレンヌ逃亡が発覚した際には、バルナーヴと共に国王一家を迎えに行った。一七九一年一一月から九二年一〇月までパリ市長を務める。〕、そして国民衛兵が一家を警護したが、民衆は、国王に敬意を表しに参上したダンピエール伯爵を虐殺して、残虐さを見せつけた。ドーセット公爵がデヴォンシャー公爵夫人に宛てた一七九一年六月三〇日付の手紙には、ルイ一六世への軽蔑がにじみ出ている。公爵は、王妃を救うために、王妃のイギリスの友人たちからジャコバン派の革命家たちに働きかけようと提案している。

「お気の毒な王妃。何と悲惨なことでしょう。そのお気持ちを推し量ることさえできません。伝えられてくることのほとんどは事実だと思います。王妃が連れ出されるようなことがあれば、一生幽閉されてしまうのではないかと案じています。逮捕されたのは愚かな夫のせいです。彼は道中何度も馬車を止めては、飲み食いしていたのです。パリに戻ったときは完全に酔っぱらっていました[19]。哀れな王妃は、日頃の気丈さと勇気をお示しになりました。

我が国は何としても、狂乱する国民から王妃を助け出すために、（少なくとも国民議会に個人的に）働きかけるべきだと思います。王妃に再会できる望みはほとんどないと、私は考えています。我が国王は大変心を痛めておられ、水曜日も非常に動揺なさった面持ちでご夫妻のことをお話しになっていました。またひどく真剣に、フランス国王が男として行動する日は来ると思うかと、私にお聞きになりました。私は率直に、そんな日は来ないでしょうし、今までの行動からしてもそれは明らかでしょうと申し上げました[20]」

その三日後にはこう書いている。

「お気の毒なB夫人の件でラ・ファイエットに手紙を書き、もし彼女に何らかの不幸が降りかかれば、フランスは大変な凶事に見舞われることを、簡潔かつ可能な限り明確に伝えました。きっとあなたも同じことを考えつき、同様になさったことでしょう。ラ・ファイエットには、国王夫妻をお守りする責任があります。今やあらゆる政令は国王の裁可なしに、力ずくで法律として成立します。お気の毒な王妃にどのような運命が待ち受けているのか、予想もつきません。議会が釈放しようとも、民衆が虐殺しようと待ち構えているでしょう。王妃は過酷な状況におられ、私は死ぬほど憂慮しております[21]」

実際、デヴォンシャー公爵夫人は友人アントワネットを救おうと、ラ・ファイエットに宛てて手紙を書き、七月一八日付の返信を受け取っている。返信の写しはフェルセンに送られ、フェルセンはラ・ファイエットや「過激派《アンラジェ》ども［アンラジェは一般に、一七九三年以降の急進左派の一派を指す。しかし本書でアントワネットたちが指しているのは、広義には初期のジャコバンクラブ、狭義にはバルナーヴらを中心とする立憲主義派と理解すべきであろう。同じく、「ジャコバン派」という言葉も頻出するが、アントワネットは、ジャコバン派のなかの急進左派や、やや右寄りのジロンド派等、書簡上では厳密に区別していない。］」を信用せぬよう説得するために、一一月に王妃にこの写しを送っている。ラ・ファイエットの手紙は未公表であったが、本書に収録されている（二四六ページ参照）。

フランスからスウェーデンへ報せが伝わったのは、さらに時間が経ってからで、フェルセンの友人たちも彼の身を案じていた。フェルセンは一〇日かけてオーストリア領ネーデルラントを回り、グスタフ三世やマリア＝クリスティーナ大公妃［マリア＝クリスティーナ・フォン・ハプスブルク＝ロートリンゲン。一七四二－九八年。アントワネットの姉。夫アルベール大公と共にオーストリア領ネーデルラント総督を務めた。］、メルシー伯爵や大公らと面会し、ようやく七月五日になってからソフィーへ連絡を取った。

「〈一七九一年〉七月五日、ブリュッセルにて

愛しく善良で、感受性に富んだ優しい妹よ、ようやく落ち着いてあなたに手紙を書く時間ができました。私の心は落ち着きをこそ必要としています。張り裂けんばかりのこの心の痛みを、あなたも感じていることでしょう。かつてないほど、友が必要だと痛感しています。けれども勇気を失うことはありません、あの方々のために犠牲を払い、希望ある限りお仕えする覚悟はできております。この決意こそが私を支え、あらゆる悲しみを耐え忍ぶ助けとなっているのです[22]」

一方で、グスタフ三世の義妹セーデルマンランド公爵夫人はソフィーを悩ませた。公爵夫人の七月一〇日付の

手紙にはこうある。

「お兄さまが立派な男性として、こうした場合にしかるべき行動を取ったことに、あなたは満足なさっているでしょう。けれども、そこにはより激しい感情が動いたはずです。そしてお兄さまがこの感情に流されてしまわないか、フランスへ戻ろうとお考えではないかと心配です。そんなことは、不用心極まりない振舞いです。私はパリから一通の手紙を受け取りましたが、そこにはこの事件の報告が綴られており、こう書き添えられていました。『フェルセン伯爵は馬車を注文され、サン・トノレ通りに保管されていました。パリ中が伯爵に恨みを抱いております(23)』」

この時期フェルセンはグスタフ三世の指示を受け、フランス王室救出に向けて、各国と外交交渉を進めていた。国王一家がパリに帰還した六月二五日、彼はブリュッセルでメルシー伯爵にルイ一六世の手紙を渡しているが、このときすでに王妃に「手紙を送ろうと決めていた」。六月二七日には、配下の士官フレデリック・フォン・ロイテルスヴァルトが到着したと、フェルセンは記している。ロイテルスヴァルトは、手紙を持ってパリに向かうことになっていた。その手紙とはフェルセンとメルシー伯爵から、テュイルリー宮に囚われている国王夫妻に宛てたもので、本書では書簡8として収録されている。この手紙がパリに運ばれるまでの経緯と返信について、クロフォードは興味深い手紙を書き残している。

「その士官は所用で旅行している一個人のふりをして、スウェーデン国王発行の旅券を持っていました。パリに到着したら、包みを国王の忠実で口の堅い召使頭に渡すことが彼の使命です。（中略）〈七月〉一四日、彼はパリから帰ってきました。国王一家は厳重な監視を受けていて、包みを届けて返事を受け取る機会を見つけるまでに数日かかりました。彼が持ち帰った包みのなかには、国王の手によるお手紙が一通と、王妃が書いたと思われる何ページにもわたる暗号を使ったお手紙がありました。二通とも七月七日付です。一通目は王弟殿下《ムッシュー》とアルトワ伯爵宛てで、余はそなたたちの愛情を信じ、余と家族の安全のため、そしてフランスの秩序回復のために諸外国と交渉をしてほしいと書かれていました。しかし、これはそれまで国王に提案されてきた、弟君たちへの全権委任を意味するものではありません。暗号文のほうには国王や王妃の置かれている状況や、諸外国の介入に関する国王の見解について書かれていました。諸外国の動向は、国王一家の安全にとって大きな不安材料となっているようです[24]」

忠実な召使頭とはグジュノを指す（第一章参照）。すなわちロイテルスヴァルトは、包みをグジュノが住んでいたル・ペルティエ通り二番地に届けたのである。

原注

（1）メルシーからアントワネット宛て、一七九一年三月七日、Évelyne Lever (éd.), *op. cit.*, p. 523-525.

（2）アルマン＝マクシミリアン＝フランソワ＝ジョゼフ＝オリヴィエ・ド・サン＝ジョルジュ・ド・ヴェラック子爵。のちに伯爵。一七六八－一八五八年。ブルトゥイユ男爵の秘書官、特使。

（3）バルタザール＝フランソワ・バルテレミー。一七四七－一八三〇年。一七八四年に、駐英フランス大使館秘書官に任命。一八一七年に侯爵となる。

（4）ルイ＝ルネ＝カンタン・ド・リッシュブール・ド・シャンスネッツ。一七五九－九四年。熱烈な王党派。知識人、作家。父はテュイルリー宮殿長官。

（5）フォンブリュンヌについては不可解な点が残る。ボンベルは一七九〇年に彼に会っており、フォンブリュンヌはルイ一六世夫妻から全幅の信頼を置かれていると自負していたが、ボンベルは彼を評価してはいない《フォンブリュンヌは、駐仏スペイン大使フェルナン・ヌニェスから王妃に推薦された密使》。

（6）ジャン＝フランソワ・ド・ペリュス・デスカール男爵。のちに公爵。一七四七－一八二二年。王党派軍人。大公たちと共に亡命し、一七九一年にはストックホルムへ派遣される。フェルセンの弟ファビアンがソフィーに宛てた手紙では、酒好きで無能な人物として描かれている。

（7）クロード・ペルネ・ド・グロボワ。一七五六－一八四〇年。ブザンソン高等法院院長を務めたのち、三部会で貴族議員に選出。

（8）「フラックスランド男爵」については特定できなかった。フェルセンの錯誤で、実際には大公たちに仕えるフラハスランデン男爵を指しているのだろうか。

（9）ポール＝フランソワ・ド・クラン・ド・ラ・ヴォギュヨン公爵。一七四六－一八二八年。フランスの外交官。

(10) フランソワ＝ジョアシャン・ド・ピエール・ド・ベルニ枢機卿。一七一五－九四年。フランスの外交官、聖職者。一七七四年に教皇庁に赴任。

(11) フロリダブランカ伯爵ホセ・モニーノ・イ・レドンド。一七二八－一八〇八年。一七七七年にスペイン宰相に就任。

(12) 一七九一年四月一八日、パリ郊外サン＝クルーに出発しようとした国王一家は、民衆から罵倒と脅しを受け、テュイルリー宮に戻ることを余儀なくされた。しかしフェルセンの書簡は四月二日付である。これは書き損じだろうか。その場合、実際の日付は四月二〇日だろうか。

(13) シャルル＝コンスタンス＝セザール＝ジョゼフ＝マチュー・ダグー。一七四七－一八二四年。一七八七年からパミエ司教。フランスの政治家で熱烈な王党派。ブルトゥイユ男爵の右腕であり、男爵令嬢マティニョン夫人の愛人でもあった。一八〇一年にはパミエの司教区を放棄する。一七九一年一一月二六日に、フェルセンの覚書をアントワネットのもとへ運んだ。

(14) Stafsund. SE/RA/720807/02/6/I/3.

(15) *Ibid.*

(16) Stafsund. SE/RA/720807/02/6/II/5.

(17) *Ibid.* 一七九一年六月二〇日付の冒頭部は現在紛失している。

(18) クロフォードからウィリアム・ピット宛て、一七九一年八月三日、Hutton, *op. cit.*, p. 366-367.

(19) 余白にはエリザベス・フォスターの手で「事実だとは考えられない」と書かれている。

(20) Chatsworth, CS5/1086. ドーセットからジョージアナ宛て、一七九一年六月三〇日。

(21) *Ibid.*, CS5/1091, 一七九一年七月三日。

(22) Löfstad. SE/VALA/02249/BXXVa/8.

(23) Stafsund. SE/RA/720807/10/15.

(24) クロフォードからウィリアム・ピット宛て、一七九一年八月三日、Hutton, *op. cit.*, p. 368-369.

8

フェルセンおよびメルシー伯爵からアントワネットへ

（一七九一年六月二七日）

Stafsund, SE/RA/5802. この手紙の原本は見つかっておらず、フェルセンの書簡記録簿にも記録されていない。本書ではクリンコウストレーム男爵による写しを転記する（クリンコウストレーム男爵は「暗号文、フェルセン伯爵による写し」とメモしている）。

「〈一七九一年〉六月二七日、ブリュッセルにて

　先に起こりました恐ろしい災厄は、今後の流れをすっかり変えることでしょう。自分で動くことはままならないため、他を動かすというこれまでの方向性を維持するのでしたら、交渉再開と全権委任が不可欠です。行動を起こす諸外国が圧倒的な力を見せ、王室をお守りするためには、充分な求心力が必要です。そこで以下の問いを検討せねばなりません。

一．いかなる障害が予想されようとも、行動を起こされますか。

二．王弟《ムッシュー》殿下、あるいはアルトワ伯爵に全権を委任されますか。

三．ブルトゥイユ男爵を弟君の配下に置かれますか、あるいはカロンヌ氏になさいますか、あるいは選択をお任せになりますか。

　全権委任状の書面は以下の通りです。
『余はパリに囚われており、我が国の秩序回復や国民の幸福と安寧、正当な権力復興のために必要な命令をくだすことがもはやできない。余は王弟《ムッシュー》、あるいはアルトワ伯爵に余と王権の利益の保護を託し、そのための全権を委任するものである。余は該当諸国との間で定められたあらゆる誓約を、厳密かつ無条件に守ることを国王の名において約束し、自由が確保され次第、余を救う意思のある諸国との間で交わされたあらゆる条約、協定、その他の契約を批准することを約束する。王弟《ムッシュー》が必要と判断したあらゆる職権、勅許、役職も同様であり、国王としての確約を与えるものである。パリにて、一七九一年六月二〇日』

　こちらの全権委任状を特殊インクで記し、早急にこの手紙をお持ちする者にお渡しください。質問には番号を付していますので、簡潔にお答えください(1)。当地では私は厚遇されております。妃殿下の姉君は、妃殿下にも私にも厚意をお示しくださっています」

フェルセンの日記には、七月一三日にロイテルスヴァルトが帰国したと記されている。ロイテルスヴァルトは、任務遂行の詳細と国王一家の屈辱的な幽閉状態について語った。

「パリでの任務は完了。手紙は夕食のメニューと共に渡された。読むふりをしながら、返信が可能か聞く。翌日には返信可能と言われたが、二日後に延期。彼らは厳重な監視を受けていて、すべての扉は開放され、寝室の隣の部屋に衛兵が詰めており、着替えるとき以外、扉は開いたままになっている。彼女〈アントワネット〉が横になるや、夜間の見回りが何度も来る。王族が一人きりになることは決してなく、低い声でしか話すことができない。ラ・ファイエットか市長の通行証がなければ、誰も宮殿に入ることはできない(2)」

フェルセンとメルシー伯爵が王妃に「手紙を届けようと試みている」ちょうどそのとき、王妃も手紙を届けようと苦心していた。

原注

(1) オーストリア領ネーデルラント総督マリア＝クリスティーナ大公妃。

(2) Stafsund. SE/RA/720807/02/6/II/5.

9 アントワネットからメルシー伯爵およびフェルセンへ

(一七九一年六月二八日)

AN. 440AP/1. 暗号を用いた短信。フェルセンへの手紙と共に、七月四日にメルシー伯爵のもとへ届けられた。フェルセン直筆の解読文も存在するが、最後の二つの文章は解読されたにもかかわらず、解読文では欠如している。珍しいことにすべての文字が暗号化されている。キーワードは「vertu《美徳》」。解読不可な箇所が二つ残っている(筆者による解読)。

暗号を用いた短信

「〈一七九一年〉六月二八日

私たちのことはご安心ください。私たちは生きております。議会を率いる者たちは、態度を軟化するつもりのようです。私の親族に posuie 外での展開についてお知らせください。彼らが恐れているならば、妥協が必要です。**souolfrego なものはすべて燃やしていただき、同封の手紙はフェルセン氏へお渡しください。彼はスウェーデン国王のところにいらっしゃいます**」

フェルセン直筆の解読文

「〈一七九一年〉六月二八日

私たちのことはご安心ください。私たちは生きております。議会を率いる者たちは、態度を軟化するつもりのようです。私の親族に posuie 外での展開についてお知らせください。彼らが恐れているならば、妥協が必要です」

10 アントワネットからフェルセンへ

（一七九一年六月二九日）

AN. 440AP/1. アントワネットからフェルセンに宛てたこの短信には、二つのバージョンがある。ひとつはフェルセン直筆の写しで、もうひとつはキーワードが書きこまれた暗号文である。写しのほうは、出版の際に部分的に塗りつぶされており、単語や文章にも欠落がある。ここでは、写しとあわせて暗号の正確な解読文を掲載する。キーワードは「depuis《以来》」。「Vol.2 No.36《二巻三六》」は、あらかじめ決めておいた本の第二巻三六ページにある単語がキーワードであることを意味する。飛ばし暗号（二文字に一文字が暗号化）が使われている。アーヘンでグスタフ三世と会見したのちブリュッセルへ戻ったフェルセンは、メルシー伯爵からこの手紙を受け取ったと日記に書いている。「七月四日：メルシー宅にて。五時。彼女からの手紙。これはその写し[1]」

クリンコウストレーム男爵版の書簡集では、フェルセン直筆の写しは、彼が書いたまま正確に収録されているが、時代がくだると共にいくつかのバリエーションが出現した。フェルセンによる修正にも注目されたい。「危険にさらす」という言葉を「巻き込む」に置き換えているが、さらに取り消し線を引いてもとの単語に戻している（筆者による解読）(2)。

「一七九一年七月四日、Vol. 2 No. 36《二巻三六》」

〈一七九一年〉六月二九日

愛する方、私は生きております。そしてそれは、あなたを愛するためでございます。どれだけあなたのことを心配したか、そして私たちからの報せがないために苦しんでいるあなたを思って、どれほど心を痛めていることか。どうか神がこの手紙を届けてくださいますように。こちらにお手紙はお書きにならないで。そんなことをなされば、私たちを危険にさらすことになります。どんな事情があっても、絶対にここへ戻ってきてはなりません。私たちを逃がしてくださったのはあなただということは知れ渡っていますから、こちらにいらしたりなどしたら、すべてはおしまいです。私たちは昼も夜も見張られています。けれど私にとっては取るに足りぬこと、あなたがいらっしゃらないのですから。どうぞ安心なさって。私に危険が及ぶことはないでしょう。議会は私たちへの態度を軟化する意向です。さようなら、殿方のなかでもっとも愛されている方。できれば落ち着いて、私のために体をお大事になさってください。これ以上書くことはできませんが、この世の何ものも、私が命尽きるまであなたを愛することを止めはできません」

フェルセン直筆の写し

「六月二九日

私は生きております。――――――どれだけあなたのことを心配したか、そして私たちからの報せがないために苦しんでいるあなたを思って、どれほど心を痛めていることか。どうか神がこの手紙を届けてくださいますように。こちらにお手紙はお書きにならないで。そんなことをなされば、私たちを**【巻き込む】**危険にさらすことになります。どんな事情があっても、絶対にここへ戻ってきてはなりません。私たちを逃がしてくださったのはあなただということは知れ渡っていますから、こちらにいらしたりなどしたら、すべてはおしまいです。私たちは昼も夜も見張られています。けれど私にとっては取るに足りぬこと――。どうぞ安心なさって。私に危険が及ぶことはないでしょう。議会は私たちへの態度を軟化する意向です。さようなら、――。これ以上書くことはできません――」

フェルセンはグスタフ三世の命令を受けて、アントワネットに手紙を書いた。

原注

（1） *Ibid.*

（2） この短信は二〇〇九年、ヴァレリー・ナシェフとジャック・パタランにより初めて解読され、公表された。

11

フェルセンからアントワネットへ

（一七九一年六月三〇日）

Stafsund, SE/RA/5802. 手紙の原本は紛失し、部分的にしか残っていない。以下はスウェーデン国立文書館に保管されている、クリンコウストレーム男爵の原稿からの転載。フェルセンの書簡記録簿には記録されていない。フランス問題について、長時間にわたるグスタフ三世との議論の直後に書かれた手紙である。フェルセンは大公たちがブルトゥイユ男爵を敵視していること、ルイ一六世夫妻がカロンヌに不信感[1]を抱いていることをわきまえていたので、アラス司教を全権公使に任命するよう提案している。

「〈一七九一年〉六月三〇日、アーヘンにて

国王《グスタフ三世》はあなた方に対し、大きな好意を寄せていらっしゃいます。国王からの伝言を同封いたし

ます。私は明日ブリュッセルへ出発し、さらにウィーンへと向かいます。諸外国と交渉し、まとめることが目的です。その後ブリュッセルへ戻ります。全権公使には、ブルトゥイユやカロンヌの代わりにアラス司教が適任ではないでしょうか。私は元気で、あなた方にお仕えするためだけに生きております。あなた方のために行動を起こしたほうがよいかどうか、お知らせください」

グスタフ三世からアントワネットへ

（一七九一年六月三〇日）

AN. 440AP/1. 前記の手紙には、グスタフ三世からアントワネット宛ての短信が同封されていた。以下はフェルセンによる写し。

「妃殿下の逆境に我々が心を痛めていることを、よもやお疑いにはならないでください。友はあなた方を見捨てたりはいたしませぬ。あなた方を取り巻く危機を耐えたように、どうぞ気をしっかりとお持ちになって現状を耐えてください。妃殿下の王者としての威厳が貶められるのを、決して許してはなりませぬ。諸侯たちが助けにまいります。もっとも古い盟友でありもっとも忠実なる友として、助言申し上げます。

アーヘンにて、一七九一年六月三〇日」

フェルセンは、ネーデルラントを縦断し、大公たちやグスタフ三世と交渉を続けた。好戦的なアルトワ伯爵をはじめとする大公たちを抑えることが目的である。プロヴァンス伯爵に対するフェルセンの印象は、決してよいものではない。伯爵が、ルイ一六世に仕えるブルトゥイユ男爵を突然解雇したからだ。伯爵は摂政の地位を狙っていた。フェルセンの六月二六日付の日記には、「メルシー伯爵は王弟殿下《ムッシュー》と会談したが、彼には《摂政の》能力はない[2]」と書かれている。グスタフ三世はフェルセンに、ウィーンへ向かい、スウェーデン部隊輸送に向けたオーステンデ港［オーステンデは現在のベルギー、大西洋沿いの港町。］の開港をレオポルト二世に迫るよう命じた。フランス王室救出のための、諸外国による「軍事会議」を開こうというのである。一方クロフォードは、イギリスの中立を確認するために、一時帰国した。フェルセンの受けた指令は、テュイルリー宮に連れ戻された王妃が選んだ、「過激派《アンラジェ》ども」あるいはバルナーヴやラ・ファイエット率いる立憲君主派との交渉という方針とは、相反することになる。

　ヴァレンヌからパリへ連れ戻される道中、アントワネットはバルナーヴの物腰を観察し、好印象を持ち、王政と家族を救うには、すぐに彼を味方につけるべきだと判断した。だがのちには、議会の元議長バルナーヴを誘惑したと糾弾されることになる。次に挙げる七月七日から九日にかけての手紙は、クロフォードによってその詳細な経緯が記されているが（一六一ページ参照）、七月一三日にロイテルスヴァルトからフェルセンに渡された包みのなかに入っていたものである。いずれの手紙も暗号で書かれている。ルイ一六世の覚書を記したのは、国王ではなく王妃である点に注目されたい。メルシーも「すべては王妃が書かれた」と述べている。

原注

（1）ルイ＝イレール・ド・コンジエ。一七三六－一八〇四年。一七七五年にアラス司教に就任。大公たちの秘密外交を担った。

（2）Stafsund. SE/RA/720807/02/6/II/5.

12
アントワネットからフェルセンへ
（一七九一年七月八日）

AN. 440AP/1. 一七九一年七月八日付の暗号化されたアントワネットの覚書を、フェルセンが解読、写したもの。「国王は」で始まっている。「17」とは、キーワード（ここでは「courage《勇気》」）が書かれている本のページ番号を示している。七月九日付のアントワネットからフェルセンへの手紙は、「覚書をお送りします。私が作成したもので、国王のご意見が述べられています」と始まっている。すなわちアントワネットは、手紙を書く前に覚書を暗号化したと考えられる。手紙も暗号化されており、フェルセンへの愛の言葉が綴られている。フェルセンは覚書の解読をした同じ紙に手紙も解読し始めたが、「覚書をお送りします」と書いた直後に抹消線を引いている。すなわち二人の間には、ブルトゥイユ男爵やスウェーデン国王など第三者に見せられる手紙と、誰にも見せることのできないごく個人的な手紙があったということである（筆者による解読）。

「17
〈一七九一年〉七月八日

国王は、狭い牢獄での幽閉生活や、国王にいかなる行為の実行も許さない国民議会が引き起こした王国の荒廃については、諸外国に充分伝わっているはずなので、ここで説明の必要はないと考える。

国王は、ひたすら交渉のみが、諸外国による国王や王国の救済を有意義たらしめるのであり、示威行為はあらゆる交渉が決裂したときのみ、二次的な策とすべきと考える。

国王はたとえ第一回目の宣言がなされようと、部隊を展開することは国王とその一家のみならず、国内にとどまる革命を支持しないフランス人にも、重大な危険をもたらすと考える。外国軍がフランスに侵入できないことに疑いの余地はない。国境や外国軍から逃れた武装市民は、二年来敵だと教え込まれてきた同胞たちにただちに襲いかかるだろう。我々は旅行中《ヴァレンヌ逃亡事件》、とりわけ帰京以来、毎日のように悲痛な経験をした。

国王は、**提案された**ような全権委任は、たとえ六月二〇日付であろうと［ヴァレンヌ逃亡決行日を指す。］、現状から判断して危険であると考える。全権委任を隠し通すことはできないし、全閣僚が等しく守秘するわけではない。発表によれば、二週間後に立憲君主主義とされる条項が国王に提出され、国王は釈放され、任意の地に**自由に赴く**ことができ、そこで条項の諸否を決めることができる。しかし息子は釈放されない。すなわち釈放は欺瞞である。国王の意向に関することで二年来実施されてきたことは、すべて無効と見なすべきではあるが、大部分の国民が革新を支持する限り、これを変えることはできない。我々は全力を尽くし、こうした傾向を変えねばならぬ。

要約

国王の幽閉状態は諸外国に充分に伝わり、認識されております。国王は親族、友人、同盟国、その他協力の意思のある諸侯の善良なる熱意が、交渉会議という方向に働くことを希望されています。もちろん交渉には武力という裏付けが必要ではありますが、犯罪行為や虐殺を引き起こすことのないよう、武力が目立ってはなりません。ブルトゥイユ男爵については、王弟方や、この重要な交渉に際して国王が指名する者たちと協調することが肝心です。

国王は全権委任をすべきだとも、できるともお考えではありませんが、特殊インクを使った当書類を王弟宛てにお送りします。スウェーデン国王に返信することはできませんが、どうか国王に私たちの感謝と好意の念をお伝えください。

【覚書をお送りします】」

ルイ一六世の全権委任状

（一七九一年七月七日）

AN, 440AP/1. 前記の覚書に同封されていた全権委任状を、フェルセンが写したもの。この委任状では摂政が指名されておらず、フェルセンやメルシーの提案した委任状案とも異なっており、曖昧な内容となっている。そのためルイ一六世の支持者と王弟の間に反目が生じることになった。

「国王から王弟殿下《ムッシュー》へ送られた書類の写し

余は我が弟たちの善意、愛情、祖国愛、諸侯やフランス王族並びに盟主たちの友情、そしてその他君主たちの名誉と寛大さに全面的に頼り、一連の交渉方法および手段に合意する。交渉は王国の秩序と平和回復を目指すべきであるが、あらゆる武力行使を交渉の後方に控えさせるべきと考える。余は我が弟たちに、こうした方向で彼らの選ぶ相手と交渉し、この政治目的のための人材を登用する全権を委任するものである。

パリにて、一七九一年七月七日

ルイ」

13

アントワネットからフェルセンへ

（一七九一年七月九日）

AN. 440AP/1. 七月八日付の「覚書」に同封された、アントワネットからフェルセン宛ての暗号文。フェルセンは一連の手紙を七月一三日にロイテルスヴァルトから受け取り、覚書を解読したのちに、この手紙の解読を始めた。王妃は手紙のなかでフェルセンへの愛を綴っている。しかしフェルセンによる解読文は残っておらず、クリンコウストレーム男爵版の書簡集にも収められていない。長い間忘れ去られていたこの手紙は、二〇〇九年にヴァレリー・ナシェフ氏とジャック・パタラン氏により、初めて解読、発表された。

手紙からは、アントワネットは、王家救出に向けた交渉へのフェルセンの関与を望んでいなかったことがわかる。当時、議会はフェルセンの逮捕を決定し、ロンドンやウィーン、ストックホルムでは王妃との関係を揶揄する噂が絶えなかったからだ。アントワネットはフェルセンに、目立たぬようにしていてほしいと懇願している。彼女はフランスの危機解決に向け、兄レオポルト二世にヨーロッパ諸侯会議開催への支援を要請する一方、立憲君主派たちを懐柔しようとしていた。そうした自分の戦略が、フェルセンにより妨げられることを恐れたのだ。

この手紙には愛の言葉が綴られてはいるが、フェルセンを失望させたことだろう。彼は王妃を救出しようと、あらゆる手段を尽くした。しかし当の王妃は仇敵に接近している。もはやフェルセンは、王妃を全面的に信用できなかった。王妃も、フェルセンが「私の振舞いを目にして」、すなわちバルナーヴや立憲君主派と交渉する自分を、決してよくは思わないだろうとわきまえており、説明もしないうちから自分を責めないでくれと懇願している。しかしフェルセンにとっては、立憲君主派との交渉など、背信行為以外の何ものでもなかった。王妃は、自分は誠実であること、彼を愛していることを説き、嫉妬深い性格のフェルセンを説得しようとしている。「私たちの幸福はこの点にかかっています。もし永遠に引き裂かれてしまったら、幸せなどもはや望むべくもないのですから」。痛ましいことに、これは的を射ていた。別離が長引き始めると、フェルセンも同様のことを綴っている。二人は一緒にいなくては、幸福などありえなかった。だが王妃の懇願にもかかわらず、フェルセンは政治活動を続行した。この直後に彼は、武力によるフランス王政復活に向け、各国の軍隊集結の同意を取りつけよと、グスタフ三世から全権を委任され、ウィーンへと旅立った。グスタフ三世は、会議開催はほとんど望み薄だと考えていたのである。

王妃との別離や、あらゆる努力が一向に報われないことに苦しんでいたフェルセンは、王妃が政治のためとはいえ、立憲君主派に近づくのを目にして、嫉妬というさらなる苦しみを味わい、ついにはその愛を疑うまでになる。王妃は、立憲君主派たちとの交渉に関する手紙では、フェルセンに対してバルナーヴの名前を出さず、つねにラメット〔アレクサンドル＝テオドール＝ヴィクトール・ド・ラメット伯爵。一七六〇－一八二九年。立憲君主派。三頭派の一人。〕やデュポール〔アドリアン＝ジャン＝フランソワ・デュポール。一七五九－九八年。革命家。三頭派の一人。〕を引きあいに出していた。

キーワードは「depuis《以来》」。飛ばし暗号が使われている。六月二九日付の手紙同様、キーワードが書かれている本のページ番号「三六」が記されている（筆者による解読）。

「No. 36《三六番》
〈一七九一年〉七月九日

覚書をお送りします。私が作成したもので、国王のご意見が述べられています。現時点では、武力は害にしかならないことは確かです。嵐を前にしては譲歩が必要です。私たちを救出するには、時間が足りなくなるでしょう。この覚書をメルシー伯爵にお渡しください。弟たちやその他交渉すべき方たちとの連絡係は、メルシー伯爵にお願いしたく存じます。あなたにはウィーンへ行っていただきたくありません。[1]国王のおそばにいて、なるべく目立たぬようにしていただきたいのです。お優しい方、あなたにすべてお任せしたいと思っていた私が、こうしたお願いをするのも正当な理由あってのこととお信じください。私たちの幸福はこの点にかかっています。もし永遠に引き裂かれてしまったら、幸せなどもはや望むべくもないのですから。さようなら、同情してください。愛してください。そしてこうしたことをご説明したからには、私の振舞いを目にしても、どうかそれをもとに判断なさらないでください。愛しそしてこれからも愛し続ける方から、一瞬でも咎めを受けようものなら、私は死んでしまうでしょう。ラメットとその仲間は、好意的に仕えてくれそうです。私は彼らを利用しようと思いますが、信用するのは必要最低限にとどめておきます。さようなら」

王妃は返信を受け取っただろうか。フェルセンの書簡記録簿も日記も、この手紙には一切触れていない。ヴァレンヌ逃亡の失敗以来、アントワネットはフェルセンとの別離に苦しみ、書簡のやり取りを続けようと力を尽くしたが、連絡は二カ月間途絶えていた。一七八八年一一月から九一年六月二〇日までほぼいつも一緒にいたのに、今ではフェルセンに手紙を送ろうにも、どこへ送ればよいのかさえわからない。八月一一日、彼女はエステルアージ伯爵宛てに手紙を書き、フェルセンへのメッセージを託している。「もし彼《リュイ》にお手紙を書くことがあれば、どんなに離れていようとも、どんなに遠くにいようとも、心が離れることはありませんとお伝えください」。九月五日には再びエステルアージに手紙を書き、指輪を送ると共に、フェルセンへの指輪も同封している。

「この機会を利用して指輪を送ることができ、うれしく思います。貴殿にもきっと喜んでいただけるでしょう。この指輪はここ三日間大変な売れ行きで、私も見つけるのに大変苦労しました。紙に包まれているほうは彼《リュイ》宛てです。私のためにこの指輪をはめていただきたいと、彼《リュイ》に伝えてください。彼《リュイ》のサイズに合わせてあります。私はこれを二日間はめてから、包みました。私からの贈り物だと、彼《リュイ》にお伝えください。彼《リュイ》がどこにいるのかわかりません。愛する方からの報せもなく、どこに住んでいらっしゃるのかもわからないとは、耐え難い責め苦です(2)」

エステルアージ伯爵はブリュッセルやウィーンでフェルセンに会っていたが、この手紙は、大公たちから命じられてサンクトペテルブルクに滞在していたときに受け取った。そして一七九一年一〇月二一日に、妻に手紙を送っている。「アヴィラール」はアントワネット、「シュー《キャベツ》」はフェルセンを指す。エステルアージ伯爵夫妻にとって、アントワネットとフェルセンの関係は明白な事実だった。

「ベルシュニーが、コブレンツからアヴィラールの手紙を運んできました。手紙にはべっ甲と金でできた小さな指輪が同封されていて、『Domine salvum fac regem et reginam』と刻まれています。たぶんあなたも目にしたことがあるかもしれません。あなた宛ての手紙のなかに、返信の方法が書かれているということです。（中略）シューに宛てた指輪も送られてきましたが、彼がどこにいるのかわかりません。アヴィラールの手紙は感動的です。中傷には耳を貸さぬよう、そしていつまでも自分は高貴な思考や勇気を失わないことを信じてほしいと書かれていました[3]」

この年の夏、アントワネットは、メルシー伯爵経由でフェルセンに手紙を送っていた。メルシー伯爵は八月二日以降、フェルセンがウィーンに滞在していることを知っていたが、ネーデルラントとドイツを経由するため、手紙のやり取りには非常に時間がかかり、九月一二日にアントワネットは、八月初旬に書いた手紙を確かにフェルセンに送ってくれたのかと、メルシー伯爵に確認せねばならないほどだった。メルシー伯爵はすでに八月一二日の時点で、次のような言葉を添えてフェルセンにアントワネットの手紙を送っていた。

「貴殿が七月二六日にお書きになったお手紙を受け取りました。返信の確実な機会をうかがっておりましたが、本日使者を介してこの手紙をお送りいたします。また貴殿宛てのお手紙を預かっておりますので、私のほうで宛先を記入して同封いたします[4]」

八月二〇日、フェルセンは日記に、「メルシーからの使者が到着。彼女からの暗号短信も入っていた。彼女に手紙を送る手段ができ、本当に安心している[5]」と書いている。次に掲載する日付のない手紙は、その暗号短信の断片に相当するのだろう。このなかでアントワネットは、郵送でゴグラの住所宛てに手紙を送るよう指示している。

原注

（1）「弟たち」はプロヴァンス伯爵とアルトワ伯爵を、「国王」はグスタフ三世を指している。

（2）Esterhazy. *op. cit.*, p. xxxiii–xxxv.

（3）Esterhazy. *Lettres du comte Valentin Esterhazy à sa femme 1784–1792*. Paris, Plon. 1907, p. 331–332. 正確な引用。不可解なことに編者ドーデは同書の複数箇所で、フェルセンのコードネーム「シュー」を「ショーズ《物》」と転記している。おそらくエステルアージの悪筆がその原因だろう。「彼の文体はともかく、その悪筆は判読が困難である。特に固有名詞については、お手上げという場合も多々あった」(p. vii–viii)。指輪の銘は、ラテン語で「主よ、王と王妃を守りたまえ」の意《フェルセンへの指輪には、三輪の百合と「Lâche qui les abandonne（彼らを見捨てる臆病者よ）」の銘が刻まれていた。Esterhazy. *Mémoires, op. cit.*, p. xxxv.》。

（4）Klinckowström. *op. cit.*, I, p. 157.

（5）Stafsund. SE/RA/720807/02/6/II/5.

14 アントワネットからフェルセンへ

（日付なし、一七九一年八月初旬）

AN. 440AP/1.「王妃マリー・アントワネットからフェルセンへ暗号で宛てた」手紙の断片の、クリンコウストレーム男爵による写し。日付はないが、ウィーン滞在中のフェルセンが一七九一年八月二〇日に、メルシー伯爵の使者から受け取った手紙であると思われる。原本は紛失。クリンコウストレーム男爵は、この手紙を発表しなかった。彼はこの手紙の時期を、おそらく一七九一年九月としているが、内容からして九月では遅すぎる。この手紙にはさまざまなバージョンが存在しており、そのため複数の書簡集で「グジャン（Gougens）」なる人物が登場している。しかし男爵の写しでは「グジュノ（Gougeno）」となっており、さらにアントワネットの手紙では、「グジュノ（Gougenot）」がフェルセンとの往復書簡の使者の一人として幾たびも登場している（第一章参照）。グジュノはパリで、フランソワ・ゴグラと同じ家に住んでいた。ゴグラはフェルセンとアントワネットから絶大な信頼を得ていた人物である。

この手紙でアントワネットはフェルセンに、かつて使っていた「ブラウン夫人」（第一章参照）宛てに手紙を送ってほしいと書いている。これを読んだフェルセンは、「ブラウン夫人」宛ての封筒をグジュノ宛ての封筒に入れ、パリのル・ペルティエ通り二番地に郵送で送るのだと理解した。手紙を受け取ったグジュノは、「ブラウン夫人」宛ての封筒は、テュイルリー宮の王妃に直接手渡さねばならないと判断する。ゴグラはヴァレンヌでけがを負い逮捕されていたので、使者の役を務めることができない状態だった。だからこそグジュノが王妃の指名を受けたのである。

「……あなたを愛していることは確かですが、それしか書く時間がありません。私は元気にしております。私のことは心配なさらないで。あなたも元気だと祈っております。暗号で手紙を書いて、郵便で送ってください。**宛名は**ブラウン、**グジュノ宛ての二重封筒を使ってください。宛先は**あなたの従僕**に書かせてください**。あなたに手紙を**書けたとしたら、**どちらへお送りすればよいか教えてください。**もう私は、**あなたなしでは生きることができません。さようなら、殿方のなかでもっとも愛され、もっとも私を愛してくださる方。心からの抱擁をあなたに送ります」

オーストリアは、港が凍る前にスウェーデンの艦隊が展開するのを阻止しようと、のらりくらりと言い逃れ、フェルセンはウィーンで無為な時間を過ごした挙句、交渉は実を結ばなかった。しかし、グスタフ三世の要請に対する最終回答を得るため、プラハまでレオポルト二世に同行した。気が進まぬながらも八月二五日に出発し、その三日後にアントワネットへ手紙を書いている。

フェルセンからアントワネットへ（現存せず、一七九一年八月二八日）

アントワネットは九月二六日付の手紙のなかで、この手紙を受け取ったと書いているが、フェルセンの書簡記録簿には記録されていない。

記録では、一七九一年九月五日から一二月二六日の間に、フェルセンからアントワネットへ送られた手紙は一一通とされている。二通を除きすべては「ジョゼフィーヌ」宛てだった。国立文書館には、記録簿にはないものの、この時期に送られた王妃宛て、そして「ジョゼフィーヌ」宛てのほかの手紙も保管されている。「ジョゼフィーヌ」がアントワネットを指すことは言うまでもないだろう。また、現存しない一定数の手紙もある。

一七九一年

九月

五日：ジョゼフィーヌ。

一〇月

二五日：ジョゼフィーヌ。郵送。
二九日：ジョゼフィーヌ。ランバル公妃経由。

一一月

一一日：ジョゼフィーヌ。郵送、暗号文。
二六日：ジョゼフィーヌ。〈パミエ〉司教経由、詳細な覚書。

一二月

四日：ジョゼフィーヌ。——氏経由、特殊インク使用。
一二日：ジョゼフィーヌ。郵送、暗号文。
二三日：フランス王妃。郵送、B〈特殊インク、以下同〉使用。
二四日：同上、クロフォード経由、B使用。
二四日：ジョゼフィーヌ。郵送、暗号文。
二六日：ジョゼフィーヌ。郵送、暗号文。手紙が到着したことを知らせる[1]。

フェルセンからアントワネットへ

（現存せず、一七九一年九月五日）

この日のフェルセンの日記には、プラハから「ジョゼフィーヌ」へ手紙を送ったとある。「帰宅、彼女《エル》へ手紙を書く」

プラハでのフェルセンは、レオポルト二世への失望を隠しきれなかった。レオポルト二世は、妹アントワネットの境遇に心を痛めているふりをして各国宮廷にフランス国王夫妻の救出を呼びかける一方、姉でオーストリア領ネーデルラント総督であるマリア＝クリスティーナ大公妃には、アントワネットに手を貸してはならないと厳命していた。アントワネットは決してこの姉に親近感を持ったことはなかったし、フェルセンの日記の九月二五日の記述を見ると、マリア＝クリスティーナも同様だったようである。

「二五日日曜日：（中略）国王は〈憲法を〉承認されたとのことだ。フランスに関するさまざまな噂が飛び交っている。ブリュッセルの大公妃《マリア＝クリスティーナ》は、彼らの不利益になるようなことを書いている（皇帝がひとつ残らず教えてくださるので、知れ渡っている）。王妃はバルナーヴと寝ているとか、皇帝を牽制しているとか、大公たちと対立していて彼らが&&《原文のまま》しないように願っている、などという話である。こうしたことが事態を悪くしている[2]」

すなわち王妃の実姉が、妹はバルナーヴと寝ていると非難したのである。この主張についてフェルセンは、日記でいかなる感想も記していない。「王妃」に関する見解を報告するときの彼は、いつものごとく中立で慎重な姿勢である。だがこの秋にアントワネットへ宛てて書いた手紙の様子は、まったく違っている。過激派《アンラジェ》どもに「振り回されないように」と王妃に説く彼の文体からは、バルナーヴへの激しい憎悪がにじみ出ている。フェルセンは、決して王妃を傷つけようとしたことのないバルナーヴには憎悪を抱き、王妃の失脚を狙っていたラ・ファイエットに対しては、さほどの嫌悪を見せていない。嫉妬に目をくらまされたフェルセンは、マリア＝クリスティーナ大公妃が主張するように、アントワネットがバルナーヴと寝ているのかもしれないと疑うまでになった。憔悴しきった彼は病を患い、絶望のなかで、グスタフ三世に持ち帰るべき吉報のひとつも持たないまま、九月二六日プラハを発ち、一〇月六日にブリュッセルへ到着した。

「六日木曜日：朝六時にブリュッセル到着。メルシー伯爵と会見。王妃から伯爵に宛てた手紙には、憲法に多少歩み寄り、大公たちを牽制しなければならないと書かれている。王妃は、アヴィニョンを口実にした諸侯会議の開催を望んでいる［この年、それまで教皇領だったアヴィニョンはフランスに併合された。］。メルシー伯爵は、現時点で諸侯会議を開いても実際に何ができるのか不明な上、国王に否定的な見解を出すわけにもいかないので、開催は無益だろうと言う。私は会議の有用性を伯爵に説いた[3]」

フェルセンは膨大な手紙を綴り会議開催を呼びかけたが、オーストリアは開催を望まず、働きかけは徒労に終わった。それでも数カ月の間、アントワネットとフェルセンの書簡で政治のことが綴られるときには、話題はもっぱら会議開催に集中した。ブリュッセルに戻ったフェルセンも、再び頻繁に手紙を書くことができるようになり、二人は非常に活発に手紙を交わした。一〇月七日、フェルセンはエリザベス・フォスターからの手紙を受け取る。そこには「不幸なお友達」であるフランス王妃や、フェルセンの直面している苦境について、言葉が綴られていた。またヴァレンヌ逃亡事件後に、王妃のイギリスの友人たちがバルナーヴやラ・ファイエットへ手紙を送ったことにも触れている。ラ・ファイエットからデヴォンシャー公爵夫人への返事はあとに掲載する[4]［二四六ページ参照。］。

エリザベス・フォスターから
フェルセンへ

（一七九一年九月一六日）

「〈一七九一年〉九月一六日

お手紙を受け取り、大変うれしい思いです。安全なところにいらっしゃるとは存じていましたが、これまでの苦労がたたって体を壊されているのではないかと案じておりました。こちらの新聞は、あなたが逮捕されると書きたてたものですから、危機一髪だったと考えると、今でも身が震える思いです。何が起こっているのか聞こうにも、誰に尋ねればよいか困っておりましたが、翌日の新聞や知人からのお手紙で、あなたがフランスを出国されてご無事だと知り、胸をなでおろしました。きっと、あなたは不幸でいらっしゃることでしょう。私たちの不幸なお友達〈アントワネット〉は別として、あなたが味わっていらっしゃる以上の苦痛など、想像だにできません。私も、お友達の命が助かるかどうかもわからず、どれほどつらい思いをしたか、言い表すことさえできません。ロンドンでもこの件は関心の的で、話題は持ち切り、一様に彼女のことばかりが取り上げられていました。彼女の運命が我が国の冷血な大臣[5]にかかっているとは、何ともやりきれないことです。大臣の優柔不断さには怒りを覚えます。私たちが過激分子のリーダーに手紙を書いたことは、お話ししたでしょうか。それとも、どこからかお聞き及びになったでしょうか。私の友人[6]が素晴らしいお手紙を送ったのですが、お返事は、友人への正当な賛辞は別として、英雄という評判にはとてもそぐわないような内容でした。彼女《エル》（私たちのお友達）〈アントワネット〉は危険にさらされてなどいない、とさえ書かれているのです。その他の内容については、私からお話しすべきではないと思いますが……。（後略）

一九日

九カ国が同盟を結んだこと、国王が憲法を承諾したことをほぼ同時に知りました。スペイン大使はパリをあとにされたそうです。これから何が起こるのでしょう。そして勇敢なる王党派たちにとっては、弱い国王を戴くとは何という不幸なのでしょう。郵送のお手紙にお書きになれることは、どんなことでもお知らせください。友人も私も、あなたの信条にはこの上ない好意を抱いておりますし、あなたにとっても私たちの好意は重要でしょう。友情は信条を導き、育てます。さようなら、大事なお友達。友人も私も、あなたの幸福と成功を祈っています。都合のよいときに近況をお知らせください[7]」

フェルセンとアントワネットの別離に心を痛めるエリザベス・フォスターが書いたこの手紙は、エリザベスがフェルセンの恋人だったという説をはっきりと打ち消している。

ウィーンでの苦悩は、フェルセンの健康をも蝕んだ。彼は一〇月一八日に妹ソフィーに宛ててこう書いている。

「多数の交渉と文書作成に押しつぶされるような思いです。胆汁か体液が原因で、少し調子を崩しました。（中略）少し熱が出ましたが今では下がり、痔による不快さが残るだけです。それも養生していますから、危険なことはないでしょう。今日は父上に手紙を書きましたが、一二日付として、当地には一〇日に到着したと報告しました(8)」

フェルセンはかつてヴェルサイユで王妃と過ごしたことを隠したとき同様、不都合な行動を父に知られないよう、手紙の日付を偽っている。「多数の交渉と文書作成に押しつぶされる」というのは事実で、現存する文書からも、当時いかに精力的に動いていたかがわかる。スウェーデン大使やルイ一六世の秘密外交の使者たちと書簡を交わし、ほぼ毎日のようにブルトゥイユ男爵やメルシー伯爵と話しあいを重ね、クロフォード邸で開かれるエレオノール・シュリヴァンのサロンに出入りしては、外交官たちの意見を探っていた。だが多忙ではあっても、アントワネットへの手紙だけは特別だった。

ただし、一七九一年の九月から一〇月にかけて書かれたアントワネット宛ての手紙の大部分は、フェルセンの書簡記録簿には記録されていない。

アントワネットからフェルセンへ

（現存せず、一七九一年九月二五日）

フェルセンは一〇月一〇日および一二日付の手紙のなかで、王妃に「多忙なため、二五日付のお手紙はまだ解読していません」と書いている。アントワネットは九月二六日付で、フェルセンに憲法承認についての手紙を書いており、フェルセンは一〇月一〇日に返事を出している。すなわちアントワネットは二日続けてフェルセンに手紙を書いたことになる。

原注

(1) Stafsund. SE/RA/720807/02/6/III/10.

(2) Stafsund. SE/RA/720807/02/6/II/5.

(3) *Ibid.*

(4) この手紙は、フェルセンからアントワネットに宛てた一七九一年一一月二六日付の手紙に付されている。

(5) イギリス首相ウィリアム・ピット。

(6) デヴォンシャー公爵夫人ジョージアナ。

(7) Stafsund. SE/RA/720807/02/6/IV/15. エリザベス・フォスターからフェルセン宛て、一七九一年九月一六日、一九日。手紙には署名はなく、現在まで未公開だったが、筆者は文体、筆跡、内容、そしてフェルセンの日記の記述からエリザベス・フォスターによるものと特定した。フェルセンの日記には一七九一年一〇月七日付で、「エリザベス・フォスターからの手紙」とあり、手紙の余白には「一〇月七日受領」と書かれている。

(8) Löfstad. SE/VALA/02249/BXXVa/8. 一七九一年一〇月一八日。フェルセンは若いときから痔を患っており、散歩や乗馬ができないことさえあった。

15

アントワネットからフェルセンへ

（一七九一年九月二六日）

AN. 440AP/1. アントワネットからの暗号文の、フェルセン直筆の解読文。ブリュッセルに戻った彼は、一〇月八日にこの手紙を受け取った。仲介者はおそらくメルシー伯爵だろう。原本は紛失している。フェルセンは解読文のうち数語を抹消しており、さらに後年同じ箇所がより黒いインクで塗りつぶされている。通常、暗号化前の手紙では単語と単語を区切る線が引かれているが、この線なしでは塗りつぶし箇所の解読は不可能に近い。手紙を送るための「安全な手段」とは、駐仏オーストリア大使ブルーメンドルフからメルシー伯爵宛ての外交文書特使を意味するが、まもなくそれさえも信用がならないと王妃は悟ることになる。

「一七九一年一〇月八日受領

〈一七九一年〉九月二六日

二八日付のお手紙を受け取りました。〈一行半塗りつぶし〉もう二カ月もあなたの消息が不明で、どこにいらっしゃるかもわかりませんでした。住所がわかっていたらソフィーさまに手紙を書いたのですが、彼女〈塗りつぶし〉、彼女〈塗りつぶし〉、あなたがどこにいらしたのか教えていただけたでしょう。

〈七行と三分の四が二回にわたって塗りつぶし〉

国王が承認をくだされてから、私たちの状況は変わりました。憲法を拒否すれば威厳を示すことはできたでしょうが、この状況では不可能です。承認をするにしても簡潔に短くしたかったのですが、不幸なことに私たちの周りには極悪人たちしかおりません。それでも承認されたのは、一番ましな案だったことは確かです。いつかあなたにも、彼らのことがわかるでしょう。私はあなたをtourdquac&〈一行空白〉あなたの書類がありますので、幸せを再び手にするystrcuil ighu。

亡命した大公たちや貴族たちの常軌を逸した行動もあって、国王は承認せざるをえませんでした。承認に当たっては、私たちの誠実さへの疑念を晴らすことが重要でした。すべてを全面的に受け入れることが、国民に革命への嫌悪感を抱かせる最良の道でしょう。そうすれば、何もかもがうまくいかないことが、明らかになるからです。兄たちは国王に手紙をお書きになりましたが、ピルニッツ宣言を見ても、外国からの助けはすぐには来ないと判断しております。[1]余談ですが、兄の手紙は、こちらでは何の効果もありませんでした。けれどもそれは、決して悪いことではないのかもしれません。事態が進めば進むほど、こちらの**者たち**も災難を嘆いて、外国からの侵攻を望みさえするかもしれません。血気にはやった者がスウェーデン国王や**あなた**を巻き添えにして、危険にさらすのではないかと心配です。何よりも賢明さが求められています。**詳細は**メルシー伯爵に書きましょう。

ブリュッセルに到着されましたら、すぐにご連絡ください。私の命令に忠実な安全な手段を用意していますから、そちらへ手紙をお送りします。私が日々の務めにどれほどつらい思いを味わっているか、想像もできないでしょう。それに、忠実だと自称しながら災いしかもたらさない見苦しい者たちは、ひどく激高しています。強いられたことは何でも喜んでするような、卑しい魂を持った人間もいるようです。彼らの**卑劣さ**やその所業が、私たちをこんなところに追い込んだのです。それでもひとつだけうれしいことがありました。私たちのために投獄された殿方、特にゴグラに再会できたことです。彼は完璧に道理をわきまえており、獄中で頭を冷やすことができたようです。さようなら
〈三行塗りつぶし〉」

愛の言葉が綴られている次の手紙は、フェルセンとアントワネットが完全に信頼しあい、政治についての議論を重ねていたことを示している。ロシア女帝エカチェリーナ二世宛ての手紙についての考察からは、駐仏オーストリア大使ブルーメンドルフとロシア大使シモリンも、アントワネットとルイ一六世の秘密外交政策に賛成だったことがわかる。シモリンはエレオノール・シュリヴァンやクロフォードとも大の親友で、フェルセンとも親交を深め、テュイルリー宮での王妃との秘密会合に呼ばれたのち、彼女の使命を帯びてウィーンへと向かった（二九一ページ参照）。

原注

（1）ピルニッツ宣言は一七九一年八月末に、レオポルト二世とプロイセン国王フリードリッヒ・ヴィルヘルム二世が共同で発した反革命宣言。外国からの助けはすぐには来ないだろうという、アントワネットの見通しは的を射ている。

16 フェルセンからアントワネットへ

（一七九一年一〇月一〇日、一二日）

AN. 440AP/1. フェルセンからアントワネットへ宛てた暗号書簡の平文の写し。フェルセンの直筆。この手紙は、フェルセンの書簡記録簿には記録されていない。フェルセンは暗号化する際に、単語を縦線で区切っている。この線と、デジタル画像処理のおかげで、複数の塗りつぶし箇所の判読が可能となり、フェルセンからアントワネットへの愛の言葉が初めて明らかとなった。キーワード「autres《ほかの》」は指

定書籍の二〇ページに記されている。

「一七九一年一〇月一二日、20 autres《ほかの》

ブリュッセルにて、〈一七九一年〉一〇月一〇日

ようやく戻ってきました。優しくて愛しい方、心からあなたを愛していると申し上げます。身も凍るような事件以来、これこそただひとつの喜びです。私はさらなる悲しみを味わっています。あなたはひどい状況に置かれていることでしょう。そして/p－－－－/－－－－/d_g_i_/優しくて愛しい方/－－－－/あなたがいなければ幸せなどありえません。/あなたなしでは何もなく/－－－－。スウェーデン国王は、私を主馬頭兼軽騎隊長に任命しようとしてくださいました。私はすべてお断りしました。縛られたくないのです。/－－－－/見る/－－－－/そして/－－－－/－－－－/私の望むことはそれだけです。《憲法を》承認せねばならぬとは、さぞおつらかったことでしょう。しかしあなたのお立場はわかります。ひどい状況でほかに選択肢もないのですから。幾人かでも分別を備えた友人たちが、意を共にしてくれるのがわずかななぐさめです。けれども、どうなさるおつもりでしょうか。すべての望みは失われてしまったのでしょうか。もしわずかでも残っていれば、打ちのめされてはなりません。そして助けが必要なら、その手は差し伸べられると私は期待しています。しかしそのためには、ご自分たちがどうなさりたいのか、どういうご計画なのかを見極めて、スウェーデン国王や諸侯の熱意を抑えるか、あるいはかきたてるかしなければなりません。大公方は補助的役割しか果たせないはずだからです。

女帝、プロイセン国王、ナポリ国王［本書でのナポリ国王は、フェルディナンド一世（一七五一－一八二五年）を指す。］、サルディーニャ国王［本書でのサルディーニャ国王は、ヴィットーリオ・アメデーオ三世（一七二六－一七九六年）を指す。］、スペイン国王は非常に好意的で、とりわけ前者三王が積極的です。スウェーデンもフランス王室のために身を削るでしょう。イギリスは中立を約束しています。それに比べると、皇帝はやや積極性に欠けます。意志が弱く無分別なところがおありで、何でも請けあいますが、政府は関わりあいになって巻き添えになるのを恐れているので、皇帝を抑えています。皇帝の書簡と実際の行動が矛盾しているのも、このためです。私は国王から命じられて、フランス王室の利益となるあらゆることを根回しし、提案するために、全権を携えて

ウィーンに行ってまいりました。しかし達成できたことと言ったら、大公方の無謀な動きを防ぎ、何もしないようにと説得しただけです。

　私は詳細な建白書を提出し、大使たちを召還して、**【アーヘンで】**会議を開催するよう提案しました。またピルニッツ宣言で謳われているように、国王一家の自由のみを要求すること、自由の証として国王一家が**【ヴァランシエンヌ近くの国境にある】**エルミタージュ城[1]あるいはモンメディに向かい、任意の近衛兵と部隊をつけること、国境の各地点に軍の先遣隊を向かわせること、スウェーデンとロシアにも先遣隊を要求し、オーステンデで迎えることを提案しました。各国は、皇帝が実行するならこれに従うと返答してきましたので、私はすぐに実行に移すよう、皇帝に要求しました。皇帝も全面的に賛成されましたが、結局は何ひとつ実現せず、国王が憲法を承認せざるをえなくなるところまで引き延ばしたのです。〔今のところ皇帝がどうなさるおつもりかはわかりません。もし皇帝が国王夫妻は自由の身だとお考えになるならば、もう何も手を打たれないでしょう。〕しかしそちらで何らかの計画をお持ちでしたら、他国を使って支援することが可能です。私はスウェーデン国王から、全大臣と連絡を取るよう申し付けられていますので、そちらのご意見に従います。

　明確にすべきいくつかの問いを下に記します。回答を簡略にするために番号を付しますので、その番号を用いてご回答願います。

一．本当に革命のなかに身を置かれるおつもりですか。ほかに選択の余地はないとお考えですか。

二．助けが必要ですか。あるいは諸外国宮廷とのあらゆる交渉を中止することをお望みですか。**【私の建白書をご承認なさりますか。この建白書に従って事が運ばれることをお望みですか[2]】**

三．**【ほかに】**計画がおありですか。あるとしたらどのような内容でしょうか。

　こうした質問をする無礼をお許しください。あなたにお仕えしたいという私の熱意、限りない献身と忠誠の証と受け取っていただけるものと信じております。

一二日

メルシー伯爵からあなたのお手紙を受け取りましたので、お返事いたします。[3] 伯爵は現時点での会議開催に反対でしたが、私は大公方や**【コブレンツでの】**集結に歯止めをかけるためには、決然たる態度を示すべきだと説き、ウィーンでの会議開催を支持するよう、伯爵を説得しました。身震いするような事態ですし、こうでもしなければ収拾がつかないでしょう。会議開催に当たっては、アヴィニョンの件［一八一ページの訳注参照。］が格好の口実となります。こちらからスペインの大臣に手紙を書き、スペインから教皇に各国の介入を呼びかけていただくよう、手を回します。そちらからは皇帝に会議を設置するよう、あるいは少なくともただちに開催の告知を出し、場所と出席者を明示するよう、促していただく必要がございます。大公方への危惧を誇張して伝え、会議が開催されれば彼らも鎮まるだろうとおっしゃってください。そして、武力示威をもって会議の根拠とするよう、要求するのです。

　ブルトゥイユ男爵がコワニー騎士を介して、スペインやロシアについてそちらへお伝えしたことは、的を射ています。女帝にお手紙をお書きになるか、伝言を託されるかするのがよろしいでしょう。ブルーメンドルフがシモリンに手紙を渡し、シモリンが写しを取って暗号化してから発送するでしょう。シモリンは立派な男性ですので、信用なさって結構です。会議については私からスウェーデン国王にお伝えし、スウェーデン国王から女帝にお話がいくようにします。

　この夏クロフォード氏は、イギリスへ赴いて宮廷の意向を**【探り】**確認しました。メルシー伯爵が何とおっしゃろうと、イギリス宮廷は中立を守ります。クロフォード氏はこの**微妙**な依頼を非常に快く受けてくださったので、彼にねぎらいのお言葉をかけてはいただけないでしょうか。誰よりもあなたが適任でございましょう。彼の献身ぶりはそれに値します。なるべく早くお返事をいただきたく存じます。

　さようなら、優しく愛しい方。いつまでもあなたのことを愛し続けます。

　多忙なため、二五日付のお手紙はまだ解読していません。コワニー騎士経由で、そちらの件についての私の見解を伝えます。彼は立派ですが、カロンヌを支持しています」

原注

（1）エルミタージュ城はフランス革命直前に、クロイ大公によりフランス北部ボンスクール＝コンデの森に建てられた。

（2）この削除された一文から、フェルセンは建白書を作成していたが、アントワネットからメルシー宛ての手紙を読んで、送付しなかったと考えられる。

（3）この手紙は、フェルセンの一七九一年一〇月六日付の日記《一八一ページ参照》で言及されている。王妃の会議開催の要請を援護するため、フェルセンは外国宮廷に宛てて書簡を送ることになる。

17

フェルセンからアントワネットへ

（一七九一年一〇月一三日）

AN. 440AP/1. フェルセンからアントワネットに宛てた暗号短信の、フェルセン直筆の平文の写し。書簡記録簿には記録されていない。クリンコウストレーム男爵は、この手紙には欠落があることに言及せず、塗りつぶし部分を省いて発表した。キーワード「subvenir《援助する》」は、取り決めてあった本の六〇ページに記されている。アントワネットは九月二五日付の手紙のなかで、フェルセンにスウェーデンへ帰国するよう懇願したと推察できる。この手紙はその懇願に対する返事であろう。「**さようなら、気も狂わんばかりにあなたを愛します**」とある一方、「あなたの臆病なお心が、過激派《アンラジェ》どもに振り回されませんように」という叱責の一文もある。「**臆病な**」という言葉は完璧に判読できるが、クリンコウストレーム男爵も後世もこれを削除している。確かに文脈から見ても、この一語は突出している。なぜ政治的駆け引きをしている王妃に対し、「お心」などという言葉が出てくるのだろうか。「臆病なお心」という言葉は、フェルセンが、王妃が立憲君主派たちの親身な態度にほだされてしまうのではないかと、危惧していたことを示している。明らかに彼は、アントワネットが立憲君主派たちと通じ、協議していることと、特にバルナーヴと会見していることに、嫉妬心を抱いていた。アントワネットはフェルセンとの別離に耐えきれないという態度でもなく、交渉から手を引いてスウェーデンに帰国してほしいというそぶりを見せたため、フェルセンの動揺と嫉妬は一層激しさを増した。アントワネットとバルナーヴの噂はウィーンにまで届き、フェルセンを容赦なく打ちのめした。そのため、この手紙には王妃に対するしかるべき丁重さが一切なく、「優しい方」を責めるあまり、直截的な文体になっている。

「60

一七九一年一〇月一三日

優しい方、私から昨日の手紙に付け加えることはありません。皇帝に対しては要求と催促を続けてください。あなたからの依頼を実行なさる【**おつもり**】か、率直な意見をうかがってください。私からは外国宮廷経由で催促しましょう。あなたの**臆病な**お心が、過激派《アンラジェ》どもに振り回されませんように。彼らはあなたのためになるようなことなど、何ひとつしない極悪人どもです。信頼などせずに利用するのです。

　私は交渉の一部をコワニー騎士に託しました。騎士の欠点と言えば、カロンヌを支持していることのみです。多忙なため、あなたのお手紙の冒頭しか解読しておりません。**涙が出るほど感動しました**。今まで私は、**私たち**の評判を気にして、あなたに手紙を書くことを躊躇してきました。今では書き物ばかりで消耗しています。**さようなら、私たちは**―――je―――**そして生涯あなたを愛します**。〈平行、暗号がなく塗りつぶし〉スウェーデンに帰ることはできません。私はスウェーデン国王の通信を任されているのです。**さようなら、愛しい方。気も狂わんばかりにあなたを愛します。**―――／―――**そして**―――／―――。あとの暗号はただ紙をうめるためのもので、何の意味もありません」

フェルセンがブリュッセルに到着してみると、ヴァレンヌ逃亡事件における彼の役割や王妃との関係は、街中の噂になっていた。次に掲載する妹ソフィーからの手紙には、口さがない者たちがしきりにフェルセンと王妃の噂をしていると記されている。また夫と共にストックホルムに滞在していたサン＝プリースト夫人が、自分はアントワネットのライバルだと虚言を流しているとも、噂されていた。

ソフィーからフェルセンへ

（一七九一年一〇月一六日）

「アングソ［スウェーデン南部。ピパー家の居城があった。］にて、〈一七九一年〉一〇月一六日

愛するお兄さま、お兄さまからのお手紙は本当にうれしいものですが、諸事、とりわけ書き物でご多忙なのですから、お体を休める時間を私のために割いていただき、心苦しく思います。きっと気苦労や面倒が尽きないことでしょう。ブリュッセルで少しはお休みになれるとよいのですが。長いこと身も心も疲れ切っているのですから、休養が必要です。

新聞で国王の憲法承認とそのいきさつを読んで、胸が痛みました。お兄さまがどれほど悲嘆されているか、よくわかります。ただひとつのなぐさめは、こうした屈辱的な展開も、国王のお立場を考えれば、弁解の余地があるということです。国王もお気の毒ですが、とりわけ王妃が哀れでなりません。きっと彼女《エル》は国王よりも苦しんでいることでしょう。ところで憲法承認の報せがもたらされたその日、ドロットニングホルム［ストックホルム郊外にある王家の離宮。］の知り合いからもある報せが届きました。それによると、サン＝プリースト夫人は、王妃を中傷するようなことを止めどなく口にしているそうです。その上、この一件《憲法承認》は王妃のせいであるとし、我が国王〈グスタフ三世〉を前に、王妃の懇願と助言を受けて国王はこうした行動を取ったに違いない、ひどい王妃だ、と断言したそうです。ひと言で言えば、夫人は王妃が誤って国王を弱腰の選択に導いたのだと、グスタフ三世に対して主張したのです。

〈中略〉〈セーデルマンランド〉公爵夫人はこの主張に真っ向から異を唱え、外国人そしてフランス人として国王方を擁護すべき場において、こうした発言をするのは無作法であると暗に指摘しました。サン＝プリースト夫人の言うことはすべて嫉妬に駆られた女性の口から出たものだと皆が納得し、笑っていました。国王も王女も、サン＝プリースト夫人のおしゃべりを面白がっていらっしゃいますが、最近は少し静かになりました。その口調や話

し方からして、煩わしい女性だと思われているからです。彼女《エル》エル・でし夫人はフランスでのさまざまな恋愛経験を披露し、彼女エル・でしが〈数語塗りつぶし〉お兄さまのことでずいぶんと自分に嫉妬していたと語り、それなりの理由があるからだとほのめかしました。もし私のいる場でこの話題が出たら、おしゃべりな夫人をいさめるつもりです。ヤコブ・デ・ラ・ガルディは、夫人宅で元気にしております。以前よりも元気になったほどだと噂されています(1)」

サン＝プリースト夫人はフェルセンを誘惑しようとして失敗し、弟のファビアンにも相手にされず、彼らの従兄弟ヤコブ・デ・ラ・ガルディの腕に身をゆだねていた。ヴァレンヌ逃亡が失敗に終わったあと、フェルセン宅から押収された書類のなかには、サン＝プリースト夫人から送られてきた恋文も多数あった。ただしフェルセンは一通として返信していない。夫人は一七九一年六月一七日の手紙で、分別を取り戻すつもりだと述べている。

「あなたのお望み通り私は冷静になったのですから、きっとご満足のことでしょう。それに手紙の文体が変わったことからも、私の変化がおわかりのことでしょう。何にも増してあなたの幸せを願い、それだけを気にかけています。神や人を前にして、私は以前と変わりありませんが、あなたに対しては友情だけを抱いていきたいと思います。それ以外の感情を持つべきではありませんでしたし、少なくとも心の奥深くに隠しておくべきだったのです。そうすればもっと幸せになれたでしょう。けれどもうそれは過去のこと、これが私からあなたへささげる最大の犠牲だということを、どうか信じてください。私の決意は揺るぎません。こう決めるまでにずいぶんと大変な思いをしましたが、決意を固めてからお話ししようと思っておりました。今ではすっかり私を信じていただいて結構です。もう私のことで嫌な思いをすることもないでしょう。少なくともあなたを傷つけるようなことは、今後一切口にいたしません(2)」

こう手紙を書いたサン＝プリースト夫人も、スウェーデンで好意的な聞き手を前にしては、ありもしない恋の自慢話をせずにはいられなかったのだ。

原注

（1） Stafsund. SE/RA/720807/022/13.

（2） Eugène Bimbenet, *Fuite de Louis XVI à Varennes*, 2e éd. Paris, Firmin-Didot, p. 134-135.

18

アントワネットからフェルセンへ

（一七九一年一〇月一九日）

AN, 440AP/1. フェルセン直筆の解読文。原本は紛失。数行が二回にわたって塗りつぶされており、判読できない。フェルセンは一七九一年一〇月二三日の日記に、「メルシーから王妃の手紙を受け取る。すでに四、五行解読済み」と書いている。事実、王妃は一〇月一九日にフェルセン宛てとメルシー伯爵宛ての二通を作成し、メルシー伯爵に「もう一通の手紙はF氏宛てです[1]」と書いている。

この手紙はフェルセンの一〇月一三日付の手紙への返信であり、「過激派《アンラジェ》どもに振り回されない」と断言し、フェルセンの知らない逃亡計画があると伝えている。この段落と、クロフォードへの謝意が記された段落は、フェルセンの手によって削除されている。執筆予定だった『回想録』から外すためである。エレオノール・シュリヴァンは、クロフォードと別れてフェルセンと一緒になることを了承しなかった。そうした背景を考えれば、フェルセンがクロフォードに関する部分を削除したことは理解できる。だが、新たな逃亡計画についての箇所を抹消したのはなぜだろう。この逃亡計画は、王妃はフェルセンの助言だけに頼っていたわけではなく、ほかにも助言や意見交換をする人間がいたことを示している。フェルセンは嫉妬していたのだ。

「一七九一年一〇月二三日受領

〈一七九一年〉一〇月一九日

コワニー騎士のお持ちになった溶液では、男爵のお手紙を読み出すことができません。この溶液の使い方とその成分を――もしこの溶液が不良品なら、私たちでもう一度調合できるように――、すぐに郵便経由で送ってください。メルシー伯爵には、会議開催を急ぐよう手紙を書きました。私の手紙をあなたにもお見せするように言っておきましたので、ここでは細かいことは省きます。デュ・ムティエ氏[2]にお会いしましたが、氏もこの会議の開催を強く望んでいます。会議の基調となるようないくつかのご提案もくださいましたが、的を射たもののように思われます。私の勧めもあって、大臣職は辞退なさいました。彼は時勢が好転したときに活躍すべき人物で、今世に出ればだめになってしまいます。

　過激派《アンラジェ》どもには振り回されたりなどしませんから、ご安心ください。彼らと会見するのは、利用することだけが目的です。振り回されようにも、彼らには嫌悪しか感じません。モンモラン氏に代わり、セギュール伯爵[3]が任命されるでしょう。伯爵が承諾してくだされればよろしいのですが。話術に優れていますし、自分たちで優れた大臣を選ぶことさえできない状況にあっては、こうした話術こそが必要とされているのです。伯爵は失墜するかもしれませんが、それもさほど悪いことではないのかもしれません。

　近衛兵の件が心配でなりません。現在のように彼らが部隊に編成されてしまえば、私たちのもとには確実に一人の近衛兵も残らないでしょう。過激派《アンラジェ》どもは、少しすれば容易に近衛兵を取り戻すことができると請けあいましたが、それが無理な場合のために何か企んでいるようです。この件で方策はないものかと、私と国王から王弟たちに senaubr = を通して手紙を書きました。問題は近衛兵がいなくなってしまうことであって、もし私たちがこの冬何も行動を起こさなければ、また一部が戻ってくるでしょう ［中世に創設された近衛隊は国王警護に従事していが、一七九一年六月、ヴァレンヌ逃亡事件後に解散した。一七九二年一月には国王個人の近衛兵制度も廃止され、五月には前年九月に創設された立憲近衛隊も解散した。このため国王一家の警護体制は、事実上消滅することになる。］。〔けれども六月の計画と類似した計画を立てている最中ですので、近衛兵の件では焦りは禁物です。計画はまだ決定ではありませんが、一週間から一〇日のうちにご説明しましょう。実行するとしたら、一一月の一五日から二〇日の間です。けれどももし実行できなければ、今年の冬は何もせずに、会議の開催を待つことにいたします。私からも会議の開催を強く要求するつもりです。

　親切なクロフォード氏が私たちのためにどれほど尽力してくださったか、言葉にすることはできません。国王も同じお考えです。氏への伝言を数日中にそちらへお送りします。氏のためにできることがあれば、喜んでお役に立ちたいと思います。真の誠実さを見せてくださる方は、ほんのわずかです。こちらでは氏と私たちとの関わりあいが【疑われて】知られていますので、彼の邸宅が無事かどうか心配しておりました。今のところ表面上は静かです。けれどもこの静けさはほんの一本の糸に支えられているだけで、国民はかつてと同じように、いつ蛮行に走ってもおかしくありません。国民は私たちの味方だと言いますが、少なくとも私はそんな言葉を信じたりはいたしません。それがどれほどの代償を伴うかはわかっております。ほとんどの場合、そうした好意には代償が付きまとい、私たちが彼らの望むことをしている限りは、彼らも私たちを愛します。こんなことを長くは続けられません。以前と比べるとパリは不穏です。そして民衆が失墜した私たちの姿を見慣れてしまったら、治安はもっと悪化するかもしれません。}

あなたがお元気かどうか、ひと言も書かれていませんでした。私は元気です。〈一行半塗りつぶし〉どこから見てもフランス人は残忍です。当地のフランス人が優位を占め、彼らと共存しなければならないとしたら、一点の非の打ちどころもないように細心の注意を払わねばなりません。しかし外地にいるフランス人が権力を奪回したら、彼らの機嫌を損ねないようにもせねばなりません。

〈四行半二度塗りつぶし〉

bensaahe 愛しております」

フェルセンはこの手紙に対する返信のなかで、駐仏ロシア大使シモリン男爵がエレオノール・シュリヴァンへ書き送った近況を引用している。自分はフェルセンを裏切るような発言はしていない、というアントワネットの言葉を待っていたのだろう。彼は自分に向けられた不当な非難を苦にし、アントワネットが自分から離れていってしまうのではないか、自分を陥れようとした「過激派《アンラジェ》ども」の助言に従うのではないかと恐れた。日記には、すべての元凶はヴァレンヌ逃亡の失敗にあると記されている。

「一〇月一八日：シモリンがシュリヴァンに伝えたところでは、彼〈スタール〉が私を中傷し、彼を引きずり下ろそうと私が策を弄していると言い立て、スウェーデン国王らの手紙を見せたそうだ。スペイン大使やシモリンをはじめとする多くの人々は、私を敵視し、私が野心に駆られて行動したとか、それが原因で、そして〈判読不可〉

のために、私が国王夫妻を失脚させたのだと言っている。スペイン大使は、国王と王妃が我々のせいで失脚した、そして非常に不満に思っているとおっしゃったと述べている。ひとつでも失敗すると、こういう結果になるということだ[4]」

原注

（1） Stafsund. SE/RA/720807/02/6/II/5 : Feuillet de Conches. *op. cit.* IV. p. 214.

（2） エレノール＝フランソワ・エリー・デュ・ムスティエあるいはデュムティエ、ド・ムスティエとも読む。一七五一－一八一七年。フランスの軍人、外交官。一七八七－八九年まで駐米フランス大使を務め《一七九〇年から九一年までは、フランス大使としてプロイセンのベルリンに駐在していた》。

（3） ルイ＝フィリップ・ド・セギュール伯爵。一七五三－一八三〇年。フランスの外交官。この記述にもかかわらず、モンモランの後任として外務大臣に就任することはなかった。

（4） Stafsund. SE/RA/720807/02/6/II/5.

19 フェルセンからアントワネットへ

（一七九一年一〇月二五日）

AN. 440AP/1.「ジョゼフィーヌ」宛て暗号書簡の、フェルセン直筆の写し。キーワード「contraire《反対》」は、あらかじめ決めてあった本の二七ページに出てくる。筆者は塗りつぶされた数行の判読に成功した。この手紙はフェルセンの書簡記録簿に「一〇月二五日：ジョゼフィーヌ。郵送」と記録されている。末尾の挨拶の言葉はないので、最後のページが欠けている可能性もある。

「27　contraire《反対》

一七九一年一〇月二五日、郵送

親愛なる大切な方、ああ、こんなにも近くにいるのに、会えないとは何という苦しみ。そしておそらくもっと私たちは――t――/――――――/愛しあっていると言う――――

／－－－／。いいえ、私はあなたを愛するためだけに生き、存在しているのです。あなたを愛することは私の唯一のなぐさめ。そしてあなたから離れて－－－－－－／がなく／－－－／**感情と**／－－－／－－－／－－－／ff－－－－－／。会議の件では、**【お兄さまである】**皇帝への催促を続けてください。迅速に決然と行動せねば、大公方や亡命貴族が軽挙妄動に走るのではないかと気がかりです。彼らはずいぶんと興奮し、見捨てられたと思っていますので、私のほうに連絡があっても返事はしておりません。この件で皇帝に圧力をかけるよう、各国宮廷に赴任している我が国の公使たち全員へ手紙を書きました。圧力をかけねば皇帝は何もしないままでしょう。〈スウェーデン〉国王が軽率な行動に走るのではというご心配は無用です。そうなったら私が止めましょう。フランス王室に関しての国王のお振舞いは、あなたからの謝意に値するものです。もし皆が国王のように行動していれば、あなたもこんな目には遭わなかったでしょう。

　スタールは私の悪口を吹聴しています。私の御者を引き抜きさえしましたが、これには心が痛みました。多くの人が彼につられて私を敵視し、私のおこないをとがめ、野心に駆られて行動したとか、私が国王夫妻を**失脚**させたのだと言っています。スペイン大使をはじめ、多くの人が同意見です。大使はルーヴェン［現在のベルギーの都市。］にいて、当地では誰にも会いませんでした。彼らの言い分ももっともです。私は、あなたにお仕えするという野心を持っていました。そしてこの失敗を生涯にわたって悔やむでしょう。｛私はこの幸せに嫉妬していたのです。｝私にとって、あなたからの恩義はこの上なく甘美なものです。その恩義の一部でもお返ししたかったのです。そして一切の利害を抜きに、あなたのような方々に尽くすことができるのだと、示したかったのです。彼らも、私の野心はこの一点に集中すること、あなたにお仕えする栄誉こそが、私にとって何よりも貴重な報いであることがわかったはずです。

　馬が到着しました。私の従僕の妻にお会いになったと思います。何と親切なことでしょう（1）。けれども私もこうしたことには慣れているはずです。**と申しますのも、あなたほど完璧な方はかつて存在したことがありません**－－－－／é／－－－／決して／－－／t－t／－－－é／－－－／**あなたを愛しているのです。**

　あなたは大公方を頼るよりも現状維持を望まれていると、世間では言われています。それは大変賢明なことではありますが、ご用心ください。口外してはなりません。あなたにとってあまりにも危険です。

父は私の帰国を望んでおりますが、私は父を説得するつもりです。父は特に金銭面を心配しているのです。私からオランダに送ったお金ですが、運用に回すのか、このまま置いておくのか、ご希望をお聞かせください。ブイエ氏には一〇〇万のうちの残金を送り返してもらうよう頼んだのですが、大公方に渡してしまいました。送り返してもらえれば、七〇万リーヴルを有効に使えたはずです。大公方を抑えることができれば、現在多くの貴族が亡命していることは、あなたにとって悪いことではないかもしれませんし、国民の目を開かせることができるかもしれません。そうすれば、国民も困窮と貧しさから、国王のもとに戻ってくるかもしれません」

フェルセンからアントワネットへ
（現存せず、一七九一年一〇月二六日）

フェルセンは一〇月二六日付の日記で「朝、ブリージュがパリへ出発。彼の手で手紙を書かせる」と書いている。アントワネットは一〇月三一日付の返信のなかで、この手紙の受領を確認している（書簡21参照）。

原注

（1）「従僕の妻」はルヴェ夫人を指す。フェルセンは一七九一年一〇月二〇日付の日記に、「ルヴェ夫人は王妃に会った。私の件について話すために、王妃から呼ばれたのだ」と書いている。

20

フェルセンからアントワネットへ

（一七九一年一〇月二九日）

AN, 440AP/1. アントワネット宛ての手紙の、フェルセン直筆の写し。暗号と平文が混じっている。

フェルセンの書簡記録簿には、「一〇月二九日：ジョゼフィーヌ。ランバル公妃経由」と記録されている。フェルセンは、一七七四年にパリを訪れたときに、ランバル公妃と知り合った。公妃は、二人に文通を続けるための「確実な機会」を提供していた。この手紙はクリンコウストレーム男爵版には欠落部分も含めて収録され、一〇月二九日ではなく一九日付となっている。キーワードは、所定の本の三六ページにある単語「depuis《以来》」。終わり近くでは、アントワネットへの愛の言葉が一行半にわたって塗りつぶされている。最後のページでは、フェルセンはパリへ行くつもりだと述べているが、詳細の一部は塗りつぶされている。この段落は暗号化されておらず、特殊インクで書かれたと考えられる。この箇所は、クリンコウストレーム男爵版では削除されており、エヴリーヌ・ルヴェ版では注として記されている。

「ランバル公妃経由
36　depuis《以来》
〈一七九一年〉一〇月二九日

スウェーデンから届いた手紙は、まさに望んでいた通りの内容でした。国王《グスタフ三世》はしきりに女帝を促しており、女帝は大変前向きです。女帝は国王との会見を希望しており、国境問題が解決次第、実現するでしょう。これは極秘事項ですので、口外されませぬようお願いいたします。この会見前に、そちらから女帝にお手紙を送っていただければと思います。きっと効果があるでしょう。そちらのご希望は国王に伝えましたが、再度お話ししてみます。タウベ男爵も会議開催を支持していますので、国王も圧力をかけてくださるでしょう。公使と大使を全員引き揚げさせ、すべてを早期に実行せねばなりません。同時に、この会議の援護として軍事力を示威するか、少なくとも部隊進軍の準備にかかるよう、皇帝に要求すべきです（そうしなければ、皇帝は決然たる態度も意見も見せてくださらないでしょう）。オーストリア、スペイン、サルディーニャは、進軍の準備命令を出すことができるでしょう。プロイセンもヴェーゼル［ヴェーゼルとは現在のドイツのヴェーザー川を指すのだろうか。］の部隊に準備命令を出せるでしょうし、スウェーデンやロシアも同様です。どうかこの点を強く主張なさってください。私からもあらゆる方面に手紙を送ります。

コブレンツの閣議［コブレンツは現在のドイツの都市で、フランスからの亡命貴族が多数滞在し、王弟たちは独自の閣議を組織していた。そのため、コブレンツは反革命の同義語でもあった。］では反目が生じております。アラス司教はいなくなってしまいましたし、誰もがブログリ元帥にうんざりしています。カロンヌとジョクールは対立しています。カロンヌは、ジョクールとは一緒にいたくないと言い、イギリスに戻るのではないかとさえ噂されています。カストリ元帥は当地にいらして、コブレンツ行きを希望していますが、分別を備えた方ですので、ブルトゥイユ男爵を派遣したいとおっしゃっていますす。しかし男爵は行かないでしょう。元帥には大公方と連絡を取っていただいて、愚行を抑えていただきたいと思います。お二人の王弟方も仲たがいしていました。もめごとが起こらねばよいのですが。しかし王弟方を口実にして、皇帝に圧力をかけ続けねばなりません。さもなければ、皇帝は何ひとつ行動を起こさないでしょう。もし今、亡命貴族たちが帰国すれば、大きな災厄となるでしょう。帰国するくらいなら、亡命しなければよいのです。しかし亡命した今となっては、彼らの帰国は過激派《アンラジェ》どもの勝利を意味しますし、あなたも彼らを抑えるのに無駄な労力を強いられます。ですから彼らの帰国を希望しているように見せかけて、何もしないことです。とにかく彼らを抑えるのです。会議も効果をもたらすでしょう。

特に｛重要なことは、あなたに会って、喜び－－－－－－－－－－－－－－－－－－－－－－－－。**そのようなことも可能です。**私は、七月にそちらへ**私の**手紙をお持ちしたのと**同じ**士官[1]と共に出発します。夏の間私の馬を預かってくれていた方にお会いするという口実です。－－－－－－－－－－－－－－－－－－－－－－－－－－－－－－夜に到着し、それから戻ります。もう旅券は必要ないのですが、手元には使者の旅券がありますので、スペインから来たかのようにスタンプを押しておきます。できないことではないでしょう。一二月を予定しています。｝

白紙そのもの、あるいは白紙や版画の入った本が届けられた場合、手紙は特殊インクで書かれていることを意味します。手紙の末尾に日付が入っている場合も同様です。

さようなら、優しい方。気も狂わんばかりにあなたを愛し、そして命尽きるまで愛し続けます」

クリンコウストレーム男爵も後世の歴史家も、フェルセンがテュイルリー宮のアントワネットを訪問したのは、ルイ一六世に新たな逃亡計画を提案せよとのグスタフ三世の命令によるものとしている。事実、彼はスウェーデン国王の書簡を携えて、一七九二年二月に出発した。しかしフェルセンの文書を見てみると、パリ訪問は彼自身の発案だったようだ。上記の手紙を書いた翌日の一〇月三〇日、フェルセンはタウベ男爵に手紙を書き、グスタフ三世にこの危険な計画を承認してもらうよう頼んでいる。一方でアントワネットには、すでに旅券を持っていると述べているが、実際にはタウベ男爵に手配を頼んでいる。

「私はフランス国王夫妻にお会いせねばなりません。可能でしたら出発するつもりです。所要日程は六日か七日ですが、人目につくのは禁物です。そのため、陛下〈グスタフ三世〉に、スペイン向け使者の旅券を四冊用意していただきたく存じます。それぞれにストックホルムの印を押し、日付のところは空白にしておきます。一冊は私の名義で、もう一冊はロイテルスヴァルト名義でお願いします。二人で出発して、帰路はスペイン帰りを装ってエーレンスヴェルド男爵の旅券を使います。もし国王が先方《フランス国王夫妻》に手紙をお書きになるのでしたら、スペイン国王宛てとしていただきたく存じます。私宛てでハンブルクに郵送いただき、そこから先は軍の伝令便を使います。そうしていただければ、少なくとも国王夫妻に現状を知っていただき、すべてをお伝えして、ご一緒に協議できるでしょう(2)」

フランスではヴァレンヌ逃亡事件のために逮捕令状が出ているというのに、政治目的を理由に、命を賭けて密入国しようというのである。当然、公式書簡には王妃のもとを私的に訪問するなどとは書かれてはいないが、彼には、パリに至急赴かなければならない個人的な理由があった。愛する女性にどうしても会いたかったのだ。彼女への手紙のなかでフェルセンは、会えないことを幾度も嘆いている。書簡記録簿や日記からすると、彼はアントワネットに、夜到着し一晩を一緒に過ごす予定であると伝えたと推測できる。手紙のなかの「喜び」という言葉は、特別な意味を帯びている。アントワネットは彼への手紙のなかで、過激派《アンラジェ》どもに振り回されないと誓っているが、彼は何としても確信を得たかった。それに、なぜ王妃が自分をスウェーデンに戻したがっているのかも、知りたかったのだろう。本当に監視の目がきつく、自分の身を案じてくれているがために、さらに遠国へ行ってほしいということなのか、あるいはほかに理由があるのか……。こののちも、アントワネットは繰り返しフェルセンにスウェーデンへ帰国してほしいと伝えているが、彼は一七九一年一一月二六日付の手紙のなかで、フランス訪問の意向を再び述べている。そして自分のパリ行きはグスタフ三世の意向でもあると伝えているが、同時期に書かれたタウベ男爵の手紙からは、逆にグスタフ三世もアントワネット同様、フェルセンの身を案じていたことがわかる。

「ブリュッセルを離れる件ですが、あなたのご意向に沿いたい、安心していただきたいとは思っているものの、それはできかねます。私は国王陛下の命令によって当地に滞在しており、留守にすることはできません。私は陛下から使命を拝して、当地にいるのです。（中略）それに、ここにいれば何の危険もありませんから、ご心配には及びません。（中略）国王からご命令があった場合、あなたのところに供の者を連れず一人で訪問できるかどうか、教えてください。すでに国王からはご意向の一部をうかがっています[3]」

アントワネットは一二月七日にこう返事を出している。

「今、こちらにいらっしゃることなど不可能です。もしいらっしゃれば、私たちの幸福を壊しかねません。私がこう申すからには、本当のことだとおわかりになるでしょう。あなたにお会いしたいのは、誰よりもこの私なのですから[4]」。彼女はようやく一七九二年一月二一日になってフェルセンの訪問を許可したが、それでも逡巡し続けていた。彼は辛抱強く待った。そして一七九二年二月一三日、とうとう彼女《エル》のもとを訪問した。

原注

（1）ロイテルスヴァルト。

（2）Stafsund, SE/RA/720807/016/2.

（3）AN, 440AP/1.

（4）*Ibid.*

21 アントワネットからフェルセンへ

（一七九一年一〇月三一日、一一月七日）

AN. 440AP/1. アントワネット直筆のフェルセン宛ての平文の手紙。一〇月二六日付の手紙への返事として、メルシー伯爵経由で送られたが、フェルセンの書簡記録簿では、一一月二四日になって受領が確認されている。メルシー伯爵はアントワネットからの手紙を保留しておいて、それに目を通したのちにフェルセンへ渡していたと思われる。この点についてフェルセンは、一一月一一日付の手紙のなかで王妃に注意を促している。アントワネットのこの手紙は純粋に政治的な内容であり、塗りつぶしは一切ない。彼女は一度、国王に手紙を見せたのち、最後の暗号部分を加筆したと考えられる。キーワードは「neuf《九》」で、末尾に「i」が加えられている。そして暗号部分冒頭は、「neuf」のうち「e」から始まっている。

文体に注目されたい。アントワネットは威厳をもって堂々と、王妃としてこの手紙を書いている。繰り返し出てくる「私たち」という言葉は国王をも含んでいるが、なぜ国王はこうした政治的書簡のやり取りを、妻一人に任せていたのだろうか。

国王と王弟たちの対立は深刻化する一方だった。国王夫妻は、ヴァレンヌ逃亡事件後、プロヴァンス伯爵がブルトゥイユ男爵を免職にした際に送った手紙の独断的な様子に眉をひそめた。「国王陛下が以前に実行されたはずの代理権や委任権をお与えにならないということが、今でも信じ難いのです。したがって、現在まで貴公にゆだねられていた権利は失効したものと見なして、以後は我々の定める規定に従って力を尽くしていただきたい[1]」とプロヴァンス伯爵は書き、ルイ一六世から外国宮廷との折衝を認められた唯一の人物ブルトゥイユ男爵を罷免し、男爵の友人であるフェルセンに非難の矛先を向けることで、自らの独断的な決定を正当化しようとした。

この手紙のなかで、アントワネットはフェルセンに暗号文を送ると予告し、自分宛ての私的な手紙も送ることができると知らせている。「明朝、暗号文を携えた者がこちらを発ち、手紙をお持ちし、すぐにこちらに戻ります。これは確実な機会だと思います」

「一七九一年一一月二四日、メルシー伯爵経由
〈一七九一年〉一〇月三一日

昨日、ブリージュ氏経由で、あなたのお手紙をすべて受け取りました。[2] 薬剤師から溶液を取り寄せたところ、完璧に読み出しができました。そちらから送っていただきました溶液は蒸発してしまったようですが、今のところ支障はありません。すべてに対して簡潔にお返事するようにいたしますし、この手紙をお持ちする使者が出発する木曜日までに、可能な限り**推敲する**ようにいたします。前回はあまりにも急いでおりましたので、クロフォード氏については、お話しする時間がないと書きました。氏が私たちにどれほど尽くしてくださっているかよく存じていること、つねに氏の忠誠を確信していること、悲惨な状況に置かれている私たちにとっては、お心づくしのひとつひとつがうれしく、感謝していることをお伝えください。

プロヴァンス伯爵から男爵への手紙には驚くと共に、憤慨いたしました。しかし今は忍耐が肝心で、怒りを見せてはなりません。この手紙は写しを取って、妹[3]に見せましょう。今の状況で、妹がこの手紙をどう擁護するのか、私としても興味あるところです。家庭内は地獄のようです。どんなに善意を尽くしても、口を慎むことなど不可能です。妹はあまりにも軽率で、陰謀家に囲まれ、とりわけ亡命した弟たちの言うがままになっているので、話をすることもできませんし、終日口論が絶えません。プロヴァンス伯爵の野心に満ちた取り巻きたちは、彼を完全に堕落させるでしょう。弟は当初自分がすべてであると信じていましたが、いかに力を尽くそうと、大役を果たすことはないでしょう。誠実で不変の態度を貫く兄《ルイ一六世》は、どんな場合でも信頼され、弟に勝り続けるでしょう。私たちが逮捕されたとき、プロヴァンス伯爵がすぐに引き返さなかったのは、残念というほかありません。日頃私たちを置いていきたくないと言っていたのですから、戻っていれば自分の信念に従ったはずですし、その後の苦痛や災いを防ぐことができたかもしれ

ません。そのために私たちは彼の帰国を要請せざるをえなくなるかもしれず、そうなったら、とりわけこうした経緯を考えると、弟は同意などしないでしょう。

　多くの者たちが亡命していることに、私たちは苦痛を覚えています。国内のことを考えても、大公たちのことを考えても、これは不都合です。こうした正直な者たちが騙されるやり口を見ていると、不快でなりません。結局は彼らに残されるものと言えば、憤怒と絶望だけです。私たちを信頼して意見を求めた者たちは、押さえつけられました。少なくとも亡命することを名誉と考える者たちには、私たちは真実を述べてきました。けれども、私たちに何ができましょう。人々は、私たちの意に従ってはならぬ、国王一家は自由ではない（これは事実です）、国王一家は自由な発言を許されていないのだから、その言葉とは反対の行動を取らねばならぬと、錯乱したように口にします。あなたが読み確認され、私たちから王弟たちに送った覚書も同じ運命をたどりました［ルイ一六世は一〇月一〇日付で、王弟たちに帰国を促す公式書簡を送った。］。彼らからは、国王夫妻はこの覚書を書くのを強要されたのだし、これが真意のはずもない、したがってこの覚書は検討されることはない、という返事が来ました。そうしておいてから、信頼せよ、真意を述べよと言い立てます。それでは『我々の希望をすべてかなえよ、そうすれば我々も協力する。そうしなければ何もしない』と言うも同然です。

　現時点で彼らが愚行からすべてを台無しにしてしまうこともありうるので、何としてもこれを阻止せねばなりません。あなたやメルシー伯爵のお手紙にあるように、会議開催が期待できるとすれば、こちらから信頼できる者を派遣し、彼らの計画が危険で常軌を逸していることを伝える必要があります。同時に私たちの現状と真意を伝え、国民の信頼を得ることこそが、今取るべき道なのだと示さねばなりません。そしていかなる計画が立てられようとも、この点が肝心であり有意義であること、そのためには皆が結束しなければならないこと、諸外国も冬の間は武力によるフランス王室救済は不可能であること、春に向けてあらゆる手段を結集しまとめることができるのは、会議のみなのだと知らせる必要があります。しかしこうした密談をするからには、彼らの途方もない軽率さを警戒せねばなりません。したがってこちらから派遣する者には、先方に伝えたいことのみを知らせます。

　グリム[4]氏が到着いたしました。私との会見を望んでいますが、お会いできないと伝えました。ある意味で本当のことです。私への監視があまりにも厳しいからです。けれども使いをやって、こちらの事情を説明させ、女帝への気持ちを丁重に伝えさせました。女帝に会議開催を支持させることができれば、好都合です。女帝の性格からして、各国を説得していただけるでしょうし、大公たちのことも牽制していただけるでしょう。ただし、カロンヌ氏の浅はかさとナッサウ氏［カール・ハインリッヒ・オットー・フォン・ナッサウ＝ジーゲン大公。一七四五－一八〇八年。フランスの貴族。フランス、スペインの海軍に勤務後、ロシアの海軍中将となる。エカチェリーナ二世と王弟たちとの仲介役。］の意気込みが心配です。

議会は利用のしようもありません。ごろつきや狂人、愚か者の寄せ集めです。秩序を望む者、ほかの者よりかは多少善を望む者はわずかで、その言葉に耳を貸す者はなく、彼らも発言をする勇気を持ちません。加えて議会はあらゆる手を使って国民を煽り立てようとしており、汚辱まみれです。けれども長続きはしないでしょう。国民の関心はパンの値段の高さに集中していて、政令や新聞には見向きもしません。パリでは明らかな変化が生まれていて、多くの人々は現体制あるいは別の体制のいずれを支持するかは定かではありませんが、騒擾にうんざりし、安寧を願っています。これはパリでの話ですが、地方の状況はもっとひどいでしょう。一方でコブレンツの亡命貴族たちは、フランス中に諜報網が張り巡らされていると言っていますが、リヨンでの事件［当時リヨンでは反革命の機運が高まりつつあり、この前年にも騒動が起きていた。］を見ると、それも怪しいと思わざるをえません。

スウェーデン国王は、憲法承認の通知に関する手紙を読まれもせず、陛下にお返しになりました。私はこうした反応があちこちで起これば と願っておりました。しかし、実際にそうされたのがスウェーデン国王お一人とあっては、無謀な行動ではないかと案じております。スウェーデン国王の私たちに対する公正で、誠実で、高貴なお振舞いには感動を抑えられません。国王のご親切を享受できる日が来ることを願っております。

今しがた、スペインからの二通の公式文書を読みました。一通は一〇月一三日付、もう一通は二〇日付です。大変満足な内容で、スペインは会議開催を阻むことはないと思われます。会議開催はスペインの計画の一部でもあり、国王の解放と移動の自由を第一に求めています。しかしこれは無理でしょう。こちらでは、国王には移動の自由があると言われているからです。実際には国王がパリを離れるなど危険ですし、妻や息子を置いていかねばならないこともありえます。加えて、信頼の置ける町も部隊もひとつとしてありませんから、パリが国王にとってもっとも安全な場所ということになります。私は逆に、会議開催が決定した場合、国民の支持と信頼を少しずつ取り戻してこそ、私たちは会議に出席できる、少なくともフランスの国益を担った者として国境へ向かうことができると思います。もしこれが達成できれば万事よしですし、この点をこそ目標とせねばなりません。そのためには国民の信頼を得ることができるよう、日々行動することが必要です。

不幸なことに、私たちはこちらで自分たち以外に頼る者を持たず、いくら私が一人で努力しようとも、やりたいこと、一般利益のために必要だと思われることを、すべて実行することは不可能です。スペインは、もうひとつの提案をしてきました。私は忌まわしい案だと思いますが、スウェーデン国王を唯一の盟友として、大公たちを亡命フランス人たちと共に帰国させ、自分たちは戦をしに来たのではなく、すべての善きフランス人を取り戻すために帰国したのだという声明を出させ、フランスの真の自由の庇護者であることを宣言させるというものです。列強諸国が必要な資金を提供し、フランス国外に大軍を待機させて圧力をかけますが、侵略という口実を取られないためにも、国の分割という恐怖を与えないためにも、手をくだすことはしないそうです。しかし、これも実行は不可能でしょう。もし皇帝が会議開催の発表を急いでくだされば、それこそが解決に向けた適切で有意義な道なのです。

なぜあなたが全公使、大使の退去を希望されているのかがわかりません。少なくとも初期段階では、会議開催はフランスのみならず、ヨーロッパ列強に関する案件を話しあうのが目的だとされているのですから、退去を急ぐ理由はないと思います。それに各国が同じ行動を取るでしょうか。イギリスや、イギリスの影響を受けているオランダやプロイセンが他国を出し抜こうと、公使を駐在させ続けるのではないでしょうか。そうなればヨーロッパ諸国の意見が割れ、私たちにとっては悪い方向にしか働きません。私の間違いかもしれませんが、フランスを抑えることができるのは（少なくとも見かけ上の）単一の大合意のみです。デンマークには警戒が必要です。公用文書によると、特にロシアやスウェーデンへ敵対心を持っているとのことです。

近衛兵のことについては、説明が足りなかったかもしれません。私たちは彼らを呼び戻したいのではなく、軍への編成を避けたく、そして私たちがこの冬に行動を起こさない場合は、士官や裕福な者には戻ってきて人々に姿を見せてほしいのです［一九五ページ訳注参照。］。亡命貴族についても同様ですが、一度――しかも亡命という形で――出国した者たちが、戻ってなどこられないとは、充分承知しています。しかしこの状況は災厄です。パリもそうですが、特に地方です。地方は見捨てられたも同然で、悪党や反乱分子の群れが闊歩しているからです。私たちの現状からしても、私たちに対する醜悪なまでの不信感が煽られていることからしても、私たちが国民を前に、亡命者たちの帰国を促す行動を起こさないなどということは不可能です。

　大公たちの閣議に提案された議会命令は、何とも常軌を逸したことです［一〇月三一日、議会はプロヴァンス伯爵に帰国を促す法案を提出した。プロヴァンス伯爵は一二月三日に、これを却下する旨公にした。］。却下されて当然でしょう。パリでは、知恵の働く者たちは逸脱行為を嫌い、パリから出ることさえ拒んでいるようです。

　暗号についてはよくわかりましたが、二つの単語が同時に終わるときはコロンを入れ、jとvは残しておかねばなりません［「二つの単語が同時に終わる」という意味は不明である。手紙本文の最後の文字と、暗号部分の文字が同時に終わるときは、ということを意味しているのだろうか。］。私たちにとってはそのほうが容易でしょう。飛ばし暗号は機会に応じて使う程度がよろしいでしょう。私たちは特殊インクの箇所にすべて目を通しましたが、今後は国王に対しての尊称は不要です。単に「あなた方」と書いていただくほうが、簡単でしょう。あなたはもうすでに膨大な量の文書作成に追われていらっしゃいますので、こうした書類の作成はあなたではなく司教か、あるいは読みやすい筆跡の方にお願いしたいと思います。次に手紙を送る確実な機会があり次第、ブリュッセルやオランダにどれくらい私たちのお金があるのか、銀行家の氏名とあわせて教えてください。またコルフ男爵夫人にいつからどれほどお金をお借りしているのかと、返済方法についてもご指示ください。

　カストリ元帥は協力的ですから、男爵も私たちに関する事柄やこちらからの提案について、元帥と意見を取りまとめられるはずです。私たちの代理としてコブレンツへ向かい、王弟たちと協議することも可能でしょう。私たちの許可を伝える使者をこちらで探してみますが、元帥には暗号を教え、《暗号用の》本も入手せねばなりません。こうした点は、こちらから送る使者に伝えておきます。できればヴィオメニル男爵[5]にお願いしたいと思いますが、受けてくださるかどうか。ピュイジニュー氏とエティエンヌ伯爵が戻ってくるはずですので、こちらへ安全に手紙を運べるかどうか、確認してください。
　外務大臣にはオデュン氏とオケリー氏が候補に挙がっていますが、どちらも私は存じません。諸事、大臣を通さないほうが安全でしょう。この二人のことについては口外無用です。本当に登用されるかさえ不確かなのですから。

　一一月七日

　この手紙を明後日に送ることができればいいのですが。本当は三日に送りたかったのですが、使者が遅れました。確実な方法で送りたかったので、待つことにしたというわけです。明朝、暗号文を携えた者がこちらを発ち、手紙をお持ちし、すぐにこちらに戻ります。これは《私へ手紙を送るには》確実な機会だと思います。スウェーデン国王がコブレンツの王弟に公使を送ったというのは、本当でしょうか。現在の諸事についてスウェーデン国王宛ての手紙を書くよう、国王《ルイ一六世》が強要されるのではないかと心配ですが、そうなったとしても、国王の自由が妨げられているという証拠がひとつ増えるだけのことです。外務大臣はまだ決まっておりません。スタール夫人はナルボンヌ氏[6]をずいぶんと推しています。これほど力の拮抗する混乱した駆け引きは見たことがありません。国王の《憲法》承認についての皇帝からのお返事には、会議開催に向けた申し分のない一文が書かれていたと聞いています（私自身は目にしていません）。皇帝には会議開催を支持して、一刻も早く告知していただきたいものです。コブレンツは表面上は落ち着いてはいますが、誰もが興奮し、大公たちもそう長くは彼らを抑えていられないかもしれません。明朝に手紙を渡さねばなりませんので、これで筆を置きます。さようなら。

No. 15《一五番》〈以下暗号文〉
妹が、ブリュッセルで書かれたM〈プロヴァンス伯爵〉の手紙を見せてくれました。b〈男爵〉に宛てた手紙の正当性を主張する内容で、国王が自分の幽閉中は、すべてを弟に委任する意向であると、あなたから知らされたと言っています。私たちは実情を知っているので、そちらでこの話が出たときのために、お知らせしておきます。
さようなら、**愛する方**」

原注

（1）言うまでもなく、フェルセンはプロヴァンス伯爵からブルトゥイユ男爵宛てのこの手紙をアントワネットに転送している。「ブリュッセルにて、一七九一年七月二日。兄王が囚われの身である間は、私が国王の名においてアルトワ伯爵と共に、援助を見込める列国と交渉し、国王の自由回復と国家の利益のためにあらゆることを実行してほしいという兄の意向を、直接拝しました。国王陛下が以前に実行されたはずの代理権や委任権をお与えにならないということが、今でも信じ難いのです。したがって、現在まで貴公にゆだねられていた権利は失効したものと見なして、以後は我々の定める規定に従って力を尽くしていただきたい。加えて、我々に示すべきと判断される有用な手段をお知らせ願えれば、幸いです。そのため、我々に連絡すべきことがあれば、コブレンツに足をお運びいただきたい。我々もまもなくコブレンツへ向かう予定です。この手紙をお読みになれば、我々の意向と一致しないあらゆる働きかけの責任が貴公にあることは、申すまでもないでしょう」(Feuillet de Conches, *op. cit.* II, p. 143-144.)

（2）一七九一年一〇月二六日付のフェルセンの手紙を指している。この手紙は現存しない。

（3）ルイ一六世妹エリザベート王女。

（4）フリードリヒ・メルヒオール・フォン・グリム男爵。一七二三－一八〇七年。バイエルン出身の外交官、文人。パリには資産回収のために訪問し、のちにエカチェリーナ二世の公使としてハンブルクに赴任する。

（5）アントワーヌ＝シャルル・デュ・ウー・ド・ヴィオメニル男爵。一七二八－九二年。フランスの将軍。一七九二年八月一〇日のテュイルリー宮襲撃事件で、国王一家を守ろうとして重傷を負い、後日死亡。

（6）ルイ・ド・ナルボンヌ・ララ伯爵。一七五五－一八三〇年。立憲君主派、ラ・ファイエットの友人で、スタール夫人ことジェルメーヌ・ネッケルの愛人。

22

アントワネットからフェルセンへ

（一七九一年一一月二日、七日）

AN, 440AP/1. フェルセン直筆の写し。アントワネットは一〇月三一日および一一月七日の手紙のなかで、「明朝、暗号文を携えた者がこちらを発ち、お手紙をお持ちし（後略）」と書いている。その暗号文のなかでも、フェルセンが保管して差し支えないと判断した部分が以下収録分に当たる。同じ日に王妃が書いた平文の手紙は、メルシー経由で一一月二四日にフェルセンのもとに届いたのに対し、この暗号文は早くも一一月一一日に届けられている。手紙のなかでアントワネットは、「ご安心ください。過激派《アンラジェ》どもには振り回されませんから」と、立憲君主派の影響を一切受けないことを誓っている。彼女はフェルセンがブルトゥイユ男爵と緊密な連携を取っていることから、男爵に対する亡命貴族たちの敵愾心がフェルセンにまで波及することを恐れていた。

「王妃の手紙の断片
一一月一一日受領
〈一七九一年〉一一月二日、七日

……………………ご安心ください。過激派《アンラジェ》どもには振り回されませんから。さらなる災いを避けるために彼らを利用する必要がありますが、彼らには善をなす能力などないことはよく承知しています。さようなら。書き物ばかりで疲れてしまいました。こうした作業をしたことはかつてありませんでしたし、何か忘れているのではないか、誤ったことを書いていないかと、いつも気がかりです。……………………。貴族も民主主義者たちも、そろってブルトゥイユ男爵を激しく攻撃しているようです。あなたが男爵に近いことが心配です。コブレンツや亡命貴族たちも、よくよくひどい仕打ちをしてくるものです。彼らがあまりにも、国王夫妻は男爵の言葉にしか耳を傾けない、男爵はあらゆる秘密に通じていると言い立てるものですから、大臣も過激派《アンラジェ》どもも、男爵に目をつけ始めました」

一一月初め、フェルセンは体調を壊し三日間日記を休んだが、一一月一一日には夕食に招かれ、馬に乗ってクロフォード邸を訪れることができるまでに回復した。また、競走馬に乗ったラ・ファイエット将軍を「無謬の人《ル・サン・トール》」として描いた風刺画を目にし、愉快がっている。アントワネットものちに、書簡でこのあだ名を揶揄している（書簡28参照)。この絵はフェルセンの文書一式と共に、スウェーデンに保管されている〔図版7参照。〕。

23

フェルセンからアントワネットへ

(一七九一年一一月一一日)

Stafsund. SE/RA/5802. クリンコウストレーム男爵による写し。原本は紛失。フェルセンの書簡記録簿には「ジョゼフィーヌ。郵送、暗号文」と記されている。彼はアントワネットに、「メルシー伯爵経由では決して手紙を送らないでください。伯爵はすべての手紙を解読することができます」と伝え、私的な手紙のやり取りには、別途使者を立てる必要があると書いている。そしてラ・ポルトは信用の置ける人物か、もしそうなら「あたかも男爵から来たかのように、司教からラ・ポルトを経由して手紙を届けられるのでは」と提案している。二人はこの方法を採用するが、のちに見るように意外な結果が待ち受けていた〔二六五ページ参照。〕。

「一七九一年一一月一一日

《パミエ》司教はパリに向かいますので、あなたのお立場や、私から見て必要と判断される事柄について詳しく書き、司教に託します。あなたからはスペインやロシアに支援要請のお手紙を書いていただき、憲法の全面的承認は望んでいないと伝えていただかねばなりません。ロシアへの書状はブルーメンドルフではなくシモリン経由で送れますし、そのほうがよいでしょう。スペインへはブルトゥイユ男爵を経由します。スウェーデン国王へも、ひと言お手紙をいただければと思います。私が届けましょう。このようにあなたが自ら行動するつもりだと示せば、これらの国が大公方に引き込まれることを防げます。あなたから皇帝に会議開催の提案をお願いしていただきましたが、これらの国々にも会議について知らせ、詳細は追って連絡すること、各国の協力を期待していることを書いていただければと思います。

ラ・ポルト氏は充分に信用の置ける人物でしょうか。もしそうであれば、あたかも男爵から来たかのように、司教からラ・ポルトを経由して手紙を届けられるのではないでしょうか。

一刻も早くスウェーデンとロシアに密書を送ることが重要です。この点は強調しても、し足りないほどです。さもなくば、フランス王室は一切行動しないつもりだと誤解し、大公方に引き込まれる恐れがあります。スウェーデンへのお手紙では、すでにスウェーデン国王から示されている友情と配慮を心強く思っていること、新たにその印を示してほしいこと、現状では細心の注意が必要とされているが、近いうちに計画を内密に知らせること、スウェーデン国王は高貴で寛容なお心の方なので、全力を尽くして援助していただけると確信していること、女帝に働きかけて、自分たちを支持するよう説得していただきたいこと、大公方にも働きかけて、自分たちの計画を妨げるような軽率な行動を抑えていただきたいことをお伝えください。ロシアへのお手紙も同じ内容ですが、やや女帝を持ち上げてください。そうすれば、この二か国はあなたに有利な働きをしてくれるでしょう。

国外におけるあなたの状況を詳しく知らせますので、それを司祭がお持ちするまで、二通目のお手紙を書くのはお待ちください。それを読んでいただければ、行動の指針についても、私が提案した方向性についても、的確に検討できるでしょう。メルシー伯爵経由では決して手紙を送らないでください。伯爵はすべての手紙を解読することができます。

スタールはただちに出発せよという命令を受けて、三カ月のお暇をいただきます。あなた、そして国王からクロフォード氏への親切なお言葉を、忘れずにこちらへお伝えください。氏はそれに値するだけの方です」

一七九一年秋、フェルセンと王妃は全力を傾けて交渉したが、レオポルト二世はさまざまな口実を見つけて会議開催を避けた。一方、コブレンツにいる大公や亡命貴族たちは、アントワネットを中傷した。一一月一八日にクロフォードがブリュッセルからドーセット公爵へ宛てた手紙には、コブレンツの王弟たちとテュイルリー宮の国王夫妻の亀裂が、修復不可な状態であることを示している。

「大公方は何らかの行動を起こしたいと、大変苛立っていますが、賢明な助言者たちが思いとどまらせようとしています。彼らの意見が通ることを願うばかりです。カロンヌをはじめとする者たちは亡命貴族たちに、皇帝が躊躇しているのは、大公方の影響を妬む王妃が原因だと説いています。何とも理不尽で根拠のない説です[1]」

スウェーデンからフェルセンのもとに送られてきた手紙もさらに不安な内容だった。戦争を避けたいというルイ一六世の意見を知らなかったグスタフ三世は、かつて敵対していたロシアのエカチェリーナ二世と組み、武力でフランスの憲法を覆すため、大公たちを援助しようとしていたのだ。だからこそフェルセンはアントワネットへ宛てた手紙のなかで、スウェーデンとロシアへ現状を説明する書簡を送るよう、強く主張した。オーストリアの不誠実な態度を冷徹に見抜いていたグスタフ三世の意見と、王妃からブルトゥイユ男爵に宛てた一七九一年一一月二五日付覚書に述べられているルイ一六世の意見（二一九ページ参照）は、鮮やかな対比をなしている。フェルセンはフランス王妃への愛と、スウェーデン国王からの命令の間で板挟みになっていたが、交渉を通じてフランスの危機を回避するため、各国に会議開催を呼びかけ、自分の置かれている相反状態を何とか解消しようと努めた。次に挙げるグスタフ三世からの手紙は非常に激烈で、フェルセンの苦労のほどをうかがわせる。レオポルト二世の二枚舌は功を奏し、グスタフ三世はウィーンやコブレンツから流れてくる噂を信じ込んで、アントワネットに非難を向けている。

グスタフ三世からフェルセンへ

（一七九一年一一月一一日）

「（前略）かの君主〈レオポルト二世〉が曖昧な態度を取り、いつまでも逃げ口上を続けているのを見ると、ずっと以前からこうした方針を取ることに決めていたのだと考えられる。今までのおこないはすべて、各国の動きを抑え、時間稼ぎをするためだったのだ。しかしフランス国王の恥ずべき振舞いが、こうした企みを助長したのも事実である。彼らの弱腰は予想できたとは言え、今まで信じられ、積み上げられてきたあらゆるものは、フランス宮廷の臆病さと屈辱により貶められてしまった。しかしさらに不愉快なのは、彼《ルイ一六世》はかように威厳を傷つけられたにもかかわらず、大公たちや、フランス王室の惨状に心を痛める各国による救出の努力の邪魔をしようとしていることだ。王妃はおかしなことに王弟たちを警戒し、彼らに頼るよりは現状を甘受し、危険を受け入れようとしているが、女帝はこの振舞いをひどく不満に思っている。とりわけ、自分は皇帝に積極的な行動を取るよう威信をかけて働きかけているのに、フランス王妃がその皇帝に手紙を次々と送り牽制していることには、立腹している。

このようなことでは、フランス王妃は決して目的を達成できないだろう。このままでは真の友人たちは不満を募らせ、利害と必要性、さらには恨みから、大公たちを彼ら自身が望みも考えもしなかったような大それたところへと連れて行ってしまうだろう。したがって貴公から王妃に、偽りの自由のもとで暴力を受けてきたことを証明する書状をぜひとも作成せねばならないと、強く説いていただきたい。この書状があれば皇帝の口実に対抗することもでき、王妃に罪をなすりつけようとしているが、責めるべきは自身であると迫ることもできよう。

（中略）貴公の触れている会議については、余にはその有用性がわかりかねる。この大紛争を解決できるのは武力のみである。国王が憲法を承認する以前、あるいは皇帝がフランス国王は自由の身であると承認する以前であれば、会議も有意義であったろうし、皇帝を急き立てて、あとに引くなど恥知らず、というところまで巻き込めたであろうが（彼が羞恥心を持っていればの話だが）、今となっては会議など何の役にも立たぬだろう[2]」

アントワネットからフェルセンへ

（現存せず、一七九一年一一月二〇日）

フェルセンの日記には、「メルシー宅にて王妃の手紙を受け取る。彼らはこの上なく不幸だが、行動しようとしている」と書かれている。クロフォードは一一月二二日にドーセット公爵に宛てた手紙のなかで、アントワネットからのこの手紙について触れている。

「数日前の王妃の手紙からすると、世間で言われているのとは反対に、王妃は深く打ちひしがれているようです。『自分の気力以外には何ひとつ頼るものなく、手を差し伸べてくれる者も、助言者もいない』という状態のようです。しかし王妃の言葉には、芯の強さと高潔さがあります。憲法を拒否するよう国王に働きかけなかったと、王妃を責める者たちがいることは存じています。だが、現状においてなぜこうした行動を取ったかという説明をお聞きになれば、閣下もバーク氏［エドマンド・バーク。一七二九－九七年。イギリスの政治家、哲学者。フランス革命に反対の立場を取った。］も、王妃には非難を受ける所以はないことをご理解されると存じます(3)」

原注

(1) Archives de John Sackville, 3e duc de Dorset. Kent History and Library Centre (Dorset KHLC). U269/C181. クロフォードからドーセット宛て、一七九一年一一月一八日。

(2) Klinckowström. *op. cit.* I. p. 222-225.

(3) Dorset KHLC. U269/C181. クロフォードからドーセット宛て、一七九一年一一月二二日。

24 アントワネットからフェルセンへ

（一七九一年一一月二五日）

AN. 440AP/1. フェルセン直筆の解読文。原本は紛失。この手紙に同封されていたルイ一六世の覚書の写しは、現在スウェーデン国立文書館に保管されている。手紙の余白には、フェルセンの手でこう書かれている。「一二月一日受領。ブルトゥイユ男爵宛てのメモ。王妃から私宛てに送られてきたもので、国王の覚書の抜粋が同封されている(1)」。ヨーロッパ各国は弱腰のルイ一六世を糾弾し、王権回復に向けた武力制圧を企てるよう希望した。しかしフランス国民の気質を知っていたルイ一六世は、武力で制圧などすれば、王権は間違いなく瓦解すると考えていた。「国王は既成事実を取り消すことはできず、すべきでもない。国民の大多数がそれを望むことが不可欠である」。こうして、革命家から「圧制者」と呼ばれた国王は、民主主義の何たるかを学んだのである。

「一七九一年一一月二五日

司教の到着を今か今かと待っています。男爵へのメモをお送りします。国王が近年ご自身のなさったことを記憶しておくために作成された覚書の抜粋です。大変よく書けていますが、不必要な考察も含まれていますので、それも入れれば、暗号化するにはあまりにも冗長になってしまいます。

私たちは恐ろしい状況に置かれています。｛反乱分子は絶えまなく暗躍し、国民は今にも立ち上がり、蛮行に走ろうとしています。｝共和主義者たちはありとあらゆる手段に訴えています。しかし私たちが分別を持てば、そして災禍があまりにも大きくなれば、予想よりも早いうちにこうした状況を利用できるようになると、私はまだ信じております。そのためには、きわめて慎重でなければなりません。｛そして外国から救いの手が差し伸べられなければ、何もできません。｝〈四行塗りつぶしのため「pour projet」《計画のために》という言葉以外は判読不可〉しかし冒頭でお話しした文書は、別の手段で明日送ります。あまりにも包みが大きくなってしまうのを避けるためです。なかには特殊インクで書かれた手紙が二通あります。一通はスペイン国王宛て、もう一通はスウェーデン国王宛てです。このように書くしかありませんでした。あなたに読み出しをしていただき、男爵にはスペイン国王宛ての手紙を読み出していただきたいと思います。もしそちらで内容が不適切だと判断されれば、焼却の上、何を書くべきかご連絡ください。キーワードは『cause』《原因》です。ただし代筆を頼まざるをえなかったので、すべての文字が暗号化されているのかはわかりません。あなた宛ての〈空白〉はありませんので、b〈男爵〉に解読作業をさせてください。

スタール氏は出発せず、宮廷通いを続けています。さようなら。もうそろそろ二時です」

ルイ一六世の覚書から、
ブルトゥイユ男爵用の抜粋。
王妃からフェルセンに宛てた
一七九一年一二月二五日付の手紙に同封

「亡命貴族たちはフランス侵攻を企てているかもしれないが、あらゆる政策において、この企てとは距離を取らねばならない。亡命貴族たちの利害が優先されるとしたら、そして彼らが数カ国のみの救済しか取りつけることができないとしたら、フランスにとっては災いである。イギリスをはじめとするその他の国々が相手側に秘密裏に手を貸さないとか、分裂の危機にあるフランスの不幸な状況を利用しないなどと、誰が断言できよう。春までは行動を起こそうとも何の役にも立たないことを、亡命貴族に説かねばならない。これ以上不安の種を蒔かぬことこそが、彼らにとっても我々にとっても利益となることを理解させねばならぬ。もし彼らが見捨てられたと感じるならば、過激な行動に走るであろう。こうした行動は避けねばならない。春まで希望を持ち続けさせ、必要なものは満たしてやらねばならぬ。

会議開催は望ましい成果をもたらすであろう。亡命貴族を抑え、反乱分子に不安を与えることができるはずだ。各国はあらゆる党派に対する姿勢を、共同で取り決める。各国間で調整して動くことで、国王の利に反することなく、圧倒的な印象を与えることができる。例えば王政の瓦礫の上に共和国を樹立しようという動きがあれば、各国が利害を超えて、干渉する必要が出てくるだろう。また王弟《ムッシュー》やアルトワ伯爵が帰国しないこと、オルレアン公爵が次期王位にもっとも近いところにいることが、平然と受け入れられてよいわけはあるまい。何と多くの課題があることか。

　ヨーロッパ各国の確固たる、一致した、武力に**裏打ちされた**態度は、望ましい結果をもたらすであろう。今や副次的な役割しか負っていない亡命貴族たちの熱狂は鎮まるだろう。反乱分子は狼狽し、善き市民、秩序と王権を敬う者たちは勇気を取り戻すであろう。こうした見解は未来に向けたものだが、現時点でも、各国が協調を目指すべき理由は複数ある。それらは、六週間前にメルシー伯爵に送った覚書において述べられている。

　国王は既成事実を取り消すことはできず、すべきでもない。国民の大多数がそれを望むことが、望まざるをえない状況にいたることが不可欠である。そしてそうなった場合、国王は憲法に沿って行動することで、信頼と人望を獲得せねばならない。忠実にこれを実行し、亡命貴族の与える不安を取り除くことで、憲法のあらゆる弊害が明らかになるであろう。亡命貴族が武力の後ろ盾もないまま侵攻してきたら、フランスも国王も破滅するであろう。

ヴィオメニル男爵には説明してあるので、本覚書全体を貫く意見を推し進めることができるであろう」

一七九一年一一月一九日、フェルセンは日記に「エクヴィリーからシュリヴァン夫人に、国王は一九日か二〇日に出発と伝えられる」と書いている。これは一〇月一九日付の手紙で王妃が触れている逃亡計画を指しており、フェルセンが一一月二六日にパミエ司教経由でアントワネットへ送った手紙［書簡26を指す。］のなかでも取り上げられている。フェルセンがアントワネットへ宛てた覚書を数日かけて作成しているさなか、レオポルト二世が会議開催を最終的に退けたという報せがもたらされた。クロフォードはドーセット公爵へ宛てて、こう報告している。

「閣下には先週の金曜日に手紙を差し上げました。土曜日にウィーンから使者が到着し、皇帝が会議開催を拒否なさったと知らされました。日曜日には、メルシー伯爵がb de B〈ブルトゥイユ男爵〉に連絡しました。男爵はひどくお怒りで、M de M《メルシー伯爵》に対し、皇帝の振舞いについて激しく率直に感想を述べました。M de Mは眉ひとつ動かさず聞いていましたが、最後に皇帝の考えを覆すことは不可能ではないと口にしました。男爵は、遺憾ながら今までの皇帝の行動からして、今後期待できることはわずかであると指摘しました[2]」

オーストリアの二枚舌に対するフェルセンの不安は的中した。彼がアントワネットに送った覚書は、すでに皇帝には積極的な行動をまったく期待していなかったことを示している。

原注

（1） Stafsund, SE/RA/720807/02/6/V/17.

（2） Dorset KHLC, U269/C181. クロフォードからドーセット宛て、一七九一年一一月二二日。

25 フェルセンからアントワネットへ

（政治に関する覚書、一七九一年一一月二六日）

AN, 440AP/1. フェルセンが一一月一一日付のアントワネットの手紙で予告している「あなたのお立場や、私から見て必要と判断される事柄について」記した覚書の、フェルセン直筆の写し。特殊インクで書かれており、パミエ司教によりパリへ運ばれた。写しでは、この覚書に続き、個人的な手紙が書かれているため、本書ではアントワネット以外にも閲覧された覚書と、個人的な手紙を分けて収録する。フェルセンは一一月一七日の日記のなかで、「王妃宛ての長い手紙を書く。クロフォード邸で食事をとり、男爵に手紙を回覧する」(1)と書いている。

フェルセンの書簡記録簿にはこの覚書について、「ジョゼフィーヌ。司教経由、詳細な覚書」とある。

この書簡の大部分はルイ一六世に見せても差し支えない内容ではあるが、個人的な手紙のほうは親密な調子を帯び、フェルセンがいつも王妃に対して書く愛情のこもった言葉が綴られている。しかしこの書簡で興味を引くのはむしろ、フェルセンが協力的な国々へ書き送るべき内容を、王妃に対して教示している点である。この手紙の対象は王妃であり、王妃に対して、行動の指示を細かに出しているのだ。いかなる方針を採用するかについて、ルイ一六世に意見が求められることはなかった。事実、フェルセンが王妃に出した各国へ送る手紙についての指示のなかでは、国王は王妃の書簡の形式的な承認者でしかない。「フランス国王からも、スペイン国王に一筆書いていただくほうがよろしいでしょう。あなたがすでにお伝えしたことの裏付けとなるでしょう」。すなわち、目的はまったく反対ではあるが、フェルセンも立憲君主派のバルナーヴも、同様のアプローチを取っていた。両者とも、国政に関わる事柄については、ルイ一六世ではなくアントワネットに相談していたのである。

レオポルト二世が会議開催を拒否したのち、フェルセンは王妃に、王弟たちが近い将来手を差し伸べてくれるなどとは期待しないように、レオポルト二世に内密でスペインと連絡を取り、北欧諸国やロシアとの同盟を先導してほしいと伝えるようにと助言した。フェルセンは、王妃への手紙ではレオポルト二世について非難がましいことは書かないが、タウベ男爵へ宛てた手紙には辛辣な言葉が書き連ねられている。タウベ男爵はすでに九月の時点で、レオポルト二世は交渉を長引かせたあげく、何もしないつもりだろうと見抜いていた。一七九二年には、オーストリアの狙いはただひとつ、フランス分割であることが明らかになり、フェルセンのオーストリアへの軽蔑は一層強まった。

「過激派《アンラジェ》どもに振り回されること」の危険性を王妃に理解させるため、この覚書にはラ・ファイエットからデヴォンシャー公爵夫人に宛てた手紙も添えられている。

「王妃に宛てた覚書

一七九一年一一月、特殊インク使用、司教経由で送付

ブリュッセルにて、一七九一年一一月二六日

フランス王室の件に関し、皇帝は非常に緩慢で、消極的であることは申し上げました。これは、ウィーン滞在中の私の経験や、各国宮廷の有意義な意思を食い止め、行動を妨げようとする皇帝のお振舞い――いつかその証拠をお見せする所存です――からくだした判断でございます。したがって別の方針を立てるべきかと存じますが、その提案をする前に、国外におけるフランス王室のお立場をご説明いたします。

スペイン、ロシア、スウェーデン、おそらくプロイセンも、フランス王室の救出を心から望んでおりますが、国王による憲法承認とそのお振舞いを、単に弱腰のなせるわざとしか見ておりません。憲法承認は別としても、特に今までのお振舞いには、いかなる意義もないと考えています。彼らは、あなたは何もしないおつもりではないか、意志の弱さから憲法を受け入れるのではないかと危惧しています。これらが前例となることの危険を感じています。フランス王政の復古は彼らの政治的権益にも関わるため、フランスに醜悪な政府が樹立するのを放っておくよりは、大公方と手を組むほうを選ぶでしょう。

【ウィーン政府は不誠実で、あなたの身が危険にさらされるのを危惧しているという口実を使っています。】神聖ローマ帝国やオランダ、イギリスなどにとっては、フランスの衰退は自国の利益にもつながるので、さまざまな口実を見つけて、好意的な他国を抑えようとするでしょうし、明確な立場を取るつもりもないでしょう。彼らにとっては、手をくださず何の犠牲も払わずして、混乱と無秩序が続き、フランスが弱体化することは好都合なのです。

スペイン国王は非常に好意的です。フランス国王救出に大変積極的で、肯定的な確約をくださいました。皇帝に宛てて、『皇帝を全面的に信頼し、大臣たちから意向と措置を聞いてから、しかるべき命令をくだします』と書き送っていますが、皇帝お一人が懐疑的でいらっしゃいます。これは、スペイン国王の手紙に書かれている通りの文章です。スペイン国王はスウェーデン国王に対して、フランス国王が解放されて憲法を承認あるいは拒否するめどが立つのを待つよう提案し、こう付け加えています。『もしそれが実現すれば、国王による憲法修正を国民が受け入れるよう、国王を支持する好機です。陛下におかれましては、私の全面的な支援、とりわけ金銭的な支援を当てにしていただいて結構でございます』。その他の箇所では根拠のない論理が書かれており、モンモラン氏の影響を受けたスペイン大使［ここでのスペイン大使は、フェルナン・ヌニェスを指す。］の意見が垣間見えました。彼の失脚は、スペイン国王がスウェーデン公使とフロリダブランカ氏のやり取りから、欺瞞を見抜いたことの証左ではないでしょうか。フロリダブランカ氏は、スペイン国王がフランス国王支持のための措置について皇帝陛下に幾たびも提案を持ちかけたのに、皇帝陛下からは何の返事もなく、巧みに切り抜けようとし、これ以上言い逃れができなくなると、曖昧な返事と詭弁を弄すような質問しか送ってこない上、マドリードに使者を送ると言いながら、結局誰も送られてこなかったと、嘆いておられました。そして、皇帝からフランス国王を支持する宣言を提案はされていたものの、その真意は信頼できかねると疑問を呈されました。さらに、『スウェーデン国王が現時点で他国と協定を結ぶことができれば、スペインも金銭的な協力として八〇〇万から一〇〇〇万リーヴルの援助をする』と約束しました。スペイン国王の姿勢や、憲法承認は決して認めないとウィーンに宣言したことから見ても、その誠実さに疑いの余地はないでしょう。これらの国があなたが練り上げた共通の目的に向かって協力するよう、導けばよいのです。サルディーニャ国王とナポリ国王はスペインに従うでしょう。

ポーランド国王［本書でのポーランド国王は、スタニスワフ・アウグスト・ポニャトフスキ（一七三二－九八年）を指す。］が好意的だという確信はありますが、そうだとしても政治的立場からして、積極的にあなたを支持することは無理でしょう。しかし個人的には好意をお持ちですから、友好国の宮廷の影響を受け入れて、必要に応じ、支持を明らかにしていない国や、フランス王室に対立しそうな国の説得に回ったり、圧力をかけることはできるはずです。

ピルニッツでの会見や、ビショフスヴェルダ氏[2]が私ウィーンでお話しになったこと、皇帝に幾度となく執拗に働きかけていること、デュムティエ氏を通してそちらに伝えられた内容から判断すると、彼《プロイセン国王》は当てになるはずです。少なくともあなたの敵に回ったり、あなたを支持する諸国に反対を唱えるような恐れは【一切】ないはずです。ビショフスヴェルダ氏の話の内容というのは、プロイセン国王はあなたを支持する準備ができていること、皇帝も同様に行動するという条件付きで、まずは五万の兵を徴用して進軍させること、皇帝の指示に全面的に従うこと、締結したばかりの条約［反革命を謳ったピルニッツ宣言を指す。］はプロイセンの意向を裏付けているというものです。

駐ベルリン・スウェーデン公使が八月二六日に送ってきた手紙によると、ヘルツベルク[3]の後任のシューレンブルク氏[4]とフランス問題について会見したそうですが、プロイセンは以前よりも前向きなようで、第一に皇帝が協力するという確約が必要であり、『予備交渉をしたところであるが、あまりにも漠然としすぎているため、皇帝の真意を測りかねる』と述べたそうです。またこれを裏付けるように、プロイセン国王は彼に、共通の目的に向けて協力はするつもりであるし、各国もこれに注目しているだろうが、皇帝の発案による【マントヴァ】パドヴァ回状［パドヴァ回状とはフランス王室への援助を呼びかけるため、七月に皇帝から各国に発された回状。］はフランス国王の立場をさらに危うくしかねない、それを防ぐには武力による援護が必要であり、フランス議会が拒否した場合、いかなる具体的措置を取るかあらかじめ決めておかねばならない、そうすれば各国とも容易に根回しできるはずだと伝えてきたそうです。スウェーデン公使は、皇帝はスウェーデン国王がフランス王室に好意的なことを知っていながら、回状を送りもせず、ピルニッツ宣言についても知らせてこなかったことに驚いた様子でした。プロイセン国王はスウェーデン国王に、「何よりもフランス国王の意に沿った行動を取っていると確信したく、フランス国王からは秘密裏に、信頼できる筋を通して確認を取った」と知らせました。[5]

ヨーク公爵は当地にお寄りになった際に、皇帝は何もするつもりはないこと、皇帝が動かなければ自分も動けないこと、プロイセン国王は誠実であることを口にされました。けれども私からすると、ベルリン宮廷が本当に信頼に足るかどうか、プロイセン国王はまだ明確に示していません。ベルリン宮廷では物事は策謀を中心に進められていること、イギリスはつねに独自の位置を保っていること、イギリスとオーストリアの間で交わされた条約、それにもかかわらず両国の宮廷は相互に不信感を抱いていることなど、あまりにも矛盾が多く、プロイセンの姿勢も疑わしく思えますし、真意がどこにあるのか知ることができません。あらゆる情報や、シューレンブルク氏同席のもとおこなわれたプロイセン国王とデュムティエ氏の会見から総合すると、シューレンブルク氏はフランスとの協調は国益にかなうとし、これを望んでいること、この点こそがフランス国王を支援する条件であること、一方でイギリスには危惧を抱いており、オーストリアの真意も不確かなため、意を決しかねていること、しかしロシアやスペインといった列強から圧力をかけられ、これらの国々やあなたと共同で行動できると確信できれば、フランス王室への支持を明確にするだろうことが推察されます。

ロシア女帝の意向には、曖昧な点はひとつもありません。非常に明確で、あなた以外の者の影響を受けていたら危険でさえあったでしょう。そちらで練り上げた計画を女帝と協議し、協力を仰ぐことが肝心です。女帝は大公方に二〇〇万をお渡しになり、彼らとの交渉を許可する手紙をロマンゾフ[6]に送りました。これは信任状ではなく、大公方との交渉を許可し、ロマンゾフの言葉は女帝のお言葉でもあると大公方に証明するための、政府発行の書状です。これらの事実は、女帝がフランス王室を支援したいという希望を持っていることを示しています。しかしあなたの方針を知らないため、自分がもっとも適切と判断する行動を取っているのです。女帝にとってはそれ以外の選択肢はありません。皇帝の腰の重さを目にした女帝は、本当にフランスを支援するつもりなのかと疑っており、ロシア大使もウィーンでこの点について議論しました。女帝は決して皇帝の態度と歩調を合わせたりせず、スウェーデン国王と共同戦線を張るでしょう。このことは、女帝のフランス代理大使への待遇や、フランス国王による憲法承認の通知をどのように受け止めたかを見れば明らかです〔憲法承認の通知を携えてきたフランス代理大使は、ロシア宮廷での滞在を禁止された。一方ルイ一六世や王弟たちの私的な使者は滞在を許されていた。〕。スウェーデン国王との間に交わされた条約は、フランスの王政再建を主な目的としており、女帝は『フランス国王は憲法を承認したが、無効と見なすべきであり、国王は承認を強制されたと考えねばならない。ロシアは粘り強く、全力を尽くしてこれを打倒する』と述べています。女帝は、皇帝から送られてきたマントヴァでの宣言に同意を示し、大使たちの召還、会議開催、フランスとの全通信および全外交の停止を再提案なさいました。また、皇帝に宛てて同様の内容の非常に強い調子の手紙をお書きになり、『フランス国王を効果的な方法で救済し、一刻も早く行動に移さねばならない』と述べています。フランス王室救済に傾ける女帝の情熱は並々ならぬものです。あとはその情熱が過熱せぬよう和らげて、あなたを助ける方法を示すだけです。そのためには女帝にお手紙を送り、支援を要請し、あなたの計画を知らせて協議せねばなりません。

スウェーデン国王のあなたに対する友情と熱意は、以前からご存じのことでしょう。しかし激しやすく心配性なご気質ですので、これをなだめることが必要です。国王はいつもどうしたらあなたを助けられるかということばかりを考えておられ、そのためならどんな犠牲をもいといません。だからこそ女帝とも条約を結びましたが、そのためにどれほどの犠牲を払われたかはご存じでしょう。スウェーデン国王のすべてのおこないは、この一点に集中しています。国王の手紙の一部を引用いたします。

『宮廷がフランス国王に敵意を持っているという噂が流れているが、これは不当で、双方の利益をはなはだ害するものであり、耳を疑うほかない。余は宮廷を擁護するための武器を欲する。とりわけこうした噂が、女帝に大きな不快感を与えるのではないかと恐れる。もし皆が余を信頼するならば、春を待たずして行動しよう。待つことは、反乱分子に武装する猶予を与えるに等しい』

そして国王陛下についてこう書かれています。

『国王が王太子やご一家、王族の権利を放棄されようとも、余は彼らの権利を放棄はしない。余は国王を支援するための熱意を発揮する備えができているが、それと同じ熱意をもって王弟方を助けよう。ロシア女帝も余と意見を同じくしている』

あなたがなぜ大公方の熱意を頼ろうとなさらないのか、スウェーデン国王は理解に苦しんでいます。そのためには、あなたの状況について、より本質的で詳細な情報を伝える必要があります。こちらからもスウェーデン国王には懸命に、あなたの状況と、なぜあなたは現在のような行動を取らねばならぬかをご説明していますが、現状と計画について記したあなたからの友情のこもった内密のお手紙こそ大きな効果を上げるでしょうし、国王も落ち着きを取り戻し、大公方と行動を起こすことを思いとどまり、あなたと歩調を合わせるでしょう。現状では、あなたに対するスウェーデン国王並びにロシア女帝の熱意は非常に有利に働くはずです。スウェーデン国王の大公方へ及ぼす影響を利用して、国王もそうと気付かぬうちに大公方の行動を制したり、他国と協議して練り上げた共通の目的に向かって、彼らを誘導することさえ可能かもしれません。デンマークはスウェーデンとロシアの意思に従わざるをえないでしょう。

イギリスは、フランスの災禍にほくそ笑んでいます。フランスにはびこる無秩序と混迷を目にして、衰退は確実と考えています。彼らにとってはこうした状態の継続が好ましく、イギリス国王［本書でのイギリス国王は、ジョージ三世（一七三八－一八二〇年）を指す。］の個人的感情やイギリス国民の嫌悪感には目をつむり、決して革命を止めようとはしないでしょう。しかしイギリス政府は、フランス国王救出を目指す国々の意志を煽ろうともしなければ、妨げることもないと考えることもできます。それどころか、フランスの協力国の動きを見ながら、フランス国王への支持を表明する時期をうかがっているようにも見えますが、他国が動かねば、イギリスも静観を続けるでしょう。少なくとも、ある男性はこうした見解を持っています。彼は知性を備え、イギリスについての造詣も深く、知人も多数おりますので、誰よりもイギリスの真意を知ることができる立場におります。すなわちクロフォード氏です。彼はあなたのお役に立ちたいとイギリスを訪ね、こうした好感触を得ました。イギリス国王は完璧かつ厳密な中立性を守ることを希望し、皇帝に対しても繰り返しこの点を確約していらっしゃいます。プロイセンの動きを見れば、この確約が正しいことがうかがえます。皇帝とプロイセンの同盟はおそらくイギリスに秘密裏に結ばれたものであり、イギリスはプロイセンにもはや影響力を持たない、持っているとしてもわずかであることを意味している、と主張する者もおりましょう。しかしそうなると、イギリスは同盟国を持たないことになり、威信は失墜し、他国が突発的な動きを見せても、同盟国がオランダだけでは、単独での抵抗もままならなくなります。クロフォード氏はスウェーデン国王の手紙をイギリス国王に渡しましたが、イギリス国王からは次のような返事がありました。

『(前略)私は、フランス王国を揺るがす混乱に対し、厳密かつ完璧な中立性という方針に従って行動してきました。(中略)この件についてヨーロッパ諸国が措置を講じる場合、私には参加する意思は一切なく、支援も対立もいたしません。信仰篤きフランス国王夫妻と国民の幸福を、ひたすら願うばかりでございます。この大変有意義な目的に利する動きは、私の喜びでもあります』

スウェーデン公使は、イギリス外務大臣グレンヴィル卿との会見後、私に『フランス問題について会見したが、イギリスに介入の意思がないのは明らかだ』と語りました。ベルリンの外務大臣によると、イギリス政府は国内の非難を恐れて、フランス国王への支持を表明できないと考えられているとのことです。こうしたことから見ても、イギリスは完全に中立の位置を保つと考えられます。オランダはイギリスに頼りきりですが、自国に波及し、オランダ総督[7]の業績を台無しにしてしまいかねない民主主義の芽を摘むことには、やぶさかではないでしょう。

皇帝はあなたを欺いています。あなたのために何もするつもりはなく、あなたの身の安全のためとか、大公方と行動を起こさないことがあなたの意向なのだと、もっともらしい口実をつけて、あなたを見捨て、王国が完全に崩壊するままになさるおつもりです。皇帝は貴族たちがあなたを憎悪するがままにし、その憎悪を絶望に変え、増長させます。貴族たちは絶望のあまり行動を起こすかもしれず、それが成功すればあなたは完全に彼らに依存せざるをえなくなり、失敗すればあなたが行動を起こす可能性は失われ、さらに危険な状況になるかもしれず、いずれにせよ恐ろしい結果となります。すでにこうした影響が、亡命貴族に関する政令の批准［本書簡原注(12)参照。］や、ブルトゥイユ男爵がそちらにお送りしたアグー子爵の手紙にも表れています。皇帝個人としては好意的ですが、意を決して政府を押し切ってあなたを支援するだけの力も手段も性格もお持ちではありません。皇帝は弱く、善良で、閣僚に異を唱えることができません。閣僚は緩慢で、弱腰で、優柔不断で、小心で、巻き添えになることを恐れ、ヨーロッパでの覇権を握ろうと、フランスの衰退を政策に折り込んでいます。これまでたびたび、皇帝の書簡と実際の行動との間に大きな落差が見られたのも、このためです。最初の段階では適切な行動を取ってくださるのですが、大臣たちに押しとどめられて、何の効果もありませんでした。覚えておいでのことと思いますが、書簡には好意的なことが綴られてはいても、あなたを保護し脱出を助けるための一万二〇〇〇名の兵を集めることもできませんでした。

メルシー伯爵自身、軍隊の招集命令が皇帝から届いたとしても、自分の責任で招集を保留し、いかにそれが危険であるかを進言して、新たな命令を待つつもりだとおっしゃいました。今までの経緯や、皇帝の行動を思い出してください。そうすれば、私の申していることが真実だとおわかりになるはずです。あなたは七月に、武力を裏付けとした会議開催を皇帝に依頼されました。実現されれば反乱分子どもに圧力をかけ、発言と行動の機会を得られたことでしょう。**【皇帝は会議開催を避けたのです。】**これは好機でしたし、大使たちを召還する口実にもなったはずです。しかし皇帝は、フランス大使をウィーン宮廷に迎えることを拒否し、あなたのご依頼を中途半端にしか実行しませんでした。列強による共同宣言に向けて、自分の作成した回状への回答を待つという名目で、会議開催の呼びかけを避けられたのです。**そしてスウェーデン**国王の熱意を知っているので、スウェーデン国王には別の内容の連絡を入れました。スウェーデン国王はすでにミラノ滞在時から、あなた方の救済を提案しており、そのために大使をジェノヴァに派遣さえしました。諸宮廷から返事が届きましたが、いずれも皇帝の提案を支持し、救出に向けて歩みを同じくすると書かれておりました。あなたにご覧に入れたスペイン国王の手紙もそのひとつです。しかし皇帝は巧みにこれをゆがめて解釈し、これこそ悪意の印だ、外国宮廷を信頼することはできないと断じました。

私は、一万六〇〇〇の兵と軍艦を提供するというまたとないスウェーデン国王の提案と、あなた方を何としても救出せねばならぬと強く進言せよ、スウェーデン軍艦のためにオーステンデ港の開港を要請せよとの命令を携えて、八月二日にウィーンに到着しました。スウェーデン国王は、皇帝が適切と判断する協定を結び、迅速に事を運ぶようにと、私に全権を委任されました。しかしウィーンでは万事が遅く、スペイン国王の返事を待たなければと連絡してきたかと思えば、次はプロイセン国王との会見が先だと言われ、さらにはロシアからの返事を待つという具合です。そしてあらゆる返事が好意的であるとわかると、憲法承諾についてフランス国王がどのような立場を取るか判明しない限りは、自分たちも方針を決めることはできないと言うのです。私は幾度もカウニッツ大公や皇帝に、フランス国王がヨーロッパ諸国のご自分たちに対する姿勢や皇帝の意図を一切知りえず、困っておられること、そうしたことをお知らせすれば、国王も救出の可能性の大小に応じて行動を律することができるし、理にもかなっており公正であると申し上げました。

カウニッツ大公は、国王の立場を充分に把握しない限り、こうした提案に乗ることはできないとおっしゃいました。皇帝は私と同じ意見で、フランス国王が憲法を無条件で承認することこそが、オーストリアによる介入の唯一の道であるとおっしゃいました。しかし現在では、この憲法承認を盾にとって、フランス問題への介入を避け、他国の宮廷にもこうした意見を広め、彼らの勢いを鎮めようとしています。ようやく九月二六日になってから、スウェーデン国王の提案を退ける回答が届きました。フランス問題に関し、各国へ協調対応を呼びかける提案をしているので、回答を待たねばならぬというのがその理由です。

レーゲンスブルク議会からは前向きな回答が届きました[8]。ドイツ諸侯は自分たちの権利を守るために、皇帝の指示に従うでしょう。彼らは皇帝に、帝国の秩序と安寧を維持し、フランス革命の教義が普及しないよう、その英知に照らしあわせて適切と思われるあらゆる措置を取ってほしいと言っています。プロイセン国王からも積極的な提案が送られてきましたが、皇帝は決して回答なさいませんでした。**【いくつの部隊が必要なのかという再三の問い合わせにも回答なさっていません。】**皇帝はつねに、こうした人々の誠意を疑っております。私からの進言にもかかわらず、プロイセン国王と何らかの計画や提案について、一切協議をなさろうともしません。もし協議を受け入れてしまえば、プロイセン国王の誠意に疑問を呈することができなくなると、危惧しているためです。

ロシア女帝からの提案に回答がなされたかは存じませんが、怪しいと私は見ています。女帝の提案もスウェーデン国王の提案もあまりに強い内容で、この二カ国の動きを恐れる皇帝が回答を先延ばしにして、これを封じようともしかねません。

あなたは皇帝に、**【適切な】**会議開催を要請され、そのための口実も示されました。メルシー伯爵は当初反対しましたが、皇帝による国王救出の意志を大公方や亡命貴族たちに示し、明確な行動を通して彼らの企みを防ぐ必要があると納得すると、ようやくこうした観点から会議を提案することを決めました。とはいえ、状況によっては開催を遅らせる、あるいは取りやめるという条件付きです。このののち、メルシー伯爵の態度が変わりました。伯爵はある方に、皇帝は行動を束縛されるのを恐れているので、会議開催はお認めにならないだろう、開催されたが最後、皇帝の意図を超えた結果が待っているだろうと語りました。**【しかしスウェーデンとロシアが明確な意思表示をして以降、メルシー伯爵はさらに態度を変えました。】**皇帝があなたの要請を受け入れるかもしれないと大使から聞いて、一週間が経ちます。スペインの拒絶と、スウェーデン、ロシア両国の明確な意思表示は、皇帝の決意に**影響を及ぼした**かもしれません。しかし彼らの動きに期待するのは難しいと存じますし、皇帝は間違いなく今回も同様の手法を採るでしょう。すなわち時期を見計らいながら静観し、行動を起こして巻き添えになることを避けつつ、大いに関心は持っていると見せかけて、状況に応じて対処するという手法です。

ウィーン政府の方針はおそらく、フランスがいかなる状況になっても、これを鎮静する努力はせずに、活用するというものでしょう。これからどのような展開が待っていようと、たとえフランス王室に有利な展開になったとしても、少なくとも今後五〇年はオーストリアはフランスを、ヨーロッパの政治システムにおける無能国と見なすでしょう。しかし、もし万が一思いもかけず、予期しなかったような偶然によって、フランスに秩序が戻った場合のために、あなたの前では見せかけの好意を装って、利を得ようとしているのです。そうなれば皇帝はフランス王室と同盟を結ぼうとし、あなたのために奔走してきたと称して権利を主張するでしょう。逆の場合、翻意してイギリスと手を結ぼうとするでしょう。以上がウィーン政府の意図であると、私は考えます。カウニッツ大公はフランスを嫌っておりますし、皇帝は個人的にはイギリスに好意を抱いています。またメルシー氏とロンドンに出向かれた方から、二人が交わした会話の断片を聞いたところ、私の見通しは正しいと確信しております。メルシー伯爵はその方に、皇帝にとってはフランスよりもイギリスと同盟を結ぶほうが理にかなっており、両国の国益にもかなっている、フランスは今後長期にわたって国家としての能力は奪われるだろうから、内政で手一杯になり、両国の同盟にとってはさらに好ましい状況になるだろうと語ったとのことです。もしウィーン政府の目論見が私の予想通りだとすれば、彼らは混乱と無秩序の継続を計算に入れているはずで、その行動もこれを裏付けています。こうして王国は、ウィーン政府が指一本動かすことなく崩壊していくのです。フランスの衰退は確実となり、新たな同盟国にとって役にも立たない国となり、その分オーストリアの主導権が強まることになります。以上が、皇帝以下大臣たちの思惑であると私は考えます。これを踏まえて、彼らがどれほど当てになるかは、容易にご判断できるかと思います。

皇帝は軽率にも皆のいる前で、あなたから書簡が送られてくると発言されました。協力的な姿勢を実行に移されることを期待しておられる気配もございません。このことから人々は、あなたは単に皇帝が行動を起こすのを抑えるために手紙を書いているのだと、考えるにいたりました。敵はこれを利用して、あなたはあらゆる企てに反対で、支配欲が強く、人に支配されることへの恐れから、憲法に賛成し、王権を回復するために大公方や亡命貴族を頼るよりも、反乱分子どもを利用するほうを選んだのだ、そして王権が部分的にしか回復されないくらいなら王国全体を失ったほうがましだと考えているのだ、などと愚かな話を次々に流しました。こうした話は貴族の間に広まり、信じられるようになりました。分別を備えた者、あなたに忠実な者でさえも、こうした話に目をくらまされています。当地では、ブルトゥイユ男爵はこうした方針に沿って動いていると考えられており、男爵が到着されたときには、ほとんどのフランス人は会いに行こうともしませんでした。あなた同様私も、こうした不当な行為を騒ぎ立てるべきではないと思いますし、遺憾ながら誰よりもあなたはこうしたことに慣れておいでです。しかしあなたの現在のお立場、そして今後の展開が不透明な状況を鑑みると、こうした噂は根絶せねばならず、これに対処することで、いつか彼ら、そして全ヨーロッパに対して噂が虚言であることを証しせねばなりません。そのためには

【少なくとも】何らかの計画を立て、可能な限りの行動を通して、その計画を遂行せねばなりません。私からは以下のように提案いたします。

私が主張するように、もはや皇帝を頼ることができないとすれば、別のところに頼みの綱を見つけねばなりません。別のところとは、北欧諸国とスペインにほかなりません。スペインはプロイセンを説得して、皇帝を巻き込むこともできるでしょう。数あるヨーロッパ列強のなかでも、利害関係のない国こそがもっとも頼りになります。地理的にもこうした国々はフランス征服など狙っておりませんし、政治的にもフランス王政の維持が好ましいのです。これらの国々には次のことを要請せねばなりません。

一．駐仏大使を召還ではなく、休職という名目で帰国させること。

二．皇帝にすでに明示したのと同じ口実を使って、会議を開催すること。

三．会議を援護し、しかるべき討論を実現するために部隊を派遣すること。季節上不可な場合は、少なくとも手はずを整え、時機が来たら速やかに部隊を派遣する意思を示すこと。

このようにヨーロッパ諸国を動かせば、あなたが手を回したとは気付かれないので、危険が及ぶこともありません。あなたを巻き込むことなく、国内に大きな脅威を与えることで、国民は会議の唯一の交渉相手であり、国民と列強の仲介役たる国王のもとへと戻ってくることもありえますし、国王も状況に応じて各国に取るべき方向を示し、行動に移す手段を獲得できるかもしれません。会議によって大公方や亡命貴族の振舞いを抑えることができれば、彼らが役に立つこともあるでしょう。

しかしリーダーがいなければ、何の結果も得られません**【し、皇帝の善意はそう頼りにはなりません。】**フランス国王が表立つわけにはいきませんから、リーダーになることは無理でしょう。スペイン国王に、ブルボン家のリーダーの役割を引き受けていただかねばなりません。スペイン国王でしたら誰よりも適任ですし、フランス国王の憲法承認を拒否されたのですから、一層理にかなっています。ロシアとスウェーデンにはこの案を提案しましたが、快諾してもらえるでしょう。この二カ国と協議して、取るべき道をマドリードのスペイン政府に指示するのです。スペインが優柔不断な、あるいは緩慢な態度を取る恐れはありません。参加国がまとまれば、プロイセン国王も意を決して態度を表明するでしょうし、皇帝も支持せざるをえなくなります。

とは申しましても、皇帝と決別したり、逆らったりすべきではないと存じます。あくまで丁重さを失わず、いつでも皇帝と行動を起こせるように準備しておくのです。皇帝の真意に対して疑念を持ったとしても、それを気取られてはなりません。そうではなく、信頼をつねに示し続けるのです。この方針を採る場合は、スペイン、ロシア、スウェーデンなど救済の要請先となる好意的な宮廷に対し、あなたご自身で経緯を知らせる必要があります。プロイセン国王からスウェーデン国王に送られた言葉から察するに、プロイセン国王にもお手紙を送るのがよろしいかと思います。

スペイン国王にはあらゆるご親切や、一七八九年にお送りになった革命への抗議文［ルイ一六世は革命が勃発しパリに連行された時点で、すでにスペイン国王をブルボン王家の分家の長として指名し、革命への抗議を示していた。］を受諾してくださったこと、現在の決然たる態度にお礼を申し上げてから、あなたの置かれている状況や、これ以上現状を甘受できないことを簡潔にお知らせする必要がございます。あなたの方針を伝え、今にいたるまで示された、そして今後も血族として期待してしかるべき友情と好意の証として、列強諸国に対しあなたの利益を守ってくださるようお願いし、列国にこちらから何らかの要請をする場合には、これを支持していただくよう頼まねばなりません。フランス王家の威信を立て直し、二年間にわたって加えられてきた侮辱や不敬からブルボン家を回復するのは、スペイン国王をおいてほかにいない、その務めを果たしてほしいと伝えるのです。また会議開催を皇帝に依頼したことも知らせ、同じ提案をしていただくよう頼み、そのための口実もお伝えください。好意的なスウェーデンやロシアにも同様の連絡をしていることを伝え、今後の方針について参加国で協議するよう要請せねばなりません。また、この二カ国が大公方に持っている影響力を利用して、その行動を制したいと伝え、デュムティエ氏を通して明確な意思を知らせてきたプロイセン国王の熱意をさらに高めていただくよう、お願いしてください。プロイセン国王にお手紙を書く場合は、スペイン国王にもその旨ご連絡ください。一刻の猶予もなく、迅速に行動せねばならないことを強調してください。ポルトガルやサルディーニャ、ナポリへ影響力を行使して、協調を承諾させるようスペイン国王にお願いするか、ブルトゥイユ男爵に、当地に滞在しているナポリ大使と話しあうようお命じになってください。多少、社交辞令を述べてから、つねに頼りにしてきたご友情を今回も示してくださることを全面的に信じていますと、お伝えください。今後も書簡のやり取りはブルトゥイユ男爵を通すことを伝えてください。(9)

　フランス国王からも、スペイン国王に一筆書いていただくほうがよろしいでしょう。あなたがすでにお伝えしたことの裏付けとなるでしょう。この二通の手紙の原本は本に隠して司教に運んでいただき、男爵が暗号化してラ・ヴォギュヨン氏にお渡しいたします。あるいはスペイン代理大使に封印いただき、使者を**立てて**運んでもらうようにご依頼ください。このほうが迅速で望ましいでしょう。その場合は写しを男爵にお送りください。

　私からあなたにご提案したロシア女帝への書簡をすでにお書きになったのであれば、単に手紙が届いていることを願っている旨を伝え、女帝の鷹揚なお心遣いを目にして、再び寛大なお振舞いを示してくださるに違いないと確信していることもお書きください。あわせてあなたの計画も内密にお伝えください。また、国王は諸外国の姿勢や救済の見込みのほどをまったく知りえなかったために、憲法を承認せざるをえなかったと、手短にご説明ください。どの国からも働きかけがなかったため、憲法自体の弊害を露呈させて民心を取り戻す以外の選択肢がないと判断したことを、理解していただくのです。憲法承認後は、国民の信頼と秩序を回復し、自らの危険を顧みず、国内や国王のお近くに残っている忠実な者たちを危険にさらすことなく、確実に行動を起こすべく、憲法承認の誠意を疑われないよう、強制されたあらゆることを甘受しなければならなかったのだと、お伝えください。こうした理由から**屈辱的な**振舞いを【**強制され**】するように仕向けられたが、実情を知らないヨーロッパ諸侯の目には弱腰のなせるわざだと映ったことだろうとお書きください。そうした印象を打ち砕かねばならぬこと、王弟殿下《ムッシュー》とアルトワ伯爵の誠意は疑いようがないが、国王のことよりも自分たちの利益ばかりを優先する取り巻きについてはその限りではないこと、とはいえ、もし王弟方が選んだ助言者たちが慎重【**でおこないも優れている**】ならば、彼らに頼り、足並みをそろえて、計画を打ち明けるのにやぶさかではないと、お書きください。しかし取り巻きはコブレンツに滞在する亡命貴族たちにあらゆることを知らせ、秘密などないに等しいこと、彼らに計画でも打ち明けようものなら、すぐに公然と知れ渡り、**【亡命貴族の間で】**コブレンツに群がるスパイたちによってパリにまで伝わることを教示ください。女帝の寛大なお振舞いは、大公方の上にも作用を及ぼしているので、その影響力を利用して、スウェーデン国王と協力して、大公方にはそうと知られないようにあなたの希望する展開を示し、共通の目的へ向かって彼らの振舞いと行動を導くよう、ご依頼ください。

皇帝へ送った要請を、女帝にもお知らせください。あなたのご計画とその利点もお伝えください。またスペイン国王へ依頼したことと同様の内容を女帝にも依頼し、効果的な措置として、ロシア大使を休職という名目で引き揚げさせることもお願いしてください。スペイン国王をブルボン家の長、提案役として推し、女帝にはスペイン国王を導くこと、圧力をかけ協調すること、皇帝やプロイセン国王にも同様に対処することを要請ください。皇帝やプロイセン国王にはすでにあなたからお手紙を書かれましたが、かならずしも詳細には言及していない部分もあります。また、女帝同様に好意的なスウェーデン国王にも計画を打ち明けていることをお伝えし、デンマークを説得していただくようお願いしてください。ブルトゥイユ男爵に全面的信頼を置いていること、男爵が書簡の連絡役であることもお伝えください。

スウェーデン国王には同様の内容を書き送るのではなく、女帝宛てのお手紙の写しを送り、いつも国王が示してくださる配慮と友情、好意、そしてあなたのお役に立ちたいという熱意と誠意をうれしく思っていること、時勢がよくなり機会が与えられれば、感謝の証を示したい旨、お伝えください。そしてあなたから女帝へ宛てたお手紙に綴られているさまざまな要請や計画について言及し、スウェーデン国王がこれを受け入れて、支援してくださるよう望むとお書きください。また女帝と協力し、影響力を行使して、大公方の行動を抑えるよう、あなたの計画を台無しにしかねない軽挙妄動をいさめるようお願いください。ただ、この依頼があなたからだとは気取られぬようにと、念を押してください。その理由は女帝宛てのお手紙に書かれている通りです。

スウェーデン国王はブルトゥイユ男爵に宛てた書簡のなかで、あなたからプロイセン国王に計画を知らせ、協力を仰ぐことが必要だとし、『もしフランス国王が、ご自身に危険が及ぶのを恐れられているなら、余が極秘でプロイセン国王にフランス国王のお言葉を伝える手**配**をつけよう』とお書きになっています。

　この申し出は非常に魅力的ではありますが、お受けすることは難しいでしょう。スウェーデン国王の積極的で**心配**性なご気質は、かえって不信感を起こさせ、ひいてはあなた方の利益を損なうことにもつながります。しかしスウェーデン国王にはこうしたことは伝えずに、お申し出はありがたいが、自分たちで手紙を書くほうがプロイセン国王の誠意や好意もさらに増すでしょうとお答えください。またスウェーデン国王のおかげで、女帝はすでに好意を示してくださっているので、その状態に引き留めておいてほしいこともお伝えください。デンマークの説得を要請し、ブルトゥイユ男爵についてひと言書き添えて、麗文でお手紙を締めくくってください。あなたでしたら誰よりも、麗文は書きなれていらっしゃるでしょう。こちらへお手紙をお送りくだされば、私のほうで暗号化して送りましょう。司教なら、書籍に貼り付けて私のほうへ送付できるはずです。

　プロイセン国王へのお手紙は短いほうがよろしいでしょう。デュ・ムティエ氏からもたらされた伝言にお礼をし、憲法を承認せざるを**えなかった**こと、しかし現状を変える**決意**をしたこと、そのためには武力に裏打ちされた会議こそが唯一の道であること、皇帝や諸外国には会議開催を要請したこと、いずれも好意的な態度を示しているので、各国が協調して会議開催に動くことを期待していると伝え、各国同様にプロイセンも自国の大使を、休職の名目でパリから引き揚げさせるようお願いしてください。

　皇帝には、皇帝が各国の真意と好意に対し疑念を抱いているため、自分たちから直接スペイン、プロイセン、ロシア、スウェーデンに宛てて手紙を書き送り、各国の意向を確認し、その熱意の度合いと実際に約束される**支援**の具合に応じて、自分たちの身の振り方をお決めになるとお伝えください。休職の名目で公使や大使の引き揚げと、迅速な会議開催を各国に要請していることをお伝えし、会議決定が順守されるには、裏付けとして武力が必要であることをお知らせください。《この部分は文章が切れている》【**に対する不信感の理由は決して書かないでください。**】男爵には、皇帝と**距離**を置いている理由、フランス王政再建をスペイン国王に任せる理由を、スペイン、ロシア、スウェーデンにほのめかすようご命令ください。

あなたの状況は日々危機的となっています。フランスは破滅へと一直線に進んでおり、反乱分子は、あなたがようやく再び手に入れ始めたわずかな人望を打ち砕こうと躍起になっています。彼らは、国王が最近[10]拒否権《ヴェトー》を発動されたことを逆手に取ってくるでしょう。あなたから貴族の忠誠を奪おうと、国外へと流されてくるいくつもの噂を、お耳にしたことがあるでしょう。彼らはあなたの行動はすべて弱腰のなせるわざだと断言し、外国宮廷におけるあなたの評判を貶めようとさえしています。ただちに現状を打破することができねば、あなたは誰からも見捨てられ、反乱分子と共和主義者たちの意のままになってしまうでしょう。彼らのおぞましい計画を妨げるものは、もはやひとつとしてないのです。私が書き連ねてきたヨーロッパ各国への働きかけを実行することこそが、あなたを救う唯一の手段です。そうすれば、ご自分たちに対する嫌疑はまったくの偽りであることが諸宮廷に証明され、国外におけるあなたの品位は回復し、ご自分たちで行動することが容易になるはずです。現在のあなた方の無為な状態が原因で、数々の不条理な噂が信じられており、貴族たちもそうした噂に惑わされていますが、上記のような働きかけを通して、彼らを取り戻すこともできましょう。

コブレンツは意を決したようです。もしあなたが行動を起こさねば、彼らが起こすでしょう。議員による政令や招集計画はご存じでしょう。アグー子爵の手紙は、すでに彼らが計画を立案していること、常軌を逸してはいますが、国益からフランスの王政回復を望む各国の存在が、彼らを後押しするだろうことを示しています。しかし同じ理由から、あなたの意思が確認され、あなたの意向を示すお手紙が届き次第、各国は指示されたやり方で行動を起こすでしょう。

男爵の手紙については何も言うことはありませんが、イギリスに関する見解だけが気になりました。男爵は完全に間違った見解をお持ちだと存じますし、イギリスは列強諸国が断固たる態度を見せ、行動を起こすのを待ってから、あなたへの支持を表明するつもりです。

〔ラ・ファイエット氏が市長に就任するとのこと、あなたにとっては大きな災いです。ラ・ファイエットは市民と軍の**力**を結集して、あなたをこれまで以上に縛るでしょう。〕**【この男性の】**ラ・ファイエット氏の本音と今後の見通しをご理解いただくために、彼の手紙の写しを添付します。あなたが逮捕された当時［ヴァレンヌ逃亡事件を指す。］、ラ・

ファイエット氏の知り合いでロンドンに住むある女性が氏に宛てて、王妃に危険が及ぶようなことがあれば、氏の行動は許し難いものと受け取られるだろうと書き送りました。それに対するラ・ファイエット氏の返事がこの手紙です。この写しを入手できたのは、クロフォード氏のおかげです。この写しを手に入れられたクロフォード氏は、あなたの役に立つだろうとお考えになり、私にくださったのです。〈六行塗りつぶし。うち三行は判読不可、残りの三行ではフェルセンのイギリスに対する見解が繰り返されている〉

この計画を採用いただき、ブルトゥイユ男爵を書簡連絡係に指名されるのでしたら、秘書が必要となります。男爵は、ゾロトゥルンで使ったことのあるヴェラックと、当地におりますヴィブレ氏(11)のご子息を採用するおつもりです。ただしヴェラックは住居費を支払うことができません。また、ブイエ氏のご子息をベルリンに派遣する必要があります。ブイエ氏はすでにベルリンでは名が通っていますし、ベルリンで軍務に就いているご兄弟に会いに行くという口実もあります。同じくロシアにも、目立たぬよう**【大公方に不快感を起こさせぬよう】**、人を派遣せねばなりません。男爵はボンベル侯爵が適任だとお考えです。ボンベル侯爵は社交界でも如才なく、ヴェネツィアでも女帝の意にかなったお振舞いをなさっていました。女帝はボンベル侯爵のご兄弟［ボンベル侯爵は駐ヴェネツィア大使を務めたこともあり、ブルトゥイユ男爵に近かった。彼の弟のガブリエル＝ジョアシャン・ボンベル男爵は、王弟たちの代理としてサンクトペテルブルクに駐在していた。］の立派な態度に感心し、一万二〇〇〇〈リーヴル〉の年金をお約束なさいました。《ブルトゥイユ》男爵にはときどき使いを送るべきでしょう。こうした活動には資金が必要ですが、男爵は生活もままならないほどお金に困っていらっしゃいます。男爵にはブリュッセルで五万〈リーヴル〉を振り出して、収支を報告させるようにいたしましょう。男爵はゾロトゥルンで、あなたのために二万二〇〇〇〈リーヴル〉を使いましたので、返済が必要です。しかし為替で二五パーセントの損が出るので、この点も考慮せねばなりません。

ようやく皇帝からのお返事が来ましたが、会議開催を拒否なさったことは、皇帝の支援がいかに当てにならないか、他国の宮廷への呼びかけがいかに重要かを示しています。この件で男爵はメルシー伯爵と激論を交わされ、あなたの境遇に対する皇帝の無関心さを嘆き、皇帝がなさろうとしなかったことを実行するロシア女帝こそが栄誉に浴すだろうと、はっきり述べられました。そして本来ならば、フランス国王にとっては皇帝に頼ることが望ましかったのに、ロシア女帝やスウェーデン国王に頼ることになる、その場合、皇帝はフランス国王からの謝意を期待できるはずもなく、大きな働きをしてくださった君主へ謝意が示されても驚かないようにと伝えました。メルシー伯爵はうまく言い訳ができませんでしたが、会議は何の役にも立たず、強制力も持たないだろう、交渉相手がいなければ会議には効力がない、そもそも諸外国も乗り気ではないのだとおっしゃいました。しかしこれはまったくのでたらめで、ご存じの通りロシアは九月に会議を提案しておりますし、スペインは会議開催を希望し、プロイセンも皇帝が提案されるならという条件で同意しています。スウェーデンは反対しておりましたが、それも、会議では国王救済が遅れてしまうという理由からです。会議があなたのご希望に沿っており、あなたに行動手段を与える唯一の策なのだと納得すれば、スウェーデンも賛成するでしょう。私はウィーンで皇帝に、スウェーデン国王が直筆の上署名をした同意書を用意することを約束して、会議支持について明確にご説明いたしました。

皇帝の主張は、私の提案した計画を実行し――もちろん、あなたがこの計画を有効だと判断されればの話ですが――、諸外国の宮廷に呼びかけるほうが、理にかなっていることの証左でございます。しかし皇帝に対しては、会議開催を拒否されて残念に思っていること、会議こそが行動手段を獲得するための唯一の策であること、したがってどうしても皇帝を必要としていることを知らせる以外は、以前と同じ調子の手紙をお書きください。メルシー氏からは、まだ皇帝のお返事をご連絡いただいておりません。**【メルシー氏からは、まだお話がありません。皇帝のお返事を入手できましたら、別の機会にそちらにお送りし、それに対する返答案も同封いたしましょう。】**

ベルリンからは以下のような報せが届きました。

『ロシア女帝はプロイセン国王に手紙をお書きになり、フランス国王を解放し、王権を復活させるための断固たる措置を共に取るよう、逆らい難い調子でご提案になりました。プロイセン国王は、全ヨーロッパ列強が、とりわけ皇帝が協力するのなら、ご自分も協力する準備はできており、ピルニッツ宣言の趣旨を堅持するつもりであるとお返事なさいました。また大公方へは、当地ではウィーン宮廷と万事協調して行動すること、ウィーン宮廷が腰を上げなければ、プロイセン国王も何もしないだろうという内容の報せが届きました。伯爵殿、すべては皇帝の最終決定にかかっていることがおわかりでしょう。当地では、王妃から皇帝宛てと称する手紙が到着しました。手紙のなかには、どうか自分のために、あらゆる行動を退けてほしいと書かれています。王妃がこの手紙をどれほどの自由のなかで、あるいは縛りのなかで書かれたのかは不明です。ホーエンローエ大公〔ホーエンローエ＝ヴァルデンブルク＝バルテンシュタイン大公ルートヴィヒ・カール。一七三二－九九年。ドイツ諸侯の一人。オーストリア軍に勤務後、フランスからの亡命貴族を自分の領地に迎え、軍を立ち上げた。〕の部隊は戦闘準備ができております。歩兵部隊一〇個と騎兵連隊数個からなっています』

この公用文書からも、プロイセン国王や皇帝の意志のほどがおわかりになるでしょうし、プロイセン国王に手紙を送る重要性も一層明らかかと存じます。

ラ・ヴォギュヨン氏から男爵に宛てた一〇月一〇日付の文書もございます。文書には、フロリダブランカ氏が、スペイン国王は皇帝が提案する宣言を支持すると語ったとあります。また氏は、フランス国王による憲法承認を見越し、早急に承認することもありえるので、諸宮廷で調整した宣言が遅きに失するかもしれない、したがって宣言には、国王が憲法を承認した場合、国王が完全に自由な場で憲法を改めて承認しない限りは、諸宮廷もこれを承認しない旨を加筆するよう、提案したとも書かれています。氏はその実行案もお送りになったとのことです（一三日と二〇日にそちらへお送りしたスペインの公用文書と同じ案です）。提案は八月末頃に特別使者によって皇帝に送られ、そのお返事がまもなく来るはずです。ラ・ヴォギュヨン氏によると、フロリダブランカ氏はスペイン国王の名においてフランス代理大使に対し、スペイン国王は送られてきた手紙がフランス国王の手によるものとは信じておらず、その疑惑が晴れない限り返事は書かないだろう、同様の回答を他国の宮廷の公使たちにも送ったところであると語ったそうです（この話はスウェーデン公使からも聞きました）。そしてラ・ヴォギュヨン氏は次のようにおっしゃいました。『加えて、フロリダブランカ氏はひたすら、フランス王政再建と国王夫妻の栄光回復を願っている。氏の決意と熱意はこの目的に向かっており、これに沿っている限りは、我々の苦境を解決するためにあらゆる策を講じ、積極的な熱意をもって計画を実行し、調停の労を取るだろう』

これらの文書はスペイン国王の善意の新たな証であり、

スペイン国王への働きかけが一層重要となってきます。スペイン国王へのお手紙には、国王のお示しになるご好意やあなた方の利益へのご配慮について謝意を伝え、スペイン国王はフランス国王の解放を願ってくださってはいますが、そのためには自分たちが要求する会議の開催がどうしても必要なこと、そして会議がフランスに脅威を与えることで、行動を起こすだけの自由がもたらされることをご説明ください。こうした背景から、スペイン国王は絶対不可欠な存在であること、スペイン国王の提案する計画は、すべての準備さえ整えば、妙案だと思うこと、しかしその計画も、今後の展開や会議開催の状況に左右されること、列強諸国と国境付近の軍隊間の合意が会議の前提条件であること、五カ月来交渉が続いているが成果は一向に上がらず、合意にはほど遠いこともお伝えください。あなたへの支持を示していない国、示してはいてもその真意に疑いの余地が残る国や消極的な国は、何らかの口実をつけて積極的な国々の行動を抑えようとし、明白な意思表示をないがしろにして、その好意に対し疑問を唱え続けるだろうこと、会議こそが消極的な国々の背中を押し、交渉を早める唯一の手段であると考えているとお書きください。各国の全権使節はさまざまな指令を担って会議に参加し、互いを見定めながら各国の意向を探るだろうこと、スペインへ回答を送る際、ヨーロッパ中央部に位置するアーヘンやケルンに使者を置けば、ヨーロッパを横断するより早く到着すること、すべてをウィーンで決議してこまごましたことについての回答を待つよりかは、フランス王室への支持を表明した国々の公使を集めて協議したほうが、円滑に事が進むであろうこと、会議をよりフランスに近い場所で開催すれば、ご自分たちもこれと歩調を合わせやすくなるし、会議の展開を見ながら態度を調整しやすくなることも書き加えてください。そしてあらゆる点を熟考した結果、武力に裏打ちされた会議開催を強く【希望】要求すること、開催はどんなに早くとも早すぎることはないと考えるとお伝えください。

スウェーデンとロシアを通して大公方のお振舞いを制されるのでしたら、大公方へ使者を送る意味はないと存じます。大公方はあまりに軽率でいらっしゃるので、あなたの安全のためにも、何も知らせてはなりませんし、前回、使者を送ったときも、彼らが行動を起こすのを阻止した以外、何ら好転は見られませんでした。そもそも、内密の話を打ち明ける相手は少ないに限りますし、現時点ではカストリ元帥に計画を知らせても無意味でしょう。知らせる必要性が出てくれば、そのときに知らせればよいのです。〔ただコブレンツ《王弟たち》に使いをやるべきだとお考えで、ヴィオメニル男爵がその役を引き受けられるのでしたら、コブレンツにはあなたの意向のみを正確に伝える必要があります。現時点では、コブレンツにおとなしくしてもらわねばなりませんから、〕あなたの状況の詳細と、現在の行動の理由を伝えねばなりません。しかし私は、あなたの使者が到着して大騒ぎになることが心配です。亡命貴族たちはきっと、使者は何のために派遣されてきたのかと詮索し、間違いなく理由を探り出すでしょうから、あなたが行動を起こさないと確信して、絶望のあまり無謀な振舞いに出ることもありえます。使者の目的がわからずじまいであれば、何らかの計画が進行中なのだと推測するでしょう。もしこの推測が噂として広まると、あなたに危険が及ぶ可能性もあります。コブレンツには使者ではなく、お手紙を送るほうがよろしいでしょう。そうすれば騒ぎも小さくて済みますし、秘密も守りやすくなります。王弟方には簡潔に、何もしてはならないこと、会議で各国がどのような決定をくだすのか見守ることが肝心だと**【そして、何が起きようとも春前に行動を起こすことは不可能だと】**書いてください。

あなたがお選びになった計画とお振舞いは、賢明この上なく、好意的に受け止められるでしょう。ただ、亡命貴族を対象にした声明文のときのような[12]、目立った行動を取らざるをえなくなったときには、男爵に命じて、諸外国宮廷に事前に通告し、そのような行動は本意に悖《もと》ること、あくまでも本心は変わらないと繰り返し伝えねばなりません。スペイン国王の提案は悪くはありませんが、実行するには時期尚早です。それに状況によっては変化もあるでしょうし、実行するにしても各国があらかじめ合意に達していなければならないことに変わりはありません。しかも皇帝が緩慢で不誠実なため、こうした合意は会議を通してしか成立しえません。会議ではあなた方の安全の確保も重要です。これなくして、計画の実行はありえません。

スウェーデン国王のご意向は充分おわかりになったと思います。スウェーデンはロシアと協調しておりますし、スペインも行動を起こしたいと考えていますので、不退転の決意と明確な意思表示は、その他の国々の宮廷にも影響を及ぼし、あなたに有利に働くかもしれません。確かにスウェーデン国王はオクセンシェルナ男爵(13)を公使として大公方のもとに派遣しましたが、男爵は以前はレーゲンスブルクに派遣され、このたびはポルトガルへ派遣されることが決まったため、大公方への訪問は、ロシア女帝から遣わされたロマンゾフ氏の訪問同様、移動ついでと考えるべきでしょう。あなたからのお言葉はスウェーデン国王にお伝えしますし、フランス国王からお手紙が届くこともお知らせしておきます。

状況が八月以降変わらなければ、皇帝を頼りにできないと判明していなければ、会議以外の方法で各国が協調できる可能性があれば、好意的な国々の決意表明を通して曖昧で不誠実な国々を巻き込む必要がなければ、あなた同様私も、公使や大使を引き揚げさせる理由はないと判断したでしょう。しかし現状では、休職という名目で引き揚げを通して意思表示をすることで、各国に影響が及ぶことなく、国王救済の決意を固めることができます。引き揚げによって、各国が現状にいかに眉をひそめているかを示せます。ほかの国々も同様に介入してくる可能性も出てきますし、国によっては、行動を起こすための口実を作ることもできます。なぜならば、繰り返しになりますが、イギリスはいかに好意的であれ、ほかの国々が腰を上げない限りは、決して動こうとしないからです。イギリス政府には口実が必要なのです。そしてその口実とは、他国との協調行動の必要性を意味しています。神聖ローマ帝国、サルディーニャ、スペイン、ナポリ、教皇庁の大使は不在で、フランスに戻ることはありません。スウェーデン、ロシア、プロイセンの大使を帰国させれば、大使の引き揚げはほぼ完了します。そうなれば、フランス国民は諸外国の不満を知って大きな衝撃を受けるでしょうし、あなたにとっても有利になるでしょう。

プロイセンには、ブルトゥイユ男爵に全幅の信頼を置いていること、あなたのお手紙を届け、書簡の連絡役を担うのは男爵であることを知らせる必要があります。早急に駅馬車経由で、国王とあなたの印章をひとつずつ男爵に送らねばなりません。すべてのお手紙は住所を記した封筒に入れ、封印をせずに司教に届くようにしてください。そのほうが司教もこちらに送りやすくなりますので、我々がこちらで印章を押して封印しましょう。

男爵はメルシー氏と会見してきたところですが、メルシー氏は、皇帝が考えを変え、会議開催に同意するかもしれないとほのめかしたそうです。おそらく、皇帝の態度に対する男爵の反応を目の当たりにし、こちらが他国に話を持っていき、皇帝抜きで話が進んでいくことを危惧したためでしょう。したがって皇帝へのお手紙では、ぜひとも会議開催を強く要請してください」

ラ・ファイエット侯爵からデヴォンシャー公爵夫人ジョージアナへの手紙

（フェルセンの覚書に同封されていた手紙、初公表書簡）

クインティン・クロフォードはこの手紙の写しをフェルセンに渡し、フェルセンは上記の覚書と共に王妃に送っている。原本は、デヴォンシャー公爵の邸宅であるイギリスのチャッツワース・ハウスに保管されているが、アントワネットも秘書官フランソワ・ゴグラに写しを取らせて保管していた。フェルセンの写しに出てくる儀礼的表現は、ゴグラの写しでは削除されている。ゴグラによる写しは現在、王妃のその他の重要書類と共にスウェーデン国立文書館に保管されている[14]。王妃は、いつか必要になったときのために、これらの書類や立憲君主派たちとの往復書簡、サン＝クルー宮殿購入に関連するオルレアン公爵からの手紙――宮殿は確かに王妃の私的所有地であることを証明する内容――を、フェルセンに預けたのである。王妃がラ・ファイエットのこの手紙を重く見ていたことは明らかで、もし自由の身となることができれば、自称「心は共和主義派」のこの男との対立に決着をつけようと考えていた。ラ・ファイエットは国王夫妻の離婚を狙って、アントワネットの名誉を傷つけようとし、一七九二年三月にも、王族のなかで唯一自分に反抗的な態度を取り続ける彼女を排除しようと再び試みている。フェルセンはアントワネットに、彼女が評価するバルナーヴも、軽蔑するラ・ファイエットも、裏では手を組んで彼女を利用しようとしていることをわからせようとした。フェルセンは、アントワネットに対するバルナーヴの影響力に激しい怒りを覚えており、その信用を貶めようとした。誰もが二枚舌を使っていた。

一七九一年六月、ヴァレンヌで国王一家が逮捕されると、ジョージアナはラ・ファイエットに宛てて王妃の身を案じていると訴えた。ラ・ファイエットからの返信が、次に掲載する書簡である（エリザベス・フォスターは、一七九一年九月一六日にフェルセンに宛てた前掲の手紙のなかで、このやり取りについて触れている）。ラ・ファイエットの文体は傲岸で、フランスの首長さながらの語り口である。今や国王はラ・ファイエットの手中にあり、彼がすべてを支配していた。彼は、自分以上にフランスを幸福にできる者はいないと信じていたが、そのやり方は欺瞞に満ちていた。ヴァレンヌでの逮捕以降、ルイ一六世は国王としての役割を奪われ、憲法で定められた限定的な権限だけが残されていた。それとて国王が憲法を承認すれば、という条件付きである。囚われの国王が強制されてくだした承認など、無効に等しい。

「議会が作成し、彼らが憲法と呼んでいるものは、何の価値も持たぬ」とアメリカ人ガヴァヌーア・モリスは述べている。しかもモリスは一共和国、すなわちアメリカの大使だった人物である。モリスは憲法が発布されればただちに惨憺《さんたん》たる影響が出ることを見抜き、王政を支持した。一方、モリスの旧友ラ・ファイエットはこの「傑作」、すなわち憲法を絶賛した。[15]「無謬の人《ル・サン・トール》」は、何者にも耳を貸そうとしなかった。手紙ではデヴォンシャー公爵夫人にお世辞を振りまいたかと思うと、フランス国王救済など考えぬようにとイギリスを脅している。ラ・ファイエットが手紙を書いている瞬間にも、国王夫妻はテュイルリー宮殿でラ・ファイエット自身の命令により監視を受けていた。彼の一見慇懃《いんぎん》な態度は、その実この上なく宮廷的かつ典雅な悪意に満ちている。

「パリにて、〈一七九一年〉七月一八日

親愛なる公爵夫人、素晴らしいお手紙を拝読いたしました。貴女に似つかわしい天使のようなお手紙ですが、私を買いかぶりすぎでございましょう。私の抱いております敬意をお認めくださり、私にも敬意を払ってくださること、大変うれしく存じます。私が日頃抱いておりますす貴女への深い敬愛は、そうした敬意に値するものであることはよくご存じでしょう。貴女が面識のない私に肖像画と髪をくださるとお約束くださったときから――まだ実際にはいただいておりませんが――、生涯にわたって貴女への感嘆と敬愛の念を抱き続けております。しかしながら貴女にとっては既知のことでしょうし、この話題は横において、貴女がご心配になっている件についてお話ししましょう。

フランス国民、とりわけ自由のなかで生まれ変わった国民が、高邁さに欠ける最初の事件の直後に、かように寛大な対処を受け入れなければ［ヴァレンヌ逃亡失敗後に、立憲君主派が国王の免責を主張したことを指す。］、確かに事件や関係者に対するフランス国家の措置には、不安の余地もあったでしょう。ここだけの話ですが、国王一家のご出立については、私も個人的に苦言を呈したいことがございます。それは別として、これを機に旧友が集まることになりました。仲たがいをしていた旧友が、今では互いの間違いを許しあおうと躍起になっております。評価しあい、敬愛しあっている者たちにとって、対立は手痛いものでございます。そして我々は皆、もはや自分の心を押し殺す必要もなく、一層力を得たと感じております。貴女も我々の政策を評価される過程で、仲たがいしていたデュポール、アレックス・ラメット、バルナーヴや私の友人たち、そして私自身が再び友情を結んだことをお知りになったかと思います［いずれも立憲君主派であるが、一時決裂していた。しかしヴァレンヌ逃亡事件では、国王を免責すべしとの主張を共通項として、再び手を組んだ。］。

世襲君主制は大きな波にさらされています。同時に、ルイ一六世その人を攻撃する波も起きています。同じ方向を目指すこの二つの波は、無政府主義者、扇動者、暴徒と結びつきました。貴女には、私の心は共和主義派であり、あらゆる世襲制を憎むと繰り返し申し上げてきました。しかし現状から見ても、我が同胞の気質や人口、地理的条件から見ても、とりわけ人民政府である現在のフランス政府において、指導者たちが策謀や野心を巡らせていることから見ても、執行権をもってこの国を導いていくには、世襲制による指導者が必要であると考えています。一人の男が逃亡を試みたからといって、考えが変わることはございません。だからこそ、政令により定められた立憲君主制を支持したのです。

ルイ一六世については、友人たちも私も、ご子息の年齢や、国王退位の不都合な点、立憲摂政を立てた場合の貴族の立場や、当然のことではありますがオルレアン公爵の評判が芳しくない点を考えあわせ、現在のまま国王にしておくべきだという結論に、迷うことなく達しました。実際は無力で、我々に対し誠実であったとは言えませんが、ほかの王族に比べれば、我々にとっては都合がよいのです。憲法が完成しましたら、国王がこれを承認あるいは自由に反駁できるようにいたしましょう。

王妃は国王のお考えに従いましたが、お二人の心中を察することは我々の役目ではありません。ただ、王妃が不幸であられることは存じておりますし、不幸から抜け出していただきたいと思います。議会では三日間かけて激烈な討論が交わされましたが、王妃は名前さえ挙がりませんでした。そのことは貴女もお気付きでしょう。

六月二一日以降に発効された議会の政令にご注目ください。亡命者の件は別として、国王一家の現状については満足のいくものであると、貴女にもお認めいただきたく存じます。しかし憲法が成立するまでは、国王にはいかなる機能も付されませんし、国王は一家のどなたもパリをあとにすることはないとお約束されていたことを、ご了解ください。とりわけ、当時我々は国王に憲法を提示しようとしていた点をお考えあわせください。

親愛なる公爵夫人、社会に秩序をもたらすことにより、何としても自由を確保しようとしている我々の奮闘が、おわかりになったかと思います。我々は善意をもって亡命貴族たちに手を差し伸べているのですから、彼らもぜひとも帰国し、手助けをすべきでございましょう。我々には、彼らのあらゆる望みをかなえる用意ができています。ただし憲法の原理をゆがめるわけにはまいりません。もし諸外国がフランスに干渉するのであれば、我々はあらゆる手を使って抵抗し、いかなる場合も一歩も譲歩いたしません。

政治のお話はこれくらいにいたしましょう。貴女が引用されたシェークスピアの文章にはお答えいたしませんが、待ち焦がれておりますお約束の肖像画には次の一文を用意しております。

『何と魅力にあふれた気品、ほれぼれするような輝き
女神のような物腰、女王のごとき姿』〔ホメロス著『イーリアス』の、詩人アレキサンダー・ポープによる訳からの引用。〕

貴女はあらゆる者の心の女王でいらっしゃいます。さようなら、妹君にもよろしくお伝えください[16]」

原注

（1）Stafsund. SE/RA/720807/02/6/II/5.

（2）ハンス＝ルドルフ・フォン・ビショフスヴェルダ。一七四一－一八〇三年。プロイセン国王フリード

リヒ・ヴィルヘルム二世治下の軍人、外務大臣。
(3) エーヴァルト・フリードリッヒ・フォン・ヘルツベルク。一七二五－九五年。プロイセンの閣僚。
(4) ヴェルナー・フォン・デア・シューレンブルク。一七三六－一八一〇年。プロイセンの閣僚。
(5) フレデリック・ヨーク・オールバニ公爵。一七六三－一八二七年。イギリスの軍人。ジョージ三世の次男。
(6) ニコライ・ペトロヴィッチ・リュマーンツェフ。一七五四－一八二六年。ロマンゾフはフランス語名。のちのロシア外務大臣、宰相。
(7) オラニエ公ウィレム五世。一七四八－一八〇六年。最後のオランダ総督。ブラウンシュヴァイク公爵の姪と結婚。
(8) フランス議会は、ドイツ諸侯がフランスに所有していた土地の封建的賦課租を、所有者の了解なしに廃止していた。これに対しレーゲンスブルク議会は一七九一年八月六日、ドイツ諸侯への支持を表明した。こののち、大公たちは神聖ローマ帝国に合流した。
(9) ブルトゥイユ男爵は一七九一年七月にプロヴァンス伯爵から解雇されていたが、ルイ一六世の秘密外交を担い続けた。
(10) 一七九一年一一月一一日、ルイ一六世は亡命者についての政令に拒否権を発動した《続く原注(12)参照》。
(11) シャルル＝フランソワ・ユロー・ド・ヴィブレ。一七三九－一八二八年。フランスの外交官《あるいは、ルイ・ユロー・ド・ヴィブレ。一七三一－一八〇二年。「ヴィブレ氏のご子息」とは、ルイ・ユロー・ド・ヴィブレの息子、アンヌ・ヴィクトール・ドゥニ・ユロー・ド・ヴィブレ（一七六七－一八四三年）を指す》。
(12) 一七九一年、議会は亡命者たちに対し、翌年一月一日までに帰国することを命じた《一〇月三一日、プロヴァンス伯爵に帰国を促す法案が、一一月九日、亡命フランス人が翌年一月一日までに帰国しなければ財産を没収する法案が提出されたが、ルイ一六世は前者を承認し、後者には拒否権を発動した》。
(13) カール・グスタフ・オクセンシェルナ男爵。グスタフ三世によりコブレンツの大公たちへ遣わされた使者。
(14) Chatsworth, CS5/971; Löfstad, SE/VALA/02249/BXXVa/1-2.
(15) Morris, *op. cit.*, I, p. 71.
(16) ベスバラ伯爵夫人、すなわちレディー・ヘンリエッタ・フランシス・スペンサー。一七六一－一八二一年。デヴォンシャー公爵夫人ジョージアナの妹。

26

フェルセンからアントワネットへ

（一七九一年一一月二六日）

AN. 440AP/1. 先の覚書に同封されていた手紙で、王妃のみに宛てたもの。あくまで恋人への手紙であり、愛する女性に一刻も早く会いたいというフェルセンの気持ちが表れている。フェルセンの身を案じる王妃に対し、ブリュッセルは安全であると安心させ、滞在の理由を説明している。おそらくアントワネットはフェルセンに、スウェーデンに帰国してほしいと書き送ったのだろう。フェルセンはアントワネットに会いに行くことを強く希望し、グスタフ三世の命令であるとさえ言っているが、これは真実ではない。そしてアントワネットに、現状を維持するか、あるいは「**私たちの幸福のためにも**」王権回復に力を尽くすか、立場を明確にすべきだと主張している。事実フェルセンは、国王一家が解放され、革命の動乱がおさまれば、パリへ戻ることができると考えていた。

また書簡を継続するために、暗号や特殊インクについての指示を出している点も興味深い（第一章参照）。彼は、王妃が二重封筒を使わずにメルシー伯爵を通して手紙を送ったのは軽率だったと注意を促し、自分のコードネーム「リニョン」の宛先を知らせている。このコードネームの由来は明らかでないが、当時ピエモンテ地方トリノにはリニョンという名の貴族が暮らしており、一族の所有していた館ヴィラ・アモレッティのある公園や通りには、今日「リニョン」の名が冠されている。フェルセンは青年時代に修学の一環としてヨーロッパ各国を回った際、トリノで一八カ月近くを過ごしている。このことと、コードネーム「リニョン」には何らかの関係があるのだろうか。

「〈一七九一年一一月二六日〉

愛しく誰よりも大切な方、私が申し上げたことからも、迅速に決断し、こちらへ連絡することが必須であるとおわかりでしょう。**【あなたのお立場は日々ますます】**今の状態のままでいることはできませんし、コブレンツや亡命貴族には細心の注意が必要です。かたや善意はお持ちですが、かたや悪意に満ちています。男爵の振舞いは大変好ましく、あなたへの完全な忠誠を誓っています。私については何もご心配はいりません。フランス人にとって、私はもはや何者でもございません。私はスウェーデン国王に仕えているのであって、フランス人とは何のもめごともございませんし、外国人として振る舞い続けてこそ、快適かつ安全に滞在できるのです。皆、敬意をもって丁重に扱ってくださいます。私が彼らを必要としていないことを知っており、私を恐れているためです。私はいかなる危険も冒しておりません。けれども〈数語塗りつぶし〉のため、あなたは決断せねばなりません。ヨーロッパから弱腰と非難されないような決断、各国をフランスから離れさせないようにしつつ、充分に距離を置くような決断です。

　ブリュッセルを離れる件ですが、あなたのご意向に沿いたい、安心していただきたいとは思っているものの、それはできかねます。私は国王陛下の命令によって当地に滞在しており、留守にすることはできません。私は陛下から使命を拝して、当地にいるのです。陛下から秘書官一名が派遣されてくる予定で、彼を待っているところです。スウェーデンの全公使および大使は、ブリュッセルにいる私と連絡を取ること、私から彼らに書き送る内容に従って行動することと、陛下から命じられております。**心から大切なあなたでしたら**、私の立場をご理解できるでしょう。それに、ここにいれば何の危険もありませんから、ご心配には及びません。

　どのような決断をされるのか、早急にお知らせください。何としても各国宮廷にお手紙を送らねばなりません。迅速に動かねばなりません。一刻の猶予もないのです。あなたからプロイセン国王にお手紙を書くことには、何ら危険はありませんし、必要なことでもあります。スペインには代理大使の使者を通してお手紙を送ることができますし、その他のお手紙はすべて信頼できる者を経由して、当地の私か男爵宛てに送ってくだされば、こちらから使者を立てて届けましょう。しかしすべてを最大限迅速に実行せねばなりません。冬が近づいているからです。昨日、あなたの長いお手紙を受け取りました[1]。しかし**愛しい方**、メルシー氏は自分宛てだと勘違いして、こちらへ回す前に読んでしまったのです。もうメルシー氏を通さないほうがよろしいでしょう。あるいは少なくとも二重封筒を使って、メルシー氏に宛先を告げるひと言を書いてください。ご家庭内について書かれてあったことに心は痛みましたが、驚きはいたしませんでした。あなたはすべての不幸を一度に味わう定めなのですね。おお、神よ〈半行塗りつぶし〉。

暗号の件について、おっしゃることはよく理解いたしました。以下のようにいたしましょう。まず暗号部分にピリオドを記入します。飛ばし暗号の場合はコロンにします。それほど手間のかからない別の方法がございますので、そちらを採用すべきでしょう。グラスにレモンを絞り、それを使ってパンフレットや雑誌の行間に書くのです。そのお手紙をリニョンの住所、あるいは直接私の住所にお送りください。私からも同じように書いて、そのパンフレットをコワニー伯爵かショワズール公爵あるいはゴグラに送りますので、彼らに前もって知らせておいてください。ラ・ポルト氏が信用できるのであれば、ほかの三人はときどき使う程度にして、むしろ彼を通したほうが確実で好都合でしょう。この件について、お返事ください。行と行の間が空いていて、にじみにくい紙を選ばねばなりません。これを温めると、いつもの特殊インクのように読み出すことができます。

ブリュッセルには、あなたのお金は一文もございません。残っていた五〇万あるいは六〇万〈リーヴル〉は、ブイエ氏が大公方にお渡しになりました。私がオランダに送った分は、調査の時間ができ次第、詳細をお伝えいたします。当地では二〇〇〇につき一五〇〇の相場なので、おそらく四分の一は損が出ているはずです。〔これは大変な損失です。コルフ男爵夫人のお金については、こちらで調べてご連絡いたします。できればヴァランシエヌから私物を引き取ろうと考えています。その場合、自分と**ステディンク**、その他スウェーデン人の引き払い費用として、一万一千数百リーヴルが必要となります。**愛しい方**、どうか**私がパリに持っております**アッシニア紙幣から一万二〇〇〇リーヴルを、包みに入れて私の住所宛てに、駅馬車で送ってくださいませんでしょうか。そのうち二〇〇〇リーヴルは少額紙幣にしていただければと思います。そうすれば銀を使う必要がなく、二五パーセントの損も避けることができます。私があなたを頼ることに胸を弾ませているのが、おわかりでしょう。(2)〕

皇帝が《会議開催を》拒否したことからも、頼りがいの有無がおわかりになったでしょう。私は皇帝にもメルシー伯爵にも不満を抱いています。私やあなたに対しては美辞麗句を並べますが、実際には何も変わりません。あなたがご自身で行動を取られることが絶対不可欠です。あるいは、あきらめて何もせずに現状を維持するかのいずれかです。私はスウェーデン国王を落ち着かせようとできる限りのことをしていますが、ロシア女帝も控えていらっしゃるので、容易ではありません。スウェーデン国王が、あなたが何もしないおつもりだと確信してしまったら、もう手の打ちようがありません。ですから**愛しい方、**ご決断ください。**私たちの幸福のためにも、そして**あなたの栄光と名誉のためにも、決断が必要とされています。

　あなた方がパリを出発されて、レムス［フランス北部の街。］のラ・マルク宅に到着したという噂が、日曜日にこちらで流れました。フランス人は一人残らず興奮して、なかにはレムスに向けて発った者さえおります。噂を疑った者は、悪しき市民と見なされました。ヴィオメニル男爵があなたと王太子に腕を貸し、ショワズール公爵が女性に変装した国王に腕を貸したと言われております。誰も私にこの報せを連絡せず、話に来た者も、本当かどうか確認しに来た者もおりません。誰も私に政治の話をせず、私も話すことはいたしません。私は彼らとかなりの距離を置いています。こんな噂を流すとは、ひどいものです。現在その出所を調べているようですが、ニコライ氏［エマール・シャルル・フランソワ・ド・ニコライ侯爵。一七三七－九四年。フランスの軍人、政治家。恐怖政治下で処刑される。］(3)とリモン氏が最初に流布しました。あなた方が出発を計画していた場合に備えて、それを阻止するために、コブレンツあるいはパリからこうした噂を流したのだと言われています。〔この国を知れば知るほど、憎しみと軽蔑が増します。あなたがいらっしゃらなければ、私はためらいもなく決断したでしょう。〕**さようなら、誰よりも愛しい方。**〈欄外三行半塗りつぶし〉国王からご命令があった場合、あなたのところに供の者を連れず一人で訪問できるかどうか、教えてください。すでに国王からはご意向の一部をうかがっています。

【教皇は数々の国へ宛てて覚書を送られたので、その最後の部分をお送りします。教皇は全ヨーロッパに向けて、断じて〈三語判読不可〉**の提案、補償、交換などは聞き入れないとはっきりと宣言なさいました。】**

　スペイン国王から提案された計画に対し、どのようなお返事を書くべきかあなたに助言差し上げましたが、その案を採用されるかどうか、ご連絡ください。またスウェーデン国王にも私から同様のことを連絡し、まずは会議開催が必須であることを強調しつつ、あなたがこの計画を評価していること、加えて再びスウェーデン国王を頼りにすることができて喜んでいると、お伝えしてよろしいでしょうか。こう回答すれば、スウェーデン国王も落ち着きを取り戻し、あなたのお役に立ちたいという願いから、大公方を抑えてくださるでしょうし、あなたも縛られることはありません。状況次第では、新たな計画が持ち上がる可能性もあるからです。計画を採用するもしないも、あなた次第ですし、列強の支持があればなおさらです。

トゥーグート男爵(4)はクロフォード氏に、あなたが皇帝に、冷静になって何もしないでほしいと懇願した、だから皇帝は行動を起こすことができないのだ、と語りました」

アントワネットからフェルセンへ

(現存せず、一七九一年一一月二六日)

フェルセンはアントワネットに宛てた一七九一年一二月四日付の手紙のなかで、アントワネットからの一一月二六日付の手紙を受け取ったと書いている。一一月二〇日から一二月二日まで、フェルセンの日記は途絶えているため、おそらく再び体調を崩していたと考えられる。一二月三日には日記が再開し、「トゥーグートはメルシーがパリに戻ると言った」という簡潔な一文を書いている。フェルセンは翌日、この報せを王妃宛ての手紙に記している。

原注

(1) 一七九一年一〇月三一日および一一月七日付の手紙。

(2) この段落は、クリンコウストレーム男爵版では削除されている。

（3）ジェローム＝ジョゼフ＝ジェフロワ・ド・リモン。一七四六－九九年。オルレアン公爵の財務担当官で、三部会では第三身分選出。王党派。亡命し、一七九二年にブラウンシュヴァイクの宣言を作成する。

（4）ヨハン＝アマデウス＝フランツ・フォン・トゥーグート男爵。一七三六－一八一八年。オーストリアの外交官、メルシー伯爵の補佐官。全権公使としてネーデルラントへ赴任。

27

フェルセンからアントワネットへ

（一七九一年一二月四日）

AN. 440AP/1. フェルセン直筆の写し。手紙は特殊インクで書かれている。塗りつぶしや欠落はなく、いつものような「愛しい方」という呼びかけもないため、この手紙はルイ一六世に読まれることを想定して書かれたと思われる。フェルセンの書簡記録簿には「四日：ジョゼフィーヌ。――――氏経由、特殊インク使用」と記されているが、手紙を運んだ男性が誰なのかは不明である。アントワネットは一二月九日に、「あなたの手紙を受け取ったところです。なかには絵が一枚入っていました。私の手紙も届いたとのこと、うれしく思います」と書いている。この一文から、二人は何か物が入っている包みなどに手紙を隠して送りあっていたことがわかる。

フェルセンは国王夫妻の受け身の姿勢を強く批判し、一度ならず王妃に対して、立場を明確にするように、立憲君主派を信用しないようにと進言している。そして一一月一一日付のグスタフ三世の手紙から、辛辣な箇所を引用して王妃を納得させようとした。

「王妃、特殊インク
一二月五日、信頼できる使者を通して送付
ブリュッセルにて、一七九一年一二月四日

二五日および二六日付の二通のお手紙を受け取りました。スウェーデン国王とスペイン国王宛てのお手紙は、暗号化して送っておきます。素晴らしい内容のお手紙です。二通目の手紙をお書きになるとお決めになられたら、両方とも原本をお送りしましょう。覚書も完璧です。こちらは男爵にお渡ししました[1]。あなたの悲惨なお立場はよくわかります。しかし災いが極度に悪化するのを待っているだけで、外国からの助けがなければ、この状況は決して変わりません。今目の前にある災いは去っても、新たな災いが訪れ、あなた方は不幸なまま、王国も崩壊することになるでしょう。あなた方は決して、過激分子に勝つことはできないでしょう。彼らはあなた方のことを、そのご性格を恐れています。自分たちの過ちを意識する彼らは、復讐を恐れ、囚われの身であるあなた方を解放しないでしょうし、憲法によって保障された権限を行使することも妨げるでしょう。彼らは、国民があなた方に対して尊敬の念や愛情を抱かなくなるよう、仕向けています。

　貴族はあなた方に捨てられたと思い込み、あなた方への恩義を忘れるでしょう。そして大公方と一緒になって、自らのために、自らによって行動を起こすでしょう。自分たちはすべてを失ったとあなた方を非難し、忠誠心も失われるでしょう。ある者たちは自分たちは裏切られたと言い、ある者たちは自分たちは見捨てられたと言って、あなた方から離れていくでしょう。ヨーロッパ諸国はあなた方に堕落者の烙印を押し、卑怯だと責め立てるでしょう。あなた方を弱腰だと非難し、落ちぶれて何の役にも立たない**【あなた方】**国とは手を組もうとはしないでしょう。スウェーデン国王は、あなた方が何もするつもりもなく、時の流れと予測不能な展開を待ち続けることにしたのではないか、行動することもできず、大公方を利用するつもりもないのではないかと危惧**【確信】**し、私にこうおっしゃいました。『ロシア女帝はこの態度を非常に不満に思っている。自分は積極的な行動を取るよう皇帝の説得に尽力しているのに、王妃は皇帝に宛てて、行動を起こさないようにと書き送っていることを不満に思っている。女帝自身が余にそう知らせてきた』。フランス国王夫妻の態度に立腹している人々がいることについて、スウェーデン国王はこうもおっしゃいました。『不満を抱いているのは亡命貴族だけではなく、列強諸国も同様だ。こうした国々は危険な時期にあっても、熱意と友情を示そうと、抜き差しならぬところまで深入りした。余や女帝を先頭に、こうした国々は、大公たちを彼ら自身が望みも考えもしなかったような大それたところへと連れて行ってしまうだろう』

　あなたのことについては、『もしフランス国王が崩御され、義弟たちや貴族たちを頼るしかなくなったら、王妃のお立場はどうなることか。貴族たちは、王妃が**女性特有のつまらぬ恨み**のために自分たちを犠牲にした、自分たちがすべてを失い、追放されたのはひとえに王妃が原因だと、非難を浴びせるかもしれぬ』とおっしゃいました。

スウェーデン国王は、ロシアやスペインは協力的であると断言され、プロイセンの好意やイギリスの中立性にも期待できるとおっしゃっています。

こうしたことを考えあわせれば、利益を守るためにも、名誉のためにも、何としても決断をくだしていただかねばなりません。私は厳しい事実を突きつけているかもしれませんが、どうかあなた方への熱意と忠誠心に免じてお許しください。熱意と忠誠心が私を急き立てるのです。しかし私は、あなた方は聞く耳をお持ちであると存じています。あなた方に助けが必要となれば、何ものも私を止めることはできません。いかなることをも**【隠さない】**黙さないことが、私の務めであると存じます。

メルシー氏がパリへ戻ることは確実かと思います。あなた方にとっては大きな災いでしょう。皇帝についての私の見立てが正しいこと、皇帝はほとんど頼りにならないことが明らかになるでしょう。提案された計画を承認されるのでしたら、早急に皇帝にお手紙を書かねばなりません。各国宮廷に対するあなた方の働きかけを知れば、皇帝も考えを変えるかもしれません。おそらくメルシー氏の訪問の目的のひとつは、あなた方のお振舞いに干渉し、ウィーン宮廷の思惑通りに動かそうとすることでしょうから、なおさらです」

原注

（1）覚書はルイ一六世からブルトゥイユ男爵に宛てたもので、一一月二五日付のアントワネットの手紙に同封されていた。

28 アントワネットからフェルセンへ

（一七九一年一二月七日、九日）

AN, 440AP/1 および Stafsund, SE/RA/5802. ア

ントワネット直筆の手紙。全部で一二行および数語が二回にわたって塗りつぶされている。原本とクリンコウストレーム男爵による写しはフランス国立中央文書館に保管されており、男爵が書簡集を刊行する際に作成した原稿はスウェーデン国立文書館に保管されている。原本、写し、原稿を突きあわせてみると、まずフェルセンが原本の一部を塗りつぶし、クリンコウストレーム男爵はそれに従って写しを作成したことがわかる。同時に男爵は、フェルセンからの包みが国王の手にわたったと書かれている箇所を不適切だと断じ、原本にも塗りつぶしを施し、原稿からも削除した。したがって男爵版の書簡集にはこの箇所は収録されていない。一方、男爵は写しでこの箇所を削除し忘れている。本書では、この塗りつぶされている三行を収録している（太字部分）。また、書簡四ページ目で塗りつぶされている「優しく愛しい方」という言葉も判読することができた。フエルセンは、王妃からの手紙で個人的なことが書かれている箇所や、フランス人に対する率直な思いが綴られている箇所を、いつか執筆予定の『回想録』からは外そうと、目印として原本にかっこをつけている。また自身が書く手紙についても、同様の処理をおこなっている。しかしクリンコウストレーム男爵は、そうしたフェルセンの配慮を顧みず、これらの箇所を削除せずに書簡集を刊行した。

　この手紙は、パミエ司教から届けられた一一月二六日付のフェルセンの手紙への返事であり、パリ訪問の提案への回答も記されている。回答はフェルセンの期待していたようなものではなかった。「今、こちらにいらっしゃることなど不可能です。もしいらっしゃれば、私たちの幸福を壊しかねません。私がこう申すからには、本当のことだとおわかりになるでしょう。あなたにお会いしたいのは、誰よりもこの私なのですから」。同時に「あなたとの再会がかなう幸福な時期」という言葉を使って、フェルセンを安心させようともしている。ヴィオメニル男爵に関する記述から見て、アントワネットは、男爵を大公たちに派遣することに賛成ではなかったようだ（「事は厄介になってきています」）［二四三ページ参照。書簡25でフェルセンは、戦略を変更し、オーストリア抜きで、スペイン、スウェーデン、ロシアと協調して会議開催を目指し、無用の混乱を避けるため、王弟たちのもとには使者ではなく手紙を送ることを提案している。しかし、ヴィオメニルの派遣はすでに決まっていた。］。塗りつぶされている行においては、政治の話題を書くときには注意を払うようにと指示している。これは、国王はアントワネットと「過激派ども《アンラジェ》」との交渉がどの程度進んでいるか、知らされていなかったことを意味している。国王夫妻は相互に補佐しながら政治活動をおこなっているようで、実際はほとんど連携が取れていなかったのである。

「新たな知り合い」、すなわち立憲君主派たちとの交流については、「このような決断を速やかにとらねば、私たちの立場はさらに悪くなるでしょう」と説明している。またフェルセンの性格も把握していて、スペイン、スウェーデンへの手紙の件では、彼を喜ばせようと次のような言葉を書いている。「あなたに指示いただいたことはすべて書くように心がけました。けれども政治に不慣れな私にとっては、大変な苦労です」。だがメルシーやバルナーヴ、そしてフェルセンとの間で交わされた書簡を見ると、意外なことにアントワネットは、政治的議論に長《た》けており、非常に明晰な分析力を持っていたことがわかる。列国への書簡に「書き忘れたこと」があると言っているが、曖昧さや卑屈さを嫌う彼女の性格からして、おそらくフェルセンの指示の一部を回避するための言い訳だったと考えられる。ラ・ファイエットがデヴォンシャー公爵夫人に宛てた手紙については、彼の風刺画に書かれていたあだ名「無謬の人《ル・サン・トール》」を引用して、「私は『無謬の人《ル・サン・トール》』の手紙など読まなくとも、もとから嫌悪感を抱いております」と書いている。そして誰よりも愛しいフェルセンに、体をいたわるようにと書いている（この箇所は塗りつぶされている。フェルセンの持病である痔はロマンティックとは言い難いためであろう）。

クインティン・クロフォードとエレオノール・シュリヴァンがパリに戻ってくることについても触れられている。「クロフォード氏にお会いするのが、待ち遠しくてなりません。けれども、氏があなたのもとを離れられるのは残念でもあります。あなたには気晴らしが必要でしょうから、クロフォード氏が冬をこちらではなく、ブリュッセルで過ごされるとよいのですが」。「あなたにお会いしたいのは、誰よりもこの私」としながら、「クロフォード氏にお会いするのが、待ち遠しくてなりません」と書くのも、奇異ではある。またフェルセンに、クロフォードやエレオノール・シュリヴァンと気晴らしをしてほしいとも書かれているが、彼女はフェルセンとエレオノールの秘密の関係を知らなかったはずだ。フェルセンの妹ソフィーは、エレオノールとの艶聞がストックホルムにまで伝わってきているとして、王妃の耳に入らないよう用心すべきだと、兄に書き送っている。一七九一年一二月一五日付のソフィーの手紙にはこうある。

「お兄さまもご存じのように、物知り屋のC．ストレムフェルトがこう言ってきました。『ところで、アクセルがブリュッセルでクラバート（もしかしたら違うかもしれませんが、そういう感じのお名前です）という女性に夢中なのはご存じでしょう。ブリュッセルからの手紙によると、アクセルはどこまでも彼女を追いかけて、劇場では同じボックス席に座ったとか。お相手は美しい女性だそうです』。私は『そういうこともありえますが、兄がその女性に夢中かどうかは疑わしいですわ。それにたいてい、物事は大げさに取り上げられて、仮定が事実として伝わりますもの』と答えました。
　そこで話は終わりましたが、お兄さま、彼女《エル》への愛にかけて申し上げます。こうしたお報せがよそに伝わったら、あの方に死ぬほどの苦痛を与えることになるでしょう。皆がお兄さまに注目して、噂をしています。どうか不幸な彼女《エル》のことをお考えになって、耐え難い苦痛を味わわせないでください[1]」

　フェルセンはほぼ毎日クロフォード邸に夕食に呼ばれ、エレオノールも同席していたが、二人きりになることはなかった。フェルセンがブリュッセルに到着したのは一〇月六日だが、日記には「滞在した」や「寝た」の記述は一切ない。彼はオテル・ベルヴュー亭に投宿しており、クロフォードとエレオノールは家を借りていた。フェルセンの日記にはクロフォードがたびたび登場するが、エレオノールのことは「シュリヴァン夫人」、あるいは単に「シュリヴァン」とだけ呼んでいる。のちにエレオノールを愛し始めるようになると、「エル」とか「エレオノール」の呼び名が使われるようになる。
　アントワネットはフェルセンとは長い付き合いだったので、彼は一人では生きていけないと知っていた。彼の日記や書簡からも、若い頃から孤独を恐れていたことが伝わってくる。孤独が続くと、落ち込みやすい性格が鬱へと悪化することもあった。そのため彼は、社交生活や友人を必要とした。クロフォード邸のサロンは毎晩大盛況で、政治談議はもちろん、フェルセンの趣味に合った会話も交わされていた。一七九一年秋、フェルセンの頭のなかにあったのは、熱烈に愛するアントワネットとの再会だけだった。しかしアントワネットはパリに来てはならないと言う。テュイルリー宮殿の彼女の部屋で一晩を過ごすには、彼女自身の許可がどうしても必要だった。

手紙のなかでアントワネットは、チョコレートの箱に入れて手紙を運ぶというアイディアについて触れているが、これは明らかにフェルセンの（現存しない）手紙で提案されたのだろう。二人はすでに手紙を送る手段として、お茶の箱を用いていた。この時点では、タウベ男爵の手紙で言及されている秘書ブルランは、まだブリュッセルに到着していない。

「一二月二六日受領、一七九二年一月三日ラスレ氏経由で返信

〈一七九一年〉一二月七日

最新の二通の手紙をお送りいたします。あなたのお気に召すかどうか。あなたに指示いただいたことはすべて書くように心がけました。けれども政治に不慣れな私にとっては、大変な苦労です。あなたのお手紙を読み返してみて、この二通の長い手紙に書き忘れたことがたくさんあったと気が付きました。幸いにも、核心に関わることではありません。〈パミエ〉司教にお会いできてどんなにうれしかったか、ご想像もつかないでしょう。退出されるのが残念でなりませんでした。司教を通してひと言でもあなたに手紙を書きたかったのですが〈一行と二語にかっこがついて塗りつぶされている〉、時間がございませんでした。司教は私からの伝言や、私の新たな知り合いのことをあなたにお伝えするでしょう。司教は手厳しい態度でした。私はずいぶんいろいろなことをやり遂げましたし、司教からも評価していただけるだろうと思っておりましたが、まったくそんなことはありませんでした。司教ははっきりと、やりすぎは禁物だとおっしゃいました。〈冗談は抜きにして、あなたとの再会がかなう幸福な時期のために、とても奇妙な往復書簡をとっておきましょ

う。ここに登場する人物たちを正当に評価せねばならないというのですから、なおさら奇妙です。誰もこの書簡の存在など想像だにしないでしょうし、もし話に出たとしても、あまりに漠然とした話なので、日々流布している数え切れぬほどの戯《ざ》れ言《ごと》と片付けられるでしょう［アントワネットがバルナーヴと交わしていた書簡を指す。］。}

私は『無謬の人《ル・サン・トール》』(2)の手紙など読まなくとも、もとから嫌悪感を抱いております。どんなに嫌っているか、司教からお聞きかもしれません。誰よりも危険な人物で、もしかすると真に恐るべき唯一の相手かもしれません。{今、こちらにいらっしゃることなど不可能です。もしいらっしゃれば、私たちの幸福を壊しかねません。私がこう申すからには、本当のことだとおわかりになるでしょう。あなたにお会いしたいのは、誰よりもこの私なのですから。}

メルシーからの手紙が届いたところです。王弟たちの皇帝に対する振舞いに苦言を呈する内容で、『彼らは皇帝に反抗するよう、ドイツ全体をけしかけております。彼らはスウェーデン、そしてとりわけロシアをたきつけております』と書かれています。そして自分からロシア宮廷に宛てて手紙を書き、状況を知らせ、私たちに対する好意をさらに確実にし、王弟たちを牽制しましょうと提案してきました。私は、もうロシアへは自分たちから謝意を示す手紙を送ったと、詳細は抜きで答えるつもりです。皇帝の振舞いがあまりに軽率なので、私たちのその他の書簡のやり取りについては、知らせないほうがいいと考えております。この点は、司教から聞いているでしょう。メルシーはこちらに来たがっているようですが、フランスの私の友人、すなわち過激派《アンラジェ》どもにけしかけられているのだと思います。けれども今フランスに来るなど、大きな間違いです。彼が戻ってきても何の得にもなりませんし、逆に私に対する讒言《ざんげん》がさらに激化するでしょう。そして、皇帝や私に対する亡命貴族の怒りをますます煽ることでしょう。

ヴィオメニル男爵にお会いになったと思います。〈ブルトゥイユ〉男爵がヴィオメニル男爵に何を話すかは存じませんが、事は厄介になってきています。私たちの明確な発言を妨げているのは皇帝の拒否と緩慢さですから、ここをつつかなければならないと思います。コブレンツの王弟たちの軽率さは目に余るほどで、彼らに秘密を打ち明けることなどできません。数日前届いた太《グロ》ったアグー氏の手紙には唖然とさせられました。『当方とそちらが完璧な合意に達せるよう、ロレーヌの太った《グロ》男爵のお越しを待ちかねています』と書かれています。[3] このようなこと、お考えになれますか。｛ああ、何と忌まわしい国。彼らと共に生きねばならぬとは、そして彼らのために尽くさねばならぬとは、何と不幸なことでしょう。｝

司教のご出発以降、こちらの状況は少しよくなりました。自称立憲君主派たちは共同で、共和主義者たちやジャコバン派に立ち向かっているようです。特に有給部隊をはじめとする多くの衛兵を味方につけたので、数日のうちに組織が立ち上げられ、連隊に編入されることになるでしょう。王家に対し非常に好意的で、ジャコバン派たちを見せしめにしようと気炎を上げています。ジャコバン派たちは蛮行を繰り返していますが、今の時点では、彼らを支持するのはごろつきや極悪人くらいです。ただしこれは今の時点での話です。というのも、こちらでは日々すべてが変わり、何が何だかわからないからです。

今日か明日には、宣誓拒否聖職者についての決議に反対する上奏文が、国王に提出されるはずです［一七九〇年、議会は僧侶たちに憲法順守をはじめとする宣誓を立てることを義務化した。一七九一年には宣誓拒否聖職者を追放、拘束するための決議がくだされた。これに反対する上奏文を指す。］。事態が好転しないにしても、少なくとも各党派間に対立が生じることになるでしょうし、決議に反対すること自体が、国王を支持し、こちら側につくことを意味するのですから、喜ばしいことです。ガルニエ氏［ジェルマン・ガルニエ。一七五四－一八二一年。元シャトレ裁判所の検察官。一七九一年二月にパリ市行政官に就任。］が上奏文を練り、デュポールとバルナーヴが書き上げますが、これは内密にしてください。昨日、とうとうルイ・ド・ナルボンヌ伯爵が陸軍大臣に就任しました。スタール夫人の栄誉と喜びもひとしおでしょう。何しろ軍隊を手中にできるのですから！[4] 伯爵は立憲君主派たちの支持を取りつけるだけの機知と、軍隊を動かすだけの貫禄を備えているのですから、本人にその気さえあれば、役に立つことでしょう。閣議ではベルトラン氏[5]に近づこうとしているようですが、唯一使いものになる人物はベルトラン氏くらいだということを考えれば、これは正しい判断でしょう。

優しく愛しい方、私が一日中どのような立場に置かれて、どんな役割を演じなければならないか、おわかりになるでしょうか。ときどき、自分自身のことがわからなくなります。今口にしていることは、自分の思考なのかどうか、考えなければいけないときもあります。だからといって、どうすればよいのでしょう。すべてはどうしても必要ですし、このような決断を速やかにとらねば、私たちの立場はさらに悪くなるでしょう。少なくとも時間は稼げるでしょうし、時間こそが何よりも必要とされているのです。いつかならず者たちに、私は騙されていたわけではないと証明することができたら、どんなに喜ばしいことでしょう。男爵には私たちに代わって、ロシアとスペインを催促してもらわねばなりません。皇帝に**裏切られた**ことは大きな不幸です。私から皇帝に会議の詳細を伝えたのは九月です。そのときに皇帝がしっかり動いてくださったら、来月には開催されていたかもしれません。会議開催が実現できたら、どんなによかったことか。こちらでは危機が急速に迫っており、会議は手遅れになってしまうかもしれません。そうなったら誰が私たちを守ってくれるのでしょう。

　プロイセンには用心が必要です。シューレンブルク氏はデュムティエ氏に次々と手紙を送っておりますが、もしハイマン氏が何かをかぎつけたら、ジリエ氏〔シャルル＝フェルディナン・ド・ジリエ男爵。一七五一－？年。国内に残る過激王党派で、立憲君主派と協議する王妃に不信の目を向けていた。〕に報告するでしょうし、そうなれば世間に知れ渡ってしまいます。上奏文が届きました。決議について完璧な議論を展開していますが、ならず者たちは恐れをなして、いろいろと理不尽なことを書き加えています。ナルボンヌ氏は議会に出席し演説をおこないましたが、明晰な彼にしては信じ難いほど月並みな内容でした。クロフォード氏にお会いするのが、待ち遠しくてなりません。｛けれども、氏があなたのもとを離れられるのは残念でもあります。あなたには気晴らしが必要でしょうから、クロフォード氏が冬をこちらではなく、ブリュッセルで過ごされるとよいのですが。｝あなたの秘書官が到着したのかどうか、早く知りたいです。お体の具合はいかがでしょうか。きっとあなたのことですから、養生していらっしゃらないでしょうが、それはいけませんし〈二行と四分の三塗りつぶし〉。私はほとんど外出することもなく、神経は疲れ切っていますが、体は元気にしております。人に会ったり、書き物をしたり、子どもたちと過ごしたりで、自分のための時間はいっときもありません。子どもたちとの時間はほかの用事に劣らぬほど重要で、唯一の幸せなときでもあります〈三語塗りつぶし〉。悲しくなると坊やを抱きしめて、心を込めてキスをします。すると束の間、なぐさめられるのです。さようなら。チョコレートのアイディアは、二重の意味で妙案です。この冬には用心しつつ、何回か試してみましょう。さようなら。

〈一行と四分の一塗りつぶし〉

九日金曜日

あなたのお手紙を受け取ったところです[6]。なかには絵が一枚入っていました。私の手紙も届いたとのこと、うれしく思います。私たちの手紙を受け取った諸外国が落ち着きを取り戻し、真意を汲み取ってくれればと思います。皇帝に届いたという私の手紙が取り沙汰されていますが、理解し難いことです。私はしばらく前から、誰かが私の筆跡をまねて皇帝に手紙を書いているのではないかと疑っており、真相を解明したいと思っています。メルシーがここに来るなど大きな過ちです。私たちから王弟たちに宛てた手紙に関しては、メルシーにひと言書いておかねばならないでしょう。この包みを受け取ったら、すぐに連絡をください。スウェーデン国王への手紙は、一日中格闘しましたが、これ以上うまく書くことはできませんでした。

あなたと同じく私も、災いの極度な悪化だけが好転をもたらすなどとは考えておりません。だからこそ、外国による国外での武力の裏付けが必要なのです。けれどもフランス人に〝ものを考え、ひとつの理論に従う能力がある〟などとお考えですか。〝もしそうだとしたら、買いかぶりすぎです。断言しますが、単に変化を求める心から、彼らは暴力をふるった頃と同様の変わり身の速さで、新体制へと戻ってくるでしょう。その前に、宣戦布告が出されるでしょう。ただし相手は強大な武力を持った列強国ではなく――列強を相手にするにはフランスはあまりに意気地がありませんから――、自衛ができなさそうなドイツの選帝侯や諸侯です。愚か者たちは、そんなことをしたら、私たちの利益になることをわかっていないのです。戦争が始まったら、すべての列強国は自国の権利を守ろうと介入してくるに違いないからです。ただ各国には、パリにいる私たちは他人の意思を実行しているに過ぎないこと、しっかりと私たちを攻撃することこそが私たちの利になるのだということを、わきまえてもらわねばなりません。〟

私にお手紙をくださる際の不都合については、司祭からお聞き及びのことと思います。いつも国王に送付物をお渡しするラ・ポルト氏が、今日あなたから送られてきた包みを持ってきました。陛下はインクを読み出すための溶液をお持ちです。私が気付いたのはしばらくしてからのことでした。幸運にも陛下はまだ読み出していらっしゃらなかったので、私は素早く手紙を回収しました。

〈一行半塗りつぶし〉**手紙の内容には、くれぐれもお気を付けください。特に政治について書かれている場合です。**ブラバン新聞については、私のほうで手配します。おそらくこちらに届くでしょうから、それを使ってどうぞご自由にお書きください。さようなら〈数語塗りつぶし〉」

フェルセンは一七九一年一二月八日付の日記で、王妃と会見したパミエ司教は「大変満足して戻ってきた」と記している。一二月一〇日、ルイ一六世から大公たちのもとへ派遣されたヴィオメニル男爵が、ブリュッセルに到着した。だが、国王夫妻と大公たちの協調を促そうという試みは、個人的な利害しか頭にない身勝手な取り巻きたちにより、またしても妨害された。カロンヌは、ブルトゥイユ男爵に対するプロヴァンス伯爵とアルトワ伯爵の不信感を煽り、不信感は憎悪になり、ついにはルイ一六世との間にまで修復し難い亀裂が生じた。フェルセンは、会議開催を秘密裏に手配するために、フランス国王がブルトゥイユ男爵を通してスペイン、スウェーデン、ロシアと手を組むことを望んだ。国王夫妻の計画は決してコブレンツに悟られてはならない。大公たちの閣僚は、バルビ伯爵夫人〔アンヌ・ノンパール・ド・コモン。一七五三－一八四二年。プロヴァンス伯爵の愛人。〕やポラストロン伯爵夫人〔ルイーズ・デスパルベス・ド・リュッサン。一七六四－一八〇四年。アルトワ伯爵の愛人。〕のサロンに出入りして、策謀を巡らせていた。アントワネットは一七九一年一二月七日および九日付の手紙で、ヴィオメニルについて触れているが（「事は厄介になってきています」）、フェルセンがこの手紙を受け取ったのは、ようやく一二月二六日になってからのことだ。日記からすると、ヴィオメニルがブリュッセルに到着する前に、王妃からもう一通手紙が届いたと考えられる。そうでなければ、王妃が「彼を出発させたことをひどく後悔している」ことを知りえなかったはずだ。

フェルセンの日記

「〈一二月〉一〇日：ヴィオメニル男爵は哀れな交渉役だ。男爵はケルンとコブレンツへ赴いて、カストリ元帥に、大公たちの閣議において国王のために動いてほしいと依頼することになっている。王妃は間違った選択をした。今や彼女は彼を出発させたことをひどく後悔している。

私の手紙が届いたのはそのあとだったのだ。男爵は朝、私に会いに来た。止めようと思ったが、言い出すことはできなかった。止めたりしたら、ブルトゥイユ男爵も承知しているのにとか、ブルトゥイユ男爵は皆を押しのけて自分一人で事を進めようとしていると非難されるだろう。ブルトゥイユ男爵邸でヴィオメニル男爵を迎えて話しあった際、私は伝言の内容に変更を加えるよう、男爵に提案した。伝言の調子を弱めて、可能な限り骨抜きにするためだ。カストリが来ないことを祈ろう(7)」

原注

（1）Stafsund. SE/RA/720807022/13.

（2）ラ・ファイエット。

（3）おそらくジャン＝アントワーヌ・ダグー伯爵を指すと思われる。前出のアグーの弟。一七五三－一八二六年。フランスの軍人、政治家。三部会では貴族議員。一七九一年にコブレンツへ亡命し、大公たちを補佐する。兄はブルトゥイユ男爵側についたが、弟は大公側についた。「ロレーヌの太った《グロ》男爵」はブルトゥイユ男爵を指す。ここでアントワネットが立腹しているのは、ヴァレンヌ逃亡事件失敗から一〇日後にプロヴァンス伯爵がブルトゥイユ男爵を罷免したためである。

（4）王妃はスタール夫人の情事をあてこすっている。夫人は愛人ナルボンヌが大臣に任命されるよう、あらゆる方面に働きかけていた。

（5）アントワーヌ＝フランソワ・ド・ベルトラン・ド・モルヴィル。一七四四－一八一八年。海軍大臣。一七九二年に辞職するが、ルイ一六世への忠誠を貫いた。

（6）一七九一年一二月四日付の書簡を指す。

（7）Stafsund. SE/RA/720807/02/6/II/5.

29

フェルセンからアントワネットへ

（一七九一年一二月一二日）

AN. 440AP/1. アントワネットへ暗号で送った手紙の、フェルセン直筆の写し。フェルセンの書簡記録簿には「一二日：ジョゼフィーヌ。郵送、暗号文」とある。フェルセンにより抹消されている二つの文章は、現在まで未公表だった。この部分は平文なため、判読が充分可能である。結びの部分では、アントワネットへの愛情あふれる言葉が綴られているが、これも塗りつぶされている。余白には「郵送にてグジュノへ」と書かれており、この手紙が「ブラウン夫人」宛てとして、グジュノの住所、すなわちパリ、ル・ペルティエ通り二番地へ送られたことを意味している（第一章参照）。あらかじめ決めてあった本の四九ページに記されている「adroit《器用な》」がキーワードである。一二月一一日のフェルセンの日記には、「王妃からロシア宛ての、国王からスペイン宛ての手紙が届く。充分な内容」とある。彼はアントワネットに手紙は「完璧」だと述べている。

「郵送にてグジュノへ
49　adroit《器用な》

ブリュッセルにて、〈一七九一年〉一二月一二日

スペインとロシア宛てのお手紙が届きました。完璧でございます。スウェーデンとプロイセン宛てのお手紙をお待ちしています。もうひとつ、重要な仕事が残っています。スペイン王妃［本書でのスペイン王妃は、マリア・ルイサ・デ・パルマ（一七五一－一八一九年）を指す。］に宛てて、慇懃で信頼感のこもった手紙をお書きください。国王のお手紙を引きあいに出しつつ、パリのせいで、秘密を**【こちらまで漏れないように】**厳守せねばならないとほのめかしてください。王妃の影響力はご存じでしょう。この仕事は**【大変重要ですし】**、早ければ早いほど好都合です。私にお手紙をくださるときは、Boue［Boueが店名を指すのか、特定のお茶を指すのか、あるいはほかの意味があるのか、定かではない。ちなみにルヴェ版ではBoueとなっている。］のお茶の箱に入れて、駅馬車で銀行家のダニエル・ダノート氏宛てにお送りください。

ヴィオメニル氏がこちらを訪問なさいました。**【男爵の任務は我々にとって非常に厄介なものですが、できるだけ影響が広がらないようにいたしましょう。もしブルトゥイユ男爵からの命令でなければ、私がこちらでヴィオメニル男爵を足止めして、あなたからの命令を待つこともできたでしょう。】**

皇帝はプロイセン、オランダ、イギリスと同盟を組もうとしていますが、イギリスはこれを退けると考えられます。

さようなら、誰よりも愛しい方。いつまでもあなたを

熱烈に愛します」

一七九一年一二月一六日、フェルセンの日記は再び中断して、翌年一月一日に再開している。またアントワネットとの往復書簡も、次に掲載する手紙まで中断している。一月の日記の記述から判断すると、フェルセンは再び体調を崩したようだが、二人の政治戦略に食い違いが生じ始めていたことから、書簡の中断の原因はほかにあったとも考えられる。もちろん、記録に残されず、現存もしない書簡があった可能性も充分ある。

30 フェルセンからアントワネットへ

（一七九一年一二月二二日）

Stafsund. SE/RA/5802. 原本は紛失。フェルセンの書簡記録簿には、「フランス王妃。郵送」と記されている。本書では、クリンコウストレーム男爵の原稿を転載している。この手紙でヴィオメニル男爵の任務を危惧している箇所はほぼすべて、一二月一二日付の手紙の繰り返しである。ただしフェルセンは、前回の手紙ではこれらの部分を削除している。日付から見ても、彼は一〇日間、身動きすることもままならなかったと推測される。王妃からの返信はなく、フェルセンは手紙が届いたかどうか尋ねている。この手紙には悲痛な叫びが綴られている。彼はアントワネットからの政治上の信頼を失ったと思い込み、一二月一四日にルイ一六世から叔父トリーア大司教［トリーア大司教クレメンス・ヴェンツェスラウス・フォン・ザクセン。一七三九－一八一二年。神聖ローマ帝国の選帝侯の一人。ルイ一六世の叔父に当たる。フランスの亡命貴族が集結していたコブレンツは、トリーアの領地内にあった。］に宛てた、一七九二年一月一五日までに領地に集合している亡命貴族たちの強制退去を望むとの宣言を受けて、「打ちのめされ、身を切られる思いでした」と述べている。これは大公たちに戦争の脅威を与え、フェルセンとブルトゥイユが会議開催に向けて各国と進めてきた交渉を台無しにしかねない出来事だった。それでなくても、王弟たちを信頼しようとしない国王の態度は弱腰で卑屈とされ、フランス王室に友好的な国々でさえ、腹に据えかねていたのだ。
ルイ一六世は、「過激派ども《アンラジェ》」たちに強制されてこうした宣言を出さざるをえなかった。さらに悪いことに、タウベ男爵によれば、グスタフ三世が「会議開催を支持する決定をして、女帝にも知らせた[1]」時期と重なった。フェルセンにとって、ルイ一六世の宣言を新聞で知るなど、耐え難いことだった。バルナーヴや立憲君主派たちが自分を押しのけたと信じ込み、国王夫妻がなぜ自分に対し沈黙を守っているのか、理解できずにいた。彼は、「信頼は与えられるものではないと存じています」と書いている。

そしてようやく国王夫妻からの手紙が到着した。手紙には、フェルセンやブルトゥイユ男爵に前もって自分たちの行動を知らせる方法がなかったと、書かれていた（事実、宣言書は一日で作成され、翌日に可決された）。ルイ一六世はブルトゥイユ男爵宛てに長文の手紙を書き、自分の政策について、また自分たちの置かれている状況の難しさ、大公たちの軍隊を解散させる理由について説明した。フェルセンはルイ一六世の宣言に気を悪くしているグスタフ三世をなだめようと、この手紙の写しを送った。一七九二年一月一七日、タウベはフェルセンに宛てて、グスタフ三世は「フランス国王が現在反逆者どもに取っている行動を是認している」と書き、「彼らは籠絡《ろうらく》の難しい相手である[2]」としているが、サンクトペテルブルクやストックホルムの宮廷は、ルイ一六世の弱腰に白い目を向けていると警告している。「国王の側近には、革命以前の王政の完全復古のみをひたすら唱えること[3]」とも書いている。だがルイ一六世もアントワネットも、そのような期待はとっくに捨てていた。フランス国内にとどまる王党派と、国外の王党派の間には、かつてないほどの亀裂が生じていた。

なお、クリンコウストレーム男爵は次のような注を付している。「フェルセン伯爵による写しの余白には、『一二月二三日、王妃宛て、郵送、特殊インク使用。二三日付の手紙は一二月二四日にクロフォード経由で送る』と書かれている」

「一七九一年一二月二二日

スペイン王妃に書簡をお書きになるようご提案した手

紙が、お手元に届いていればと思います。これはぜひとも必要なことです。じきに、イギリス国王やオランダ総督夫人［本書でのオランダ総督夫人は、ヴィルヘルミーネ・フォン・プロイセン（一七五一―一八二〇年）を指す。プロイセン国王の妹。］にも手紙を書いていただかねばなりませんが、今はまだそのときではありません。決心を固められたらご連絡ください。ブルトゥイユ男爵は、和解が成立したオランダ総督夫人に手紙を書くよう、ブランツェン氏[4]に働きかけました。ブランツェン氏は非常に好意的で、厚遇すべき人物です。オランダ総督夫人からプロイセン国王に手紙を書いていただき、立場をより明確にし、皇帝に対し具体的な提案をしてもらうようお願いします。そうすれば全ヨーロッパに向けて、皇帝がプロイセン国王の好意を疑っていることは誤りであること、事態が膠着しているのはひとえに皇帝が原因であることを、より明確に証明できるでしょう。こうした提案をしても、プロイセン国王の立場が危うくなることはありません。皇帝の行動に合わせて、自分も行動に出るかどうかを決めればよいからです。

あらゆる事態が考えられますから、お持ちの書類はすべて、人に見つからない安全な場所で保管したほうがよいでしょう。

あなたは私が提案した計画を選択されましたが、そうなるとヴィオメニル男爵の派遣は厄介な事態を引き起こすでしょう。もしブルトゥイユ男爵からの命令でなければ、私がこちらでヴィオメニル男爵を足止めして、あなたからの命令を待つこともできたでしょう。しかしヴィオメニル男爵の出発は、すでにコブレンツに知れ渡っているので、変更などすれば悪く解釈されるでしょう。彼が伝えるべき言葉については、いくつか手を加えましたし、不都合な点はなるべく隠すように、できることはすべてしました。諸宮廷の返事を待ってから皇帝にご連絡を取るとのお考えは、的を射ています。近衛兵の件ですが、配置につくまでは軍服でパリを歩くことを禁じるという司教の提案は適切だと思います。さもなくば争いのもととなるでしょう。もし世間が彼らの敵に回れば、あなたは近衛兵を利用できなくなってしまいます［当時、国王を警護する立憲近衛隊とパリ市民との間の摩擦をいかにして防ぐかは、大きな課題のひとつだった。例えばバルナーヴから王妃に宛てた一七九一年一一月二九日付の手紙でも、この話題が取り上げられており、軍服の色にいたるまで議論されている。］。

フランシュ＝コンテ出身のトゥーロンジョン氏[5]は、好意的な考えの持ち主にもかかわらず、冷たい扱いを受けました。さほど特別扱いはしないにしても、好意的な考えと分別を備えた者には、それに報いる印を与えてはいかがでしょう。あなたでしたら、そうした褒美の与え方にもよく通じていらっしゃるでしょう。

ブラウンシュヴァイク公爵[6]は機知と才能、そして大いなる野心を兼ね備えた方で、ベルリンにも大きな影響力を持っています。公爵を味方につけられれば、心強いとはお思いになりませんか。公爵はフランスを愛していますし、可愛がっているご子息の勤務先としてもわざわざフランスを選ばれたほどです。公爵に働きかければかなりの効果があるでしょうし、プロイセンの件も進展するでしょう。公爵に対しては、ご子息の件で何らかの見返りをほのめかせばよいのです。賛成でしたら、多少とも重要な地位に就いており、公爵の気に入りそうな人物を派遣してください。カストリ元帥でしたら適任でしょう。あるいはブイエ氏でも結構です。賛成かどうかご連絡ください。男爵にはまだお話ししていませんが、きっと賛成していただけるはずです。エティエンヌ・デュルフォール伯爵[7]は、国王をお守りする近衛隊に加わりたいと熱望しています。伯爵から男爵にお話がいき、男爵から私に、あなたにお伝えいただきたいと頼まれました。メルシー氏は今回はパリには行きませんが、その気になればいつでも行くことができます。おそらくスウェーデンとロシアの動向を見て、考えを変えたのでしょう。スウェーデンとプロイセン宛てのあなたのお手紙はまだ到着せず、気をもんでおります。駅馬車が一番安全で早い輸送手段です。スペイン宛てのお手紙は、イギリス経由でスイユ伯爵が運びます。ロシア宛てのお手紙はボンベルが運びますが、ボンベルはまだこちらに到着していません。

月曜日

昨日、国王の宣言について知りました。その理由も目的も知らない私は、打ちのめされ、身を切られる思いでした。あなた方に不実な助言がなされたのではないかと、心配しています。内容はともかく、あまりにも早急な行動を取られたのではないかと案じています。そうした行動は諸外国と練り上げて、彼らがドイツ諸侯を支持するふりをしながら実はあなた方のために行動する準備が整ったときにこそ、有効に働いたでしょう。議会の無理強いを受け入れて、彼らの希望に譲歩しつつ、憲法制定や財政再建、国債の保証、増税回避に向けて平和を回復しなければならない時期に、こうした行動がいかに不都合かをわからせるべきでしたでしょう。けれども今となっては、あなた方には困難が、ヨーロッパには危険な悪影響が及ぶでしょう。弱腰だからこんな宣言が出されたのだと言われ、友好国も出鼻をくじかれるでしょう。

事実、今まで交渉し、信頼を築いてきた相手国は、理由も知らされず、ブルトゥイユ男爵からの事前の通告もないままにこうした重大事を公文書で知って、どう思うことでしょう。きっとあなた方からは中途半端にしか信頼されていないのだと考え、交渉が一層難しくなります。そして、これは根拠のないことではありませんが、あなた方の意向に疑いを持ち、あなた方の示す信頼を怪しむでしょう。提案した計画を採用されたのですから、重大な行動を取るときには、かならず各国と協議をするか、少なくともブルトゥイユ男爵に相談する必要があります。男爵は各国の意向によく通じておりますから、あなた方の行動がもたらす影響を予測できますし、あなた方がそうした行動を取らざるをえない理由を各国に伝えて、反感を防いでくださるでしょう。素早く決断して行動に移さねばならぬ場合もあるとは存じますが、そうした可能性が予見されるからには、我々に連絡し、公文書よりも先に手紙が届くよう、時間を稼いでいただかねばなりません。そうすることで、友好国の印象も操作することができるのです。

信頼は与えられるものではないと存じていますし、信頼されようにも私などそれを求めることさえできません。私はあなた方の利だけを求め、これからも求めてまいります。ブルトゥイユ男爵の見解や計画を疑うことはあっても、私のこれまでのおこないには疑念の余地はなく、私の提案の純粋さ、あなた方にささげてきた熱意と忠実さ、そして献身は認めていただけると、僭越ながら信じております。私の唯一の望みはあなた方に仕えることであり、これをやり遂げる栄誉こそが、私にとってこの上ない報い、ただひとつの野心なのです。それ以外には、決して何も望みません。あなた方に幸せになっていただければ、そして自分はいくばくかでもあなた方の幸せの役に立ったと考えることができれば、私は過大に報いられたことになります。私からスウェーデン国王に何を伝えるべきか少しでもご指示いただき、あなた方の宣言についてスウェーデン国王やロシア女帝に弁明することをお許しいただきたく存じます。

と、ここまで書いてきたことは、すべて無用でございました。男爵とメルシー氏宛てのお手紙が到着したからです。ただ、このお手紙がもう少し早く到着していればよかったことは事実です。諸外国も、新聞ではなく、あなた方ご自身のお手紙を通して事前に宣言を知ることができたはずですから」

原注

（1） Stafsund, SE/RA/720807/22/14. タウベからフェルセン宛て、一七九一年一二月二一日。
（2） *Ibid.*
（3） *Ibid.*
（4） オランダの外交官。
（5） おそらくフランソワ＝エマニュエル・デムケルク・ド・トゥーロンジョン子爵を指す。一七四八－一八一二年。三部会では貴族議員でありながらも、初期に第三身分に合流する。
（6） カール＝ヴィルヘルム＝フェルディナント・フォン・ブラウンシュヴァイク＝ヴォルフェンビュッテル公爵。一七三五－一八〇六年。プロイセンの将軍。
（7） エティエンヌ＝ナルシス・ド・デュルフォール伯爵。一七五三－一八三九年。大公たちの軍隊に仕えた軍人。

31 アントワネットからフェルセンへ

（一七九一年一二月二二日）

AN, 440AP/1. フェルセン直筆の解読文。郵送のため、番号が付されている。アントワネットはフェルセンからの「短い手紙」を受け取ったと書いており、一二月一九日付だと書いているが、おそらく一二日付の、暗号を用いた手紙のことだろう。彼女は兄レオポルト二世の助けをまだ期待しているが、フェルセンは一一月二六日付の手紙で、皇帝は頼りにできないこと、北欧諸国やスペインと協力して、オーストリア抜きで会議を開催すべきことを伝えている。奇妙なことに王妃はフェルセンに、ゴグラに立憲君主派たちとの交渉について話さないようにと、指示している。王妃の秘書官であるゴグラが、なぜ王妃とバルナーヴの書簡について何も知らされていなかったのだろうか。一方、現存しない手紙のなかで、フェルセンはアントワネットに、ウィーンに使者を派遣するよう提案したと推測される。手紙は愛にあふれた言葉で結ばれていて、フェルセンは「さようなら。もっとも」までは解読したが、次に続く言葉を予想して、写しからは外している。

「一七九一年一二月二七日受領
一月三日返信
王妃から、一番
一七九一年一二月二二日

昨日あなたの短いお手紙を受け取りました。このお手紙の日付があっているとしたら、私からの手紙がそちらに届いていないことが心配です(1)。あなたのお手紙は一九日付で、私は二一日に受領しました。郵送でこれほど早く届くことなどありません。すでに印刷された紙を四枚受け取りました。それを炎にかざしたり溶液をつけたりしましたが、何も出てきませんでした。

一番最近送った手紙に対し、どんなお返事が来るのか心配です。頑健で信頼できて慎重な者が見つからなかったので、ウィーンに使いをやることはできませんでした。残念です。目下重要なことは、皇帝に私たちの真意を知っていただくことと、私たちは何を皇帝に期待できるかを把握することです。さもなくば、私は毎日のように間違いを犯してしまうでしょう。外国に何を期待すべきか、あるいは期待できるかによって、こちらも発言や行動を変えなければならないからです。せめて三日間でもゴグラをそちらにやって、あなたとしっかり話しあいをさせたいと思います。このことは、まだゴグラに話していません。あなたのお考えをお聞かせください。司祭があなたにお伝えした人々と私が手紙を交わしていることを、ゴグラは知りません。彼にこのことを話してはなりません。

こちらでは、亡命貴族たちが資産を担保に四〇〇〇万を皇帝から借りようとしていると、噂になっています。何とも常軌を逸した話で、残っている彼らの領地も略奪にあうことでしょう。できることなら、男爵に許可を与えますから、私たちは善良な者たちを破滅させるようなこのような案を認めることはできないと、王弟たちに伝える必要があります。

お送りしましたすべての手紙へのあなたの返信を待ってから、あなたとスペイン王妃に手紙を書きます。秘書はあなた〈一行空白〉nffkkueか、ご連絡ください。あなたのことを思うと、この遅れに心を痛めざるをえません。さようなら。もっとも〈二行空白〉。
確実な使いを通じて手紙を送る機会を逃してしまいました。この手紙以降、特殊インクや暗号を用いたものを含め、郵送の手紙にはすべて番号を付すことにいたします。どうぞ同じようになさってください。すべての手紙をメモして、欠けているものがないかどうか確かめねばなりません。さようなら」

フェルセンからアントワネットへ

（現存せず、一七九一年一二月二三日）

フェルセンの書簡記録簿の一二月二三日の欄には、「フランス王妃」宛てに特殊インクで手紙を書いたと記されている。この手紙はクインティン・クロフォードが届けた。彼は一二月二四日、エレオノール・シュリヴァンと共にブリュッセルを出発した。

原注

（1）アントワネットとルイ一六世からスウェーデンおよびプロイセンに送った手紙を指す。

32

フェルセンから アントワネットへ

（一七九一年一二月二四日）

AN. 440AP/1. フェルセン直筆の写し。手紙は暗号で書かれている。指定された本の一九ページにある「raison《理性》」がキーワード。フェルセンの書簡記録簿には「ジョゼフィーヌ。郵送、暗号文」と記されている。愛情を綴った箇所は塗りつぶされており、クロフォード経由で一二月二三日付の手紙を送ったと書かれている。

「19 raison《理性》
一七九一年一二月二四日

クロフォード氏は今朝出発しました。パリには火曜日【午後】に到着します。水曜日一〇時に、ゴグラを彼のところに送ってください。名前は告げずに、同封の暗号文を見せて、クロフォード氏との面会を依頼するよう、ゴグラに伝えてください。そうすれば、クロフォード氏は預かっているものをゴグラに渡します。**お優しい方**、なるべく早いうちに、クロフォード氏とお話ししていただく必要がございます。あなたの使いは火曜日か水曜日にこちらを発ちます。あなたからプロイセン国王とスウェーデン国王に宛てたお手紙は、まだ到着していません。ゴグからの手紙を受け取りましたが、解読できませんでした。私が持っていない本を使って暗号化したためです。

お優しい方、ベルリンにセギュール伯爵を派遣したことを、こちらに知らせなかったのは間違いです［ドイツ諸国との緊張が高まるなか、プロイセンに中立を要求すべく、セギュール伯爵が派遣されたが、プロイセン国王はこれを退けた。］。悪影響を防ぐのに苦労しそうです。明日、使いを送りましょう。**さようなら**【**神よ**】」

フェルセンからアントワネットへ

（現存せず、一七九一年一二月二六日）

フェルセンの書簡記録簿には、「ジョゼフィーヌ。郵送、暗号文。手紙が到着したことを知らせる」とある。これは一二月二四日付の手紙で触れられている、スウェーデンとプロイセン宛ての手紙を指している。

アントワネットからフェルセンへ

（現存せず、一七九一年一二月二二日から二八日にかけて）

これは一二月二二日以降に王妃が書いた一連の手紙のうち、二通目を指す。

33 アントワネットからフェルセンへ

（一七九一年一二月二八日）

AN. 440AP/1. 特殊インクで書かれたアントワネット直筆の短信。封筒には、ほかの者によって「ボーヴラン司祭、ポスト・レスタント、ブリュッセル」と記載されている。これはフェルセンが利用していた「リニョンの住所」だろうか。ストックホルムには、クリンコウストレーム男爵が一八七七年に作成した写しと共に、この短信の複写も保管されているが、そちらのほうがより鮮明である。番号から見て、この手紙は一二月二二日以降、王妃からフェルセンに宛てた手紙の三通目に当たることがわかる。「あなたにこうしたことをお伝えするのは、お叱りを受けないためです」という一文には、フェルセンの最近の手紙の調子に対する不満がにじみ出ている。

「一七九二年一月三日受領
一月三日返信
三番、一七九一年一二月二八日

もう没になっていたと思っていた無謀な案を、ナルボンヌ氏が持ち出してきました。ブラウンシュヴァイク公爵を呼び寄せて、軍隊を指揮させるというものです。あまりにも無意味なので、てっきりこの話は打ち切りになったと思っていましたが、昨日、この件でキュスティーヌ氏のご子息[1]を派遣すると聞かされました。私たちが知らぬまに、セギュール伯爵もこの件を伝えるよう、命令を受けている可能性もあります。あなたにこうしたことをお伝えするのは、お叱りを受けないためですし、男爵とあなたで対策を講じることができるようにするためです。きっと公爵は拒否するでしょうし、そのほうが私たちにとっても都合がよいのです。さようなら。クロフォード氏からの包みはまだ受け取っていません。〈少なくとも一行が塗りつぶされ、破損〉」

一七九二年一月以降、二人はますます頻繁に手紙を交わした。フェルセンはグスタフ三世から、パリに向かいフランス国王夫妻と面会し、新たな逃亡計画を提案すると共に、友好国と今後どのような動きに出るか、夫妻と協議せよとの命令を受けた。フェルセンはすでに一七九一年一〇月の時点で、パリを訪問したいと伝えているが、王妃はあくまでこれを拒否していた。フェルセンの身を案じる気持ちだけが、拒否の理由だろうか。あるいはバルナーヴが関係しているのだろうか。フェルセンは身を焦がすような思いだった。王妃からの手紙には愛の言葉が綴られているが、一方でスウェーデンに帰国してほしいとも言う。「彼女《エル》のところ」を二月三日に訪れる、とは決めたものの、再度王妃から拒否され、フェルセンは深い苦しみを味わった。一月三〇日、彼は「延期するが、二週間以上は待てないこと」と最後通牒を突きつけている（二八〇ページ参照）。

　以下は、書簡記録簿に記録されている一七九二年のアントワネット宛ての全書簡一覧である。八月一一日付の手紙は、フェルセンから王妃に送った最後の手紙ではあるが、それ以降にも手紙は書かれてはいる。[2] 二月二四日と五月一五日のものを除いて、二月のフェルセンのパリ訪問以降に書かれたすべての手紙は、「フランス王妃」宛てに分類されている。ゴグラやグジュノを介する場合は、かならず二重封筒に入れられ、彼らの住所であるパリ、ル・ペルティエ通り二番地、「ブラウン夫人」宛てに送られていた。

一七九二年

一月

三日：ジョゼフィーヌ。ラスレ氏経由。
三日：王妃。ラスレ氏経由、一二月七日付、一二日付一番、二八日付三番に返信。
六日：ジョゼフィーヌ。ラ・P〈ラ・ポルト、以下同〉経由、男爵の蔵書購入について。
日付なし：王妃。ゴグ経由。
一二日：ジョゼフィーヌ。ラ・P経由、旅行、一万二〇〇〇リーヴル、蔵書の件について。
一七日：ジョゼフィーヌ。ホッジス[3]経由、五番に返信。
二四日：ジョゼフィーヌ。郵送。
二四日：王妃。ヴィブレおよびクロフォード経由。
二六日：ジョゼフィーヌ。訪問方法について。

三〇日：ジョゼフィーヌ。延期するが、二週間以上は待てないこと。

二月

一日：ジョゼフィーヌ。ググ経由、金曜日か土曜日に訪問すること。

六日：ジョゼフィーヌ。ググ経由、写しの通り。

九日：ジョゼフィーヌ。ゴグ経由、月曜日の夜に彼女のところへ行くこと。

一〇日：ジョゼフィーヌ。

二四日：ジョゼフィーヌ。ホッジス経由。

三月

四日：フランス王妃。en. bl.《特殊インク》

六日：フランス王妃。en. bl. 二日の手紙への返信。

九日：フランス王妃。皇帝の死について。

一五日：フランス王妃。ロシアの至急便、クロフォード経由、en. bl. ビスケット。

一七日：フランス王妃。ゴグ経由、en. bl.

二七日：フランス王妃。ゴグ経由、暗号文、一番の手紙を受け取ったこと。

四月

一日：スペインの使いを経由してパリのヒエルタへ。国王夫妻にスウェーデン国王暗殺の報を伝える。

九日：フランス王妃、二番。二番の手紙への返事、ゴグ経由。

九日：同上。スウェーデン国王暗殺の報、ググ経由。

一九日：フランス王妃、三番、四番。三番は一七日付。

二四日：フランス王妃。en. bl. トスク〈トスカーニ、以下同〉夫人［クロフォード邸の女中頭。］宛てのビスケットの箱。

五月

一五日：ジョゼフィーヌ、六番。ググ経由。

六月

二日：フランス王妃。en. bl. トスク経由。

一〇日：フランス王妃。暗号文、トスク経由。

二一日：フランス王妃。七日付の手紙への返信、暗号と bl. トスクとゴグ経由、一〇番。

二七日：フランス王妃。二五日付、一一番。暗号、ググ経由。絶対にパリを出ないようにし、そのためのあらゆる手段を取ってください。それだけを心してください。そうすれば容易にあなた方の救出に行けます。我々はまいります。

三〇日：フランス王妃、一二番。en. bl. トスク経由、二三日付の手紙への返信。

七月

一〇日：フランス王妃。ラスレとレオナール経由で届いた手紙への返信、en. bl. ラスレ経由。

一八日：フランス王妃。一二番［これは本来一三番となるはずだが、フェルセンの勘違いか？］。en. bl. トスク経由。

二六日：フランス王妃。en. bl. トスク経由、一四番。

二八日：フランス王妃。en. bl. トスク経由、一五番。

八月

三日：フランス王妃。en. bl. トスク経由、一六番。
五番への返信。

七日：フランス王妃。en. bl. トスク経由、一七番。
七番への返信。

一一日：フランス王妃。en. bl. トスク経由、一八番。(4)

……………………

フェルセンからアントワネットへ

（現存しない二通の手紙、一七九二年一月三日）

フェルセンは、一月三日に二通の手紙をアントワネットに送っている。書簡記録簿には、一通は「ジョゼフィーヌ」、もう一通は「王妃」と記されている。二通とも運んだのはラスレである。「王妃」への手紙には、王妃からの一二月二二日付の手紙で依頼されているように、彼女のすべての手紙への返事が記されている。

原注

（1）ルノー＝フィリップ＝ルイ＝アルマン・ド・キュスティーヌ。一七六八－九四年。アメリカ独立戦争にも従軍したキュスティーヌ将軍の息子で、プロイセン軍の信奉者《父は一七九三年に、本人は一七九四年に処刑される》。

（2）一七九三年四月八日付「王妃宛ての覚書」参照。

（3）イギリス人。クロフォードの友人。

（4）Stafsund. SE/RA/720807/02/6/III/10.

34 アントワネットからフェルセンへ

（一七九二年一月四日）

AN. 440AP/1. アントワネット直筆の手紙。全部で五行半が塗りつぶされている。クリンコウストレーム男爵による写しは、現在ストックホルムに保管されている。筆者は、塗りつぶされている部分のうち、最初の一行を判読することができた。そして二〇一五年一一月、フランス遺産科学財団は、コレクション保管研究所（CRCC）が最新の画像処理技術を用いて、手紙の終わりの四行半を判読することに成功したと発表した。この部分で、アントワネットはフェルセンに「気も狂わんばかりにあなたを愛していること」と書いている。[1] 現在では、愛の言葉が綴られた王妃直筆のこの手紙は、完全に解読されている。本書では、塗りつぶし箇所を太字で記している。

「一連の書類をお持ちする者」とは、王妃の秘書官フランソワ・ゴグラを指している。彼はアントワネットの指令を受けてウィーンに出立するが、フェルセンによると、「王妃が書いた忌むべき覚書」を持参していた。「これはバルナーヴ、ラメット〔シャルル＝マロ＝フランソワ・ド・ラメット伯爵。一七五七－一八三二年。立憲君主派。三頭派アレクサンドル・ラメットの兄。〕、デュポールが起草したもので、神聖ローマ皇帝に揺さぶりをかけ、革命の思想を普及させたり、自国の兵を堕落させてほしくなければ、フランスを敵に回すよりも憲法を支持するほうが得策だと説く内容である」[2]。アントワネットは、この覚書とは別に皇帝宛ての私信を書いており、ルイ一六世は自由に自分の意思を伝えることができないが、会議の開催を望んでいると理解させようとした。しかし皇帝はささいな口実にかこつけては、実妹であるアントワネットへの援助を避けていたため、この覚書を逆手にとって彼女の意を踏みにじった。アントワネットは立憲君主派の術中に陥ったのである。

「一月八日ゴグより受領

〈一七九二年〉一月四日

愛しくて優しい方、手短にご連絡いたします。この手紙を届ける人物が、私たちの現状をありのままにお伝えするでしょう。**私は**彼に全幅の信頼をおいていますし、その忠実さと分別は信頼に値します。彼はある覚書を持参します。理不尽な内容ですが、これを書き送る以外の選択肢は残されておりません。神聖ローマ皇帝に何としても理解していただかねばならないのは、このなかのたったの一語も、私たちの真意や意見ではないこと、けれども私たちの言葉だと信じるふりをして、回答を送っていただく必要があるということです。彼らはとても疑り深いので、その回答を実際に見せてほしいと言うでしょう。

一連の書類をお持ちする者は、その出どころを知りませんし、それを話されてもいけません。覚書はひどい出来で、ならず者たちが恐れをなしていることがわかります。けれども、私たちの身の安全を確保するためには、当分下出に出ておかねばなりませんし、何よりも模範的に振る舞って、彼らの信用を得る必要があります。いろいろ細かいことや、たびたび私たちの行動を前もってお知らせできない理由については、後日ご説明いたしましょう。使者は戻ってきておりませんが、そちらの近況を知りたいものです。

皇帝の突然の宣言はいったい何ゆえでしょう［一二月一四日、ルイ一六世はトリーア大司教に対し、領内に集結しているフランスからの亡命貴族を一月一五日までに解散させなければ、攻撃も辞さないと伝えた。これに対しレオポルト二世は、一七九一年一二月二一日、フランスがトリーアに攻めてきた場合にはこれを防衛すること、ピルニッツ宣言は有効であることを通知してきた。ルイ一六世は、一二月三一日に同じ通知を繰り返した。］。ウィーンやブリュッセルは、なぜ沈黙を守っているのでしょう。混乱するばかりですが、慎重にとか政治のためにというのが沈黙の理由だとしたら、それは間違いで、かえって私を大きな危険にさらしていることは確かです。私が何も知らないなどとは誰も信じないでしょうし、私も状況に合わせて自分の言動を加減しなければならないからです。そうメルシーにも伝えるように、使者には命じてあります。**大切な優しい方、気も狂わんばかりにあなたを愛していること、そしてほんの一瞬たりともあなたを愛さずにはいられないことを記して、筆を置きます**」

原注

（1） Archives nationales et CRCC, 《Les passages cachés des lettres de Marie-Antoinette au comte de Fersen livrent leurs premiers secrets》,

communiqué de presse, novembre 2015.
（2） Stafsund, SE/RA/720807/02/6/II/5.

35

フェルセンからアントワネットへ

（一七九二年一月六日）

AN. 440AP/1. フェルセン直筆の写し。書簡記録簿には「ジョゼフィーヌ。ラ・P経由、男爵の蔵書購入について」とある。しかしこの手紙には蔵書購入の件はおろか、塗りつぶしや愛の言葉、結びの言葉さえない。ルイ一六世は一七九一年一二月にトリーア大司教に、領地に武装して集合している亡命貴族たちを強制退去させるようにとの宣言を出しているが、これに対する回答と見解を述べている。

「一七九二年一月六日、ラ・P経由王妃宛て
ブリュッセルにて、一七九二年一月六日

ジョクール氏の副官が、アト［現在のベルギー南部の町。］の野営地に、トリーア選帝侯の領地境界へ向かうようにとの命令を持ってきました［書簡34、二八三ページの訳注参照。結局、神聖ローマ皇帝は、トリーア選帝侯の領地に集結する亡命貴族たちを解散させたが、ピルニッツ宣言は固辞するとした。］。この命令がいかに不適切で、我々に不利益をもたらすかは、容易におわかりになるでしょう。

一．選帝侯たちはさらに困惑するでしょう。国外で何らかの準備が整うまでは、抗議行動を避けたかったのですが、それも無理でしょう。
二．皇帝はさらに関わりあいを避けるでしょう。
三．議会は、国王の脅しが効いたから、貴族たちは退去させられたと触れて回るでしょう。

ほかの選帝侯たちも、同様の措置を取らざるをえないかもしれません。もはや彼らは、ネーデルラントの動きに合わせて行動しているとも答えられませんし、皇帝の意図からして、皇帝ご自身がこの宣言を後押ししたとしてもおかしくないでしょう。皇帝は、選帝侯や諸侯たちを援護するにしても、連合体としての義務である部隊派遣しか実施しないおつもりです。皇帝は戦争を恐れ、あなた方の問題に巻き添えになることを避けようとされて

います。自分の領地ではもはや軍隊は集結していないのだから、選帝侯たちの領地でも集結させないようにと要求するかもしれません。
ブルトゥイユ男爵は、軍隊を出発させないようにと、カストリ元帥に連絡をとりました。私も同様にオクセンシェルナ男爵に手紙を書きました。皇帝に対する国王の回答は、ややきつすぎるかと思われます。戦争の準備はしておいて、協力体制が整い、何らかの武力支援が確保できるまで、開戦を遅らせるべきだとは思いませんか。ある時点でトリーア大司教が軍を解散させなければ、情け深い皇帝の調停を期待している、と知らせたほうがよかったのではないでしょうか。できればトリーア大司教に対して、二回目の期限を二月一日あるいは一五日に設定するのがよろしいかと思います。そうすれば回答が来るまでの時間を稼ぐことができます。財政難に直面している時期でもありますので、国王は平和を望み、莫大な費用のかかる戦争は避けたいと主張することはできないものでしょうか」

アントワネットからフェルセンへ

（現存せず、一七九二年一月〈九日〉）

フェルセンは一七九二年一月一一日の日記で、アントワネットからの一通を含む複数の手紙がパリから到着したと書いている。「彼女《エル》からの」手紙が届いたと記しているが、話題が政治に及ぶと「彼女《エル》」ではなく「王妃」という言葉が使われている。フェルセンはエレオノール・シュリヴァンからパリの情勢を聞いていたようだ。「シュリヴァンからの手紙がシモリン経由で届く。近況。ホッジス経由とクロフォード経由で彼女《エル》からの手紙が一通ずつ届く。彼は王妃に会い、話をした(1)」とある。

フェルセンからアントワネットへ

（現存せず、一七九二年一月一二日）

フェルセンの書簡記録簿には、「ジョゼフィーヌ。

ラ・P経由、旅行、一万二〇〇〇リーヴル、蔵書の件について」とある。これは明らかに一月一一日に届いた手紙への返信である。

「一万二〇〇〇リーヴル」とあるのは、一七九一年一一月の手紙［書簡26。］で、ロワイヤル・スウェーデン連隊の負債清算のために必要としていた金額である。

アントワネットからフェルセンへ

（現存せず。四番、五番。一七九二年一月）

ナンバリングは郵便で送られてきた手紙のみに施されていたので、ホッジス経由で一月一一日に届けられた手紙には、番号は付されていなかった。王妃が書いた一七九一年一二月二八日の手紙には三番とある。一二月二八日から一月一七日にかけて郵送されたはずの、四番と五番は現存しない。

フェルセンからアントワネットへ

（現存せず、一七九二年一月一七日）

フェルセンは「ジョゼフィーヌ宛て」として、五番の手紙へ返信したと、書簡記録簿に記している。

原注

（1） Stafsund, SE/RA/720807/02/6/II/5.

36 アントワネットからフェルセンへ

（初公表の短信、一七九二年一月）

Stafsund, SE/RA/720807/02/6/V/17. 暗号を用いた手紙の一部。フェルセンは一月二三日に受領している。ブルトゥイユ男爵の立替金返済についての内容で、キーワードは所定の本の四九ページに記されている「adroit《器用な》」。フェルセンは単独でルイ一六世の秘密外交の資金調達を担っており、かつてフランスの大臣だったブルトゥイユ男爵さえも、精算については外国人であるフェルセンを通さねばならなかったことは興味深い。

「49〈一七九二年〉一月二三日受領

ブルトゥイユ男爵にお借りしているお金は、オランダに預けてある資産からお返し願います。この件については、あなたから許可を与えていただいて結構です」

アントワネットからフェルセンへ

（現存せず、一七九二年一月〈一八日〉）

フェルセンは一月二一日の日記のなかで、「王妃からパリ行きの許可を得る」と、王妃からの手紙の到着を記している(1)。

原注

（1） *Ibid.*

37

フェルセンからアントワネットへ

（一七九二年一月二四日）

AN, 440AP/1. フェルセン直筆の写し。書簡記録簿には、「王妃。ヴィブレおよびクロフォード経由」とある。暗号は使われていない。手紙では、グスタフ三世の提案した国王一家逃亡計画と、国王夫妻を訪問する件について述べられている。アントワネットのもとを秘密裏に訪問する際の手はずについては、「ジョゼフィーヌ宛て」の手紙に記されている。フェルセンは日記に、「一月二四日：プティ・ヴィブレ[1]経由でパリに手紙を送る。パリ訪問は二月三日に決定」と書いている。

「王妃宛て、ヴィブレおよびクロフォード経由
〈一七九二年〉一月二四日

プロイセン国王からの手紙をお読みになれば、前向きではあるけれども、皇帝抜きでは一切行動をするつもりがないことがおわかりになるでしょう。プロイセン王から皇帝に働きかけて、明確な提案をしてもらうよう後押しする必要があります。スペインからの手紙が届きました。完璧な内容です。詳細はのちほどお知らせしましょう。ロシアからの手紙も同様です。女帝はスウェーデン国王に、『フランス王妃ご自身も、お兄さまに援助を依頼する必要があるかもしれません。それが可能かどうかは、私よりも陛下のほうがよくご存じでしょう』とおっしゃっています。この点については、女帝もあなたのお手紙をお読みになれば、よくご理解なさるでしょう。また女帝は、『我々の擁護する大義が我々の配慮に値するのであればなおさら、大義の勝利に向けて何事をもおろそかにしてはなりません。敬愛する陛下、我々は立ちはだかる困難を克服するためにあらゆる努力を惜しまず、こうした立派な試みを放棄しなかったと、同時代人に対しても後世に対しても誇ることができましょう』とも書いています。

しかし国王も女帝も、新たな逃亡計画の実行を要求なさっています。これについては、覚書と国王のお手紙をお持ちいたします。スウェーデン国王の計画は、海路とイギリスの支援を利用するというものです。手紙に書くことができるのは、この二点のみです。皇帝の動向については、最新の情報をお持ちいたします。ポルトガル女王［本書でのポルトガル女王は、マリア一世（一七三四－一八一六年）を指す。］も大変前向きだという話です。女王は資産家ですし、援助するおつもりだと噂されています。女王に手紙をお書きになるべきでしょう。そうすれば決心を固められるはずです。

ヴォーデモン夫人は、家の差し押さえを防ぐためだか、補償金を要求するとかでパリにおいでです。けれども夫人はランベスク氏とヴォーデモン氏の辞表［ランベスク大公とヴォーデモン大公は兄弟で、兄ランベスクは世襲制の重職、王室主馬頭だった。第二章一〇三ページ原注（82）、（83）参照。］を持参しているので、あなたは**彼ら**に何も与える必要はないと、判断さ

れることでしょう。二人が要求している年金についても、特にヴォーデモン氏には下賜する必要はないと、お考えでしょう。ランベスク氏が二万ないしは三万〈リーヴル〉を受け取っているのでしたら、それ以上は望むべくもありません。また、ランベスク氏が官職を売るのを許すべきではないとも、お考えのことと思います。ランベスク氏は、ブルトゥイユ男爵に、婿殿のためにと三〇万リーヴルで官職買取りの話を持ちかけました。男爵は陛下にはもはやこうした枷《かせ》は不要でしょうし、官職の【売買】やり取りをお許しになることもないと思います、とお断りになりました［アンシャン・レジーム時代、官職には世襲制と買取り制があった。］。しかし男爵は、いつか婿殿をこの官職に就けたいと考え、陛下のお力添えを希望しております。男爵はこうおっしゃいました。『婿も乗り気です。資産家ですから、陛下から何かを引き出そうとすることもございませんし、そんなことをせずとも、贅沢に暮らしていけます。それに愚かな男ですから、迷惑をかけることもないでしょうし、政治に介入してくることもありません[2]』

男爵が立て替えている二万二〇〇〇〈リーヴル〉は、私のほうからお支払いしておきますが、さらに二万ないしは三万〈リーヴル〉を渡すことをお許しください。これは使者やその他の必要経費として、男爵のほうから会計報告をいたします。現金ではずいぶんと大きな損が出ています。四〇パーセントの損になります。すなわち、あなた方がオランダに持っていらした〔　〕は、実際は〔　〕にしかなりません［原文でも〔　〕のまま。フェルセンはあとから数字を確認して、ここに入れようとしたと考えられる。］。のちほど正確な報告をいたしますが、さらなる高騰もありえますので、全額を集めて預金に回そうと思います。現金を引き出すごとに同様の損が出ています。

午後の三時から六時の間には到着するように全力を尽くします」

フェルセンからアントワネットへ

（現存せず、一七九二年一月二四日）

一月二四日、フェルセンは書簡記録簿に「ジョゼフィーヌ。郵送」と記している。

フェルセンからアントワネットへ

（現存せず、一七九二年一月二六日）

書簡記録簿に「ジョゼフィーヌ。訪問方法について」とある通り、フェルセンはテュイルリー宮殿の彼女のもとを秘密訪問する件について、手紙を書いている。

アントワネットからフェルセンへ

（現存せず、一七九二年一月〈二二日〉）

フェルセンの一七九二年一月二五日付の日記には、「アッシニア紙幣で一万二〇〇〇を受領」とある。アントワネットはようやく、フェルセンの連隊の負債清算のための送金方法を見つけたようだ。

アントワネットからフェルセンへ

（現存せず、一七九二年一月〈二六日〉）

王妃は相変わらず、フェルセンの訪問日程を先延ばしにしようとしていた。フェルセンの日記の一月二九日の欄には、「彼女《エル》からの手紙。旅券に関する政令が採択され、パリに多少の秩序が戻ってくるまで、訪問を延期してほしいとのこと[3]」と書かれている。

フェルセンからアントワネットへ

（現存せず、一七九二年一月三〇日）

フェルセンは前日に届いたアントワネットからの手紙に返信し、一月三〇日付で書簡記録簿に「ジョゼフィーヌ。延期するが、二週間以上は待てないこと」と記している。

その頃、パリの情勢は荒れに荒れていた。クインティン・クロフォードは、一月二七日にドーセット公爵へ宛てて、「数日前からパリは大興奮に沸いています。取るに足りない話があちこちに流布していますが、なかには国王一家が新たな逃亡計画を立てていると、熱心に言い立てる者もいます」と書いている。そして立憲君主派たちが派遣した「足の不自由な悪魔」、すなわちオータン司教タレーランのロンドン訪問の件「シャルル＝モーリス・ド・タレーラン＝ペリゴール（一七五四－一八三八年）は大貴族の出身で、アンシャン・レジーム時代はオータン司教。革命を支持し、国政に参加する。一時亡命後帰国し、政治活動を続けた。足が不自由だったために、こうしたあだ名がついた。この箇所の時期には、フランスとオーストリアが開戦した場合に備えて、イギリスの中立性を確保するためにロンドンへ派遣された。」について、アントワネットからの伝言を記している。「『足の不自由な悪魔』がロンドンに到着する頃には、貴殿は出発せねばならぬとのこと、B夫人は残念がっております。貴殿のお心遣いを感謝し、くれぐれもよろしくとお伝え願いたい、そして貴殿のご親切がいつまでも続くことを願っています、とのことです」[4]

フェルセンのパリ訪問前、クロフォードはテュイルリー宮殿を訪れて、私的に王妃と会見している。またロシア大使シモリンもテュイルリー宮殿で王妃と会見し、一月三一日に、エカチェリーナ二世に宛てて、王妃の寝室で扉に鍵をかけて会見した、と書き送っている。すなわちアントワネットは、不意に誰かに邪魔される恐れなく、訪問者を迎えて二人きりで面会することが可能だったのだ。

エカチェリーナ二世とグスタフ三世は、パリに駐在する自国の大使に暇を出すことで、憲法の正当性を認めない姿勢を表明した。アントワネットはこの機会を利用して、シモリン大使に私的な使命を託し、ウィーンへと派遣した。兄レオポルト二世の心を何とか動かし、会議を開催してもらおうと、再度試みたのである。形式上だけでも皇帝が会議を約束してくれれば、他の列強国の支持を集められるはずだ。次に挙げるシモリンからエカチェリーナ二世宛ての手紙では、王妃との会見の親密な雰囲気の描写に続き、フェルセンがグスタフ三世から与えられた任務は、失敗に終わるであろうことも暗示されている。理由は、ルイ一六世は相変わらず受動的で、もはや逃亡する意思もないためである。ここに登場する秘書官はゴグラを指していると考えられる。

シモリン男爵からエカチェリーナ二世へ

（一七九二年一月三一日）

「日曜日の夜、王妃の信頼を得ている秘書官の一人が、手紙を届けに来ました。明日午後六時に同じ使いの者をやるので、テールコートとマントを着用して参上するように、と書かれていました。妃殿下は寝室に迎えてくださり、ご自身で外扉に錠を差して閉められました。そして、女帝陛下のご友情、寛大で高潔なお振舞いには、妃殿下も国王陛下も深く感動し、言葉に尽くせないほど感謝しており、私の示す献身についてもうれしく思い、よもや忘れはしまいとおっしゃいました。そして、せわしないようですが、女帝陛下や兄である皇帝への手紙の写しを作成しているところなのです、と付け加えられました。自ら私にお手紙をお見せになり、何か書き加えることはないかとお聞きになりました。妃殿下はお座りになっていらっしゃいましたが、作業をするから、あなたも近くにお座りなさいと命じられました。

　そして現状について詳しく述べられ、両陛下の代理として諸外国との連絡役を命じられているブルトゥイユ男爵を通じ、女帝陛下にクリスマス頃、手紙をお送りし、現状に関する両陛下の真の見解をお伝えしたとおっしゃいました。また光栄にも、テュイルリー宮脱出と六月二一日の出来事［ヴァレンヌ逃亡事件を指す。六月二一日の真夜中に国王一家は拘束された。］についてお話をしてくださいましたが、妃殿下によりますと、ある衣装係の侍女による裏切りがあったとのことです。お話をしてくださる妃殿下の瞳には、その意に反して、あふれるほどの涙が浮かんでくる場面もございました。

　一時間ほど話したところで、国王陛下がご入室になり、光栄にも、貴公の出発前に個人的に会いたかったのだとおっしゃってくださり、王妃のお言葉を裏付けてくださいました。（中略）またサンクトペテルブルクやストックホルムでは、国王のパリ脱出を望んでいるようであるが、可能性があるとも思えず、王位復活を目指す役を演じる以外、自分にはどのような未来が待っているのか、不明だとおっしゃいました[5]」

　シモリンは、アントワネットからメルシー宛ての手紙を携えて、二月九日にブリュッセルに到着した。手紙では、兄である皇帝への苦々しい思いが綴られている。アントワネットは約一カ月の間に、ゴグラとシモリンの二人をウィーンに派遣した。一七九一年九月以降、フェルセンは手紙のなかで繰り返し、皇帝が何らかの行動を起こしてくれるなどとは期待すべきでないこと、皇帝抜きで会議を開催すべきであることを主張していたが、アントワネットは兄の助けに望みをかけ続けていたのである。だがのちに、身内を頼る気持ちが命取りとなったことが明らかになる。

アントワネットからメルシー伯爵へ

（一七九二年一月）

「そちらに行かれるS〈シモリン〉氏が、私の伝言を預かってくださいました。（中略）私の手紙を直接兄に渡してくださるようにと、氏にお願いいたしました。私はウィーン政府の意向を一切知らず、日を追うごとにますます苦しく危険な立場に追いやられています。どのような態度を取ればよいのか、どのような態度で人と接すればよいのか、わかりません。皆、私が何か隠している、偽っていると非難します。兄が苦境に立たされている妹をほとんど顧みず、言葉をかけることもなく、危険にさらし続けているなどとは、彼らには想像しえないのです（もっともなことではありますが）。そう、兄は私を危険にさらしているのです。そしてこの危険は、兄が行動を起こした場合よりも、千倍も大きいのです。（中略）ラボルド氏［おそらく、アンシャン・レジームから革命期にかけて金融を担当したフランソワ＝ルイ＝ジョゼフ・ド・ラボルド＝メレヴィルを指す。］が出張しました。彼のところに預けてあるお金について、少し考えてみました。ラボルド氏には、このお金をイギリスに預けてほしいと思います。あなたのほうから彼に手紙を送っていただけるでしょうか。またはご意見をお聞かせください[6]」

最後の一文は、アントワネットが、グスタフ三世の提案した逃亡計画を承認したことを意味しているとも解釈できる。グスタフ三世は、国王一家をイギリスに逃がそうと考えていた。詳細はフェルセンがパリに携えてきた公文書に記されているが、現存しない手紙のなかでも、計画について議論が重ねられてきたのだろう。一七九二年一月および二月に交わされたフェルセンとアントワネットの往復書簡は、ほとんどが現存していないが、後述のフェルセンの日記からも、あれほど待ち焦がれた再会が主題となっていたことがうかがわれる。

フェルセンからアントワネットへ

（現存せず、一七九二年二月一日）

一月三〇日付の手紙でフェルセンは、訪問を二週間遅らせることを提案しているが、この手紙では予定通り二月三日に訪問すると書いている。

アントワネットからフェルセンへ

（現存せず、一七九二年二月一日）

フェルセンは二月三日付の日記で、王妃からの手紙を受領したと記している。

アントワネットからフェルセンへ

（現存せず、一七九二年二月三日）

この手紙をフェルセンが受け取ったのは二月六日だった。その後、彼はパリ訪問を決意した。

原注

（1）*Ibid.*「プティ・ヴィブレ」はヴィブレ子爵の息子を指すと思われる。

（2）ブルトゥイユ男爵には一人娘しかいなかった。すなわち未亡人のマティニョン夫人である。ここで話題になっているのは、男爵の孫娘の夫モンモランシー公爵ではないか《アンヌ・シャルル・フランソワ・ド・モンモランシー公爵、一七六八－一八四六年》。

（3）Stafsund. SE/RA/720807/02/6/II/5.

（4）Dorset KHLC, U269/C181, クロフォードからドーセット宛て、一七九二年一月二七日。

（5）Feuillet de Conches, *op. cit.*, V. p. 167–168.

（6） *Ibid.*, V, p. 211-213.

38
フェルセンからアントワネットへ
（一七九二年二月六日）

AN. 440AP/1. フェルセン直筆の写し。書簡記録簿には、「ジョゼフィーヌ。ググ経由、写しの通り」とある。フェルセンが書簡の写しを作成する際に、場合に応じて手を加えていたことが再確認できる。ここでは、原本の一部の箇所が点線に置き換えられており、後年回想録を出版する意図があったことがうかがえる。内容は同日に受け取った王妃からの手紙への返信である。後出のように「彼女に訪問を知らせる手紙を書いた」とフェルセン自身が記しているのに、この写しにはそうした箇所がない。すなわち抹消部分がこれに該当する。

「王妃宛て

一七九二年二月六日

……………何としても現状を脱しなければなりません。そして……………現状を脱するには力に訴えるしかありません。若き大公[1]は将校たちに対し、三月一日までにはこちらでの態勢が整うよう、兵が到着予定であること、すでに六〇〇〇名が出発し、一万四〇〇〇名がこれに続くこと、フランスとの戦争はほぼ確実であることを、お伝えになりました。

メッテルニヒ氏[2]は、今までのように手加減はしないと述べ、最近捕えた者たちに関するブラバン評議会の決定を待ってから、この件についての強硬な通達をラ・グラヴィエール氏宛てに届けるとおっしゃいました。また、まもなくプロイセンから、セギュール氏の自殺[3]よりもさらに興味深い報せがもたらされるだろうとも付け加えました。それでも私は実際に結果をこの目で見るまでは、皇帝のことを信じる気にはなれません。

国王は旅券に関する政令に拒否権《ヴェトー》を発動すべきだと、人々は口にしています［一七九一年二月一日、国内移動においても旅券携帯を義務付ける政令が出された。］。そう唱える者たちは、拒否権《ヴェトー》が発動されれば、これを自由意志の行為だと言うでしょう。私は国王は承認すべきだと存じます。反乱分子どもは、国王の否認はパリを去りたいという意思の表れであり、そのための手段を確保するつもりだと言い立てるでしょう。とりわけ旅券には証紙が必要とされることもあり、国民にとっては忌むべき政令でもありますから、国民がその負担を痛感するようにすべきです。

そもそも国王が拒否権《ヴェトー》を発動されても、ジャコバン派たちは自らの影響力を行使して、旅行者たちに嫌がらせを続けるでしょう。拒否権《ヴェトー》を発動しても何の得にもなりませんし、旅券の携帯が必須であることには変わりありません。拒否権《ヴェトー》を発動すべしとの声に対して、国王は、政令を承認することにより、パリを離れる意思がないことを示せるのだと、反論できるはずです」

フェルセンからアントワネットへ

（現存せず、一七九二年二月一〇日）

フェルセンは書簡記録簿に、ジョゼフィーヌへ手紙を出したと書いているが、詳細は一切記されていない。

再会

ラ・ファイエット指揮下の国民衛兵の目と鼻の先で、フェルセンはどのようにしてテュイルリー宮に忍び込み、王妃の部屋で一晩を過ごしたのか。それには、経過が詳細に記載されている彼の書簡記録簿と、日記が役に立つ。

フェルセンがタウベ男爵にこの訪問予定を初めて知らせたのは、一七九一年一〇月三〇日のことである。その際、フェルセンは人目を忍ばねばならぬと述べている。ヴァレンヌ逃亡を指揮した彼はお尋ね者であり、パリでは知らぬ者はいなかった。したがって、変装し、身を隠さねばならない。彼はアントワネット宛ての手紙に、一晩を共に過ごしたい、何としても再会したいという熱望をたびたび綴っているものの、彼女を信頼しきっていたわけではなかったようである。また、奇妙なことにアントワネットとの再会には、エレオノール・シュリヴァンが一役買っている。

フェルセンの日記や書簡記録簿の内容を突きあわせてみると、アントワネットの部屋に夜到着し、一晩と翌日を彼女と過ごしてから、国王と会見し、夕方にはテュイルリー宮をあとにする予定だったことがわかる。一七九一年一〇月には、信頼に足る人物と知り合いになり、パリでは彼の家に泊まることに、半ば決まっていたようだ。しかし、一二月二四日にクロフォードとその愛人エレオノールがパリに戻ることになったため、フェルセンはクロフォード邸に、本人には秘密で泊まる許可をエレオノールから取りつけた。クロフォードはたびたびテュイルリー宮を訪ね、アントワネットと面会していたが、公には使者としてスペインに赴いているはずだったフェルセンが、パリに隠れていようとは知りもしなかった。パリ訪問の日程が変更するごとに、アントワネットやエレオノールへ知らせる日程も変わっていった。例えば、当初はアントワネットには二月三日に、エレオノールには四日に到着すると書いているが、後日アントワネットには二月一三日月曜日に、エレオノールには二月一四日火曜日に変更すると書いている。エレオノールはフェルセンから、クロフォード邸では物音を一切立てず、クロフォードに気取られることなく滞在するつもりであることを知らされて、王妃と密会するためにパリに来るのだということを理解した。これは当然のことで、エレオノールとて、フェルセンが自分たちの屋敷の二階に身を隠しながら暇つぶしをするために、わざわざ危険を冒してまでパリに来るなどとは考えなかった。

だが、なぜアントワネットに、クロフォード邸に滞在することを知らせなかったのだろうか。王妃の召使たちのうちに密告者が隠れているのを恐れたためだろうか。エレオノールとの関係を王妃に感づかれることを避けようとしたのか。王妃から立憲君主派たちに情報が漏れてしまうことを恐れたのだろうか。フェルセンは、自分の「スペインからの帰国」をアントワネットがクロフォードに話したことを知って、気を悪くしている。このことからフェルセンは、パリ滞在をクロフォードに知られることや、自分の動きがアントワネットの口からクロフォードに漏れることを恐れていたと考えられる。バルナーヴへ嫉妬心を燃やすフェルセンは、王妃からパリ訪問を何度も断られたことで、彼女に対する不信感を募らせていた。その不信感が不当極まりないと気が付いたときには、すべてが遅かった。

アントワネットとの会見と国王一家逃亡計画に関する、スウェーデンからの手紙の抜粋

タウベ男爵からフェルセンへ

「一七九一年一二月一六日

彼〈グスタフ三世〉は、フランス国王夫妻がフランスを去ることを希望しています。もしフランス脱出がかなわねば、失敗に終わろうとも、人殺しどもの手からお二人を解放しようとも考えていらっしゃいます。グスタフ三世の案では、海路を通って〈判読不可〉あるいは別のところで、イギリスの小船舶に乗り換え、オーステンデあるいはフランドル地方の安全で一番近い港へと向かいます。〈中略〉この秘密を知る者は最大二名に限定せねばなりません。すなわちパリから港まで国王一家をお連れする者と、船にお迎えする者です。どうか粗野なフランス人には決してお話しにならないでください。雇い入れるのはイギリス人だけにします。行動するとなれば、彼らは大胆かつ勇敢なのですから」

「一七九一年一二月二〇日

先日お話しした使者は、五日前から出発準備ができています。貴殿からお願いされた、スウェーデンおよびロシア公使の召還状、必要が生じた場合のための旅券二冊とリスボン宛ての信任状もそろっています」

「一七九一年一二月三〇日

神の名にかけて、なにとぞ用心なさってください。心配で夜になると貴殿の夢を見ます。絶対に何者も信用なさらないように[4]」

この逃亡計画について、グスタフ三世の手紙にはさらなる詳細が綴られている。

グスタフ三世からフェルセンへ

「一七九一年一二月二二日

我々の計画を成功させるためには、国王一家が早急にパリを脱出することが最重要と考える。したがって貴公には影響力を駆使して、国王に決断を迫っていただきたい。すべてはこの点にかかっている。（中略）手紙で説明するよりも国王夫妻に直接お会いして、余がもっとも安全だと考える、変装して脱出する案に同意するよう説得いただきたい。この際、かように重大な目的のためとあらば、いっときの不自由は辛抱せねばならぬこと、そうした不自由も、王国と王家の命運がかかっている大いなる計画とは比較にさえならないことを、説明いただきたい。また国王は王妃、王太子、エリザベート王女とは別経路を取ることも、絶対不可欠である。もし国王が承知すれば、そして余はこれがもっとも確実と考えているが、国王にはイギリス経由で、そのほかの方々には別路を取っていただくこととする。少なくとも、イギリスへ向かう船の出港地で落ちあうのがよかろう。こうした対策を取らねば、ヴァレンヌの状況が再現されることは必至である」(5)

フェルセンの日記と書簡記録簿から、アントワネットとの密会に関する箇所の抜粋

（日記）：フェルセンの日記
（記録）：フェルセンの書簡記録簿
日記中の「彼女《エル》」と書簡記録簿中の「ジョゼフィーヌ」：アントワネット
エル：エレオノール・シュリヴァン
彼《リュイ》：クインティン・クロフォード

一七九二年

一月

二一日：王妃からパリ行きの許可を得る（日記）。
二四日：パリ行きを二月三日〈金曜日〉とする（日記）。
二四日：ジョゼフィーヌ。郵送（記録）。
二六日：ジョゼフィーヌ。訪問方法について（記録）。
二九日：エレオノール。四日〈二月四日土曜日〉九時半になること（記録）。
二九日：彼女《エル》からの手紙。旅券に関する政令が採択され、パリに多少の秩序が戻ってくるまで、訪問を延期してほしいと書かれている（日記）。
三〇日：ジョゼフィーヌ。延期するが、二週間以上は待てないこと（記録）。
三〇日：エレオノール。訪問は取りやめになったこと（記録）。
三一日：手紙を受領。来てもよいが、シモリンの到着を待たねばならないこと（日記）。
三一日：エレオノール。訪問すること（記録）。

二月

一日：ジョゼフィーヌ。ググ経由、金曜日か月曜日〈二月三日あるいは六日〉に訪問すること（記録）。
二日：エレオノール。~~金曜日~~土曜日か~~月曜日~~火曜日〈二月四日あるいは七日〉に行くこと（記録）。
三日：彼女《エル》からの手紙、個人旅券に関する事情のため、訪問は不可能であり、あきらめねばならぬこと。これは私にとっても任務にとっても都合が悪い。パリは国王が脱出するのではないかと疑うふりをし、巷の噂を刺激した。それもこれも、一〇日に予定されている国王付きの新たな衛兵の着任を邪魔するためである。そして国王の逃亡を防ぐため、旅券に関する手続きを厳しくした。方法としては悪くない（日記）。
四日：エレオノール。訪問は中止になったこと（記録）。
六日：旅券に関する政令は承認されないこと、フランス人も支障なく移動していることを知らせる王妃からの手紙が届く。私はパリに行く決意を固め、彼女に訪問を知らせる手紙を書いた（日記）。
六日：ジョゼフィーヌ。ググ経由、写しの通り（記録）。
九日：シモリン、一一時に問題なく到着（日記）。
九日：ジョゼフィーヌ。ゴグ経由、〈二月一三日〉月曜日の夜に彼女のところへ行くこと（記録）。
九日：エレオノール。彼女の家に〈二月一四日〉火曜日の夜に行くこと（記録）。
一〇日：ジョゼフィーヌ（記録）。
一〇日：（前略）出発に向けて、すべての手はずは完了（日記）。
一〇日：エレオノール。〈二月一四日〉火曜日の夜に行くこと（記録[6]）。

フェルセンの日記からの抜粋

（パリ訪問について、一七九二年二月）

「一三日月曜日：（前略）質問を受けることなく、夕方五時半に無事パリ到着。リシュリュー通りのオテル・デ・プランス亭で士官〈ロイテルスヴァルト〉を下ろす。ペルティエ通りのゴグの家へ行くため、辻馬車に乗る。辻馬車は道を知らず、到着できないのではと危惧したが、別の辻馬車が道を教えてくれた。ゴグは不在だった。通りで六時半まで待ったが来なかった。私は不安になった。ロイテルスヴァルトに合流しようと考えたが、オテル・デ・プランス亭は満室で、彼がどこに行ったかわからない。ゴグの家に引き返したが、まだ戻っていない。通りで待つことにする。ようやく七時になって、戻ってきた。私の手紙はこの日の正午にようやく届いたので、ゴグに連絡がいっていなかったのだ。彼女《エル》のところへ行く。国民衛兵に見つからぬよう、いつもの道を通る。素晴らしい住まいだ。国王には面会せず。そこにとどまった。
一四日火曜日：（前略）夕方六時国王と会見。監視が厳しいため、国王は脱出を望まず、不可能でもある。だが実のところ、パリにとどまると幾度となく約束しているので、脱出することに良心のとがめを感じているのだ。善良な人物である。（後略）
　王妃によると、アレックス・ラメットやデュポールに会っているが、彼らは外国部隊が唯一の打開策であり、これ抜きではすべては絶望的であると考えているとのこと。彼らは貴族として語っているが、王妃は、彼らは議会では取るに足らぬ存在で何の力も持たないため、議会を憎み、あらゆるものが変動することに恐れをなし、機先を制したいという計算からそう主張しているのだと考えている。彼女は彼らを嫌い、信用もしていない。だが

利用はしている。これは有利だ。（後略）

〈以下、ヴァレンヌからの帰還と、それに続く一七九一年夏についてのアントワネットの話〉

ラトゥール＝モーブール［シャルル・セザール・ド・フェイ・ド・ラトゥール＝モーブール。一七五六－一八三一年。貴族出身で第二身分として三部会に選出されるも、革命を支持した。ラ・ファイエットの盟友。ヴァレンヌ逃亡事件では、議員としてヴァレンヌまで国王を迎えに行った。］やバルナーヴは非常に好感が持てるが、ペティヨンは無礼だったそうだ。（中略）ペティヨンは、自分は何もかも知っていると述べ、脱出の際は宮殿近くで馬車に乗っただろう、確かスウェーデン人が馬車を操っていたはずだがと言いながら、私の名前を知らないふりをして、王妃に尋ねたそうだ。王妃は『御者の名前など、いちいち覚えておりません』とお答えになった。（中略）六週間の間、王妃の部屋の隣には士官たちが控えており、王妃の部屋で寝ることを主張した。王妃は何とか、彼らを二つの扉の間の空間にとどまらせることに成功したが、夜間も二、三回、いるかどうか確認しに来ていたそうだ。ある夜など、眠れない王妃は明かりを灯した。すると一人の士官が入ってきて、彼女と話し始めたというのだ。窓の外では一晩中、野営部隊が耐え難い騒ぎを繰り広げていた。部屋に詰めていた士官たちは、二時間ごとに交代していたそうだ。

〈半ページ空白〉

私はもっともらしく見せるため、スペイン方面に向かい、オルレアンかトゥールまで行き、月曜日か火曜日には戻ってきますと話した。九時半、彼女と別れた。ロワイヤル橋のところでロイテルスヴァルトと落ちあい、馬車でエルの家に向かった。国王が通ったのと同じ道を通ったが、当時のことがありありと思い出された。一〇時、フランツが家に入れてくれ、ジョス〈ジョゼフィーヌという名の侍女〉のところに泊まった。ジョスは部屋を二つ持っている。彼《リュイ》は外出していた。私たちは一緒にお茶を飲んだ。一二時半に床《とこ》に就いた。

一五日－一八日(7)：ほんの少しの昼食を運んでもらった。ジョゼフに差し入れるという口実で、テーブルから分けてもらった昼食だ。人が少ないと私への分け前も少なく、たくさんの人が来れば、分け前も多くなる。昼食後、火をおこして本を読む。すぐ下がサロンなので、物音を立ててはならない。（中略）寝るときも音を立てないよう、ゆっくりと横にならねばならない。

一九日日曜日：彼らが観劇に行っている間、ロイテルスヴァルトを呼び、代理大使ベルクシュテットのところに手紙を届けるよう伝える。手紙に一切の事情を書き、使者としての旅券を依頼する。
二〇日月曜日：ベルクシュテットは仰天していた。すべての手はずは整った。ロイテルスヴァルトには使者として、私には彼の従僕として旅券が用意された。逮捕された場合に備えて、細かい打ち合わせをおこなった。（中略）朝、彼《リュイ》との面会を求めるゴグからの手紙が届いたと、エルが教えてくれた。彼女〈アントワネット〉は、私が月曜日か火曜日に戻ってくると言ったので、彼に家で待つよう、知らせたのだろう。無駄な用心だ。私は気を悪くした。六時にゴグがやってきた。エルは観劇に行ったが、彼《リュイ》は家に残って、ゴグと一緒に私を待っていた。二人は八時半に家をあとにした。
二一日火曜日：六時に家を出る。ロイテルスヴァルトに合流して、真夜中の出発に備え、準備を整えた。あたかも到着を知らせ、彼《リュイ》に面会したいと申し出るメモを、ロイテルスヴァルトからエルに届けさせた。私はこっそりと家に通された。私たちはうまく演技し、彼は信じ込んでいた。彼女〈アントワネット〉には到着の報せを送った。ゴグが来た。彼女からは、バルナーヴやデュポール、ラメットが作成し、彼女が書いて皇帝に送った忌むべき覚書への返事が来たが、ひどい内容だと知らせてきた。私はお茶を飲み、彼ら〈エレオノールとクロフォード〉と夕食をとった。出張について、彼女〈アントワネット〉に語ったのと同じ内容を彼に語った。一二時に退出。フランツは正面扉を開けてくれた。ロイテルスヴァルトが見つからず、心配になった。三〇分ほどして彼が来た。彼の泊まっているクロワ・デ・プティ・シャン通りのプランス・ロワイヤル亭へ行く。（中略）亭には彼が連れてきてくれた私の小さな犬オディンがいた。（中略）一時、私たちは馬車へ乗り込んだ。私も彼も身分を疑われるようなものは持っていないが、気が気ではなかった。マルディ・グラ［カトリックにおける謝肉祭の火曜日。カーニヴァルがおこなわれる。］だったので、通りには酒に酔った国民衛兵があふれていた。だからこそ昨日に予定していた出発を延ばしたのだ。
二三日木曜日：四時にトゥルネに着き、来たときに泊まった部屋でたっぷりと昼食をとる。何という違いだろう！　パリ宛てにひと言手紙を書き、五時半に出発。（中略）ブリュッセルに向かい、午前三時に到着。旅行が無事終了し、帰宅できたことがひとしおうれしい[8]」

つらい別れ

ルイ一六世に新たな逃亡計画を承認させるというフェルセンの任務は、失敗に終わった。だが、アントワネットとの密会についてはその限りではない。彼の日記には、二月一三日に「彼女《エル》のところへ行く」、そして「そこにとどまった」とある（これらの箇所には抹消線が引かれているが、線の引き方からして、クリンコウストレーム男爵のものと思われる）。フェルセンはテュイルリー宮のアントワネットの部屋に一晩泊まり、翌日一四日も一緒に過ごしてから、ルイ一六世と会見した。国王は逃亡を拒否したが、フェルセンは王妃だけでも単独で逃亡するよう、説得を試みたと考えられる。だが彼女は拒否した。別れ際、フェルセンはスペイン方面へ向かうとアントワネットに伝えているが、実際は一週間クロフォードの邸宅にとどまっていた。ただしクロフォードはこのことを知らなかった。なぜフェルセンは、オルレアンないしはトゥールへ行くなどという嘘をついたのだろうか。

また、八カ月もの別離ののちにようやく再会できたのに、一月四日付の手紙ではあれほど愛情に満ちた言葉を綴っていたアントワネットが、フェルセンから二月二一日にパリに「到着」したとの報せが来たにもかかわらず、彼に会おうとしなかったことも不可解である。

フェルセンの二月一四日の日記では、王妃との会見について述べている箇所の後半が、半ページも空白になっており、ページの末尾で「私はもっともらしく見せるため」と再開している。ここから、アントワネットとの会話は完全には記述されておらず、フェルセンは後日この部分に詳細を書き加えるつもりだったが、最終的にはこれでよしとした、という仮説を立てることができる。その九日後、彼は現在のベルギー南部トゥルネで、往路で泊まったときと同じ部屋に通されて、「何という違いだろう！」と書いている。ブリュッセルへ戻ると、再び王妃に手紙を書き始めるが、一転して冷淡な様子である。これらの点からして、「何という違いだろう！」という言葉は慎重に考える必要がある。彼の書いた一七九二年三月、特に三月四日付の手紙は非常に改まった文体で、再会以前の書簡に見られるような、優し気で親密な雰囲気は皆無である。何らかの悲しみが、いや愛情から来る恨みさえ感じられる。こうした印象を裏付ける要素はほかにもある。

アントワネットはヴァレンヌ帰還後、フェルセンに宛てて「もし永遠に引き裂かれてしまったら、幸せなどもはや望むべくもないのです」と書いている。二人は会えなくなることを何よりも恐れていたが、それは現実となった。フェルセンの書簡記録簿や日記は、一七九二年二月の時点で、二人の関係に決定的な変化が起こったことを示している。日記には、王妃との会見について私的なことは一切述べられていない。彼女《エル》の健康状態についても、容姿についてもひと言も記されておらず、真面目な日記をときに明るくするちょっとしたエピソードもない（容姿については、一七九一年夏の時点で、ガヴァヌーア・モリスも侍女のカンパン夫人も、王妃の髪が真っ白になったと語っている）。政治や立憲君主派たちとの交渉、王妃の戦略についてさえ、ほとんど触れられていない。しかしアントワネットこそは、フェルセンが心から愛した女性なのだ。一七九三年になると、フェルセンは少しでも彼女のことを書いた記事がないかと、新聞を読みあさり、ブリュッセルに到着する亡命貴族たちのなかに王妃に会ったという者がいれば、その様子を尋ねて、アントワネットについてのあらゆる情報を日記に記録していた。しかし一七九二年二月一三日から一四日にかけての記述は、まるで王妃のことを述べるルイ一六世の日記のごとく、あまりにも寡黙であった。それぞれがつらい目に遭いながらも、長い別離を経てようやく会えたというのに……。

書簡記録簿では、一七九二年五月一五日を除いて、二月二四日を最後に、「ジョゼフィーヌ」に手紙が送られた形跡は見られない。三月四日以降、彼がアントワネットへ送った手紙は、すべて「フランス王妃」宛てである。この変化は重大だ。以前のような親密さはどこへ消えたのだろうか。再会前の頻繁で親し気なやり取りからは、こうした冷淡さを予測することは難しい。やはり、二人の間に決定的な何かが起こったと考えるべきである。二月一三日、愛を確かめあったあと――これが最後となる――、アントワネットは、ルイ一六世や子どもたちを置いて彼とパリを脱出することを拒んだのではないだろうか。この点については、クロフォードの回想録がひとつの手がかりとなる。

「一七九二年三月および四月、私には彼女をブリュッセルへ逃がす準備も自信もあった。しかし彼女は、決して国王と子どもから離れないと言った。かように高潔な自己犠牲は、ほかに例を見ない。彼女は夫への義務感から、自分だけ助かることをよしとしなかった。そして死を免れえないと知っても、母性愛からこれに勇敢に立ち向かった(9)」

フェルセンは彼女の説得を試みたが、無駄だった。激しい口論になったのかもしれないし、のちになって悔やむようなことを、フェルセンが口にしたのかもしれない。彼は、憎悪してやまないバルナーヴの件を蒸し返したのだろうか。アントワネットが、エレオノールとフェルセンの関係に疑惑を持ったのだろうか。いずれにせよ、フェルセンは王妃救出をすぐにあきらめたわけではなかった。国王が逃亡計画を受け入れなくとも、王妃が国王から離れればよいのだ。姉のマリア＝クリスティーナ大公妃はブリュッセルにいるし、オーストリアの家族のもとへ帰ることもできる。ブリュッセルに戻った四日後の二月二八日、フェルセンはクロフォードへ手紙を書き、「経路を送った(10)」と書簡記録簿に記している。おそらく、クロフォードを護衛係とする王妃の逃亡ルートであろう。しかしアントワネットは考えを曲げず、フェルセンは恨みがましい様子で三月二二日の日記に、「彼女が国王から離れることはないだろう(11)」と記している。

フェルセンの心はかき乱されていた。長い間愛し続けた女性は、自分ではなく、ライバルと見なしたことさえなかったルイ一六世を選んだのだ。一七九二年三月の彼の手紙では、冷淡を装って悲しみを隠している。だがアントワネットが、王妃であり母であることを放棄などできようか。クロフォードは、王妃としての義務からアントワネットは夫を選んだと言っている。それほど義務感の強いアントワネットではあったが、一七九二年二月以前の時点ですでに、身も心もフェルセンにささげていた。一月四日付のアントワネットの手紙には愛情のこもった言葉が綴られ、フェルセンも彼女を激しく愛するがゆえに、数々の危険を冒してまでパリに戻ってきたのだ。彼は多くを求めすぎたのだろうか。彼はパリ訪問について、「延期するが、二週間以上は待てないこと」と最後通牒を突きつけたが、これは逃亡計画をも指していたのかもしれない。もしかしたら二人でブリュッセルに戻ってくることができるかもしれないと胸を弾ませてパリへ向かったのに、待っていたのは王妃の拒絶だった。

二月に再会した時点で、アントワネットがフェルセンと二人でパリを脱出することを拒んだため、二人の関係に終止符が打たれた、という仮説には相当な信憑性がある。彼女には王妃としての強い責任感があり、加えて、子どもたちを置いていくなど、母としても言語道断の選択肢であった。フェルセンと二人でパリを脱出などすれば、仇敵ラ・ファイエットの思うつぼである。ラ・ファイエットは長年、アントワネットを排除しようと、国王との離婚を画策していた。離婚が成立すれば、彼女を修道院に入れることまで考えていた。置いてきぼりにされたルイ一六世はますます無気力となり、混沌がフランスを支配し、反乱分子が跋扈《ばっこ》するだろう。王政復古の可能性は絶たれ、長い間何としても避けようと努力を傾けてきた内戦も勃発するだろう。

あるいはフェルセンの妹ソフィーが危惧していたように、アントワネットは彼とエレオノールの関係を、薄々知っていたのかもしれない。ソフィーは一七九一年一二月一五日付の手紙で兄に宛てて、「皆がお兄さまに注目して、噂をしています。どうか不幸な彼女《エル》のことをお考えになって、耐え難い苦痛を味わわせないでください[12]」と書いている。ヨーロッパ政治におけるスウェーデンの無力化を狙っていたオーストリアのレオポルト二世も、フェルセンのブリュッセルでの生活ぶりについて、怪しげな噂をテュイルリー宮に流すことで、彼の信用を貶めようとした形跡もある。

王妃は、フェルセンとの会見から一カ月後にポリニャック夫人に宛てた手紙のなかで、悲しみに沈んでいると告白している。「あなたからの二通のお手紙を、ずいぶん前に受け取りました。いずれもあなたらしい、愛らしいお手紙です。あなたからのお手紙を読むときはいつもそうですが、今回もほろりとさせられ、涙を流しました。心に傷を負った私は、あなたに返事を書かずにはいられませんでした[13]」。アントワネットは、親友でありフェルセンとの関係もよく知っているポリニャック夫人に、自らの苦悩を打ち明けた。「心に傷を負った」という言葉は、義務感の強い王妃というよりも、悲嘆に暮れた一女性のそれである。フランス王室を救うためのあらゆる外交取引、あらゆる企てを一身に負っているというのに、一七九一年六月のヴァレンヌ逃亡という重大局面のさなかに、フェルセンに裏切られていたと知ったら、アントワネットの苦悩はいかほどであったか。それでも彼女は、フェルセンとの関係を断つには、彼を愛しすぎていた。

フェルセンは、アントワネットの拒否に、深く傷ついていた。二人とも、この拒否は決定的な別れを意味することを知っていた。ブリュッセルに帰京したフェルセンは、病に倒れた。何も喉を通らず、やつれ、日記も二日間休んだ。二月二五日には、「胃の調子が悪く、気分が悪い。ずいぶんと弱っている」と書き、二六日および二九日には、「体調が優れなかった」[14]と書いている。三月一七日には、やせ細り、疲労がたまり、腸が弱っているため絶えず苦しいと、体調の衰えを綴っている。二月二四日には、「ジョゼフィーヌ」宛ての最後の手紙をしたため、二八日には、逃亡経路をクロフォードに送っている。おそらく今一度、彼女の説得を試みたのだろう。アントワネットからは三月二日付で返事が来た。王妃として生を全うする決意は、ついに変わることはなかった。

フェルセンには彼女の決意を受け入れる以外に、選択の余地などなかった。だが、痛恨の極みであることに変わりはない。フェルセンが二〇歳の頃から彼のことを知っているコルフ男爵夫人は、いみじくも「氷のような外見の下に燃えるような魂を秘めている」[15]と語っている。控えめな態度と強い自制心がフェルセンの性格の大きな特徴であり、尊敬の的でもあったが、苦悩を外に向かって出せないことで、体調に影響が出たと推測できる。その文章からは、悲しみに打ちひしがれた様子がうかがえる。一方、アントワネットのフェルセンへの信頼は揺るぎなく、ブルトゥイユ男爵と協力を続けるようにと希望している。グスタフ三世からフランス国王夫妻への使者でもあったフェルセンは、すべてを突然投げ出すわけにもいかず、誠実に書簡のやり取りを続けた。ただしアントワネットはもはや「ジョゼフィーヌ」ではなく、「フランス王妃」であり、彼の文体も一部の隙もなく、冷淡この上なかった。これらすべての文書は、手紙ではなくむしろ公用文書に分類されるが、愛情から来る恨みがそこかしこに漂っている。

苦悩に満ちた一七九二年三月、フェルセンは書簡記録簿に奇妙なメモを複数残している。三月九日にパリのクロフォード宛てに手紙を送ったと記し、「皇帝の死について、ロジーナへの手紙を参照するように伝える」とし、三月一一日に再びクロフォードに手紙を送った際には、「ブネイ氏の旅行についてロジーヌにひと言書く」としている。また同じく三月九日には「フランス王妃。皇帝の死について」と書き、アントワネットは三月二日付の手紙で、「クロフォード氏からの手紙で、詳細については、あなたが彼を私のところに遣わすと聞きました」と書いている。クロフォードとアントワネットは、テュイルリー宮で頻繁に会見していた。フェルセンはたびたびクロフォードにアントワネットへの伝言を託していたため、このこと自体には何らおかしな点はない。こうすることで、同じ内容の手紙を二通書かずに済ませていた。だが「ロジーナ」とか「ロジーヌ」なる人物は、それまで書簡記録簿には一切登場したことがない。エレオノール宛ての手紙の記録には、「エレオノール」あるいは「シュリヴァン夫人」と記されている。彼がクロフォードに示している「ロジーナ」とは、何者だろうか。内容からしてもアントワネット以外の人物だとは考えにくい。二月の再会以降、フェルセンが書簡記録簿でアントワネットに「ロジーナ」という名を付けたことは、注目に値する。事実、「ロジーナ」には深い意味が隠されている。演劇やオペラを愛するフェルセンは、あらゆる演目に通じていたし、王妃とも何度も観劇した。彼の脳裏には、かつて芝居に夢中になっていた王妃が、トリアノンの小劇場でボーマルシェ作『フィガロの結婚』のロジーナ役を演じたことが焼き付いていた。モーツァルトもオペラ化したこの演目では、ロジーナは自分を慕ってくれるケルビーノではなく夫を選ぶ。フェルセンは決して偶然からこの名前を選んだのではなく、自分の境遇にぴったりだと考えたのだろう。

こうしたいさかいが原因で、フェルセンが一七八〇年から一七九一年までの王妃との往復書簡を燃やしたと仮定することもできる。この仮説に立てば、今日なぜ一七九一年以前の「ジョゼフィーヌ」書簡がほぼ残されていないのかも、説明できる。クリンコウストレーム男爵が書簡集編纂に際して残したメモ書きにも、男爵でさえこの時期の手紙を見たことがないと書かれている。男爵の手元にあったのは、フェルセンが書簡記録簿と共に保管していた一七八八年から一七八九年にかけての五通の公式書簡を除いて、すべて一七九一年六月以降の書簡である。一七九一年から一七九二年にかけての書簡のうち、一部は男爵とその息子によって燃やされたことは明らかであるが、一七八三年から一七九一年にかけての「ジョゼフィーヌ」書簡は、失望のうちにブリュッセルに帰京したフェルセンにより、一七九二年二月末に焼却された可能性がある。

この話にはさらに続きがある。一七九二年三月二九日、スウェーデン国王グスタフ三世が暗殺されると、フェルセンの胸のうちには王妃への激情がよみがえってきた。いや、王妃に対する激情がやむことは決してなかったから、むしろ希望というべきだろう。彼は関係の修復を望んだのだろうか。いずれにせよ味気ない冷淡な手紙を数通交わしたのち、グスタフ三世の死後に書かれた一七九二年四月付の二通の手紙には、再び塗りつぶし箇所が登場する。四月二四日付の手紙には、「愛しく大切な方」とあり、さらに書簡記録簿の五月一五日の欄には、最後となる「ジョゼフィーヌ」宛ての手紙を送ったことが記されている。しかしこの年の六月以降、社会情勢が緊迫し、戦争のため通信がますます難しくなってくると、すべての手紙は王妃の秘書官フランソワ・ゴグラを通すことになり、王妃からの手紙のほとんどもゴグラが代筆するようになったので、再び書簡は「フランス王妃」宛てとして記録されている。

　アントワネットがフェルセンとの関係を修復しようとしたのか否かは不明である。おそらく再び距離は縮まっただろうが、ルイ一六世が生きている限り、そして危険極まりない状況が続く限り、あれほどつらい決断を翻すことなどできなかったはずだ。彼女は一七九二年五月にフェルセン宛ての手紙を書いているが、当時の手紙は今日一切見つかっていない。五月末、ようやく体力を取り戻したフェルセンは、クロフォードの短い不在を利用して、エレオノールとの関係を再開した。かつてフランス王妃と分かちあった幸福な日々は、もはや遥か昔の記憶にしか過ぎなかった。

アントワネットからフェルセンへ

（現存せず、一七九二年二月二一日）

フェルセンは日記のなかで、パリのクロフォード邸にいるときに、ゴグラがアントワネットの手紙を持ってきたと書いている。

フェルセンからアントワネットへ

（現存せず、一七九二年二月二三日）

フェルセンはトゥルネからパリへ短信を送っている。

おそらく無事にフランスを出国したことを王妃に知らせる手紙だろう。「二月二三日木曜日：四時、トゥルネ到着。パリへ短信を送る」[16]

フェルセンからアントワネットへ

（現存せず、一七九二年二月二四日）

ブリュッセルへ戻ったフェルセンは、書簡記録簿に、「ジョゼフィーヌ」宛ての手紙を送ったと記している。この次の手紙が、「ジョゼフィーヌ」宛てとしては最後の一通になる。

一七九二年二月二六日、フェルセンはタウベ男爵に宛てて、パリでの任務についての「公式書簡」を作成した。

「私は当地を一一日に発ち、一三日午後六時、無事にパリに到着しました。その日の夜、そして翌日の真夜中に国王ご夫妻にお会いしました。その後退出し、嫌疑をかけられぬよう、トゥールまで行ってからフォンテーヌブロー経由で戻ってきました。パリには一九日午後六時に到着しましたが、〈テュイルリー〉宮殿に行く危険は冒しませんでした。何かご命令があるか問い合わせの手紙を書き、二一日真夜中にパリを出発しました。国王が承認していないにもかかわらず、市町村は旅券の提示を義務付けているため、パリ脱出は難しく、すでに何人も逮捕されていると聞いておりましたので、代理大使に連絡し、使者としての旅券一冊、レッサール名義の旅券一冊を発行していただきました。このため出発が延期になり、旅券を待つ間、潜伏しておりました。何度か厳しい職務質問を受けましたが、正体を見破られることはありませんでした。一〇戸か一二戸ほどしか家のない小さな村では、旅券に身体的特徴が書かれていないからと逮捕されそうになりましたが、自分たちは使者であり外国人だと説明して、一時間近くも拘留されたのちに、ようやく解放されました。しかし、私のパリ訪問が露見する恐れはないでしょう。

〈スウェーデン〉国王のご希望を達成することはかないませんでしたが、任務が無事終了したことには満足しております。現時点では監視が非常に厳しいので、逃亡は実際問題として不可能でございます」[17]

だがスウェーデン代理大使ベルクシュテットは、クロフォード邸でフェルセンと会ったその日のうちに、ストックホルムに向けて会見を報告していた。フェルセンは、旅券に関する政令のため、パリ行きをあきらめるべしというグスタフ三世の命令に背いて、パリに来ていたのだ。タウベ男爵は三月一三日付の手紙で、厳しい叱責の言葉を連ねている。

「友よ、昨日朝、シルヴェスパレが国王にベルクシュテットからの手紙を読み上げたとき、私も国王も筆舌に尽くし難い恐怖を味わいました。旅券の政令にもかかわらず、パリ行きを決行するなど、貴殿は軽率極まりない行動を取られたのです。貴殿は神のお導きにより戻っていらっしゃいましたが、まさに奇跡としか言いようがありません。それでも貴殿は、あなたの親友と国王陛下に大変な心労を強いたのです。パリからの一九日付の手紙を読んで、私たちは不安と恐怖に突き落とされました。それに、もし貴殿の身に何かあったら、ヴァルマン〈グスタフ三世〉と私の責任になるでしょうし、S〈ソフィー〉も私を永遠に責め続けるでしょう。（中略）貴殿のなさったことに、私は強く抗議いたします。貴殿は、フランス国王ご夫妻や我々の国王、そして貴殿の身を案じる方々すべてを危険にさらしたのです[18]」

この一件は、翌年になってもストックホルムで尾を引き、フェルセンに同行した士官ロイテルスヴァルトは一七九三年二月八日に、フェルセンにこう書いている。「パリ訪問について、私は打ち合わせ通りに話します。我々は午後にパリに到着し、翌日出発したこと、そして帰路ではベルクシュテット手配の旅券を待って二日間パリに滞在したと、話します[19]」。パリ訪問の日記はブリュッセルに帰京してから記されたが、フェルセンが正確にパリで何をしていたのか、どのような秘密をいかなる理由で守らねばならなかったのか、定かではない。

アントワネットによって突然二人の関係に終止符が打たれ、フェルセンは衝撃のあまり数週間にわたって、病を患った。四月上旬には「体調が優れなかった[20]」と書いている。しかし公用文書については、いつも通りの厳密さをもって作成を続けた。二月二九日にはグスタフ三世に宛てて文書を送り、ルイ一六世とアントワネットが、逃亡計画の件で意見割れしていると説明している。「とりわけ王妃はこの計画の利点をよくご理解になり、一回目が失敗したからといって、二回目をあきらめる理由にはならないとおっしゃいました」と書いている。しかしルイ一六世は逃亡を再び試みるつもりはなく、最後の会見ではフェルセンに「私のことは放っておいて、好きなようにさせてほしい」と述べている。[21]つまり国王は、もはや自分に差し伸べられる手を受け入れる気は一切なかったのだ。

ヴァレンヌからの帰還後、アントワネットが大きな政治的役割を担っていたことは、王妹エリザベート王女から王弟アルトワ伯爵に送られた一七九二年二月二三日付の手紙からも明らかである。

「息子〈アルトワ伯爵〉は義母〈アントワネット〉に対して、あまりにも厳しすぎます。彼女には巷で言われているような欠点などありません。怪しげな助言に耳を傾けることもあったかもしれませんが、ご自分に襲いかかってくる災いを、強い勇気でもって耐えています。義母の善意を考えると、同情こそすれ、非難などすべきでありません。父上〈ルイ一六世〉は一家の不幸を前に、もはや一家の長ではなく、義母はそんな父上の優柔不断な態度を奮い立たせようとしています。私が間違っているのかは神のみぞ知ることですが、義母こそはこうした出来事の一番の犠牲者の一人ではないかと思います。そして彼女への非難を耳にするにつけ、この予感に胸も締め付けられる思いです。（中略）あなたの妹と義母とでは、習慣も人との付き合い方も違うことはご存じでしょう。けれども彼女への不当な責めを耳にし、そして未来へと目を向ければ、彼女と歩み寄れるような気がいたします。息子が義母の兄上の親友〈メルシー〉を味方につけようとなさらなかった、あるいはつけることができなかったのはとても残念です。この老狐は彼女をないがしろにしました。できることならば、忍耐強く彼を味方につけ、現在起こっている身の毛もよだつような災厄を防ぐべきだったのです」[22]

メルシーの役回りや、オーストリア政府が王妃に二枚舌を使っているという点に関して、エリザベート王女の見解はフェルセンのそれと一致していた（ただしエリザベート王女はフェルセンを好ましく思ったことはなく、フェルセン自身も日記のなかでそれを認めている）。メルシーを重用していたレオポルト二世は、一七九一年六月以降、アントワネットから要請され続けていた会議開催に前向きな国々と、大公たち、そしてアントワネットの間に不和の種を蒔き続けていた。フェルセンがブリュッセルに戻ったその日のうちに、レオポルト二世はマリア＝クリスティーナ大公妃に宛てて、彼を強く非難する手紙を書いている。

「フランス問題は継続中で、余の意思も変わることはない。あなたにおかれては、彼ら全員、特にフェルセン伯爵とは距離を置くよう進言する次第である。余は彼が欺瞞に満ちた人物であること、あなたや私、王妃に対してさえも敵意を抱いていることを知っている[23]」

レオポルト二世は、自分抜きの会議開催に向けた外交上の根回しが具体化してくるのを目にし、持ち前の陰険さを駆使して、開催にもっとも尽力したフェルセンの信用を貶めようとした。フェルセンは、自分への中傷を広めたのはメルシー伯爵ではないか、アントワネットと交わしていた秘密書簡に原因があるのではないかと疑っていた。

「二月二七日：ブルトゥイユ（中略）から連絡が来た。それによると、メルシーが、皇帝に対する王妃の不満を非難し、私に原因があるとし、その証拠も手にしているとほのめかしたとのことだ。私の手紙以外に証拠となるものはないはずだが、彼に解読ができるとは思えない。スウェーデンの暗号はあまりにも難解だし、パリに宛てて特殊インクで書いた手紙は、もし読み出されていたとしたら届かなかったはずだ。（中略）メルシーは、フェルセンは非常に怪しげで不快な人物だと、それとなく口にしたとのことだ[24]」

アントワネットは三月二日に、メルシーに宛てた手紙のなかで、兄レオポルト二世のフェルセンに対する誹謗に反駁した。「国王も私もブルトゥイユ男爵とフェルセン伯爵を全面的に信頼していることは、ご存じでしょう。（中略）彼らは私よりも政治の実情に通じています。この二人と協議してください。彼らは私たちの希望や立場を完全に把握しています[25]」。フェルセンがブリュッセルに戻ったことを知らされたアントワネットは、すぐに往復書簡を再開した。

アントワネットからフェルセンへ

（現存せず、一七九二年二月）

フェルセンがパリをあとにしてから書かれたこの手紙には、一番という番号が付されている（書簡39参照）。

原注

（1）「若き大公」はレオポルト二世の長男、フランツを指す。

（2）フランツ・ゲオルグ・カール・フォン・メッテルニヒ伯爵。一七四六–一八一八年。オーストリアの外交官。オーストリア宰相として名高いメッテルニヒの父。

（3）セギュールの自殺は未遂に終わった《プロイセンに交渉役として派遣されたセギュール伯爵は、プロイセン国王からも貴族からも冷遇されたため、自殺したという噂が流れた。書簡32、二七七ページ訳注参照》。

（4）Stafsund. SE/RA/720807/22/14.

（5）Klinckowström, *op. cit.*, I, p. 278-279.

（6）フェルセンの日記、Stafsund. SE/RA/720807/02/6/II/5：フェルセンの書簡記録簿、SE/RA/720807/02/6/III/10.

（7）フェルセンは、この期間クロフォード邸に身を隠していた。

（8）Stafsund. SE/RA/720807/02/6/II/5.

（9）Craufurd, *op. cit.*, p. 55.

（10）Stafsund. SE/RA/720807/02/6/III/10.

（11）Stafsund. SE/RA/720807/02/6/II/5.

（12）Stafsund. SE/RA/720807/022/13.

（13）Feuillet de Conches, *op. cit.*, V, p. 337.

（14）Stafsund. SE/RA/720807/02/6/II/5.

（15）Bimbenet, *op. cit.*, II, p. 140.

（16）Stafsund. SE/RA/720807/02/6/II/5.

（17）Klinckowström, *op. cit.*, II, p. 177.

（18）Stafsund. SE/RA/720807/22/14.

（19）*Ibid.*

（20）Stafsund. SE/RA/720807/02/6/II/5.

（21）グスタフ三世宛ての至急便、Stafsund. SE/RA/720807/02/6/I/1：日記、SE/RA/720807/02/6/II/5.

(22) Feuillet de Conches, *op. cit.*, V, p. 272-273.
(23) *Ibid.*, V, p. 281-282.
(24) Stafsund, SE/RA/720807/02/6/II/5.
(25) Feuillet de Conches, *op. cit.*, V, p. 293.

39 アントワネットからフェルセンへ

（一七九二年三月二日）

AN, 440AP/1. フェルセン直筆の解読文。手紙は暗号で書かれ、二番という数字が付された上、郵便で送られた。一連の手紙のうち、最初の一通は現存しない。手紙の最初と最後に塗りつぶし箇所があるが、文体は全体的に親密である。残念ながら、塗りつぶし箇所は肉眼では判読不可である。

「三月五日受領、六日返信
二番
〈一七九二年〉三月二日
〈半行塗りつぶし〉ラ・ポルト氏はここ一カ月、新聞を受け取っていません。クロフォード氏からの手紙で、詳細については、あなたが彼を私のところに遣わすと聞きましたから、なおさら、あなたがこの経路でお手紙を送ったのではないかと危惧しております。あなたがそちらへお戻りになられてから、一通もお手紙は届いていません。もう新聞は使うべきではありません。どこかで押さえられてしまう可能性もあります。

ウィーンからの報せは、大変な騒ぎを巻き起こしました［レッサールが三月一日に議会で読み上げた、オーストリア宰相カウニッツとウィーンに駐在するフランス大使ノアイユの間で交わされた一連の文書。オーストリアは革命を激しく非難し、神聖ローマ皇帝はヨーロッパ列強を率いてのフランス進撃もやむなしとしたために、大きな反発を招いた。］。私には理解できませんが、またもや悪意から出たことなのではないかと考えています。彼〈レオポルト二世〉が時間を稼いで、何もするつもりがないことは明らかです。この件についての書類は、ゴグラがそちらへお送りしました。さようなら〈二行半塗りつぶし〉」

一七九二年三月、フェルセンはアントワネットに宛てて六通しか手紙を送っておらず、すべてが「フランス王妃」宛てである。これらは手紙というより、公用文書と呼ぶべきだろう。「光栄にも私に示してくださった信頼に値し続けられるよう」という一節を読んだときの、アントワネットの失望はいかほどであったろう。恋愛関係とは縁遠い、単なる古くからの女友達に対してさえ、これほど冷たい手紙が書かれたことはない。かつて綴られた燃えるような愛の言葉は、外交官が作成するような味気ない文章にとって代わられた。まさに、「何という違いだろう！」

40 フェルセンからアントワネットへ

（一七九二年三月四日）

AN. 440AP/1. フェルセン直筆の写し。手紙は特殊インクで書かれている。ブルトゥイユ男爵の短信が収録され、フェルセンの文章は余白に書かれている。フェルセンは、メルシーが自分を攻撃していると述べ、「彼らがあらゆる手を使って、虚言をあなたに吹き込んでまでも、私を傷つけようとすることに疑いの余地はございません」と書いている。書簡記録簿では、この手紙は「フランス王妃」宛てになっている。

「三月四日、特殊インク、ゴグラ経由で送付
ブリュッセルにて、〈一七九二年〉三月四日

ブルトゥイユ男爵からお預かりした報告を同封いたします。男爵は早急にお金を必要とされておりますので、要求をお認めいただくよう、お願い申し上げます。以下、男爵からの報告です。

『小職は早急な必要に迫られております。**職務遂行**に雇い入れた人員への日々の支払いを、苦労しながらも何とか工面している状態です。すでにかなりの額を立て替えており、これ以上工面を進めれば、政治運動にも、小職の個人的な評判にも、**傷がつく**深刻な状態となりましょう。現在の困窮、そして今後の展開によって起こりうる不如意を解決するため、どうか小職宛てに三〇万リーヴ

ルをお送りいただくよう、お願い申し上げます。ご親切な貴殿を信頼して正直に申せば、国王からの援助なしには、もはや生計を立てるすべもございません。陛下からの恩恵と恩給が差し押さえられて三年になりますが、領地からの収入と、所有しているもののなかでも最上品を少しずつ売却して細々と暮らしてまいりました。領地からの収入が接収され、食器類も古くなってしまい、心苦しくはございますが、国王のご厚情にすがらざるをえず、日常的な費用として月六〇〇〇リーヴル、すなわち年七万二〇〇〇リーヴルの下賜をお願いいたしたく存じます。小職も品位を損なわない程度に出費を最低限に抑え、この額内でやりくりいたします。いつか領地に戻り、押収された収入の未納金が支払われたあかつきには、陛下に返済できることを願いつつ、かような支援を依頼するものでございます』

男爵の請願は正当であり、今や収入源もなく、サン＝ドミンゴにお持ちの領地さえ、いつ接収されてもおかしくありません。日常経費として一五万リーヴル、男爵ご自身の経費として三万リーヴルを送金できるかと存じます。これは六カ月分の費用です。よろしければ、私にお送りくださっても結構ですし、私宛てとしてペレゴー氏［ジャン＝フレデリック・ペレゴー。一七四四－一八〇八年。スイス出身パリ在住の大銀行家。］にお渡しくださっても結構です。しかしこれがすべてではございません。と申しますのも、男爵の依頼してきている全額が必要とされているからです。足りない分は、オランダで借入ができるか調べてみましょう。そうすれば六〇ないしは七〇パーセントではなく、五パーセントしかかかりません。私がお預かりしている分は数日内に報告書をお送りいたしますが、男爵の経費を賄うには不充分ですので、これは取っておいたほうがよろしいでしょう。いつかお手元に戻るときに役に立つはずです。オランダあるいは他所――ただしフランス国外――で、二〇万リーヴルの借入を手配できる方がパリにいるかご検討の上、見つかるようでしたらその方を通してください。そうすればかなりの得になります。私から当地のダノート銀行を通して送金手配をご希望でしたら、あなたの許可をいただいた上で男爵にお支払いいたします。

メルシー氏は男爵に、皇帝に対するあなたの不満を非難しました。氏は、原因は私にあると考え、その証拠も手にしているとほのめかしました。氏の説は疑惑に過ぎないと、私は考えます。私からの手紙はすべてそちらへ届いておりますし、もし氏が読み出したとしたら、それらを送ることはできなかったはずです。また、私から国王へ宛てた手紙も解読されたとは考えられません。しかしメルシー氏から、フェルセンは怪しげで不快な人物なので、自分が話している内容も伝えないように言われたと、男爵はおっしゃっています。彼らがあらゆる手を使って、虚言をあなたに吹き込んでまでも、私を傷つけようとすることに疑いの余地はございません。私の熱意と誠意をよくご存じのあなたが、こうした虚言をお信じにはならないとは存じますが、光栄にも私に示してくださった信頼に値し続けられるよう、そしてさらなる信頼を得るべく、虚言をお耳にされましたら、どうか私にお知らせいただきたく存じます。

　プロイセンからは、相変わらず朗報が届いております。クロフォード氏がそちらへお知らせするでしょう。プロイセン国王は、自ら軍の指揮を執ることを希望されています。メルシー氏は皇帝の回答を大変喜んでおり、男爵にも、この回答は自分の手柄だとご自慢になったそうです」

41

フェルセンから アントワネットへ

（一七九二年三月六日）

AN, 440AP/1. フェルセン直筆の写し。書簡記録

　次に挙げる一七九二年三月六日付のフェルセンの手紙には、重要な情報が含まれている。すなわち、王妃との往復書簡の機密保持のための詳細な対策である。二人は秘密書簡のやり取りに精通していたにもかかわらず、パリから帰還したフェルセンは数々の対策を講じた。その理由は、一七九二年三月四日以降、五月一五日付のものを除いて、アントワネット宛てのすべての書簡は「フランス王妃」宛てとして記録されており、その大部分が、王妃の秘書官フランソワ・ゴグラを通してやり取りされたためである。こうした背景のもと、「あなたのみに宛てた手紙」とは、政治について扱った書簡を指すことになる。ゴグラは、王妃が立憲君主派と書簡を交わしていたことを知らなかったのだ（二七五ページ参照）。

簿には「フランス王妃。en. bl.《特殊インク》二日の手紙への返信」とある。王妃からの二日付の手紙には、塗りつぶしが施されていた。一方、この手紙の文頭に出てくる「49.――」は、手紙が王妃だけに宛てたものであることを示しているが、塗りつぶしも欠落部分もなければ、愛情あふれる言葉やさようならのひと言もなく、フェルセンのわだかまりを表している。この手紙は単なる指示でしかなく、従来の書簡とはまったく異なった様相を呈しており、これ以降すべての書簡は公的な内容に限られることを暗示している。この手紙を受け取ったアントワネットが、「心に傷を負った」と嘆くのも当然である。

　彼は、王妃宛てのブルトゥイユ男爵の手紙を参照するよう、クロフォードに伝えたと書いている。このことから、フェルセンはアントワネットとクロフォードそれぞれに、すでにどちらかに送った書簡を参照しあうよう、指示を出していたこと、パリから帰還後のフェルセンの書簡記録簿に登場する「ロジーナ」がアントワネットを指すことが確認できる。事実、一七九二年三月九日には、「ロジーナ」に送った手紙を参照するようにと、クロフォードに伝えている（書簡42・三二三ページ参照）。王妃から新聞の件について質問が来ていたが、フェルセンは新聞はもう必要ないだろうと答え、今後私的な手紙は一切送らないとほのめかしている。これには以前、彼が特殊インクを用いて自由に手紙を書けるよう、ブラバン新聞を用いていた背景がある［二六六ページ参照］。

「三月六日、特殊インク
49.――、ゴグ経由：
二番、〈一七九二年〉三月六日

昨日、あなたの二番のお手紙を受領しました。詳細は男爵があなたに送った手紙のなかに書かれておりますので、クロフォード氏には、そちらを参照するようにと伝えました。もう新聞は使わなくなりましたので、ここ二カ月送っておりませんし、必要なときのみに送ります。ラ・ポルト氏には、新聞が届いたらあなたにお届けするようにと、指示を出しておいてください。

　皇帝のご回答［書簡39で述べられている、議会で読み上げられたオーストリアからの文書。］は、かなり好意的に見ても、まったく意味をなしておらず、中身のない弁論です。この回答と、ベルリンへの提案の食い違いを説明できる理由は、ただひとつです。すなわち、どうしても行動せざるをえなくなった場合でも、皇帝はオーストリアの長としての振舞いと、神聖ローマ帝国の長としての振舞いに、微妙な差をつける可能性を保留しているのです。皇帝が望んでいるのは、侵攻を回避するため、そして対策を練るための時間稼ぎであることは明らかです。もし――充分ありうることですが――皇帝に悪意がある場合、今回のご回答をうまく利用するでしょう。私はいずれの説にも信憑性があると思います。皇帝は相変わらず決起を避けたいと願いつつ、他国に強制されることを恐れているのだと思います。各国は五万名を動員することというプロイセンの提案を受け入れたのも、北欧諸国に対し、兵力は充分に足りているので、さらなる動員は必要ないと主張することで、これらを排除できると見込んだためでしょう。もしそれができなければ、兵力を増強して、北欧諸国を自分の指示する動きに従わせるよう、仕向けるでしょう。そうなれば、フランスに自分に都合のよい政府を樹立させることもできますし、フランスはオーストリアの言いなりとなり、力を失って、かつてのような覇権を取り戻すことはできなくなります。ただし皇帝は、強い影響力を持つ女帝や、フランスに協力的なプロイセン、野心的なブラウンシュヴァイク公爵が出てくれば、この計画が容易に妨害されうることには気が付いていません。そこで大公方が役に立つのです。と申しますのも、友好的な列強各国は、あなたが秘密裏に大公方に吹き込む要求に、譲歩する気配を見せているからです。

肝心なのは、各国の軍隊を国境まで進軍させるよう、意見をまとめることです。私はスウェーデン、ロシア、スペインの王に対し、何としても意見をまとめる必要があること、進軍と並行して、国王の幽閉状態を宣言する条項や会議開催地を公にする条項の議論が可能であることを、進言いたしました。会議開催の意義は日々薄れ、無意味にもなってしまいかねません。私は皇帝の計画をこうした視点からとらえ、男爵には性急に事を進めないこと、そしてメルシー伯爵から要求された返済契約書には、国王が革命以前と同等の権限を完全に奪回したときに初めて返済する旨を明記するよう提案しました。メルシー氏は、皇帝の返事を作成したのは自分だと自慢しています。

次のことをゴグラにお知らせください。49――のように、暗号文の上部に番号と横線が書かれている場合、あなたのみに**宛てた内容で、特殊インクが使われており、暗号部分には何の意味もありません。49：**――のように、**ピリオドあるいはコロンがある場合は、**次のピリオドまでに暗号文があることを意味します。その他の暗号部分には意味がなく、続いて特殊インクが使われます。49のように《数字に》下線が引かれている場合は、ゴグラ宛ての手紙であり、番号とピリオドあるいはコロンが記されていない限り、暗号文には意味はありません。番号とピリオドやコロンの組合せのあとに平文が続いている場合は、行間に特殊インクで文章が書かれています。こうした点をゴグラに知らせておかねばなりません。私にお手紙をお書きになる場合は、意味のない暗号文を記した上で、行間に特殊インクで文章をお書きになるのがよろしいでしょう。こちらでも暗号が解読される可能性があるからです。特殊インクであることの合図として、暗号部分のあとあるいは下部に、ピリオドではなく横線をお引きください。紛失した手紙がないかどうか確認するために、各手紙にはかならず番号を付すことといたします。パリ当局は専用の道具を持っておりませんので、手紙が開封されていないことは確かです」

一七九二年三月一日、レオポルト二世は四四歳で急死した。フェルセンはこの死を、むしろフランスに有利に働くと見た。同年七月五日に皇帝に即したフランツ二世はハンガリー国王でもあり、伯父ヨーゼフ二世の薫陶を受けて育った。フェルセンはアントワネットの甥に当たる新皇帝に、フランスへの積極的な介入の希望を託した。

42

フェルセンからアントワネットへ

（一七九二年三月九日）

この手紙の原本は現存しない。フェルセンの書簡記録簿には、「フランス王妃。皇帝の死について」とある。本書に掲載する手紙は、クリンコウストレーム男爵版からの転載である。[1] フェルセンは三月八日付の日記のなかで、レオポルト二世の死について次のように述べている。「夜、訪問してきたヴェラック子爵によると、巷では人々が、皇帝の死によってすべてが変わるのではないか、遅れが生じてあらゆることが滞るのではないかと案じているという。私は同意しかねて説明した。男爵も私と同意見だろう。私は自分の考えを王妃に書き送ることにし、翌日郵送した(2)」

返信という形ではなく、自発的に王妃に手紙を書くことを決めた点は注目に値する。彼のメルシーについての考察は、オーストリア大使メルシーが、冷ややかな人間だと考えられていたことを裏付けている。一方、この手紙の文体は、三月四日付のそれよりもやや温かみがある。王妃が送ると知らせてきた書類をまだ受け取っていないと書かれているが、これは、現在スウェーデンでフェルセンの資料と共に保管されている、王妃とバルナーヴの書簡を指しているのだろうか。フェルセンはつねに逮捕や所持品検査の可能性を念頭に置いていたので、かさばる極秘書類をブリュッセルに持ち帰るような危険は決して冒さなかったはずだ。アントワネットは何らかの手段で、バルナーヴとの書簡をフェルセンに託した。もちろん安全な場所に保管するという目的もあるが、手紙の内容が純粋に政治的なものだと、フェルセンに証明するためでもある。すでにアントワネットは一七九一年七月九日付の手紙のなかで、「愛しそしてこれからも愛し続ける方から、一瞬でも咎めを受けようものなら、私は死んでしまうでしょう」と書いている。事実バルナーヴへの書簡には、思いやりの感じられる言葉はひと言も書かれていない。

フェルセンの書簡記録簿には、同日三月九日にクロフォードへも手紙を送ったと記されている。「皇帝の死について、ロジーナへの手紙を参照するように伝える」

「王妃宛て、特殊インク、ゴグ経由
三番、一七九二年三月九日

昨夜、皇帝崩御の報せが入ってきました。皇帝の逝去により政局に遅滞が生じるのではないかと、喜ぶ者もいれば、恐々としている者もおります。私としましては、むしろあなたに有利に働くと考えています。皇帝は逝去されましたが、大公［レオポルト二世の後継者フランツ二世を指す。］は生きていらっしゃいます。大公の権力にも関心にも変化はなく、皇帝だったらおこなっていたであろうことを、今や実行することもできますし、プロイセン国王と協力して、諸侯にかつてのような保護を与えることもできます。両者とも、連合体における権利は支配に基づく影響力に限定されており、普遍的な共通の利害以外のよりどころを持ちません。そもそもフランツ大公は以前から好意的で、お父上レオポルト二世の鈍く、緩慢で煮え切らない態度をしばしば批判されていました。軍人としての魂をお持ちの大公は、レオポルトよりもヨーゼフに似ています。皇帝の逝去により、プロイセン国王の影響力がますます高まるでしょうし、ウィーン宮廷は帝室の威厳を保つためにも、プロイセン国王の機嫌を損ねないことが肝心です。大公の好意的な姿勢から考えるに、現状はあなたにとって大変有利に動くはずです。

今の時点で、あなたと国王からフランツ大公に手紙をお書きになることが、重要かと存じます。大公はこうした心遣いに自尊心をくすぐられるでしょうし、あなた方への好意も高まるでしょう。大公にとってはお父上、あなたにとっては兄上の逝去の悲しみを表明し、大公があなた方に示してきた思いやりと関心を忘れたことはないこと、だからこそレオポルト二世が与えてくださった希望を実現すべく大公に期待を寄せていること、大公にもお父上同様の信頼を寄せ、国境への部隊派遣と、アーヘンまたはケルンでの会議開催を再度要求したいこと、プロイセン国王の賛同は確実で、すでにあなたの希望に沿った提案をしているはずだということ、ずっと以前からサンクトペテルブルク、ストックホルム、マドリード宮廷は関心を示しているという明白な証があることをお書きになってください。そして、現状からやむなく絶対に秘密厳守であること、特に軽率な取り巻きに囲まれているフランスの大公方には気取られてはならないことを知らせ、全幅の信頼を寄せているブルトゥイユ男爵を厚遇してほしいとご依頼ください。このお手紙を送るには、いくら早くても早すぎることはございません。お手紙はテールコート用のウール、おろしたてのチョッキやタイカラーと一緒に箱に入れ、駅馬車でこちらへ送ってください。こうすればより安全で、疑われることもないでしょう。

あなたがお知らせくださった書類は、まだゴグラから受け取っておりませんし、ポルトガル女王宛てのお手紙もまだ届いていません。しかし事は重要です。お金の件についてもお忘れなきよう、お願いいたします。疑われぬよう、同時にフランツ大公宛ての儀礼的なお手紙も書く必要があります。レッサール氏〔アントリーヌ・クロード・ド・ヴァルデック・ド・レッサール。一七四二－九二年。一七九〇年に財務総監に、一七九一年に内務大臣、次いで外務大臣に就任。対オーストリア戦争に消極的だったため、一七九二年三月、議会で糾弾される。このためルイ一六世はフィヤン派内閣を解散せざるをえなくなり、ジロンド派内閣が成立する。〕経由でお送りください。お手紙には、彼ら〈立憲君主派〉の意に沿うことをお書きになり、すでにレオポルト二世にお伝えになったのと同様の内容を簡潔に繰り返し、お父上の方針を踏襲し、フランスとオーストリア両国にとって有益な平和を維持することが望ましいと、付け加えてください。フランツ大公にあなたの真意をおわかりいただくためには、この二通のお手紙が同時に着くことが肝心です。

こうした動きを取ることを、メルシー氏にお伝えいただいて結構です。彼には、同様の方針で手紙を書いていただきましょう。男爵は氏と会見されたそうですが、非常に好意的で、『必要とされるのは、もはや宣言ではありません。皇帝はようやく別の手段を取ることにされました』と述べると、興奮して立ち上がり、剣を抜き『これこそが必要とされているのです。皇帝は決意を固められ、近いうちに実現されるでしょう』とおっしゃったそうです。メルシー氏の激しさを、私も見たかったものです。さぞやいつもの態度とは対照的だったことでしょう。早急に書類と大公へのお手紙をこちらへお送りください。お手紙は大至急です。男爵は、ショワズール・ダイユクール氏[3]をウィーンの大公のもとへ派遣したいと考えています。あなたのご意見をお聞かせください」

フェルセンからアントワネットへ

（現存せず、一七九二年三月一一日）

フェルセンの書簡記録簿には、三月一一日にクロフォードへ手紙を送ったとあり、「ブネイ氏の旅行についてロジーヌにひと言書く」と書き残している、また前日の日記には、「ブネイ氏はパリへ行った。おそらく大公たちとカストリ元帥が、ブルトゥイユ男爵についての不満を伝えるために彼を送ったのだろう[4]」と記されている。ロジーナはアントワネットを指すが、これを最後に書簡記録簿には登場しない。

フェルセンからアントワネットへ

（現存せず、一七九二年三月一五日）

この手紙について、フェルセンの書簡記録簿には「フランス王妃。ロシアの至急便、クロフォード経由、en. bl.《特殊インク》ビスケット」とあり、この手紙が特殊インクで書かれ、ビスケットの箱に入れられて、パリのクロフォード邸に送られたことを示している。「ロシアの至急便」という言葉からも、手紙は私的なものではないことがわかる。

原注

（1） Klinckowström, *op. cit.*, II, p. 202-203.

（2） Stafsund. SE/RA/720807/02/6/II/5.

（3） ミシェル＝フェリックス＝ヴィクトール・ショワズール・ダイユクール。一七五四－一八九六年。三部会議員。亡命し、ウクライナで没。

（4） 書簡記録簿、Stafsund. SE/RA/720807/02/6/III/10：日記、SE/RA/720807/02/6/II/5.

43 フェルセンからアントワネットへ

（一七九二年三月一七日）

AN, 440AP/1. フェルセン直筆の写し。手紙は特殊インクで書かれており、書簡記録簿には「フランス王妃。ゴグ経由、en. bl.《特殊インク》」とある。クリンコウストレーム男爵はこの手紙を転記する際、スペインが大公たちに都合した一五〇〇万リーヴルを五〇〇万リーヴルと書いている。手紙のなかでフェルセンは、ルイ一六世からスペインの新宰相アランダ伯爵[1]へ宛てて書簡を送るよう指示している。またアントワネットには、甥のハンガリー国王すなわちフランツ大公へ書簡を送るようにと、催促している。そして「私の執拗さと懇願は、ひとえにあなた方への献身の証とお考えください」と、次々に指示を出すことを詫びている。この手紙と一七九一年一一月二六日付の私的な手紙とはあまりにも対照的である。後者も政治的な内容ではあったが、アントワネットに対する愛情もにじみ出ていた。

「王妃宛て、特殊インク、ゴグラ経由
ブリュッセルにて、一七九二年三月一七日

私はスペイン宰相の交代を不都合だとは思いません。アランダ伯爵の性格からして、あなた方への賛同は確実でしょう。とはいえ、アランダ氏の、前任者に対する反発や、その足跡をすべて消し去りたいという意思がどう作用するかは不明です。ラ・ヴォギュヨン氏は男爵に宛てた公用文書において、フロリダブランカ氏の退任を惜しんでいますが、その後継者の意向については、何も言及していません。こうした状況から判断するに、国王からアランダ伯爵にお手紙を出していただくことが絶対に必要であり、地位も高く、あらゆる情熱のうちでも虚栄心がもっとも強いこの人物の心を動かすことができるでしょう。伯爵のお心が定まっていない場合、お手紙がそれを促すでしょうし、決心を固められている場合でも、さらに熱意を強め、行動力を与えるでしょう。いずれにせよ、書簡を送ることが先決と考えます。国王がお書きになると決められれば、一刻も無駄にしてはなりませんし、どんなに早く送っても、早すぎることはありません。男爵にもこの件をお話ししましたが、同意見で、自分からも先方に書簡を送ろうと申し出られました。

　お手紙では、スペイン国王が信頼されるのもかくや、と納得がいく美点を備えた人物が宰相に選ばれたことに感銘を受けているとお書きになってから、伯爵がフランスに滞在していた時代を回想し、ブルボン家に変わらぬ忠誠を示してきた献身的な伯爵を信頼する国王の判断は、いかにも正しいとお書きください。そしてスペイン国王の支援を望んでいると述べ、スペイン国王への書簡や他国宮廷におこなってきた働きかけについて説明し、スペイン国王がどれほどの意欲をもって列国の熱意を刺激するかが成功の鍵だとお書きください。そして、スペイン国王から示していただいたご厚意を今後も頼りにしたい、そうした国王のご厚意をアランダ伯爵が守り、さらに固めることを希望しているとお伝えください。会議開催を改めて要請するか、あるいは当件についてスペイン国王にすでに送ったお手紙に言及してください。ブルトゥイユ男爵に全幅の信頼を置き、全権を委任することを説明し、アランダ伯爵も男爵を信頼いただくよう、お願いください。本件は極秘であることをほのめかし、最後は伯爵のお喜びになるような挨拶のお言葉と、伯爵を重視していることを示して、結びとしてください。早急にこの書簡を書いていただかねばなりません。男爵が使者を仕立てて運びます。

スペインはスウェーデン国王に四〇〇万、大公方に一五〇〇万を渡しました。また、スペインから女帝に計画書が送られましたが、これは数日中に入手予定です。スペインは会議開催を支持しており、すでにウイス伯爵の派遣が決まっていましたが、おそらくアランダ伯爵が人選を変更するでしょう。

プロイセンはつねのごとく問題ありません。シューレンブルク伯爵は、皇帝の崩御は動きを加速化させ、フランスに有利に働くだろうとおっしゃいました。それでも先日お願いしましたように、新王《フランツ二世》に宛てて書簡を送っていただくことが、絶対に必要です。

男爵からも先方に書簡を送ります。アランダ伯爵への書簡同様、新王への書簡も急を要します。私にお手紙を送るには、ゴグラ宛ての手紙の末尾に記した手順がもっとも確実で、容易で、道理にかなった方法です。書簡を大至急送らねばならないことは、何度繰り返しても足りないほどです。私の執拗さと懇願は、ひとえにあなた方への献身の証とお考えください。恐れ入りますが、お金の件についてもお忘れなきよう、繰り返しお願いいたします。男爵には**収入源**がございません」

アントワネットには、フェルセンからの指示ひとつひとつに回答するだけの余裕がなかった。一七九二年三月一〇日、外務大臣レッサールが告発されたのである。フェルセンは三月一三日付の日記に、「議会の命令により、レッサール氏が書類を差し押さえられ、身柄を拘束され、起訴された。ジャコバン派は勝利を収めた」と書いている。三月一八日にはさらに悪い報せが入ってくる。フェルセンの日記には、「コワニー騎士によると、ジャコバン派たちは王妃を修道院に入れるか、オルレアンまで連行してレッサール氏を対面させることを検討している[2]」と書かれている。革命家たちは、血気盛んなフランツ二世を恐れており、アントワネットが甥である彼に救出を求める前に、何とか彼女を排除しようとしていた。クロフォードからドーセット公爵に宛てた手紙では、アントワネットの仇敵ラ・ファイエットとオルレアン公爵の間で練られた王妃廃位および幽閉計画が、詳しく綴られている。

クロフォードからドーセット公爵へ

（一七九二年三月一六日）

「ここのところパリは恐ろしいほどの興奮に包まれており、皇帝崩御以来、王妃排斥の声が何度も響き、巧妙かつ執拗に広がっています。（中略）複数の事柄を争点にして、王妃を告発する計画があったことが判明しました。告発を受けたのちは、議会の政令により逮捕され、書類を押収され、国王やお子さま方から完全に隔離される計画でした。ラ・F〈ラ・ファイエット〉氏とN〈ナルボンヌ〉氏がこの陰謀に加担しているのではないかと疑われていますが、誰の目から見ても首謀者はコンドルセとペティヨンでしょう。ラ・Fはコンドルセ夫人の愛人で、コンドルセは完全に妻の言うなりです。閣下は、ラ・FがO〈オルレアン〉公爵に言ったことを覚えておいでかもしれませんね［ラ・ファイエットとオルレアン公爵は政敵だった。］。しかし二人は私的に会見し、うわべだけは和解して抱擁しあいました。けれどもいずれも不実な人柄ですので、心の底から憎みあっているはずだと私は見ています。

（完全に信用できる筋から）陰謀について知らされた王妃は、自分に対する攻撃は必然であるし、もしかすると、今はただ保留されているだけかもしれないとおっしゃいました。しかし一瞬たりとも、王妃としての魂の力強さや覇気が失われることはありませんでした。マダムE〈エリザベート〉をお呼びになり、事情を説明してから、一緒にいることができる限り、決して国王と子どもたちのそばを離れることはないとお誓いになりました。マダムEは非常に動揺され（しかも先日、王弟方の件で王妃と口論したばかりですから、なおさらです）、王妃は侍女を呼ばざるをえないほどでした。部屋に入ってきたお子さま方は、母上と叔母上が涙に暮れているのを目にすると、ご自分たちも泣き出し、自分たちを脅かす何かを予感するかのように、母上に抱きつくと、『お母さまから引き離されたくありません』とおっしゃいました。それまでは冷静にお話しになっていた王妃も、話が別離に及ぶと、涙を流されました。
王妃は昨日起訴されるはずでしたが、彼らは恐れをなしたのか、ジャコバン派のデュムーリエ氏[3]が大臣に任命されたのに満足したのか、少なくとも起訴は延期されました[4]」

アントワネットがラ・ファイエットを忌み嫌うのも当然だった。彼が王妃から子どもを引き離そうとしたのはこれが初めてのことではなく、すでに一七九〇年一一月の時点で、国王夫妻の離婚を企んだこともあった。女性や子どもたちに対するこうした容赦ない振舞いは理解不能だが、それゆえに豪胆だと考えられていたのだ。フェルセンは一七九二年七月に王妃に宛てた手紙で、ラ・ファイエットや立憲君主派たちの「保護」のもとでパリから連れ出されないようにと、注意を促しているが、それにはこうした背景がある。

クロフォードから手紙を受け取ったドーセット公爵は、三月二九日にデヴォンシャー公爵夫人に宛てて、「B夫人」の身を案ずる胸中を綴っている。なかでも注目に値するのが、フェルセン（文中では「ロマン」）の近況である。

「B夫人のことが気がかりでしたが、恵み深い神のおかげで、杞憂に終わりました。先日、ブリュッセルにいるロマンから手紙が届きました。彼は、望み薄ながらも希望を捨てていません。可哀そうに、山ほど考えねばならぬことがあります。今のところ決定的な計画はありませんが、若き皇帝が叔母に寄せる心遣いに好感を持っているようです[5]」

アントワネットからフェルセンへ

（現存せず、一七九二年三月〈一五日〉）

フェルセンの日記には、三月一八日に受け取ったクロフォードからの手紙に、王妃を標的にしたジャコバン派の陰謀の詳細が、彼女自身の手によって書かれていたとある。「ジョゼフィーヌが書いたクロフォードからの手紙、心配だ」[6]。アントワネットが再び「ジョゼフィーヌ」と呼ばれている点に注目されたい。

フェルセンの日記からの抜粋

「三月二一日：ゴグラの到着が心配だ。ジョゼフィーヌが書いたクロフォードからの手紙のなかに、彼が到着する旨書かれていた。

三月二二日：サン＝タルバン司祭がパリから到着した。ランバル公妃から男爵へ宛てた手紙には、レッサール氏の件で王妃を告発し、国王から引き離して修道院に入れようとする動きがあると記されていた。これはクロフォード氏の手紙とも一致する。そういう計画はあるだろうとは思うが、実行されるかは怪しい。サン＝タルバン司祭は、王妃はパリを出立すると広く信じられていると話した。彼女が国王と離れることはないだろう。彼女がどこへ行くというのだろう。コブレンツのせいで、そんなことは難しいだろう。

三月二三日：帰宅するとゴグラがいた。彼はカレー、ドーヴァー、オーステンデを経由してきた。六日前に出発したとのこと。彼らの状況は身の毛もよだつ。二四日付の国王への至急便に、事の詳細と、それらの引き金となった情勢を記した。議員たちは、『レッサールは切り抜けられるにしても、王妃は別だ』と言ったそうだ[7]」

アントワネットはゴグラをウィーンに派遣し、甥のフランツ二世と直接会見させるよう手配した。かつてのレオポルト二世のときのように、手紙ではこちらの意思を間違って解釈されることもありうるからだ。一七九二年三月二一日、「ジョゼフィーヌが書いたクロフォードからの手紙」を受領したフェルセンは、タウベ男爵に手紙を書き、立憲君主派たちと交渉をしているアントワネットを擁護した。つまり、アントワネットは自らの政治戦略をフェルセンに納得させたことになる。

「王妃は腹黒い者たちと交渉せざるをえませんが、決して騙されているわけではなく、彼らがどれほどの者かをわきまえていらっしゃいます。（中略）友よ、あなたが私同様、王妃の外交事情に通じていれば、非難どころかその勇気に感服し、大きな不幸のなかにあっても、努力を重ねていることを哀れに思わないではいられないでしょう。王妃は厚顔で品位のかけらもない者たちとつねに顔を突きあわせ、それに耐えるべく、絶えまない努力を強いられているのです。その勇気はどんな危険をもものともしません。王妃はそのことをひしひしと感じておられます[8]」

アントワネットからフェルセンへ

（現存せず、一番、一七九二年三月〈二三日〉）

フェルセンの日記には、三月二七日に手紙を受領したとある。パリから届けられた包みだろう。「バルナーヴが作成し、王妃が送った忌むべき覚書への皇帝からの回答の写しと、同じく皇帝からの私的な手紙が駅馬車にて配達される。いずれも悪い内容だ[9]」。ここで言及されている写しとは、ゴグラの手によるもので、現在ではスウェーデン国立文書館に保管されている。一月の時点でフェルセンは、覚書はデュポール、ラメット、バルナーヴによって作成されたと考えていたが、実際はバルナーヴが単独で作成した。

三月三〇日にエレオノールと共にブリュッセルに帰京したクロフォードは、翌日、フェルセンにこう知らせている。「パリではすべてが悪い方向へと向かっている。王妃からは、彼らは攻撃を決定したので、そのことを警告せねばならないと伝えてきた。道中あちこちで非常に優秀な新兵や砲兵隊を見たが、相当意気込んでいる[10]」

フェルセンからアントワネットへ

（現存せず、一七九二年三月二七日）

フェルセンは書簡記録簿に、「フランス王妃。ゴグ経由、暗号文、一番の手紙を受け取ったこと」と記している。

原注

（1）アランダ伯爵ペドロ・パブロ・アバルカ・デ・ボレア。一七一八‐九八年。一七九二年二月二八日に、フロリダブランカ伯爵に代わりスペイン宰相に就任するが、同年一一月一五日に罷免。

（2）Stafsund, SE/RA/720807/02/6/II/5.

（3）シャルル＝フランソワ・デュ・ペリエ・デュムーリエあるいはデュ・ムーリエ。一七三九‐一八二三年。立憲君主派の将軍。一七九二年三月一五日から六月一五日まで外務大臣を務める。フランス軍を率いてオーストリアと戦うも、一七九三年四月投降。後年、イギリスで軍事顧問を務め、亡命先で没。

（4）Dorset KHLC, U269/C181, クロフォードからドーセット宛て、一七九二年三月一六日。

（5）Chatsworth, CS5/1123.

（6）Stafsund, SE/RA/720807/02/6/I/5.

（7）*Ibid.*

（8）Klinckowström, *op. cit.*, II p. 215-216.

（9）Stafsund, SE/RA/720807/02/6/II/5.

（10）*Ibid.*

44 アントワネットからフェルセンへ

（一七九二年三月三〇日）

AN, 440AP/1.「王妃からの暗号文」のフェルセン直筆の解読文。解読文にも若干の暗号が残されていることから、解読作業は難航したと考えられる。三月二日付の手紙とは異なって、塗りつぶし箇所はない。手紙のなかで王妃は、二月以降のフェルセンの距離を置いた文体を踏襲している。「目下、息子の教育係のことでずいぶんと頭を痛めております」という一文には、ジャコバン派たちが「愛のキャベツ《シュー・ダムール》」と呼ばれた王太子を、養育係から引き離し、彼らが不当にも教育係と呼ぶ男たちの手に渡そうとしていた背景がある。アントワネットは暗号についての詳細を記し、フェルセンだけに手紙を送ると示唆している。これは「ジョゼフィーヌ」書簡の再開を意味しているのだろうか。「私の手紙で最初に文章があって、その後二つ目の数字が記されている場合は、（中略）ブルトゥイユ男爵とは無関係の内容です」

「四月三日受領、王妃からの暗号文
一七九二年三月三〇日

昨日 tughkbigygillje 二七日付のお手紙を受け取りました。これは安全な方法ですし、これからもこの住所か、ブラウン氏[1]の住所に宛てて送っていただけるでしょう。しかし、お手紙には番号を振ってください。そして最初のお手紙には二番と入れてください。そうすればより確実でしょう。シュリヴァン夫人が私のところへ書類を届けようとビスケットの箱…paphupaers〈空白〉ジャルジェと話した方法について、彼女と話してみてください。彼女のところを訪問するときには、どの女性を訪ねるべきか、知っておく必要があります。けれども注意してください。クロフォード氏はこのことをまったく知りません。以前は、彼女とジャルジェが会見するのも嫌がったほどです。

レッサール氏の書簡に対するウィーンからの新たな回答［三月一八日付のオーストリア宰相カウニッツの書信。皇帝は列国との協力を解消せず、フランス国王の自由や王権を妨げる革命を非難するという内容。］は、何を意味するのでしょう。これも前回同様、望ましくない内容に思えます。こちらでは口々に、素晴らしい回答だ、最高の政策だと言われております。この回答が、攻撃の決定を促すことは確かです。あとはデュムーリエ氏への返事［三月二七日、外務大臣デュムーリエはオーストリアに最後通牒を突きつけた。］を待つばかりです。メルシー氏にもそう知らせてあります。計画では、サヴォワとリエージュ方面から攻撃を開始します。この地域に充分な兵が補充されていなければ、軍配を挙げられると期待されます。トリノは epartoi 三週間前から予告を受けています。リエージュ方面には特に要注意です。ツヴァイブリュッケン［ドイツ西部の町。］には、ロアン枢機卿と共にウィーンにいたナイヤック氏［ナイヤック男爵ピエール・ポール・ド・メルデュー。一七三七－一八一三?年。デュムーリエに近く、一七九二年六月に五日間だけ外務大臣を務めた。］を、ロンドンには公使としてショーヴラン氏[2]を送ります。

目下、息子の教育係のことでずいぶんと頭を痛めております。フルーリュー氏[3]に決めましたが、いつご本人にお知らせするかは決めていません。

私宛てのお手紙を、暗号を使わずにイタリア語で書く方法は、クロフォード氏からお聞きのことでしょう。人名リストを忘れずにお送りください[4]。私の手紙で最初に文章があって、その後二つ目の数字が記されている場合は、すべての文字において ectiuhepletyrx の最初の部分に当たります。ブルトゥイユ男爵とは無関係の内容です。こちらの状況は相変わらず惨憺たるものですが、私たちが攻撃に回れば、危険度は低くなるでしょう。大臣たちは旅券に関する政令を承認したところです」

一七九二年三月三〇日、クロフォードとエレオノールがブリュッセルに帰京した。二人はフェルセンと相談し、一軒家を共同で借りることにした。腸の調子も体力も回復しきらないフェルセンは、エレオノールの腕のなかで憂さを晴らすような余裕もなかった。そして一七九二年四月一日、庇護者であり友人でもあるグスタフ三世の凶報が届き、彼を呆然自失とさせた。グスタフ三世は三月一六日、ストックホルムのオペラ座で背中に二発の銃弾を受け、重体に陥っていた。フェルセンはただちにルイ一六世夫妻に、事件を知らせる手紙を送った。この時点ではフェルセンも、その二日前にグスタフ三世が死去したことを知らない。「四月一日：スペインの使いを経由してパリのヒエルタへ。国王夫妻にスウェーデン国王暗殺の報を伝える[5]」

アントワネットからフェルセンへ

（現存せず、二番、一七九二年四月）

フェルセンは四月九日に王妃に宛てた手紙のなかで、グスタフ三世暗殺について触れている王妃からの「二番」の手紙を受領したと書いている。その手紙は現存しない。

原注

（1）「ブラウン氏」すなわちルイ一六世の住所とは、パリのル・ペルティエ通り二番地のグジュノ宅を介した送付方法であろう。

（2）グロボワ侯爵フランソワ＝ベルナール・ド・ショーヴラン。一七六六－一八三二年。ロンドンに派遣されるもわずか一年で、ルイ一六世の処刑後、イギリス政府から本国へ送還される。クロフォードは三月一六日付のドーセットへの書簡で、「ショーヴランの坊や」がロンドンに派遣されると書いている。

（3）シャルル＝ピエール・クラレ・ド・フルーリュー伯爵。一七三八－一八一〇年。元フランス海軍大臣。海洋測量を専門とする探検家。政治家。

（4）三一ページ参照。

（5）Stafsund. SE/RA/720807/02/6/III/10.

45 フェルセンからアントワネットへ

（一七九二年四月九日）

「暗号文で送られた」手紙の写し。原本は存在しない。本書ではクリンコウストレーム男爵版から転載している[1]。フェルセンの書簡記録簿には「フランス王妃、二番。二番の手紙への返事、ゴグ経由」と記録されている。この手紙の冒頭部分は削除されたと思われる。文体は通常の調子を取り戻しており、ルイ一六世の秘密外交に伴う費用に触れている。クロフォードもこの秘密外交に加わっているが、彼を疑う者は誰一人としていなかった。フェルセンはスウェーデンから、グスタフ三世が快方に向かっているという報せを受け取っている。

「一七九二年四月九日

お金の件ですが、セプトゥイユ氏[2]からロンドンの連絡先に、私かクロフォード氏の名義で、ダノート氏宛ての手形を振り出していただかねばなりません。これがもっとも容易な方法です。一刻も早く送っていただき、手続きをされましたら当方にもお知らせください。金額は日常経費として一〇万エキュ、男爵の六カ月分の経費として三万六〇〇〇フランとなります。

あなたの二番のお手紙を受領いたしました。おっしゃる通り心痛に耐えない出来事ではありますが、企みが失敗に終わることを望まねばなりません。国王のご容体は安定しているとのことです。あなたに読んでいただくよう覚書を作成しましたので、お送りいたします。ブラウン[3]氏宛てにお送りします。あなた宛ての手紙は明日書きますので、パリへ行くアグー氏に預けます。私も非常に沈んでおりましたが、少し落ち着きました。

アグー氏は今夜発ちますので、あなたへの手紙を渡せません。それにアランダ伯爵の意図を把握しないうちは、あなたにお伝えすべきこともありません。国王から伯爵にお手紙を送っていただければ、効果があるでしょう」

フェルセンからアントワネットへ

（現存せず、一七九二年四月九日）

フェルセンの書簡記録簿には、「フランス王妃。スウェーデン国王暗殺の報、ググ経由」とあり、四月八日付の日記には、「国王暗殺についての詳細を記し、パリへ送る」と書かれている。前掲の手紙でフェルセンは、次の手紙は「ブラウン氏宛て」すなわちルイ一六世宛てに、ル・ペルティエ通り二番地のグジュノ宅へ送ると書いている。暗殺詳細に関する覚書の写しは、現在ドーセット公爵関係の書類と共にイギリスに保管されている。

グスタフ三世の容体は絶望的だった。「弾は左の腰に打ち込まれました。ピストルには二発の銃弾が込められていて、そのうち一発は四角弾でなかには一二個の鉛玉と、七つの小さな釘が詰められていました(4)」

アントワネットからフェルセンへ

（現存せず、三番、一七九二年四月）

次に掲載するアントワネットの手紙は、現在フランス国立中央文書館に保管されており、四番と番号が打たれている。すなわち、三番目の書簡は現存しないことになる。

四月一二日、フェルセンはグスタフ三世の訃報を受け取った。

「スウェーデンから二三日および二七日付の手紙が届く。(中略)ブレガートからの封筒には、国王が二九日正午頃に逝去されたと書かれた紙が入っていた。私は茫然となった。オランダから来たホップ男爵からも、同様の報せが入った。信じたくなかったが、信じないわけにはいかない。国王の状態は最悪だったとのことだ。私は激しく動揺した。

四月一三日：スウェーデンに帰国すれば、排斥される恐れがある。私は行かないことに決めた[5]」

原注

（1）Klinckowström, *op. cit.*, II, p. 224.

（2）ジャン＝バティスト・トゥルトー・ド・セプトゥイユ。ルイ一六世の特別歳費会計官。

（3）書簡44原注（1）参照。

（4）Dorset KHLC U269/C190.

（5）Stafsund, SE/RA/720807/02/6/II/5.

46 アントワネットからフェルセンへ

（一七九二年四月一五日）

AN, 440AP/1. フェルセン直筆の解読文。暗号文自体は残っていない。アントワネットは、ウィーンに派遣したゴグラがパリに戻ってくるときに、「過激派《アンラジェ》ども」の監視を受けるのではないかと危惧し、本人にそう伝えるようにと書いている。彼女は一〇カ月間、全力で戦争を阻止しようとしたが、この手紙を書く時期になると、王政を救うためには危機を勃発させねばならない、そのためには戦争こそが唯一の手段だという結論に達している。当初アントワネットは直感的に戦争を避けようとしていたが、これは適切な判断だった。彼女を取り巻く立憲君主派たちは時勢に乗ることもできず、一人また一人と、「過激分子」やラ・ファイエットさえも、逃げ出し始めることになる。

「四月一八日受領
王妃から
四番、一七九二年四月一五日
モールド氏[1]は今日、ウィーンに出発します。これが王《神聖ローマ皇帝》に送る最後〈の使節〉となるでしょう。

当地では何としても戦争に持ち込みたいと望んでいます。皆の決意が固まるなら、それでもよいでしょう。私たちの状況は、我慢ならないところまで来ているのですから。あなたからの九日付のお手紙を受け取りました。番号は付されていませんでしたが、二番ということにしておきます。ゴグラ氏の帰京が心配です。彼が監視されているのではないかと危惧しています。彼にはよくよく用心を心がけてもらわねばなりません。さようなら。
　モールド氏がウィーンへ行くのかどうか、怪しくなってきました。私には何とも言えません。私の手紙を渡さねばなりません。さようなら」

原注

（1）　エマニュエル＝ガブリエル・ド・モールド子爵、オスダン男爵。一七四〇－一八〇六年。フランスの将軍、三部会議員。革命を支持し、フランス大使としてネーデルラントに赴任する。

47 フェルセンからアントワネットへ

（一七九二年四月一七日）

AN, 440AP/1. フェルセン直筆の暗号書簡。書簡記録簿では「フランス王妃」宛てに分類されている。キーワードは、あらかじめ決めてあった書籍の一一一ページにある「servires《仕える》」。冒頭にも末尾にも挨拶の言葉がないが、三月四日の手紙と比較すると、驚くほど柔らかい調子で書かれている。

「111　servires《仕える》、三番
一七九二年四月一九日、一七日付
王妃宛て暗号文
〈一七九二年〉四月一七日
　国王の訃報をすでにお受け取りのことでしょう。悲痛で耐え難いことです。国王を失ったことで、あなたは確固たる支援と善き同盟者、私は庇護者と【善き】友人を

失ったのです。シモリン氏がウィーンでの交渉について男爵に報告を上げましたが、これまで以上の積極性をあちらの宮廷に期待することは難しそうです。おそらく従来の方式を継続するのでしょう。またスウェーデン国王が逝去されてから、女帝がどういった動きに出るか定かではありません。不安定な状況ではありますが、攻撃を仕向けるようにすることが一番確実な道でしょう。唯一、そちらからの敵対的な動きがあってこそ、皆も**【ようやく】**決断するのです。もし一カ月ほど遅らせることができれば、なおよいでしょう。この件のさらなる詳細については、ビスケットの箱経由でお知らせします。

シュリヴァン夫人と**【おこない】**話しました。夫人は自分の留守中、私が以前のようにあなたへ手紙を送れるよう、そしてあなたも私にお手紙を送れるよう指示を残すと、J〈ジャルジェ〉に伝えました。お手紙はトスカーニ夫人宛てに送ってください。確かな人物です。**【葬儀用のボタン付きテールコートの】**ウールか、クロフォード氏宛てのときのように、何か別のものと一緒に箱に入れて夫人に送れば、夫人は**【何の危険も冒さず】**その箱を転送することができます。彼女はC氏〈クロフォード〉には話していません。氏は非常に臆病で慎重ですから、躊躇するでしょうし、そうなれば我々は何もできなくなってしまうからです。氏がシュリヴァン夫人とJとの会見を望まなかったのも、それが原因で**【さえありま】**す。氏は夫人に何の隠し事もせず、すべて打ち明けます。**【すべてはゴグ氏がこちらに寄ったときに説明します。ビスケットを送るときは、そちらに連絡します】**」

48 フェルセンからアントワネットへ

（一七九二年四月一九日）

AN. 440AP/1. フェルセン直筆の短信。暗号文で書かれており、四番の数字が付され、書簡記録簿には「フランス王妃」宛てとして記録されている。一枚のみの短信で、あらかじめ決めてあった書籍の一六六ページにある「froid《冷たい》」がキーワードである。フランツ二世となるハンガリー国王のもとへ派遣されていたゴグラが戻ってきた。フランツ二世は、叔母であるアントワネットを支援する心づもりだったようである。フェルセンが「ゴグラはフランスルートを通ります」と書いているように、往路のようにイギリス経由ではなく、直接パリに戻ってくることにした。

「166　四番
王妃宛て暗号文
一七九二年四月一九日

昨日四番のお手紙を受け取りましたが、三番が欠けています。今朝、ゴグラが到着しました。彼は朗報を携えてきましたが、【ウィーンと】ベルリンからさらなる朗報がもたらされなければ、この報せには何の意味もありません。ようやく進軍の決定がくだされたようで、トゥーグート男爵が内密に男爵に教えてくださいました。詳細は、土曜日にビスケットの箱に入れて送ります。火曜日午後六時にクロフォード邸に使いをやり、トスカーニ夫人を訪ねさせてください。彼女から書類をお渡しします。ゴグラは明朝出発して、フランスルートを通ります」

グスタフ三世の死は、ルイ一六世夫妻にとって多大な損失であり、二人はその死を深く悼んだ。ルイ一六世夫妻の救出に熱意を燃やしていたグスタフ三世は、フランス王室のために行動し、信義を貫いた。そんな彼をジャコバン派は憎悪し、排除しようと、スウェーデン貴族の過激派と結託したと言われている。以下に挙げるタウベ男爵からフェルセンへ宛てた手紙の抜粋は、反革命活動への資金さえままならないスウェーデンは、今後ヨーロッパ政界において一傍観者に過ぎなくなることを示している。フェルセンは母国へ即刻召還されるのではないかと危惧したが、タウベ男爵がこれをなだめている。結局フェルセンはブリュッセルで職務を続行し、フランスの敗北と王室の救済に望みをかけた。戦争は一七九二年四月二〇日、フランスからオーストリアへの宣戦布告により始まった。戦局が進み和平交渉がおこなわれるようになれば、同盟国は王政を復活させるようフランスに迫ることもできる。だがこれは危険極まる戦略だった。

タウベ男爵の四月一〇日付の手紙は、立憲君主派たちが王妃とフェルセンの書簡を発見したと述べている。彼らは、フェルセンが作成した至急便の写しを要求した。グスタフ三世の弟であり今や摂政となったセーデルマンランド公爵は、「過激派ども《アンラジェ》」に対して列強諸国で共同宣言を出すことを提案した。この宣言は「ブラウンシュヴァイクの宣言」として発表され、フランス国王一家をさらなる危機にさらすことになる。

タウベ男爵からフェルセンへ、抜粋

「ストックホルムにて、三月二九日、午後四時前一〇時五五分に息を引き取りました。国王は午
親愛なるアクセル、すべては終わりました。国王は午前一〇時五五分に息を引き取りました。私は大きな悲しみのなかにいます。この痛みは生ある限り続くでしょう。(中略)もはやスウェーデンは、不幸なフランス国王夫妻の救出のお役には立てないでしょう」

「一七九二年四月三日

スウェーデンの魂は尽きました。唯一無二の、驚嘆すべき、あらゆるもの、自分や運命さえをもつかさどっていた方はこの世を去られ、彼と共に我々のすべての望み、方策も消え去りました。(中略)私は、先王はフランス国王夫妻に大使を派遣する場合は、貴殿を指名するおつもりだったことを、先方〈摂政〉[1]に伝えました。また、先王は亡きマルナー氏の後任として貴殿を軽騎隊長に指名するおつもりであったことも、付け加えておきました」

「一七九二年四月六日

もしお父上から帰国するように言われましたら、現職にとどまるよう公爵の命令を受けた、先王から任されていた交渉を続行するように命じられている、とお答えください」

「一七九二年四月一〇日

フランス王妃が皇帝に宛てて覚書を送るよう強制されたこと、そして極悪人どもが、あなたから国王への二四

日付の至急便を見せるよう王妃に迫ったと聞き、身の毛もよだつような思いです。とりわけ現在あらゆる不幸な出来事が、まるで国王夫妻をさらに追い詰めるかのごとく、そして各国からの支援を断絶するかのごとく、次から次へと起きているのですから、なおさらです。ポーランドの新憲法に関し、女帝はウィーン宮廷に宣言を発表しましたが［一七九一年、ポーランドに憲法が制定された。しかし立憲君主制に反対するポーランド貴族とロシアのエカチェリーナ二世が手を結び、一七九二年にはポーランド-ロシア戦争が勃発する。ポーランドは一八世紀に、ロシア、オーストリア、プロイセンにより三度にわたって分割されている。］、これによって、ウィーンおよびプロイセン宮廷による救出への取り組みはさらに数カ月の遅れをとるでしょう。（中略）公爵は大変前向きですが、我々は何ら方策を持っておりません」

「一七九二年五月一日

友よ、公爵が女帝に共同宣言案を持ちかけたことは、一カ月前にお知らせしたとおりです。この宣言は、国王ご一家の生命を脅かしている過激派《アンラジェ》どもや政治クラブどもの激高と狂乱に、歯止めをかけることができるかもしれません(2)」

原注

（1）フェルセンの一七九一年一〇月一〇日付王妃宛ての手紙《一八七ページ》を参照。手紙のなかでフェルセンは、グスタフ三世から打診された軽騎隊長の地位を断ったと書いている（筆者により判読された塗りつぶし箇所）。

（2）Stafsund. SE/RA/720807/22/14.

49 アントワネットからフェルセンへ

（一七九二年四月一九日）

AN. 440AP/1. 王妃の手紙の一部の、フェルセン直筆の解読文。暗号文で書かれた手紙自体は現存しない。フェルセンはこの手紙への返信として、五月一五日に手紙を書いている。書簡記録簿に「ジョゼフィーヌ、六番。ググ経由」と記されたその返信は、ジョゼフィーヌへ送った最後の手紙となった。王妃からの手紙には五番という数字が振られている。すなわちこの手紙も、「ジョゼフィーヌ」書簡の一部だったことになる。塗りつぶし箇所のうち二行は判読不可のままであるが、アントワネットはフェルセンに、第三者を使って解読してもよいと書いている。

「一七九二年五月三日受領、王妃からの暗号文
五月一五日返信
五番、一七九二年四月一九日

以下、同じ暗号で書きますが、ほかの方に解読いただいても結構です。男爵にはこれらのことを、私からとしてメルシー氏に伝えていただかねばなりません。現在厳しく監視されているので、自分で、あるいは秘書官を通してさえ、こうしたことを手紙でお伝えできないのです。もしかすると今後、あなたへの手紙さえも書けなくなるかもしれません。つねに連絡手段を模索していますが
〈二行塗りつぶし〉
国王は、ショーヴラン氏が書いてお持ちする手紙は、ご自分の方針にはまったくかなっていない点を、イギリス国王ただ一人に把握いただきたいと希望しています。さようなら。明後日、あなた宛ての手紙をモニトゥール紙の封筒に書かせます。明日、大臣やジャコバン派たちは、国王にオーストリアへの宣戦布告をさせます。昨年の条約は、五六年の友好条約〔五六年の条約とは、一七五六年にフランスとオーストリアの間で結ばれたヴェルサイユ条約を指す。〕を破り、直近の公用文書にも明確な回答を示さなかったというのが、戦争の口実です。大臣たちはこの行動が脅威を与え、三週間以内には交渉へ持ち込めるようにと期待しています。神よ、どうかそんなことになりませんように。そして、この国で私たちが受けてきたあらゆる侮辱に復讐することができますように。布告はプロイセンの行動も激しく非難しますが、攻撃をしかけることはありません」

アントワネットからフェルセンへ

（現存せず、一七九二年四月二一日）

王妃は四月一九日付の手紙で「明後日、あなた宛ての手紙をモニトゥール紙の封筒に書かせます」と書いてい

る。これはゴグラが特殊インクを使って、モニトゥール紙の封筒に宣戦布告に関する状況を記すことを意味している。

次に挙げるフェルセンの四月二四日付の手紙では、最後の部分に柔らかさが垣間見える。三月以降の手紙には、優しい言葉は一語も徹底して書かれていなかったのが、ここにいたってようやく変化し始めており、文体は以前の柔らかな調子を取り戻している。グスタフ三世の死により、命のはかなさや、誰よりも愛しい女性に愛の証を立てることがいかに大切か痛感したのだろう。遥かパリにあって大きな危険にさらされているその女性も、グスタフ三世の訃報に接して同じことを考えただろうか。彼女からの手紙は、フェルセンの「わずかな希望」に新たな命を吹き込んだ。彼は彼女への忠誠と献身を新たにし、決して見捨てまいと決意した。父や摂政の圧力にも屈せず、スウェーデンに帰国するくらいなら、全財産を投げることを誓った。

とはいえ、そうした必要などないことも知っていた。優れた戦略家である彼は、こう誓うことによって彼女を感動させようとしたのだ。四月一八日、フェルセンはタウベ男爵に、任務を放棄する意思はないと知らせた。「友よ、現時点ではスウェーデンに帰国しないことを決めました。当件を動かしているのは私一人ですし、フランス国王夫妻に関する連絡は、すべて私を経由していますす。もし私がいなくなれば、損害が生じ、完全に中断してしまう可能性さえあります(1)」。だがフェルセンの日記を見れば、スウェーデンに召還される可能性は一切ないことがわかる。次に挙げるアントワネット宛ての手紙の五日前、四月一九日付の日記には「スウェーデンからの手紙。現職にとどまること、新たな信任状が届くこと。喜ばしいことだ(2)」と書かれている。また父との往復書簡にも、父が息子の召還を要請した形跡は見られない。だがフェルセンは王妃の心を動かそうと、召還の可能性があること、そして自分たちの書簡の唯一の口実であるフランス問題から遠ざけられる危険性があることを、それとなくにおわせたのだ。そうすればアントワネットも、自分たちをつないでくれるただ一本の糸が失われることを恐れ、もしかすると再び「ジョゼフィーヌ」になってくれるかもしれないから……。

原注
（1） Stafsund, SE/RA/720807/016/2.
（2） Stafsund, SE/RA/720807/02/6/II/5.

50
フェルセンから アントワネットへ

（一七九二年四月二四日）

AN, 440AP/1. フェルセン直筆の写し。手紙は特殊インクで書かれており、書簡記録簿に「フランス王妃。en. bl.《特殊インク》トスク夫人宛てのビスケットの箱」と記されている。末尾ではほぼ一二行が塗りつぶされている。判読に成功した箇所は、太字で記載した。

「王妃宛て、特殊インク、ビスケットの箱
ブリュッセルにて、一七九二年四月二四日
ベルリンからの至急便をお送りいたします。興味深い内容です。現在の情勢をおわかりいただけるでしょう。この至急便を裏付ける形で、トゥーグートB〈男爵〉から《ブルトゥイユ》男爵に、次のようなお話があったという報せが入ってきました。すなわち、ハンガリー国王《皇帝フランツ二世》はフランスの現状に腹を据えかね、これに決着をつけるべく行動を起こそうとお決めになったこと、プロイセン国王と協議して進軍させること、フランスが攻撃してくれれば、部隊が到着するまでの六週間ないし二カ月間は、これをあしらう必要があること、もし攻撃してこなければ、それでもこちらから攻撃をしかける決意であること、行動を起こすまでは見せかけだけの和平でごまかさねばならぬこと、と述べられたそうです。なぜメルシー氏がこの手紙をお認めにならないか、不明です。この件について、話題にもされませんでした。

昨日、宣戦布告の報せを受け取りました。大変満足しています。列国の決意を促すには、最良にして唯一の策です。女帝はウィーンに対し、フランス問題に積極的に関与するつもりであること、革命前と同様の王権復活を願っていることを伝えました。メルシー氏から、そう知らせてきました。スペインの近況は好ましくありません。ハンガリーおよびプロイセン国王の姿勢を見極めてから、動くつもりです［当初フロリダブランカ伯爵のもと、フランス王室救済に積極的だったスペインが、アランダ伯爵が宰相に就任した頃から消極的になり始めたことは、後出の手紙からも読み取ることができる。］。スペインには、二万の兵を国境監視に立たせ、南仏地方のカトリック教徒や革命に不満を持つ者たちに、武器と弾薬を供給してもらえれば有益ですし、計画の助けにもなります。すでにこうした要請は出しておりますし、繰り返し要求せねばなりません。

　私自身についての報せはまだ来ておりませんし、職務を続行できるか否か不明です。父からは早く帰国して、この件は放棄してしまえとせっついてきます。しかし逆境が待ち受けていようと、私は決してそんなことはいたしません。しばらく生計を立てていくのに、売却できるものは充分残っております。《セーデルマンランド》公爵が父と同様の命令をしてきた場合、わずかな収入が断たれてしまいます。私はこうした収入に頼り切っていますから、公爵も父もこの方向から攻めてくるでしょう。公爵にその気がなくとも、父はそうすると思います。けれども、**愛しい大切な方**、私は決意しました。この世の何ものも、**あなたから私を遠ざけたり**、この時点ですべてを放棄させるよう仕向けることなどできません。**あなたはさらにかつてないほど、私にとってのすべてなのです。私は一人の友人を、庇護者を失いました。**〈九行塗りつぶし〉」

　一七九二年五月の期間を見てみると、フェルセンからアントワネットへは、わずか一通しか手紙が送られていない。五月一五日、書簡記録簿に「ジョゼフィーヌ」宛て六番として記録されているその手紙は、現在見つかっておらず、国立文書館にもアントワネット宛ての五月付の手紙は一切保管されていない。次に挙げる手紙は六月二日付で八番と記されている。すなわち、フェルセンからの五番から七番までの書簡およびアントワネットからの返信は、現在見つかっていないことになる。六月二日以降に書かれたフェルセンの手紙には、愛の言葉は一切書かれていない。文体は三月の公式文書よりもずっと優しげではあるが、かといって思いやりに満ちた言葉は記されていない。六月以降のすべての手紙は、書簡記録簿では「フランス王妃」宛てに分類されている。

　戦争によりあらゆる通信がきわめて困難となり、アントワネットもフェルセン宛ての手紙を秘書官フランソワ・ゴグラに書かせるようになったため、以前から比べると奇異な印象を与える手紙もある。以降、ゴグラが暗号や特殊インクを使って書いた手紙が、リニョンことフェルセン宛てに送られることになる。クリンコウストレーム男爵以降の書簡集編纂者は、これらの手紙の文体を女性風に手直しし、アントワネットの手によるものとしたが、実際はすべてゴグラが書いたものである点に留意されたい。

フェルセンからアントワネットへ

（現存せず、五番、六番、七番、一七九二年五月）

書簡記録簿に記録されている「ジョゼフィーヌ」宛ての最後の手紙は、五月一五日付、六番とされているが、現在見つかっていない。五番、七番の手紙も現存せず、書簡記録簿にも記録されていない。八番の手紙は、「フランス王妃」宛てとして一七九二年六月二日付で記録されている。

51

フェルセンからゴグラ／アントワネットへ

（一七九二年六月二日）

AN, 440AP/1. 王妃の秘書官フランソワ・ゴグラ宛てに特殊インクで書かれた手紙の、フェルセン直筆の写し。書簡記録簿には「フランス王妃。en. bl.《特殊インク》トスク経由」と記されている。この手紙には「ゴグ宛て」と記され、日付も六月三日だったのを二日に修正している。余白には「49 adroit《器用な》」と書かれている。もちろんこれはキーワードではあるが、一七九二年三月六日付の手紙に書かれているルールに照らすと、ゴグラ宛ての手紙であること、そして暗号には一切意味はないことを示している。「49 のように《数字に》下線が引かれている場合は、ゴグラ宛ての手紙であり、番号とピリオドあるいはコロンが記されていない限り、暗号文には意味はありません」

フェルセンはこの手紙の送付前に段落を入れ替え

ているが、本書では最終的な順番を正確に再現して掲載する。手紙でフェルセンはゴグラに、自分とブルトゥイユ男爵に国王代理として各国と協議することを許可する白紙委任状を送ったかどうか尋ねている。国王から全権を委任されたということは、この二人が国王夫妻からいかに多大な信頼を得ていたかを示している。

「49 adroit《器用な》

特殊インク、ゴグ宛て、トスク夫人経由
一七九二年六月【三】二日、八番

プロイセンのほうはうまくいっています。唯一頼りになるのがプロイセンです。ウィーンは相変わらずフランスの分断を狙って、立憲君主派たちと交渉しようとしています[1]。スペインは芳しくありません。イギリスがスペインよりも悪くならないことを願うばかりです。女帝は、ポーランドのためにあなた方の利益を犠牲にしています［書簡48、三四三ページ訳注参照。］。我が国の摂政はあなた方に好意的ですが、何もできないか、できたとしてもわずかです。摂政は派遣されてきた使者を追い返すつもりで、そのために代理大使を召還する予定です。女帝にもこれに従うよう呼びかけました。戦争が続行するよう努めて、パリから出ないようにしてください。白紙委任状はこちらに送ってくださいましたでしょうか。どの住所でしょう。トスカーニ夫人が私からの手紙をお渡しいたします。

V de C[2]〈キャラマン子爵〉が帰京しました。子爵は、いかなる提案も調停も受け入れず、フランス国王が自由を取り戻し、自分の意思で憲法を裁可することを望むという、プロイセン国王の明確な言質《げんち》を持ち帰りました。プロイセン国王はフランス国王に、自分の決意は変わらぬこと、頼りにしていただいて結構だということをお伝えしたいと願っており、進軍部隊に資金援助をなさっています。

プロイセン軍の先発部隊は七月九日に到着し、八月四日には全部隊がそろうでしょう。彼らはモーゼル川とムーズ川周辺で行動を起こします。フィリップスブール側には亡命貴族が、ブライスガウ側にはオーストリア軍が配置されます。ブラウンシュヴァイク公爵は、七月五日にコブレンツに到着します。全部隊がそろったら進軍を開始し、本拠地を援護します。そして三万六〇〇〇の精鋭が、一路パリを目指します。女帝は一万五〇〇〇名を派遣しますが、そのうち三〇〇〇名は騎兵隊です。ヴィスマールで上陸後、ドイツを経由して進みます。女帝は〈五月〉二二日に三万の兵をポーランドへ送りました［フィリップスブールはフランス北東部の町、ブライスガウはドイツ南西部、ヴィスマールはドイツ北部のバルト海沿いの町。］

原注

（1）オーストリアは、アルザス－ロレーヌ地方の神聖ローマ帝国への併合を狙っていた。複数の書簡で言及されている「分断」とはこのことを指す。

（2）おそらくルイ＝シャルル＝ヴィクトール・ド・リケ・ド・キャラマン子爵を指す。一七六二－一八三九年。フランスの外交官。

52

ゴグラ／アントワネットからフェルセンへ

（一七九二年六月五日）

Stafsund, SE/RA/720807/022/11. ゴグラ直筆の書簡。現在、スウェーデン国立文書館に保管されている。平文で書かれているが、一段落のみ暗号が使われている。キーワードは「adroit《器用な》」で、すべての文字が暗号化されている。暗号開始部分には「49.」と記されている。これは、一七九二年三月六日付のフェルセンの手紙を参照すれば、「次のピリオドまでに暗号文があることを意味します。その他の暗号部分には意味がなく、続いて特殊インクが使われます」ということになる。だがこの手紙には、少なくとも保管されているページには、特殊インクは使われていない。手紙の末尾でゴグラは、国王一家（「貴殿のご友人たち」）の状況が危うくなってきていると知らせている。フェルセンは六月一〇日付の日記に、「R《王妃》からの手紙。リュクネール(1)に攻撃命令等」と記している。手紙の解読は筆者によるもの。

「一七九二年六月一〇日〈受領〉
一一日返信
一七九二年六月五日

〈以下平文〉
七番のお手紙を受領しました。すぐにボカリ社［ショル・ボカリ社。パリの有力銀行のひとつ。］にある貴殿の元金を引き出しました。昨日倒産が発表され、今朝には取引所にも知れ渡っていたものですから、一刻の猶予もなかったのです。債権者は大損をすると言われています。以下、近況報告をいたします。

49.

〈以下暗号文〉

リュクネールの指揮する部隊に、即時攻撃命令が出されました。彼は反対ですが、大臣の希望です。部隊の準備はまだ整っておらず、混乱をきわめています。

〈以下平文〉

この元金をどうすればよいか、ご連絡ください。私でしたら、聖職者所有の優良物件を購入して、有利な運用に回します。何と言おうと、これが最良の運用先です。こちらからの手紙と同じ経路でお返事いただいて結構です。

貴殿のご友人たちは元気にしています。失われたものゆえに、大変沈んでいらっしゃいます。私は何とかおなぐさめしようと、できるだけのことをしています。彼らは自分たちの資産を回収するのは不可能であり、百歩譲っても望みは薄いだろうと考えています。できれば、貴殿からもおなぐさめの言葉をかけてください。彼らはなぐさめを必要としています。彼らの状況は日ごとにひどくなってきています。さようなら。彼らから、よろしくお伝えくださいとのことです。揺るがぬ忠誠を貴殿にささげます」

原注

（1） ニコラ・ド・リュクネール男爵。一七二二－九四年。ドイツ出身のフランスの元帥。立憲君主派。

53

ゴグラ／アントワネットからフェルセンへ

（一七九二年六月七日）

AN. 440AP/1. ゴグラの手紙。暗号と平文が併用されており、自らのウィーン派遣について言及している。暗号部分については、フェルセン直筆の写しも現存するが、実際に解読してみると、注目すべき改変が加えられていることがわかる。写しの冒頭の部分で、「立憲君主派たち」が「我が立憲君主派たち」となっているのだ。この言い間違いは何かを暗示しているのだろうか。キーワードは、あらかじめ決められた書籍の一四一ページにある「paroîtra《現れる》」である。

フェルセンは六月二日付の手紙で、オーストリアは憲法承認と引き換えに、過去にフランスに割譲した領土を取り戻そうと（文中では「分断」という言葉が使われている）、立憲君主派たちとの交渉を計画していると述べている。そして本書簡でゴグラは、立憲君主派たちが派遣した使者がまもなくウィーンに到着すると知らせている。立憲君主派たちは戦争のさなかにあって、たとえアントワネットが反逆の罪に問われようとも、議会には内密で敵側と交渉しようとしていたのだ。アントワネットはゴグラを介して、この計画を阻止しようとした。六月一六日、この手紙についてフェルセンと協議したメルシー伯爵は、立憲君主派たちへの憤りをあらわにし、「もう何者とも交渉などできません。誰もが悪党で、権力を掌握することしか眼中にありません。残るは武力に訴えるのみです[1]」と語った。

「六月一五日受領、六月二一日返信

一七九二年六月七日

〈以下暗号文〉

141：立憲君主派たちはウィーンに、ある男を派遣します。彼はブリュッセルを経由します。メルシーには、この男を王妃の取次ぎとして推挙を受けたかのごとく扱い、私から彼に託した覚書に沿う方向で交渉するよう、伝えてください。また、伯爵からウィーンにこのことを知らせていただきたく存じます。私のウィーン出張のことは彼には秘密にして、ウィーンおよびベルリン宮廷の立てた計画に従うようにとのことです。立憲君主派たちの目論見に沿うふりをして、とりわけ王妃の希望と要請が功を奏しているのだと、信じ込ませることが肝心です。こうした対処は非常に重要です。派遣されるのはルイ司祭ではありません。代わりに誰が行くのかはわかりません。メルシー氏に、監視が非常に厳しいため、手紙を送ることはできないとお伝えください。

〈以下平文〉

先日倒産をお伝えしましたボカリ&ショル社《ショル・ボカリ社》の件についてです。ラ・ロシェルからの連絡を待ってから、ダニエル・ファルシエ［あるいはダニエル・ガルシエ。ラ・ロシェルの有力な経営者。］とジャック・ギベール［ガルシエ家の親戚と考えられる。］の状況をお伝えします。彼らの倒産が、さほど影響を及ぼさないことはわかっています。申し上げましたように、元金は銀行に預けておくよりも、聖職者の優良不動産の購入に当てるべきだったのです。もしよろしければ、来月入ってくる貴殿の資金は、そのように運用しておきます。貴殿からの七番、八番のお手紙を受領しました」

原注

（1） Stafsund. SE/RA/720807/02/6/II/5.

54

フェルセンから
アントワネットへ

（一七九二年六月一一日）

AN. 440AP/1. フェルセン直筆の写し。九番の番号が付され、暗号で書かれたこの手紙は、トスカーニ夫人とゴグラを経由して届けられた。フェルセンの書簡記録簿では、「フランス王妃」宛てに分類されている。キーワードは「adroit《器用な》」。愛情に満ちた言葉は記されていないが、王妃の身を案じるフェルセンの不安がにじみ出ている。

「王妃宛て暗号文、ゴグラおよびトスカーニ夫人経由
九番、一七九二年六月一一日

プロイセン国王からの伝言です。ブフレール騎士[1]がパリに帰京します。彼をよく思っていない国王は、命令を尋ねられても、ひと言も声をかけなかったとのことです。騎士は国王の意向は一切知らないので、そちらも、何の伝言も預かっていない騎士の言うことには耳を貸さぬようにとのことです。私としては、騎士に会う必要さえないと存じます。

おお、神よ。あなたのお立場にどれほど私が苦しんでいるか！　私の心は激しい苦痛を味わっています。とにかくパリにおとどまりください。我々が助けにまいります。プロイセン国王は決意を固められましたので、信頼

していただいて結構です。女帝からは六〇〇〇名の兵を要請されましたが、資金が必要です。あなたから白紙委任状を送っていただいたか、どこを経由してどのような方法で送っていただいたか、まだお知らせいただいていません」

原注

（1）スタニスラス・ド・ブフレール騎士。一七三八－一八一五年。フランスの軍人、詩人。

55

フェルセンからアントワネットへ

（一七九二年六月二一日）

AN. 440AP/1. フェルセン直筆の写し。手紙には一〇番と記され、暗号と特殊インクが使われている。キーワードは「paroîtra《現れる》」。フェルセンの書簡記録簿では、「フランス王妃」宛てに分類されている。

フェルセンは、保管してあるブルトゥイユ男爵の白紙委任状を使うべきかと聞いており、別途、委任状を依頼している。オーストリアはアントワネットを裏切り続けていた。フランス王室の救済と引き換えに領土の割譲を迫り、ルイ一六世に拒否されれば、憲法存続を望む立憲君主派たちと交渉することも計画されていた。

「141：王妃宛て暗号文、特殊インク、トスカーニ夫人およびゴグラ経由

一〇番、一七九二年六月二一日、ブリュッセルにて

〈以下暗号文〉

ゴグラが当地へ到着したその日のうちに、コブレンツは彼のウィーン派遣を知ったとのことです。また同日、サンクトペテルブルクへ向けて、派遣を知らせる使者が送りだされたとのことです。あちらにいるボンベルからそう知らせてきました。きっとあなたのおそばにいる誰かが、大公方に伝えたのでしょう。アランダがあなたとの直接の書簡のやり取りを希望してきたら、これを退けねばなりません。彼には企みがあって、交渉しようと目

論んでいます。そうなったらあなた方の道は絶たれてしまいます。我が国の摂政は好意的で、フランスの大臣を経ずにあなたへ送るようにと、あなた宛ての通知を送ってくださりました。当方ではそもそもフランスの大臣たちとは連絡がありません。スペイン、イギリス、皇帝が交渉に応じないのではと気がかりですが、我々から話してみましょう。皇帝はフランスの分断を企んでいますが、あなた方から合意が得られなければ、立憲君主派たちと交渉して、これを取りつけるでしょう。そうなると分断を防ぎきれなかったあなた方の権威は、ますます堕ちてしまいます。分断が不可避であるならば、決意を固めるべきでしょう。ご意見をお聞かせください。

それでも、分断を防ぐ方法がひとつだけあるかもしれません。プロイセン国王に書面で返済契約書［一七九二年二月に交わされたオーストリア－プロイセン条約では、ルイ一六世が権力を奪回した場合、プロイセンに戦費を返済するとされた。］を送るのです。これはプロイセン国王の希望ですが、それには国王のご署名が必要です。私の手元には白紙委任状がありますが、男爵にはまだ話していません。フランスの分断について、プロイセン国王の異議を確保すべきときが来たら、この証書を使用すべきとお考えですか。ほかの証書は送っていただきましたでしょうか。その経路をお知らせください。あと三通あればなおよいでしょう。

〈以下特殊インク使用〉

シャルロット型のきれいな葬儀用の帽子を二つ購入してください。**二つとも白です**。ビネ嬢のところへ持っていき、シュリヴァン夫人の好みに合うように作り替えるようおっしゃってください。そうすればさらに好都合な形になります。それをトスカーニ夫人のところへ持っていき、内側の奥のほうに三通の書類を縫い付けてシュリヴァン夫人へ渡すように申し付けてください。夫人は送付方法を心得ています。名前は黒インクで書いていただいても結構ですし、必要でしたら特殊インクをお使いください。特殊インクをお使いになる場合は、鉛筆で名前が書かれている場所を示してください。いずれの場合でも、一枚には店の計算書が書かれていても結構です。必要なのはもう片方の紙なのですから。〈以下暗号文〉必要で有効な場合のみ、署名をいたします。あなたの伝言はメルシー氏に伝えました。氏はしっかりと理解され、すでにウィーンにも連絡しているはずです[1]。

〈以下特殊インク使用〉

グヴィヨン[2]が亡くなった件ですが、農民の話によると、ラ・ファイエットは四〇〇名を失った**【そして埋葬され**

た】そうです。オーストリア側の死傷者は、一一四名とのことです。援軍が到着したので、万事安心です。ロシアとベルリンには、立憲君主派たちからの使者が送られてくると忠告しておきました。彼らがこれに乗じて悪企みをしないようにです」

パリの危機は深刻化する一方だった。権力を掌握したジャコバン派たちは、ひたすら国王一家の排除を目指した。一七九二年六月二〇日、テュイルリー宮に民衆が侵入し、国王の命は危険にさらされ、フリジア帽［自由を象徴する赤い縁なし帽。］をかぶらされた。王妃、エリザベート王女、王太子、マダム・ロワイヤルはテーブルの後ろへ避難し、何時間もの間、怒号を叫ぶ民衆の囚われの身となった。フェルセンは六月二四日にこの報せを受け、日記に「六月二一日のテュイルリー宮襲撃の恐ろしい報せを受け取る。ここにその報せを添付する。この結末に身震いせずにはいられない」と書いている。パトリオット紙は六月二一日に、ジャコバン派の大臣は全員立憲君主派にとって代わられたと報じており、フェルセンもこれを読んでいる。

「ラ・ファイエットはジャコバン派を激しく非難する文書を書いた。彼はパリに進軍し、ジャコバン派から国王を解放したいと考えている。彼女〈アントワネット〉は告発を受けるだろう(3)」と日記にある。ラ・ファイエットは決して王妃排除をあきらめていなかったのだ。

原注

(1) 一七九一年六月七日付の書簡にある伝言。立憲君主派がウィーンに使者を派遣する件を指す。

(2) ジャン＝バティスト・グヴィヨン。一七四七－九二年六月。革命を支持するフランスの将軍。ラ・ファイエットの友人。一七九二年六月一一日、モブージュにて戦死。

(3) Stafsund. SE/RA/720807/02/6/II/5.

56

ゴグラ／アントワネットからフェルセンへ

（一七九二年六月二三日）

Stafsund, SE/RA/720807/022/11. スウェーデン国立文書館に保管されている書簡。キーワードは「adroit《器用な》」。最後の段落では、危機が迫り国王一家を脅かしていると記されている。「貴殿の件については彼と処理しておきました」とは、フェルセンの手紙の内容を王妃に伝えたことを意味している。

「二九日受領、三〇日返信
一七九二年六月二三日

〈以下暗号〉
49：デュムーリエは明日、リュクネールの部隊へ向けて発ちます。彼はブラバン［ブラバンあるいはブラバントは、ブリュッセルを含むベルギーの一地域。一七八九年に革命が起こり、一時期ベルギー合衆国が建国されたが、まもなく潰された。］に反乱を起こさせると約束しました。サン＝トゥリュジュ(1)も同じ目的で出発します。

〈以下平文〉
貴殿のために支払っておいた金額は以上です。収入については、確定してからお知らせします。貴殿からのお手紙はすべて受領したと思います。最後のお手紙は八番と九番でした。九番は六月一一日付です。もう一通のお手紙の日付は、まだ確認していません。
貴殿のご友人は深刻な危機にさらされています。恐ろしいほど病状が進んでいます。医師ももう手の打ちようがありません。もしお会いになりたいのでしたら、お急ぎください。容体が悪化していると、身内にお知らせください。貴殿の件については彼と処理しておきました。**ですから、この件については心配なさらないように。**ご友人の容体については頻繁にご連絡いたします」

原注
（1）サン＝トゥリュジュ子爵ヴィクトール＝アメデ・ド・ラ・ファージュ。一七三八―一八〇一年。革命期のパリ中心地のひとつ、パレ・ロワイヤルで扇動をおこなっていた人物。

57 ゴグラ／アントワネットからフェルセンへ

（一七九二年六月二六日）

Stafsund, SE/RA/720807/022/11. ゴグラ直筆の平文の手紙。スウェーデン国立文書館に保管されている。国王一家の状況は絶望的だった。

「三〇日受領
〈一七九二年六月〉二六日

貴殿からの一〇番のお手紙が到着いたしましたので、取り急ぎ受領確認をお送りいたします。私のほうで貴殿のために購入した聖職者所有の不動産の詳細は、まもなくお手元に到着するでしょう。今は、貴殿のアッシニア紙幣の運用についてはご心配なく、と申すだけにとどめましょう。紙幣は残りわずかで、近日中に同じように有利な運用へ回すつもりです。

ご友人の状態について、安心できるような報せをお伝えできないのが**残念**です。ここ三日間は病状は進んでおりませんが、相変わらず心配な症状が出ています。どんなに腕のよい医師でも、手の打ちようがありません。この状況から彼を助け出すには、すぐにでも危機が起きねばなりませんが、そうした兆候はまったくありません。私たちは絶望しています。彼と仕事をしている方々には、準備しておくことができるよう、状況をお知らせしてください。時は刻々と迫っています。ご友人の容体が快方に向かうか、悪化するか、**きちんと**お知らせいたします。お手紙はかならず郵送してください。さようなら。貴殿が大切にされている方々からは、友情を込めて、よろしくお伝えくださいとのことです」

今やフェルセンは、プロイセン軍が国王一家救出に向けてただちにパリへ進軍してくれることに、すべての望みをかけていた。一方、オーストリアはこうした動きを遅らせて、国王夫妻の状況を悪化させ、領土分断を受諾せざるをえないところまで追い詰めようとしていた。ロシアはポーランド分割にかかりきりで、プロイセンはルイ一六世の復権のあかつきには、戦費を返済せよと要求していた。列国の足並みは一向にそろわなかった。フェルセンは各国のこうした企みを以前から予見しており、これを防ごうと、タウベ男爵に信任状を要求していた。一七九二年夏にストックホルムから送られてきた書簡は、フェルセンには王妃を見捨てるつもりなど毛頭なかったことを示している。

タウベ男爵からフェルセンへ、抜粋

「一七九二年六月二二日

貴殿から皇帝やプロイセン国王、ブラウンシュヴァイク公爵の企みを阻止するために依頼された信任状を、来週火曜日、フランク氏が郵送でお送りします」

「一七九二年六月二六日

フランス国王が解放された場合、《セーデルマンランド》公爵は貴殿にはただちに国王と合流し、助言をしつつ補佐し、可能な限りフランスの分断を防ぎ、王権にかけて、一歩も譲歩をしないようにとお望みです」

「一七九二年七月一一日

到着と同時に、パリやテュイルリー宮で起きた新たな残虐行為、もう少し穏やかな言葉でいえば、従来の出来事の繰り返しと継続の報せを受け取りました[1]。（中略）事件の経過を読みながら大変な恐怖を抱きましたが、国王が残忍で気の触れた輩に取り囲まれながらも、威厳と勇気をもって彼らを迎え、応対したと知り、大変うれしく思いました。亡き我が国王にも比する意志の強さと、立派な態度でございます。友よ、亡き国王もこれをお聞きになりましたら、きっとお喜びになったことでしょう。ルイ一六世も以前からこうした態度を取られていたら、人殺しどもからとっくに解放されていたでしょう。このときの王妃のお振舞いには、今さら驚くまでもありません。これまでもどんな出来事が起ころうとも、ご自分の地位をお忘れになることなく、つねにふさわしいお振舞いをされてきたのですから[2]」

スウェーデンの摂政からフェルセンへの指示

「一七九二年六月二六日

伯爵殿。総督補佐官タウベ男爵から、本日受領した貴公の今月一三日付の書簡について、報告を受けた。書簡のなかで貴公は、僥倖によりフランス国王夫妻が自由の身になった場合、いかなる行動を取るべきか把握したいと書いておられる。何よりも重要なことは、こうした場合、貴公には信仰篤きフランス国王夫妻のもとにただちに赴いていただき、その賢明なる助言をもって補佐し、スウェーデン宮廷はフランス王室に関するあらゆることに誠意をもって対応するとの熱意をお伝え願いたい。すなわちこうした場合には、貴公は新たな命令を待つまでもなく、すでにそちらへ送付した信任状を提出することができる[3]」

フェルセンからアントワネットへ

（現存せず、一七九二年六月二五日）

この手紙は暗号で書かれており、一一番の番号が付されていた。フェルセンの書簡記録簿の六月二七日の欄には、「フランス王妃。二五日付、一一番。暗号、ググ経由。絶対にパリを出ないようにし、そのためのあらゆる手段を取ってください。それだけを心してください。そうすれば容易にあなた方の救出に行けます。我々はまいります」と記されている。手紙は、ル・ペルティエ通り二番地のグジュノのもとへ送られた。すなわち「ブラウン夫人」の住所である。フェルセンは七月三日付で、「ジョゼフィーヌからの暗号文」すなわち王妃からの返信が来たと記している。

原注

（1）六月二〇日のテュイルリー宮侵入事件を指す。

（2）Stafsund. SE/RA/720807/22/14.

（3）Stafsund. SE/RA/720807/02/6/I/1.

58

フェルセンからアントワネットへ

（一七九二年六月三〇日）

AN. 440AP/1. フェルセン直筆の写し。手紙は一二番で、特殊インクが使われている。フェルセンの書簡記録簿には、「フランス王妃」宛てとして「二三日付の手紙への返信」との説明が付されている。王妃との直接の書簡のやり取りはますます困難となり、フェルセンはゴグラに、週二回手紙を書いて逐一状況を知らせてほしいと伝えている。この手紙でフェルセンは初めて、四月にスウェーデンの摂政がロシア女帝に提案した宣言について言及している。のちの「ブラウンシュヴァイクの宣言」である。六月二〇日の民衆によるテュイルリー宮侵入事件により、この提案は再び現実味を帯びてきた。

「一二番、王妃宛て、特殊インク、トスカーニ経由

一七九二年六月三〇日

昨日、二三日付のお手紙を受領しました。オーストリアが打ち負かされない限り、恐れることは何もありません。たとえデュムーリエが束になってかかってきても、この国に暴動を**起こす**ことなどできないでしょう。確かにそうした兆候はあるにはありますが。

あなたの状況が心配でなりません。あなたの勇気は称賛に値し、国王の断固たる振舞いは感銘を与えずにはいられないでしょう。私はすでにあちこちに報告書〔六月二〇日のテュイルリー宮侵入事件詳細を指す。〕を送りましたし、国王とペティヨンの会話を収録したガゼット・ユニヴェルセル紙も送る予定です。まさにルイ一六世にふさわしいお言葉です。こうした姿勢を保持して、とにかくパリを離れないでください。この点が肝心です。そうすれば容易にあなた方を助けに行けます。ブラウンシュヴァイク公爵の目論見もそこに

あるのです。公爵はパリ進軍前に、同盟各国の名義で非常に強硬な宣言を出します。これらの国々は、国王一家に対する責任を、フランス国民、とりわけパリ市民に問います。そののち公爵はパリに向けて進軍します。各国から編成された軍は国境にとどまり、陣地を隠蔽し、駐屯部隊が他所で決起したり、作戦の障害となるのを防ぎます。女帝は一万五〇〇〇の兵を進軍させます。我が国の摂政は、女帝から要求されていた八〇〇〇名の派遣を承認しました。準備は整っていて、資金が確保でき次第、進軍が開始します。

ブラウンシュヴァイク公爵は三日にコブレンツに到着します。プロイセンの第一師団は八日に到着します。ただちに七〇〇〇名が補充され、ルクセンブルクを占拠し、駐屯しているオーストリア軍を強化します。リュクネール到着時にこれを攻撃しなかったのは、愚策でした。今や万事配備が完了し、要塞化してしまいましたので、おそらく部隊到着まで膠着状態でしょう。モブージュの手前で六〇もの cleas〈判読不可〉を奪われたのは、うかつでした。

当地にヴィエット氏が送られてきました。氏はキャラマン子爵に、あなたからコブレンツへの伝言を預かって派遣されたのだと申しました。そしてシュミット将軍宛ての、――彼が申すには――行間に特殊インクで書かれた手紙を見せました。おそらくほかの者にも同様の話をしていることでしょう。

私はあなた宛てに二五日に一一番の手紙を書き、ググ経由で送りました。二一日付の一〇番の手紙は、トスク夫人経由で送りました。白紙委任状と分断の件について、お返事ください。ゴグラに、毎週日曜日と水曜日には

【近況報告のため】 状況の詳細を私宛てに書くよう、伝えてください。彼からの手紙に『これは巷で言われていることですが、私は一切信じません』と書かれている場合には、その内容は確実だということにいたしましょう。そうすれば手紙はかならず届きます」

59

アントワネットからフェルセンおよびメルシー伯爵へ

（一七九二年七月三日）

AN, 440AP/1. フェルセン直筆の解読文。フェル

センは「ジョゼフィーヌからの暗号文」と記しているが、これは、アントワネットが六月二五日付のフェルセンの手紙に「非常に心動かされました」と書いているためだろう。書簡記録簿には、七月一〇日に「フランス王妃」宛てにラスレ氏経由で返信したと記されている。日記には、「七月八日：ラスレが、王妃から私とメルシー宛ての手紙を持って到着。王妃は、我々に一刻も速やかな行動と協議を望んでいる。しかし協議と行動は一対ゆえに、部隊到着前に動くことはできない[1]」と書かれている。

　アントワネットは「木曜日にあなたからお願いされた通り」、すなわち二つの「シャルロット型帽子」の裏に縫い付けて、白紙委任状を送ると書いている。七月三日は火曜日なので、白紙委任状は七月五日に発送されたことになる。

「八日受領、ラスレ氏経由
一〇日返信、ラスレ氏経由
ジョゼフィーヌからの暗号文
一七九二年七月三日付

あなたからの二五日付一一番のお手紙を受け取りました。非常に心動かされました。私たちは恐ろしい状況におりますが、あまりご心配なさらないでください。勇気が湧いてくるのが感じられ、どこからか、私たちはまもなく幸せになり助かる、と語りかけてくる内なる声が聞こえます。こうした希望だけが支えです。こちらからメルシー伯爵に、一人の使者を派遣します。伯爵には、フランスを圧倒するためには、協議し**行動を起こす**決意を固めねばならないと、強硬な手紙を書きました。時は迫っており、もう待つ余裕はありません。

木曜日にあなたからお願いされた通り、白紙委任状を**お送り**します。

　さようなら。いつになったら、何の心配もせずにあなたにお会いすることができるのでしょう」

原注

（1）Stafsund. SE/RA/720807/02/6/II/5.

60 アントワネットからフェルセンへ

（一七九二年七月）

AN. 440AP/1. フェルセン直筆の写し。原本は現存しない。冒頭の二行は点線に置き換えられている。王妃の髪結い師として名高いレオナールである。フェルセンの日記には、七月九日に手紙を受領したとあり、ブラウンシュヴァイクの宣言が一刻も早く発表されるようにと、王妃から要請があったと記している。

フェルセンの日記

「七月九日：メルシーと会見。協議開始には行動準備が整っている必要があるとの私の意見に、彼も賛成する。王妃は彼に、パリは国王とその一家の責任を負う旨、宣言に明記することを要請し、パリを出たほうがよいのではないかと聞いてきている。メルシーは、パリ脱出時に保護してくれる者が確実にいるのであれば、そして、コンピエーニュに向かい、〈判読不可〉とソワソンの管区を招集できるのであれば、出たほうがよいと答えた。メルシーは宣言については前向きな口調で、反乱分子は別として、国王を救うには、誰もが希望を必要としていると述べた。パリからレオナールが到着。彼は破産状態で、王妃から私宛ての手紙を持ってきた(1)」

「一七九二年七月九日、レオナールから受領

………………………………私のことについては、あまりお苦しみにならないでください。つねに勇気が他を圧倒するのです。私たちの決断によって待つ時間が稼げると期待していますが、それでも六週間は長すぎます。これ以上書くことはできません。さようなら。できることならば、私たちの解放に向けて、列国が約束している救出を急がせてください。

〈以下特殊インク〉

私はまだ生きていますが、これは奇跡です。二〇日の出来事には身の毛がよだちます。人々の怨恨はもはや私ではなく、夫の命へと向かっています。それを隠そうともしません。当面は彼らも、夫の見せる毅然とした力強い態度に圧倒されていますが、いつ危機が再発してもおかしくありません。私たちの近況がそちらに届いていることを願います。[2]さようなら。どうか私たちのためにご自愛なさって、こちらのことはご心配なさらないでください」

原注

（1）*Ibid.*

（2）ゴグラが週に二回送っていた報告書を指す。

61

ゴグラ／アントワネットからフェルセンへ

（一七九二年七月六日）

AN. 440AP/1. フェルセン直筆の解読文。アントワネットからの手紙というよりも、ゴグラからの報告書というべき内容である。最後の段落からは、ブリュッセルに白紙委任状を届けるための苦心のほどがうかがわれる。

「一〇日受領

一八日返信

〈一七九二年〉七月六日

貴殿からの最新のお手紙を受け取りました。特殊インクで書かれていますが、すでに読み出されていました。このようなことは二回目です。同じ間違いを犯さないよう、ほかの手段をとらねばなりません。貴殿もこの件の重大性を、容易にご理解のことと存じます。

一四日に恐ろしい大事件が勃発するだろうと、パリのあちこちで言われています。とりわけジャコバン派は、国王の殺害を主張しています。いくつかの不吉な企みもありますが、そうと知られているからには、これを防ぐことができるかもしれません。各地方からジャコバン派がパリへ押し寄せてきています。警戒するようにとの警告が王妃に来ない日は一日としてありません。親切心から警告してくる者もいれば、陰謀から警告してくる者もいます。王妃には心休まるときなど一瞬としてありません。

私の手元には三通の白紙委任状がありますが、どのように貴殿にお送りすればよいか、迷っています。もう公共馬車はこちらには来ません。これ以外の確実な方法をお教えください」

62 ゴグラ／アントワネットからフェルセンへ

（一七九二年七月七日）

Stafsund, SE/RA/720807/022/11. ゴグラ直筆の手紙。現在、スウェーデン国立文書館に保管されている。キーワードは「paroîtra《現れる》」。ゴグラは、白紙委任状をクロフォードのもとへ届けてくれる者を見つけたようだ。委任状は特殊インクで書かれている。

この手紙は、二週間かかってフェルセンに届けられた。

「二三日受領
二六日返信

〈一七九二年〉七月七日

〈以下平文〉

141：数日前に、貴殿の債券の状況についての手紙をそちらへ送りました。今朝ロンドンの銀行から受け取った補足情報をお知らせいたします。

〈以下暗号文〉

今日、議会の複数の党派が会議を開きましたが、ジャコバン派のことを考えると、この会議に多くは望めません(1)。彼らは何か別の企みを隠し持っているのです。考えられる企みのひとつは、国王を通じて停戦と和平交渉を要請させるというものです。こうした公式な働きかけはすべて、国王の意ではないと知らせねばなりません。国王が状況に応じて意を表明する必要がある場合には、ブルトゥイユ氏を通すと各国にお伝えください。確かな筋を通して、三通の白紙委任状がクロフォード氏のもとへ届くでしょう。慎重に包みを開くよう、氏にあらかじめ伝えておいてください。委任状には特殊インクで署名しました。

〈以下平文〉

元金は当地で運用するのが一番だとの考えに、変わりはありません。平穏になりつつあり、現在、憲法を定着させようと、各党が集まって会合しています。私にお任せください。きっと有利に土地を購入して、元金を二年で倍にして差し上げましょう。一緒に訪問した家の契約を済ませてきました。ユニヴェルシテ通りにある家で、全費用込みで一五万七〇〇〇リーヴルになります。

さようなら。家族は元気にしており、くれぐれもよろしくとのことです。皆、貴殿に早くお会いしたいと、切に願っています」

原注

（1）「ラムレットの抱擁」を指す。一七九二年七月七日、アントワーヌ＝アドリアン・ラムレット議員は演説をおこなって、議会の各党派の和解を試みるが、和解はいっときしか持続しなかった。

63

フェルセンからアントワネットへ

（一七九二年七月一〇日）

AN, 440AP/1. フェルセン直筆の写し。手紙は特殊インクで書かれている。内容は三日付の「ジョゼフィーヌからの暗号文」への返事で、書簡記録簿には「フランス王妃。ラスレとレオナール経由で届いた手紙への返信、en. bl.《特殊インク》 ラスレ経由」と記されている。アントワネットからの手紙を受け取り「どんなにうれしかったことか」という言葉からは、レオナール経由で受領した手紙の点線部分に、愛の言葉が綴られていたと仮定できる。あるいは一カ月来王妃の手紙はすべてゴグラが書いていたところに、王妃直筆の手紙が届いたことがうれしかったのかもしれない。フェルセンはアントワネットに、どうかラ・ファイエットを信用しないようにと懇願している。フェルセンは日記で、ラ・ファイエットが保身と、オーストリアによる憲法承認のために、国王一家を人質にするのではないかと危惧している。

「王妃宛て、特殊インク、ラスレ経由

ブリュッセルにて、一七九二年七月一〇日

ラスレ氏とレオナール氏が到着し、あなたのお手紙を届けてくださいました。どんなにうれしかったことか、申すまでもないでしょう。あなたの勇気は称賛に値し、国王の断固たる振舞いは感銘を与えずにはいられません。あなた方をパリから連れ出そうというあらゆる企みには、この二つをもって抗わねばなりません。パリにとどまることは大変有利な選択ではありますが、条件が満たされた場合のみ脱出するというメルシー氏の意見には賛成です。けれども、保護してくれる者たちが勇敢で忠実であるか、しっかりと確かめねばなりません。さもなくばあなた方はなすすべもなく、途方に暮れてしまうでしょうし、そうなったらと考えると、戦慄せずにはいられません。ですからパリ脱出は、確実に成功する見込みがなければ、気軽に試みるべきではありません。脱出する場合は、絶対にラ・ファイエットに知らせてはなりません。周辺の管区に助けをお求めください。

計画の実行［進軍を意味する。］については、可能な限り急いでおります。プロイセン軍の到着がやや前倒しになり、八月初旬には開始できるでしょう。しかし発言を裏付けるための行動開始準備が整っていなければ、強硬な発言はかえって無効でしょう。重みを欠き、あなた方をさらなる危険にさらしかねません。白紙委任状を送っていただいたとのことですが、私が申し上げた方法を採用されたと推察いたします。委任状が到着するまでは、状況の緊急性を見ながら、手元にある委任状を使うことにいたします。

スペインの態度は恥ずべきもので、ヨーロッパ中の非難の的となっています。イギリスは良好です。スタールが陰謀を巡らしているため、我が国の摂政は前面に出てこようとしません。こちらは私のほうで、できるだけ阻止しましょう。スタールは頻繁にヴェルニナック氏[1]と会っています。宣言については、可能な限り優れた内容となるよう心がけます。我々にお任せください。国王とご一家の安全については、パリ市に責任を負わせることといたします。二〇日のおぞましい出来事にヨーロッパ中は憤慨し、革命は多くの支持者を失いました。

リュクネールとラ・ファイエットは国境付近から退却し、司教区へと向かうようです。オーストリア軍がさらに積極的でしたら、オルレアン公爵やコルトレイク［ベルギー西部の町。］のリュクネールの部隊を捕えることができたかもしれません。大公方はマンハイムで、議会と同輩衆［同輩衆とは、フランスにおける国王直臣であり、多くの特権を有していた。主に有力な名門貴族。］を招集しようとしていますが、狂気の沙汰としか言いようがありません。我々のほうで阻止するようにいたします。こうしたことを【取り仕切っている】そそのかしているのは、リュクサンブール氏［アンヌ・シャルル・シギスモン・ド・モンモランシー＝リュクサンブール公爵。一七三七－一八〇三年。フランスの名門貴族の出身で、オルレアン公爵と敵対していた。革命でロンドン、次いでリスボンに亡命。］です」

原注

（1）レイモン・ド・ヴェルニナック・サン＝モール。一七六一－一八二二年。フランスの外交官。ジャコバン派でスタールの親友。

64 ゴグラ／アントワネットからフェルセンへ

（一七九二年七月一一日）

Stafsund, SE/RA/720807/022/11およびAN, 440AP/1. 王妃の秘書官ゴグラ直筆の手紙。暗号と平文が併用されている。原本はストックホルムに保管されており、フェルセン直筆の解読文はフランス国立中央文書館に保管されている。キーワードは「paroîtra《現れる》」。番号が付されており、郵便で送られたことがわかる。文中でゴグラは、ルイ一六世がパリ県によるペティヨンの免職を承認するという噂を取り上げ、「私は何も信じません」と書いているが、実際はこの噂が真実であることを意味している（書簡58の指示参照）。暗号で書かれた箇所からは、国王夫妻をコンピエーニュへ移すというラ・ファイエットの計画をめぐって、ルイ一六世とアントワネットの間で意見の齟齬があったことがわかる。結びの言葉は、六月五日付の手紙よりも丁寧な口調である。

「二三日受領
二六日返信
一番、〈一七九二年〉七月一一日

〈以下平文〉

親愛なるリニョン、ぜひとも、貴殿の資産運用に関する近況を知っておいていただきたく思います。この点、貴殿がご不満を抱かれないよう、私の裁量内のことはすべて実行いたします。しかし私の交流範囲は非常に狭く、お付き合いしている方々もかなり限られておりますので、大したお力になれないことを、あらかじめお知らせしておきます。実際にお役に立つことができなくとも、貴殿への熱意と善意をお示しいたしましょう。

議会の各党が歩み寄っていること、国王の議会への働きかけ、ペティヨンとマニュエル［ピエール＝ルイ・マニュエル。一七五一－九三年。ペティヨンの右腕として一七九一年からパリ市政に参加したのち、国民公会議員に選出された。］がパリ市から停職処分を受けたこと、ペティヨンをパリ市長職に復帰させるべく市民が運動したこと、議員の一部もこれを支持したことはお聞き及びでしょう［ペティヨンとマニュエルは、六月二〇日の民衆によるテュイルリー宮侵入に迅速に対処しなかったことで、停職処分を受けていたが、のちに市民の請願により復職した。］。今でもパリはこの話題で持ち切りです。県の命令には手続きの点で不備があり、国王はこれを承認しないだろうから、ペティヨンは復職するだろうと言われています。一方で、国王はパリ市長の力に脅威を感じ、傲慢さに立腹し、悪意があると確信しているので、県の命令も承認するだろうという者もいますが、私は何も信じません。

ラムレットが議会にもたらした和解は、一時的なものに過ぎません［書簡62原注(1)参照。］。ブリソ［ジャック・ピエール・ブリソ。一七五四－九三年。文筆家、革命家。対オーストリア開戦を積極的に主導した。］は、革命当初からの国王の対応を精査し、一時的にその権利を停止する趣旨の発言をしました。また、祖国は危機にありと宣言し、大臣たちの連帯責任を問い、国家は彼らを信頼していないと断じ、シャンボン［おそらく当時の外務大臣、ヴィクトール＝シピオン＝シャルル＝オーギュスト・ド・ラ・ガルド・ド・シャンボナ（一七五〇－一八三〇年）を指すと思われる。］らに対する告発命令を出す等々の趣旨の発言もしました。この申し立てに一同は再び騒然となり、**非常に激しい議論が繰り広げられました。**これに伴い六名の大臣が召喚され、二四時間以内に国内、国境および軍隊の情勢について報告書を提出するよう言い渡されました。彼らは四時間にもわたって激しい叱責を受け、あまりにも重い責任を負わされたため、昨日朝、全員が辞職届を出し、現時点で国王には一人の大臣もおりません。憲法の方針を順守していれば何も恐れる必要はないはずですから、大臣たちは卑怯だと世間の非難を浴びています［フイヤン派は六月一三日にジロンド派から内閣を奪回したが、七月一〇日に総辞職した。］。

連盟祭［七月一四日のバスティーユ陥落と革命を祝う記念祭。］が近づいており、不安が募っています。この宗教的かつ愛国的祭典を口実に、テュイルリー宮が襲撃されるのではないかと危惧しております。祭典手順はまだ決定しておりませんが、国王一家は出席しなければなりません。連盟兵の数、特にミディ地方から上京した連盟兵は思ったよりもずっと少ないものでした。国境付近に送られると恐れをなして上京しなかった者もいれば、畑仕事に駆り出された者もおります。上京する大多数の連盟兵は、周辺地方から来るのでしょうが、万事無事に運ぶだろうと考えられます。

オルレアン公爵はフランドル軍を離れ、三、四日前からル・ランシー［パリ郊外の町。］にいます。部隊からの信用をまったく得られず、立ち去らざるをえなかったのです。

今月一日以降に貴殿のご用件のために手配した事項をご報告いたしましょう。

〈以下暗号文〉

141：ラ・ファイエットとリュクネールのもとに団結した立憲君主派たちは、連盟祭翌日に国王をコンピエーニュに連れて行こうと考えています。このため、二名の将軍が当地にまいります。国王はこの計画を受け入れるお心積もりですが、王妃は反対されています。この重大計画がどのような結果を招くのかわかりませんが、私は賛成しかねます。リュクネールはライン軍の、ラ・ファイエットはフランドル軍の、ビロンとデュムーリエは中央軍の指揮を執ります。

〈以下平文〉

ロンドンの銀行は、貴殿の資産をなかなか私のほうへ送金してきません。どうか先方に二言、三言連絡してください。さようなら、親愛なるリニョン。心からの抱擁を送ります。

今後、私からの手紙には本状同様、ページ上部に番号を記します」

フェルセンの日記

「一七九二年七月一四日：パリから、『苦痛の叫びあるいは六月二〇日〔Jean-Gabriel Peletier, *Le Cri de la douleur, ou journée du 20 juin extrait de la "Correspondance politique, ou Tableau de Paris" des 22 et 24 juin par l'auteur du Domine, salvum fac regem*, Paris, chez Sennevill, 1792.〕』と題した小冊子が届く。メルシエによるもので、大変よくできており、保存に値する書だ[1]」

原注

（1） Stafsund, SE/RA/720807/02/6/II/5.

65

ゴグラ／アントワネットからフェルセンへ

（一七九二年七月一五日）

Stafsund, SE/RA/720807/022/11. ゴグラ直筆の手紙。現在、スウェーデン国立文書館に保管されている。内容は、王妃の秘書官としての報告書である。文中に出てくる手袋の包みには、おそらく手紙が入っていたのだろう。

「二三日受領、二六日返信

二番、〈一七九二年〉七月一五日

連盟祭開催に際して、悪意ある者たちにはずいぶんと心配させられました。彼らは多数の悪党が上京し、邪悪な計画が立てられていると述べていました。貴殿もご心配だったでしょうが、当地にいる貴殿の関係者の方々は皆無事であることを、まずご報告いたします。ペティヨン氏は議会と国民の要請により復職しました。広く信頼を得ておりますが、私たちとしても、特段の影響力を用いて平和を打ち立て、過激分子たちの企みに有効な異議を唱える者がいるとすれば、それは真の愛国者たちから人民の父と呼ばれるこの行政官であると信じます。

リュクネール将軍は一三日から一四日にかけての夜に到着し、明日議会に赴く予定です。自分の部隊に五万の兵を補給するよう、要請をしに来たのだと言われています。

パリは相変わらず騒然としています。大事件の勃発が予想されており、どの党も自分たちに有利なようにこれを導きたいと考えていますが、私自身何と説明してよいかわかりません。ある日すべての計算が台無しになり、状況が大逆転することもありえます。貴殿に逐一状況をお知らせするには、一日に二回は手紙を書く必要があります。

当地には五〇〇〇から六〇〇〇名の連盟兵がおり、ほとんど全員がジャコバン派に属しています。当地に残る者もいれば、ソワソンの野営地に向かう者もいます。近日中に、マルセイユとボルドーからも兵が到着する予定です。議会命令に従ってパリを警備していた三連隊は、二、三日内に国境へ向けて出発する予定です。スイス衛兵を派遣するか否かが、大きく注目されています。親愛なるリニョン、近況の概要は以上です。貴殿個人のご用件に関しては、明日手紙を書きます。今日はもう余裕がありません。さようなら。貴殿への忠誠を込めて。

そちらへお送りした手袋の包みが届いたか、お知らせください」

66 フェルセンからアントワネットへ

（一七九二年七月一八日）

AN, 440AP/1. フェルセン直筆の写し。手紙は特殊インクで書かれ、書簡記録簿では「フランス王妃」宛てとされている。一三番の番号が付され、トスカーニ夫人によりパリに届けられた。フェルセンは、ブラウンシュヴァイクの宣言をリモンに書かせている。

「王妃宛て、特殊インク、トスカーニ経由

一三番

ブリュッセルにて、一七九二年七月一八日

あなたからのすべてのお手紙と三通の白紙委任状を受け取りましたが、氏名があまりにも薄く書かれているため、使用できるか定かではありません。もう少し濃いインクで書いて送っていただく手段が見つかれば、ぜひそうしてください。

　大公方は、各国へある覚書を送付しました。覚書は、国王は立憲君主派たちの約束に騙されて、彼らと合意の上、休戦等々に向けた交渉をおこない、干渉しないよう要請するだろうという内容です。彼らはこの覚書を男爵に送り、回答を要求しました。男爵は憤慨し、はっきりと否定なさいました。そしてただちにシューレンブルク伯爵とブラウンシュヴァイク公爵に連絡を取り、大公方が間違った結論を出したと知らせました。私もあちこちに連絡を取りました。カロンヌ氏は、『男爵は回答しないでしょう』と言って、男爵が覚書に同意するだろうとほのめかしていました。カロンヌ氏は大公方に、あまりに多くの戯《ざ》れ言《ごと》を吹き込んでいます。ランベール氏［アンリ・ジョゼフ・ド・ランベール侯爵。一七三八－一八〇九年。フランスの貴族、軍人。革命勃発後は王弟たちに仕えたが、彼らの暴走を抑え、ブラウンシュヴァイク公爵から信頼を得ていた。］は愚行を阻止しようと、大変役に立ってくださっています。ブラウンシュヴァイク公爵は彼らを抑えてはいますが、苦心なさっています。

　マンハイムでの議会と同輩衆の集結は、実現しないこととなりました。当地の方々は全員、拒否しました。集結はカロンヌが発案し、リュクサンブール公爵が具体化したものです。オーストリアはオルシ［フランス北部の町。］の国民衛兵部隊を攻略しようとしましたが、失敗し、市内で大砲一門と移動用の荷車数台を接収しただけでした。フランス国外では万事順調に進んでおります。国内でも同様でしたら、どんなにか安心でしょう！　来る日も来る日も、死ぬほどの不安を抱えながら、郵便を待っております。

　イギリスはショーヴラン氏から調停を依頼されましたが、私はイギリスが拒否してくれるようにと願っております。スウェーデンからは、大変好都合な指示が来ました。あとは資金が到着すれば、我々の部隊も進軍を開始できます。女帝はフランスどころかポーランド問題にかかりきりですが、軍の派遣はしてくださることを願います。昨日、ナッサウ大公がいらして一日を過ごしましたが。エステルアージのことを大変不満に思っていらっしゃいます。アランダ伯爵も一向に好意的ではありませんが、若干考えが変わるかもしれません。

　我々は宣言作成に取り組んでいるところです。リモン氏に宣言書を書かせ、私が作成したと知らせずに、メルシー氏に渡してもらいました。大変よい出来で、思い描いていた通りの宣言です。誰にも言質を与えず、どの党派にも嫌悪感を抱かせず、何も約束せず、国王とご一家の安全の責任はパリにありとしています。八月一五日には作戦が開始すると言われています。『苦痛の叫び』を六部お送りください。方々に送るべきです。昨日、ゴグラ宛ての手紙を書きました」

ゴグラ／アントワネットからフェルセンへ

（現存せず、三番、一七九二年七月三日）

現存する書簡からは、七月一五日から二一日にかけて、王妃あるいはゴグラがフェルセン宛ての三番の手紙を書いたことがわかっている。

67 ゴグラ／アントワネットからフェルセンへ

（一七九二年七月二一日）

Stafsund, SE/RA/720807/022/11. ゴグラ直筆の手紙。スウェーデン国立文書館に保管されている。暗号は使われておらず、四番の番号が付されている。

三番の手紙は現存しない。手紙には、ジャコバン派たちが、国王一家をパリから連れ去ろうとしていると述べられている。七月一四日の連盟祭を祝おうとマルセイユからパリへと上京してきた兵士たちは、テュイルリー宮の庭園に自由に出入りし、国王一家を狙った新たな暴動がいつ起こってもおかしくない状況だった。こうしたなか、アントワネットは、ブラウンシュヴァイク公爵による宣言の発表を一日千秋の思いで待っていた。フェルセンには直接手紙を書くことはできなかったが、手紙を受け取って「大変喜んでいる」とゴグラから伝えさせている。結びの言葉には、アントワネットの感情が表れている。フェルセンは日記に、「パリからの手紙はとても安心できる内容とは言えない」と書いている。

「二四日受領、二六日返信

四番、〈一七九二年〉七月二一日

今日、小冊子二冊を貴殿に、二冊をシュリヴァン夫人に、二冊をクロフォード氏にお送りします。こちらからお送りした手袋に満足いただけて、うれしく存じます。帽子(1)もきっと気に入っていただけるでしょう。

パリ県の構成員は全員辞職届を出し、右派の議員の多くも近いうちに辞職するでしょう。**マチュー・モンモランシー**氏(2)も辞職届を出し、イギリスへと向かいました。ラ・ファイエット氏の最終的な処分は明日決定しますが、巷では告発されるだろうと言われています［八月七日、ブリソはラ・ファイエットを、国王側につき軍隊を利用して独裁を敷こうとしているとして、告発を要求したが、要求は退けられた。］。《テュイルリー宮の》庭園には、連盟兵と業務証を持っている者しか入れないようになっているのですが、国王や王妃やエリザベート王女が外出されると、罵りの声が聞こえてきます。業務証を持っている者は連盟兵の仕業だと言いますが、連盟兵による濫用というよりは、業務証のほうが濫用されていると考えられます。しかも、私としてはこれから申し上げることは一切信じておりませんが(3)、ジャコバン派が国王と一緒にパリをあとにして、南仏へ向かう計画を立てていると噂されています。そのため、ジャコバン派の国民衛兵分遣隊が、続々と地方から上京していると言われています。明日はマルセイユから**五〇〇名**が到着します。一週間後には、計画実行に充分な人員が結集するだろうと言われています。議会のジャコバン派たちは、各国が宣言を出すのを待ってから、決定をくだすだろうと言う者もおります。宣言は、今週発表されると思われていました。なぜ宣言の送付が遅れているのかは不明です。主な条項のいくつかでもご存じでしたら、どうかご教示いただきたく存じます。私のほうからも、できる限りこちらの状況をお知らせいたします。私の手紙はすべてお手元に届いたか、お知らせください。

こちらでの貴殿の親しい方々は、皆元気にしております。貴殿の近況を昨夜お知らせしたところ、大変喜んでいらっしゃいました。ぜひ貴殿にそのことをお伝えしてほしい、なるべく頻繁に貴殿の近況を教えていただきたいとの伝言を預かっております。さようなら、親愛なるリニョン。愛情を込めて貴殿を抱擁いたします」

フェルセンは日記のなかで、王妃とゴグラからの書簡についてこう述べている。

「七月二三日：パリから四通の手紙が届く。彼らは憂慮すべき状況に置かれており、宣言の発表と、軍による侵攻を要請してきている。彼らは《パリから》連れ去られると考えている。王妃は、ラ・ファイエットとリュクネールをはじめとする立憲君主派たちから提示された、コンピエーニュ行きの提案をよしとされなかった。彼らの術策にはまらないように、そして消極的な国々に交渉の口実を与えないように、との思惑からである」

現存しない三番の手紙（これが手袋と一緒に送られた手紙かもしれない）にも、同様の情報が記されていたと考えられる。七月二四日、フェルセンは日記に、飼っていた二匹の犬が「朝、中庭に出たところ、毒を飲まされて死んでしまった。私の胸は痛んだ。すぐに王妃のことが思い浮かんだ。彼女も毒殺されるかもしれない[4]」と書いている。ブルトゥイユ男爵は、ブラウンシュヴァイク公爵がまもなく勝利を収めるだろうと考え、ルイ一六世のもとでの評議会設立を提案した。だがパリからの報せは、日を追うごとに悪くなる一方だった。

原注

（1）白紙委任状を指す。
（2）マチュー＝ジャン＝フェリシテ・ド・モンモランシー＝ラヴァル公爵。一七六七－一八二六年。革命を支持する立憲君主派。身分制や封建的賦課租の廃止を提案する。スタール夫人に影響され、資金援助を受けてイギリスへ亡命。
（3）すなわち文面とは逆に、ゴグラは信じているということを意味している。
（4）Stafsund. SE/RA/720807/02/6/II/5.

68

ゴグラ／アントワネットからフェルセンへ

（一七九二年七月二四日）

AN. 440AP/1. ゴグラ直筆の手紙。暗号と平文が併用されている。キーワードは「paroîtra《現れる》」。最後の段落では、七月一八日付のフェルセンから王妃宛ての手紙を受領したと記されている。「一日の遅れが計り知れないほどの厄災を引き起こす」として、ブラウンシュヴァイクの宣言の発表を急ぐよう要請している。

「二九日受領、八月三日返信
王妃からの暗号文
五番、〈一七九二年〉七月二四日

〈以下暗号文〉
141：議会は今週中に、ブロワへの移転と、国王の権利の停止を決定する予定です［ブロワはフランス中央部の都市。敵軍の連勝により、議会はパリ制圧を恐れ、ブロワへの移転を計画した。］。毎日何かしら事件が起こりますが、どれも国王とそのご一家の破滅を狙ったものです。議会では、国王を廃位させなければ虐殺してやると、声高に要求する者もいます。彼らはこの日の審議で大いに面目を施しました。ですからメルシー氏に、国王と王妃のお命は大変な危機にさらされており、一日の遅れが計り知れないほどの厄災を引き起こすこと、ただちに宣言書を送付すべきこと、こちらでは宣言書を待ちかねていること、宣言書によりかならずや多数の者が国王の側につき、安全が確保されるだろうこと、それ以外に国王の安全を保障する道はないことをお伝えください。人殺しどもの一団は、この二四時間で膨れ上がり続けています。

〈以下平文〉
元金の残りを運用に回しましたので、正確なご報告をいたします。なかなか良質な、ほぼ新築の二軒の邸宅を購入しました。一軒目は、中庭奥に中央棟があり、これが母屋で二階建てです。屋根には瓦が張られ、屋根裏には漆喰が塗られています。左側の棟は馬車庫と廏舎で、通りに面した店舗が一軒あります。上階の屋根裏には飼葉が保管されていて、やはり瓦屋根です。正門が入り口になっていて、砂岩でできた石畳の中庭には井戸と手洗い場が整っております。

二軒目の家は一棟の母屋からなり、入り口は小路に面しております。二つの店舗と、奥の部屋、階段、奥の庭があります。奥の庭には手洗い場と共同の井戸があり、井戸から家へと送水設備が設置されています。五階建てで、地下室と、屋根裏には漆喰塗りの召使部屋があり、屋根は瓦張りです。各階には二つの居室があり、それぞれ暖炉のある部屋が二つと、やはり暖炉付きで、階段に面した一部屋、イギリス式手洗いを備えています。

これら二軒の家は、九五〇〇リーヴルで貸すことができるでしょうから、運用方法としてはそう悪くありません。

こちらからの四通の手紙を受領されたか、ご連絡ください。一昨日、貴殿からのお手紙を受け取り、宛先に転送しました。ご依頼されました六冊の小冊子は、お手元に届いていることでしょう」

フェルセンは、ブラウンシュヴァイク公爵率いる軍隊が進軍し、王妃や国王一家を救ってくれると、望みを持ち続けた。しかし、手紙が届くごとに不安は増すばかりだった。フェルセンは国王一家が解放され次第、フランスへ向かうつもりで、タウベ男爵からの七月二五日付の手紙を読んだときも、まもなく王妃と再会できると期待に胸を弾ませた。「私は出発前に《セーデルマンランド》公爵と会見しました。そのときに、我が友人である貴殿についてお話しいたしました。公爵は、それならば当然、貴殿を駐仏大使に任命しようとおっしゃいました[1]」

原注

(1) Stafsund. SE/RA/720807/22/14.

69

フェルセンからアントワネットへ

(一七九二年七月二六日)

AN. 440AP/1. フェルセン直筆の写し。手紙には特殊インクが用いられており、フェルセンの書簡記録簿には「フランス王妃」宛てとして分類されている。ブラウンシュヴァイクの宣言が完成した。フェルセンは日記に、宣言文は「リモンが書いた文章だが、序文は削除されている」と記している。現在では、国王一家の安全の責任はパリにありとするブラウンシュヴァイクの宣言は、八月一〇日のテュイルリー宮襲撃を引き起こし、王政の瓦解を招いたと考えられている。アントワネットとフェルセンの往復書簡は、この宣言の成り立ちを示しており、王妃の要請とスウェーデン摂政の先導により、国王一家に対する脅威が日に日に露骨になり凶暴さを増す状況への回答として作成されたことがわかる。ゴグラは八月一日付の手紙で、「ずいぶん以前から反乱分子たちは、国王一家を葬り去る計画をもはや隠さなくなりました。（中略）意見の違いと言えばその方法論だけです」と書いている。

六月二〇日の民衆によるテュイルリー宮侵入では、目的は達成されなかったが、いつ新たな襲撃が起こってもおかしくない状況だった。一七九二年七月になると、ジャコバン派が王政を打倒し国王一家を亡き者とするため、そして共和国樹立のために、持てる力を結集していることは誰の目にも明らかだった。パリにはジャコバン派の命令に従う部隊が足りなかったので、地方、すなわち今回はマルセイユから兵たちが招集された。ブラウンシュヴァイクの宣言は、こうした計画を覆すための最後の抵抗だったのである。悲観的状況であっても、生き残るためにはあらゆる手を尽くさねばならない。フェルセンの日記には七月二六日付で、マルセイユからの兵がリヨンに到着し、「劇場で王妃を傷つけるようなおぞましい歌を歌った」と書かれている。国王夫妻の立場が急激に悪化している状況では、ブルトゥイユ男爵が提唱した国王の評議会設立は、あまりに現実離れしていた。

「王妃宛て、特殊インク、トスカーニ経由
一四番、ブリュッセルにて、一七九二年七月二六日

あなたからの最新のお手紙を受領しました。最後に受け取ったのは四番で、七日付のお手紙には番号がありません。信用できるのはブルトゥイユ男爵が派遣する者のみだということは、すでにお伝えいたしました。あなた方をパリから連れ出そうとするラ・ファイエットや立憲君主派たちを退けられたのは、大変結構です。宣言書と計画実行については、催促を続けています。八月二日ないしは三日に開始するでしょう。

宣言書は完成しました。ブイエ氏はすでに目を通されて、ブルトゥイユ男爵に『策略がめぐらされていたものの、宣言書も計画全体についても、貴殿の、あえて言うなら我々の信条が全面的に通りました。私はそうした策略を実際に目にしましたが、受け入れられるはずがない

ことは明らかでしたので、苦笑を禁じえませんでした』とおっしゃいました。ブイエ氏は現在マインツにいらっしゃり、《セーデルマンランド》公爵や《プロイセン》国王から大変な厚遇を受けています。キャラマン子爵も同様です。子爵は、公爵と国王に【一層】支障なくお仕えすることができるよう、プロイセン軍の少佐に任命され、フランス公使同様の待遇を受けています。我々は宣言書が、とりわけ国王一家の安全の責任に関して脅威を与える内容であること、憲法や政府には一切取りあわないと明記することを主張いたしました。シューレンブルクは、〈プロイセン〉国王はいかなる交渉にも耳を貸さず、ルイ一六世の解放を要求すると男爵に知らせました。彼らは戦争の理由を記した簡潔な説明を印刷させましたが（そちらにもお送りします）、立派な出来でございます。

　内閣に関する男爵の計画は次の通りです。男爵は反駁や難癖を避けるため、すべてを自分の手で進めたいと希望しています。陸軍大臣には、男爵いわく大変優れた案を提出したラ・ガリソニエール〔オーギュスタン＝フェリックス・エリザベート・バラン・ラ・ガリソニエール。一七四一－一八二八年。フランスの貴族、軍人。革命に対抗し、亡命。王弟たちの軍に従事する。〕を考えています。海軍大臣にはデュ・ムティエ、国璽尚書にはバランタン〔シャルル＝ルイ＝フランソワ・ド・ポール・ド・バランタン。一七三八－一八一九年。法服貴族。ルイ一六世治世末期に国璽尚書に就任。革命勃発後、亡命。〕、外務大臣にはボンベル、パリ市にはラ・ポルトを考えています。財務大臣には、先入観を排し、決然たる意志を持った聖職者としてパミエ司教を指名し、六名からなる財政審議会をつけます。審議会には、ラトゥール、ダヌクール、一名の仲介業者（おそらくル・アーヴルのファーシュ）を考えておりますが、その他の構成員は失念しました。早急に、ご意見をお聞かせください。男爵は、ラ・ヴォギュヨンはスペインに、サン＝プリーストはロシアにとどめておくおつもりです。

　ラ・マルクを作戦から外し、皇帝が彼をブラウンシュヴァイク公爵のもとへ派遣するのを防ぐことができました。プロイセン国王はメルシー氏の会議参加を望んでおりません。ウィーンの緩慢かつ優柔不断で裏表のある姿勢は、メルシー氏が原因だとお考えだからです。亡命貴族たちは三つのグループに分かれ、軍隊と行動を共にしますが、彼らの要求するような先頭の位置を占めることはありませんし、単独行動も取らせません。私はこの点を強く要求しました。大公方はプロイセン国王と残ります。コンデ大公はオーストリアのホーエンローエ大公と、第三部隊を指揮するエグモン氏はクレールフェ将軍と合流します。カストリ元帥は、国王と直接連絡を取っていると断言し、男爵にさえ同様のことをほのめかしています。そもそも元帥は、ほんのわずかな外交能力しか持ちあわせていらっしゃいません」

70

フェルセンから アントワネットへ

（一七九二年七月二八日）

AN, 440AP/1. フェルセン直筆の写し。手紙は特殊インクで書かれており、書簡記録簿には「フランス王妃」宛てとして記載されている。フェルセンが隠れ場所として提案しているルーヴル宮の地下室がどこにあるか、筆者は特定することができなかった。

「王妃宛て、特殊インク、トスカーニ経由
ブリュッセルにて、一七九二年七月二八日

ブラウンシュヴァイク公の宣言書が届きました。大変結構な内容です。リモン氏が作成し、当方へ送ってくださいました。嫌疑をかけられぬよう、そちらにはお送りいたしませんが、クロフォード氏がイギリス大使(1)とケリー卿(2)にお送りします。そうすればきっと、ランバル夫人に渡していただけるでしょう。いよいよ重大な時が迫ってまいりました。私の心はおののいています。どうか神が、あなた方一人一人をお守りくださるように。それこそが私の唯一の望みです。

もし身を隠す必要が出てきたら、どうか躊躇などなさらないでください。そちらに到達するまでの時間を稼ぐためにも、身を隠していただかねばならないかもしれません。その場合、ルーヴル宮のラ・ポルト氏の居室に隣接した地下室がございます。この場所を知る者は少なく、安全なはずですから、こちらにお隠れください。本日、ブラウンシュヴァイク公爵は進軍を開始します。国境までは八日から一〇日かかるでしょう。オーストリア軍はモブージュを攻撃するとのことです」

ゴグラ／アントワネットからフェルセンへ

（現存せず、六番、一七九二年七月）

現存する書簡からは、七月二四日から八月一日の間に、アントワネットあるいはゴグラからフェルセンに宛てて、六番の手紙が送られたことがわかっている。

一七九二年八月二日、フェルセンはブラウンシュヴァイクの宣言の補遺を受け取ったが、国王一家にとって危険な内容と断じている。「ブラウンシュヴァイクの宣言の追加事項が届く。到底承諾できる内容ではない。この補遺を支持することは、それが実行可能だと示していることも同様だ[3]」。これについては後出の八月三日付の手紙を参照のこと。

原注

（1） ゴア伯爵を指す。ジョージ・グランヴィル・ルーソン＝ゴア伯爵。一七五八－一八三三年。一七九〇年にドーセットの後任として、駐仏イギリス大使に就任。

（2） 第三代ケリー伯爵フランシス・トーマス＝フィッツモーリス。一七四〇－一八一八年。イギリスの貴族。

（3） Stafsund. SE/RA/720807/02/6/II/5.

71

ゴグラ／アントワネットからフェルセンへ

（一七九二年八月一日）

Stafsund, SE/RA/720807/022/11. ゴグラ直筆の手紙。冒頭は平文で書かれ、続く二ページには特殊インクが使われているが、この部分は、今日ではインク劣化のため、ほぼ判読不可である。本書では、クリンコウストレーム男爵版から転載した。国王一家はきわめて危険な立場に立たされていた。

「八月六日受領、八月七日返信

七番、一七九二年八月一日

〈以下平文〉

貴殿からの七月二六日付一四番のお手紙と、印刷物を受領しました。貴殿から申し付かった件は、すぐに済ませました。あとは、契約確定のための資金をこちらへお送りくだされればよいだけです。アッシニア紙幣に両替すれば結構な利益が出るでしょうから、現金を送金していただくのがよいかと思います。

貴殿の家の借り手はまだ見つかっておりません。こちらでは混乱が続いており、この家を借りることができるような人々は皆、パリから逃げ出しています。エプレメニル氏[1]への暴力行為、見るからに怪しげな外国人たちが大量にパリにやってきていること、略奪への不安が亡命の主な原因です。フランスにとどまる者たちは、ルーアンやその近郊に引きこもっています。三〇日の事件［七月三〇日、シャンゼリゼでマルセイユ兵と国民衛兵選抜隊の間で、激しい乱闘が発生した。］で、さらに不安が高まり、国民衛兵は苛立ち、気力を喪失しています。次の惨事はいつだろうと言われており、亡命が相次いでおります。純粋な意見を持ちながらも弱い者たち、あやふやな勇気を持つ者たち、誠実な者たちは身を隠しています。悪意ある者たちだけが、胸を張って跋扈しています。この硬直状態からパリを救うには、大事件が起こらねばなりません。誰もがそう望み、自分に有利なように勃発してほしいと願っていますが、結局は悪党どもに有利な結果になることを恐れて、その影響を予測しようとする者はおりません。何が起ころうと、国王と善良な者たちは、憲法が侵害されるようなことは許しませんし、憲法が覆されでもしたら、彼らも憲法と共に命を落とすでしょう。

貴殿のご友人は元気でいらっしゃいます。くれぐれもよろしくとのことで、一日も早く貴殿にお会いしたいと熱望していらっしゃいます。

追記：あなた宛てに駅馬車で包みを送りました。一四番と記載されていて、各布地には次のような字が記されています。n m f p x a n m g o q ［「特殊インクを使っています」の意。］

〈以下特殊インク〉

申し上げるまでもなく、国王のお命も王妃のお命も、ずっと以前から危険にさらされています。マルセイユ兵六〇〇名や、各地のジャコバンクラブから多数の議員が上京してきて、私たちはさらに不安を感じておりますが、残念ながらこれも根拠あってのことです。両陛下の安全のためにあらゆる予防措置は講じてありますが、人殺しどもはつねに宮殿の周りをうろついています。彼らは国民を刺激しています。国民衛兵のなかには悪意を持った者、弱腰な者、卑怯者がおります。悪党どもの企みに抵抗しているのは、身を挺して国王一家をお守りすると決意を固めているわずかな方々と、スイス衛兵のみです。三〇日の昼食後にシャンゼリゼで発生した国民衛兵の精鋭一八〇名とマルセイユ兵の乱闘事件は、国民衛兵の卑怯さを白日の下にさらし、彼らがほとんど頼りにならないことを明らかにしました。実際のところ、彼らは集団でないと強く出られないのです。一八〇名の精鋭たちは逃げ、二、三名が命を落とし、約二〇名の負傷者が出ました。マルセイユ兵たちはパレ・ロワイヤルや、議会が開放したテュイルリー宮の庭園を警備しています。

さまざまな危険が襲ってくるなかで、誰を大臣に任命するかを決めるのは容易ではありません。落ち着いた時間が少しでも持てれば、貴殿のご提案へのお返事をお送りいたしましょう。現時点では、短剣から身をかわし、今にも消え入りそうな王権の周りにうごめいている謀反人たちの裏をかくことに集中せねばなりません。ずいぶん以前から反乱分子たちは、国王一家を葬り去る計画をもはや隠さなくなりました。最近、夜間に開会された二回の議会では、意見の違いと言えばその方法論だけでした。前回の手紙で、二四時間を稼ぐことがいかに有効かおわかりいただけたと思います。ここでは、もし計画が成功しなければ、国王とそのご一家を救うことができるのは、もはや神のみであることを繰り返し申し上げるにとどめます」

原注

（1）ジャン＝ジャック・デュヴァル・デプレメニル。一七四五－九四年。法官。三部会では貴族議員。反革命派。一七九二年七月一七日にリンチを受けるが、救出、収監されるも、一七九四年に処刑される。

72

フェルセンからアントワネットへ

（一七九二年八月三日）

AN. 440AP/1. フェルセン直筆の写し。手紙は特殊インクで書かれており、書簡記録簿では「フランス王妃」宛てとして分類されている。パリの不穏な状況を知らされたフェルセンは、王妃にパリから脱出するように、反革命軍の到着はもはや待たないようにと助言している。

「王妃宛て、特殊インク、トスカーニ経由
一六番、ブリュッセルにて、一七九二年八月三日

五番のお手紙を受け取りました。すでに宣言書はお手元にあるとのこと、ご満足いただけたかと思います。これを作成したリモン氏はご立派です。氏はプロイセン国王からも、皇帝や大臣たち、大公方からさえも大変な厚遇を受けました。アルトワ伯爵は氏に親切に話しかけられ、国王や国王のお選びになった大臣たちに無条件に従いましょうとおっしゃいました。またカロンヌが去ったこと、アルトワ伯爵はカロンヌに、プロイセン国王も皇帝も彼を窓口にするつもりはないとおっしゃり、大臣たちも彼との会見を拒絶しているからには、自分としても彼を無為に雇うわけにはいかないことを、それとなく伝えたとお話しになりました。カロンヌはイタリアに移ります。

ブラウンシュヴァイク公爵は、宣言書に条項を付け加えられたところです。もし反乱分子たちが国王や王妃、ご一家を連れ去ろうとするならば、道中のすべての町および村はこれを阻止すべし、不服従の場合は彼らに責任あり、とする強硬な内容です(1)。第一段階としては資金が必要です。ロンドンにはいくらお持ちでしょうか。いつでも自由になるようにご手配ください。あなた方が**解放されること**は確実なのですから。あなたのダイアモンドを抵当に入れることに同意されますか。必要がない場合はあえて抵当には入れませんし、私のほうでそうならないようにしましょう。王冠のダイアモンドは持参する必要があります。男爵によると、ラ・バリュ〔ジャン＝バティスト・マゴン・ド・ラ・バリュ。一七二三−九四年。宮廷に出入りしていた銀行家で、国外に亡命していた大公たちにも貸し付けをおこなっていた。革命によって処刑される。〕は誠実な人物で、男爵に完全なる忠誠を誓っているとのことです。少し持ち上げて男爵の名を出せば、一〇〇万か二〇〇万は出してくれるでしょう。彼に連絡を取ることができるか、あるいは取ろうとお考えかご教示ください。私のほうではイギリスや、可能であれば国王の私財からの資金調達を探ります。早急にお返事ください。

軍がフランスに入りましたら、私は一日かけてプロイセン国王、ブラウンシュヴァイク公爵、男爵にお会いしに行くつもりです。苦しいことが続きますが、最近二匹の犬を失うという悲しい出来事が起こりました。二匹ともある朝、毒を盛られて、死んでしまったのです。大切な犬だったので、打ちのめされるような思いでした。ブラウンシュヴァイク公爵がパリに到着されたら、宮殿にお泊めください。これ以上ないほど最適な場所でしょう。パリから脱出する確実な方法があれば、脱出してくださ い。脱出をご希望だとお知らせくだされば、こちらで方法を見つけましょう。もしかすると、どうしても脱出する必要が出てくるかもしれません」

原注

（1）フェルセンは、ブラウンシュヴァイクの宣言の追加事項に「強い不満」を示している。

73 フェルセンからアントワネットへ

（一七九二年八月七日）

AN. 440AP/1. フェルセン直筆の写し。手紙には特殊インクが使われている。フェルセンの書簡記録簿では「フランス王妃」宛てに分類されている。

「王妃宛て、特殊インク、トスカーニ経由

一七番、ブリュッセル、一七九二年八月七日

七番のお手紙を受領いたしましたが、六番が欠けております。私の不安はこの上なく膨れ上がっています。国民衛兵はほとんど当てにならず、もっとも良心的な兵でさえ頼りにできない状況には失望させられます。こうした者たちが、パリ市民のなかでも善良な者たち同様、頼りがいがないことは、以前から確信していました。彼らは評判に傷がつくことを恐れ、前に出ようとはせず、希望や誓いを立てるだけですが、悪党どもは実際に行動を

起こします。私はかねがねこうした見解を持っておりましたが、確信を持つにいたって戦慄しております。我々はできる限りの手を尽くして作戦を急き立てており、プロイセンは完璧とも言える意欲を見せています。皇帝も個人的には協力的ですが、大臣が積極的な支援を渋っています。皇帝に対するメルシーの影響力はほぼ失われ、大公妃《マリア＝クリスティーナ》も同様です。フランクフルトから帰京したメッテルニヒは、積極的な意見の持ち主で、権力を掌握しています。そのため出発も間近だろうと言われております。プロイセン国王は、ラ・マルクはメルシー氏に近すぎるとして、すべての件から遠ざけました。

　プロイセン軍は五日にトリーアに到着しました。食糧と飼葉補給のため、数日滞在します。進軍には少し遅れが出ますが、一五日か一六日には、全軍がブラウンシュヴァイク公爵に率いられてフランスに入る予定です。今、私は恐れおののき、強く念じ続けております。ほかに何かできることがないでしょうか。宣言を公式なルートで送らなかったのは、大きな過失でした。誰もこの点に考えが及ばず、私はすぐに指摘して、取るべき手段を示しました。この手段が採用され、実行されることを望みます。

　シモリンが帰京しました。一万八〇〇〇名のロシア兵がワルシャワを出発する予定で、おそらくすでに進軍が開始しているだろうとのことです。ヴォードルイユ［ヴォードルイユ伯爵ジョゼフ・ヤサント・フランソワ・ド・ポール・ド・リゴー。一七四〇―一八一七年。アルトワ伯爵と親しく、王妃の取り巻きであったが、革命勃発とともにアルトワ伯爵に従って亡命した。］はウィーンであらゆる手を使って《ブルトゥイユ》男爵とボンベルを中傷し、評判を貶めることに成功したそうです。ちょうど、カロンヌがサンクトペテルブルクでボンベルを誹謗したときと同様です。女帝は彼らや大公方に対して反感を抱いていらっしゃいましたが、中傷が功を奏して、少しは和らいだそうです。エグモン氏に代わってブルボン公爵［ルイ・アンリ・ジョゼフ・ド・ブルボン＝コンデ公爵。一七五六―一八三〇年。フランスの名門貴族。革命勃発とともにコブレンツへ亡命。］が指揮を執っていますが、亡命貴族たちはあまりにも困窮しておりますので、彼らのうちで作戦に参加できるのは四分の一ほどでしょう。すでにブラウンシュヴァイク公爵は、ずいぶんとうんざりされています。大公方は何としても宣言を出したいとご希望です。我々のほうで食い止めるようにしますが、うまくいくかは定かではありません」

フランス国王夫妻の救出作戦は、徒労に終わることとなる。同盟軍はあまりにも緩慢で、外交議論に明け暮れていたため、フランス側はたっぷりと時間をかけて戦闘準備をすることができた。ブリュッセルに滞在するフェルセンの周囲で、国王夫妻の破滅的状況を正確に見抜いていた唯一の人物は、エレオノール・シュリヴァンだった。下に挙げる日記には、イギリスからの援助を取りつけるための方策が綴られている。

フェルセンの日記

「一七九二年八月七日：パリ市が国王退位を要求。非常に気がかりな状況だ。シュリヴァン夫人は、来る日も来る日も嘆き悲しみ、推移を見守り、不安のあまり体を壊した。彼女は、イギリスに使者を送って、イギリス国王にフランス国王夫妻の命を救うよう協力を仰ぎ、夫妻に危険が及ぶことなど許してはならず、そんなことになったら激しい報復をすべきだと伝えてはどうかと提案した。（中略）夫人がシモリンに相談したところ、シモリンも賛成で、首尾よくいくだろうと口にした。夫人はクロフォードにイギリスへ行くよう頼んだ。クロフォードは承知し、最善を尽くそうと語った。夜、ブルトゥイユ男爵にこの件を話したところ、男爵は大反対した。今朝私が考えたことと同じ理由からだった。男爵はピットの悪意を危惧し、彼が裏切って反乱分子どもに暴露し、国王を危険にさらすこともありうると述べた。私は、それは杞憂だと男爵に指摘した。しかし男爵はあくまでも計画を拒み、政治において無益な働きかけは、すなわち有害であると付け加えた。私はシュリヴァン夫人が今朝述べたのと同様の主張をし、一晩考えてほしい、明朝、結論を聞きにうかがうと伝えた。一方でクロフォードと相談し、もし男爵がどうしても拒否するなら、使いの者にドーセット公爵宛ての手紙を持たせてイギリスへ送り、公爵から働きかけをしてもらうことに決めた[1]」

翌朝、ブルトゥイユ男爵が合意し、パミエ司教がドーセット公爵およびウィリアム・ピット首相宛ての書簡を携えて、ロンドンへと渡った。

ゴグラ／アントワネットからフェルセンへ

（現存せず、一七九二年八月）

八月一〇日に届いた手紙は、フェルセンをさらなる不安に突き落とした。「〈テュイルリー〉宮殿はつねに脅かされている。国王と王妃は交替でしか眠っておらず、どちらか一方がかならず起きている[2]」。この日、彼はアントワネット宛ての手紙としては最後となる一通を綴っている。しかしこの手紙がブリュッセルから発送もされないうちに、テュイルリー宮は襲撃され、王妃は議会の囚われ人となった。

原注

（1） Stafsund. SE/RA/720807/02/6/II/5.

（2） *Ibid.*

74 フェルセンからアントワネットへ

（一七九二年八月一〇日）

AN. 440AP/1. フェルセン直筆の写し。手紙は一七九二年八月一〇日付で、特殊インクと暗号が用いられている。余白に書かれている「一七九二年八月一一日」は発送日を指している。書簡記録簿に記録されているアントワネット宛ての最後の手紙であり、「フランス王妃」宛てに分類されているが、王妃のもとに届かなかった可能性もある。キーワードは「paroîtra《現れる》」。

手紙には、エレオノールの件で釈明をしているかのように見受けられる箇所があり、アントワネットがこの年の二月の時点で二人の関係に気付いていたという仮説に信憑性を与えている。

フェルセンはフランス人でないため、イギリス政府の介入を要請する使者の役割を担うことはできなかった。加えてクロフォードは一七九一年に、フェルセンが王太子の実父である可能性をピットに示唆していたため〔一二五ページ参照。〕、フェルセンとイギリス政府との関係は一層難しくなっていた。ピット首相はこうした動きを、王妃の愛人が自らの利益を守ろうと、絶望に駆られて奔走している行動としか見なしていなかったのだ。この働きかけもむなしい結果に終わった。ジャコバン派たちは道理に従うつもりなど少しもなく、イギリス政府も最終的にはパリから大使を召還するのみにとどまり、ルイ一六世夫妻を明確に支持することはなかった。

「王妃宛て、特殊インク、トスカーニ経由
一八番
ブリュッセルにて、八月一〇日
〈以下暗号文〉
私は、あなた方の身に害が及ぼされた場合、激しく報復するという宣言をイギリス国王から出していただくべく、男爵からピット氏に要請するよう伝えました。司教はイギリス政府へ働きかけるため、ロンドンに渡りました。あなた方が重大な危機に置かれているため、こうした措置を取ったわけですが、もしかすると何の役にも立たないかもしれません。それでもかような重大事のためとあれば、あらゆる手を打たねばなりません。
〈以下特殊インク〉
これはシュリヴァン夫人の提案によるものです。男爵は無益だとして反対していましたが、詳細を説明したところ、賛成してくださいました。クロフォード氏はロンドンへ渡るおつもりでしたが、イギリス人であるがために何らかの障害が立ちふさがるかもしれないので、司教に行っていただくほうがよいだろうとの結論に達しました。私も行く予定だったのですが、当地に残るほうが有益な働きができると言われ、あきらめました。行くことができたらよかったのですが。
あなた方のことを思うと心配でなりません。心は一刻も休まらず、唯一のなぐさめはクロフォード氏と不安を分かちあうことです。氏はあなた方の件に没頭しており、何とかお役に立とうとしています。〔シュリヴァン夫人もこの不安を共有してくれています。彼女はつねにあなた方に思いを馳せ、その運命に涙を流し、しきりに祈っています。あなた方を慕う彼女の心はまさに感動に値し、そのためにこそ私も彼女に好感を抱いております。私たちはしばしば一緒に泣きます。私はこうした誠実な方々とのみ、お付き合いしています。イギリス行きの件を最初に思いついたのは彼女で、私が行けないと決まったときにも、彼女からクロフォード氏に、使者として渡航してくれるよう頼んでくれました。神よ、どうか計画が成功し、あなた方の利となりますように。」

ブラウンシュヴァイク公爵の到着予定は一五日で変わりありません。ホーエンローエ大公［ホーエンローエ＝ヴァルデンブルク＝バルテンシュタイン大公ルートヴィヒ・アロイジウス。一七六五－一八二九年。二四一ページのホーエンローエ大公の息子。コンデ大公の軍を指揮した。］は勝利をおさめられました。現在ランダウ手前で、攻略も確実と考えられます。アルベール公爵(1)は、配下の全部隊を率いてフランスに入られました。コンデ［ランダウはドイツ南西の町、コンデはおそらくフランス北部の町コンデ＝シュル＝レスコーを指す。］あるいはモブージュで、作戦を展開されると思われます。あなた方がパリから脱出されなかったのは、残念な限りです」

フェルセンの日記

「八月一三日：パリから新たな凶報が入ってきた。木曜日の朝、宮殿が襲撃され、国王と王妃が議会に避難したというのだ［八月一〇日にテュイルリー宮が民衆によって襲撃され、多数の死傷者が出た事件。国王一家は議会へと避難し、次いでタンプル塔へと幽閉された。これを機に王権が停止し、フランス革命は一気に先鋭化していく。］。一時の時点でもまだ、中庭とカルーゼル広場で戦闘が続いていたという。多くの血が流れ、たくさんの者が命を落とし、吊るし首にされた。宮殿はあちこちがこじ開けられ、八台の大砲が向けられ、攻撃されたという。おお、神よ。何とおぞましいことだろう(2)！」

フェルセンからソフィー・ピパーへ

（一七九二年八月一五日）

「大切な妹よ、一〇日の恐ろしい事件の詳細は、公爵がそちらへお伝えするでしょう。ご一家の命は助かりましたが、今後どうなるか、安心はできません。神よ、どうかご一家をお守りください。ご一家を助けるためだったら、この命さえも投げ出しましょう。宮殿中が略奪され、荒らされました。ご一家はフイヤン修道院に幽閉されています。誰も会いに行こうともせず、近づこうともしません。さようなら、大切な妹。私のことを哀れと思って、愛してください(3)」

一七九二年八月一九日、フェルセンは体調を崩した。右の睾丸が「不快な」状態となり、ベッドから起きることもできなくなってしまった。以後一年以上にわたり、フェルセンは幾たびも体調を壊している。日記に詳しく書かれた症状からは、副睾丸炎を患っていたと考えられる。エレオノール・シュリヴァンはかりそめの享楽だけでなく、その副産物をもフェルセンに与えたということだろうか。ときには歩くことも、立ったままでいることもままならなかった。パリの状況については、驚くほど冷静に書き記しているが、ブラウンシュヴァイク公爵率いる軍隊がまもなくフランスを攻め、ジャコバン派に交渉を迫ると信じて疑わなかったためだろう。だがフランスで権力を掌握した急進左派は、ルイ一六世やアントワネットのように内戦を恐れることはなかった。亡命しなかった者、反革命の容疑をかけられた者はまもなく投獄され、虐殺されることになる。フランス共和国とは、血を血で洗うような争いのなかから誕生したのである。

フェルセンのもとには、毎日のように悲痛な報せが届いた。友人たちが逮捕され、虐殺され、あるいは重傷を負ったという報せに、彼は深く涙した。一方で、立憲君主派たちに対しては容赦なかった。八月二九日にはストックホルムのシルヴェスパレ大臣に、「バルナーヴとシャルル・ラメットが逮捕されました。私は彼らの処刑を望みます。彼らほど死刑に値する者はおりません(4)」という手紙を送っている。フェルセンの立憲君主派たちに対する憎悪はとどまるところを知らず、一七九四年四月にジャリー［フランソワ・ジャリー・ド・ヴリニー・ド・ラ・ヴィレット。一七三三～一八〇七年。革命前はプロイセンに仕えるが、一七九〇年に帰国。フランス軍として反革命軍と戦うが、八月一〇日事件を機に亡命し、反革命に加わる。］に会ったときも、「彼は立憲君主派だったのです。そして私は今でも、立憲君主派たちこそがフランスに災いをもたらし、あらゆる無念の原因であると信じています。彼らを赦すことなど決していたしますまい」とあからさまに嫌悪感を示した。

一七九二年九月一日、ルイ一六世夫妻が引き離されるとの報せがパリから届いた。「私はこの報せに心を痛めた。王妃にとって、国王から引き離されることなど、あまりに大きな苦しみだろう(5)」

　事態は悪化の一途をたどった。革命軍の勝利は、オーストリア領ネーデルラントにとって寝耳に水で、一一月六日には、マリア＝クリスティーナとメルシーは、ブリュッセルの住民に避難を命じた。クロフォードやエレオノール、シモリン男爵と住んでいたフェルセンは、ドイツへ避難することに決めた。デュッセルドルフへの移動前に、彼は「老狐」すなわちメルシーのもとを訪れ、アントワネットの所有するダイアモンドの所在を確認した。フェルセンとアントワネットの書簡も焼却の危機に瀕していた。

フェルセンの日記

「一一月六日：メルシー宅を訪ね、ジョゼフィーヌのダイアモンドが安全か確かめた。当時手紙を書き、箱を送ったこの私を前にして、メルシーは厚かましくも、ダイアモンドがあるとは知らなかった、箱は確かに受け取ったが、大公妃が到着されたときに鍵をお渡ししたと言った。（中略）わざわざ出向いたのに徒労に終わったこと、ブリュッセルを去らねばならないことに私は失望を感じた。一切の望みを絶ち、すべてを投げだしてしまいたいという誘惑に駆られることがある。

　一一月九日：私たちは馬車で出発することに決めた。王妃関係の書類が入っている紙ばさみを燃やしてほしいと言われたが、私は従わなかった。自分の書類と一緒に、シモリンの馬車に載せた。その前の日に、これらをエルギン卿［第七代エルギン伯爵トーマス・ブルース。一七六六―一八四一年。イギリスの外交官。一七九三年当時は臨時特使としてブリュッセルに派遣されていた。］に託し、イギリスへ送ろうと決めていた。しかしアントワープで蜂起が起こったため、考えを変えた。実のところ、その夜、書類引き取りのため卿から送られてきた使者に、シュリヴァン夫人が書類を渡さなかったのだ(6)」

　一七九一年から一七九二年にかけてやり取りされたフェルセンとソフィー・ピパーの書簡の大部分は現存しない。一一月八日、フェルセンは、スウェーデンに帰国する忠実な士官ロイテルスヴァルトに、妹宛ての手紙を託した。この手紙について、彼の書簡記録簿には「エレオノールのことを話した」と記されている。こうした状況にもかかわらず、彼はやり遂げると誓いをささげた使命、すなわち王妃とその一家の救出計画を片時も忘れなかった。デュッセルドルフへ移った彼は、ルイ一六世の裁判が開かれることを知る。「一二月二〇日：一二日付の新聞は、国王の尋問が開始されたと伝えた。何という侮辱だ！　国王は堂々とお応えになったという」[7]。フェルセンは絶えず国王一家の身を案じていた。

フェルセンからソフィー・ピパーへ

（一七九三年一月一日）

「（前略）いつまでもいたわりあいましょう。苦しみを癒すには、愛情が必要なのです。ここ二年もの間、私は計り知れない苦しみを味わい、日ごとに苦しさは増すばかりです。友情だけがなぐさめです。どうかいつまでも、私への愛情を忘れずにいてください。私にとっては愛情こそ、何ものにも代え難いのです」[8]

フェルセンの日記

（一七九三年）

「一月二日：国王は二六日に召喚された。ド・セーズ［レイモンあるいはロマン・ド・セーズ。一七四八－一八二八年。法律家。ルイ一六世裁判で弁護を担当した一人。］は雄弁な弁護を展開した。国王は、即位したときから国民の幸福だけを望んでいたにもかかわらず、国民の血を流させようとしたと告発されるのが何よりもつらいと、しみじみと語った。

一月二二日：彼らのこと、スウェーデンのこと、私の将来、さまざまなことを考えると、悲しくなった。彼らがこの世を去ったら、私にとってはすべてが失われたも同然だ。

一月二三日：夕方、トゥール大司教から添付の報告を受け取った。私は茫然とした。あらゆる希望は消え去ったかのように思われる」[9]

フェルセンからソフィー・ピパーへ

（一七九三年一月二四日）

「ああ、可愛い善良なソフィー。私をなぐさめられるのは、あなたしかいません。かつてないほど、あなたと話したい。あなたの友情がいかに貴重であるか、ひしひしと感じます。細かいことは、タウベが知らせるでしょう。身の毛もよだつほど恐ろしい報せに大きな衝撃を受け、心はありとあらゆる仕打ちに引き裂かれています。明日にならないと最終的な結果はわかりませんが、今は恐怖しか感じられません。哀れなご一家。そして何と不幸でお気の毒な王妃。私の血を流してでも、彼女を救うことができないでしょうか。私にとってそれ以上の幸せはなく、何ものにも代え難い喜びをもたらしてくれるでしょう。ああ、受けるべき苦しみ、受けてきた悩みが押し寄せてきます。私がいかに不幸か、どんなひどい状態にあるか、おわかりになるでしょう。そうです、親愛なるソフィー、私は耐え難い状態にあります。立派であまりに不幸なご一家のために命も顧みずに奔走したのに、今となっては何もできないのです。怪物どもや民衆の屑のような極悪人がご一家におぞましい影響を行使し、死に追いやってしまうことさえありえます。こうした耐え難い考えに、私は打ちのめされています。甘美な日々は、もう永遠に訪れません。私の幸福は終わりを告げ、あとは永遠の後悔に苛まれ、悲しく陰鬱な人生を送るだけです。彼らの面影が脳裏から消えることは決してないでしょう。生涯、ご一家のことを嘆き続けるでしょう。ご一家のこと、数々のご厚意、ご信頼をいつまでも忘れることはないでしょう。おお、神よ。なぜ私はご一家と知り合ってしまったのでしょう。なぜご一家よりも先に、ご一家のために、死ななかったのでしょう。大切な妹よ、あまりにもあなたに深い悲しみを与え、自分の苦しみのことばかり語ってしまいました。この苦しみは尽きることなく、残された日々を、悲しみ一色に塗りつぶすことでしょう。あなたの思いやりのこもった優しい愛情は、くびきを耐える助けとなってくれましょうが、消し去ることはできません。

可愛い妹よ、あなたからの四日付のお手紙を受け取りました。何と優しく善良な妹でしょう。ああ、心配することはありません。ご一家のために全力を尽くさぬことなどありえなかったでしょうし、喜んでこの身を犠牲にしたでしょう。彼女〈エレオノール〉も、救済に向けて絶えず私を駆り立てていますが、そんな必要などありません。そんな彼女だからこそ、愛しているのです。けれども今となっては、気持ちの違いがはっきりとわかります。こんな気持ちなど、なぐさめにもなりません。ソフィーよ、何ものも私にこの運命から背を向けさせることなどできなかったでしょうし、私はこれを最大の栄誉として、あらん限りの熱意を注ぎました。今でも喜んでその証を立てましょう。けれども、ああ、もう語る力も尽き、いかにこの状態を耐えているのか、自分でもわかりません。この身に課された制約は嫌悪感を増長させるばかりですが、それを隠すことさえできません。お会いするわずかな方々は、当然この嫌悪感に気付きます[10]」

ルイ一六世処刑の報は二日後に届き、国王一家も処刑されたという情報も入ってきた。衝撃のあまりフェルセンは普段の自制心を失い、王妃の身をひたすら嘆いている。

フェルセンの日記

「一月二六日：おお、神よ！　この一年でどれだけ大切な方々を失ったことか。もし自由になる充分な財力があったなら、すべてから完全に手を引いて、エル〈エレオノール〉と共に過ごすだろう。一日中、不安で恐ろしい状態に置かれていた。エルは泣いていた。私は、彼女と二人きりになって泣くことができないことに失望した。彼女《エル》〈アントワネット〉のことをどれほど愛しているかを痛感し、苦しみに苛まれた。午後九時、帝国宿駅長のリリアン男爵が会いに来た。ヴァランス氏宛てに、国王処刑と一家殺害の報が届けられたという[11]」

フェルセンからソフィー・ピパーへ

（一七九三年一月二六日）

「優しく善良なソフィー。私のことを憐れんでくれ。そう、憐れんでくれ！　あなたにしか私の気持ちはわからないだろう。私はこの世のすべてを失った。わずかに残されているのは、あなたとT.〈タウベ男爵〉だけだ。ああ、私を見捨てないでおくれ。私に幸せを与えてくれた女性、私がその方のために生きてきた女性――そう、私はいっときとして彼女を愛さなかったことはなく、彼女のためならどんな犠牲もいとわなかっただろう。そうひしひしと痛感している――、あれほど愛した女性、彼女のためなら何千回でも命を差し出したであろうその方が、もうこの世にはいないのだ！　ああ、神よ。なぜこのような試練を与えられるのです。私が、あなたの怒りに触れるようなことをしたというのですか。彼女はもうこの世にはいない！　私の苦しみはこの上なく、自分がどのように生きながらえているのか、この苦しみをどのように耐えているのかさえ、わかりません。苦しみはあまりに過酷で、これを消し去ることなど、決して何ものにもできません。私はいつまでも彼女の面影を抱き続け、果てしなく嘆き続けるでしょう。愛しい妹よ、すべては終わったのです。ああ、なぜ六月二〇日に、彼女や彼らのために、そのおそばで死ななかったのか［ヴァレンヌ逃亡事件の失敗を指す。］」。いつ果てるとも知らぬ痛恨、この命と共にしか終わりを告げることのない後悔を抱えて生きながらえるよりも、死んだほうがずっと幸せだったろうに。彼女の面影が記憶から消えることは決してないでしょう。私が彼女のことを忘れられるだろうと少しでもあなたが考えるなら、それこそ不当な仕打ちです。あなたは私をご存じない、私の心を不当に評価しているのです。この心はあまりに不幸で、命ある限り不幸が尽きることはありません。感じやすいあなたのことですから、私を哀れに思わないではいられないでしょう。ああ、私には友が必要です。友こそが今の私を支えてくれるのです。さらに悲惨なことには、現在のような過酷な状況でも、この恐ろしい悲報を我が手で報告する義務を負っているのです。どこにそんな力が残っているのか、自分でもわかりません。

　可愛いソフィーよ、タウベが詳細をお知らせするでしょう。彼と一緒に、私のために、彼らのために、あなたの不幸な兄のために泣いてください。そして私を愛してください。もうこれ以上書く気力がありません。さようなら、ソフィー。大切な優しいソフィー。

二七日

真夜中です。国王処刑は誤報ではないと、悲しい確認が送られてきました。引き裂かれるような悲しみに、言葉も出ません。ご一家がどうなったのかわかりませんが、私は死ぬほどの恐怖を味わっています。ああ、神よ。彼らを救いたまえ。そして私を憐れみたまえ！[12]」

フェルセンからソフィー・ピパーへ

（一七九三年二月一日）

「親愛なるソフィー、少し時間ができたので、あなたへ手紙を書いています。無為に時間を過ごす力がどこから出てくるのか、自分自身でもわかりません。亡き方のことを思うと、心は激しく動揺し、引き裂かれ、今後のことを思うと恐怖が押し寄せてくるので、ほかのことがほとんど手につきません。ご一家は悲惨な状態に置かれています。彼らの嘆き、悲しみ、苦しみを思うと、何も考えられません。いつも彼らのことを考え、思い浮かべています。私の耐えている苦しみは、到底想像できないでしょう。卑怯者と極悪人がのさばる呪われた国よ。私はこれを憎悪し、軽蔑し、忌み嫌う！　かの国は、暴君に支配されるようにしかできていないのだ。彼らを前にして、ご一家はあまりに善良で、誠実すぎました。情け容赦もない輩と残忍な者たちの国よ。神の呪いと、公平ではあるがあまりにも緩慢な復讐が彼らにくだされ、彼らが流させた罪なき血、そしてこれからも流されるであろう血を贖《あがな》うがよい。残忍な所業と悪行がさらに加速するのではと、心配でなりません。彼らはいかなる蛮行も辞さないでしょう。そう考えると、胸が引き裂かれる思いです。寝ても起きても、こうした考えが絶えず付きまとっています[13]」

ルイ一六世の処刑後、幼いルイ一七世とアントワネットの命は、かつてないほどの脅威にさらされていた。新たに権力を掌握した体制にとっては、王政復古はもちろん、立憲君主制さえも論外だった。フェルセンは、オーストリアによる王妃救出の働きかけが逆に王妃裁判を加速させることを恐れ、なるべく王妃の話題を避けた。わずかでもフランス分断の話が持ち上がれば、裁判の加速は避けられないだろう。ルイ一六世の裁判が決定した当時、王妃の裁判も開廷されることが布告された。フェルセンは、イギリスに働きかけて資金を集めるのがもっとも確実な方法だと考え、メルシーやブルトゥイユ男爵、ドーセット公爵に宛てて、一七九三年二月三日に手紙を書いている。

フェルセンの日記

「一七九三年二月三日：メルシーへ長文の手紙を書く。同じ件でブルトゥイユとドーセット公爵にも手紙を書き、使者を経由して送った。当地にいるキドール氏［アンシャン・レジーム時代に刑事だったエティエンヌ・キドール・デュプレイを指すのか。］は、王太子は私生児であるとの宣言が出され、王妃は髪を切られてサルペトリエールに入れられるだろうと知らされた。そのようなおぞましい所業など考えることさえできないが、どんなことも起こりうる。ブイエの子息は、イギリス王太子とショワズール公爵、その他の人々の間で、国王を連れ去る計画があったと語った。それを聞いて私は、ご一家を救うことはできないかと考えたが、それをできるのはイギリスだけで、それでも数々の困難が予想される。だがこの案をじっくり検討してみよう」(14)

フェルセンからメルシー伯爵へ

（一七九三年二月三日）

Stafsund. SE/RA/720807/005. フェルセン直筆の手紙。アントワネット救出作戦について書かれている。フェルセンは、もしフランス軍が勝利を収めた場合、王妃の裁判が加速化したり、あるいは交渉材料としての王妃の価値が下がってしまうことを恐れ、そうしたことにつながるような言動を避けようと心を砕いていた。

「デュッセルドルフにて、一七九三年二月三日

伯爵殿、

閣下が先月三一日にお送りくださったお手紙が、昨夜届きました。摂政制についての私の考察に賛意を表していただき、光栄でございます。王妃救出に向けた働きか

けについては、なにぶん重大事ですので、最終的な方法を決定することは大変困難ですし、そのためには現在の動向をかつてないほど正確に把握しておく必要があります。しかしこれまでの経緯を考えるにつけ、何もしないことが王妃のためになるのではないかという思いが、一層強くなります。熱意を抱きつつ手をこまねいているなど忌むべきことですが、こうした努力は苦痛を伴ってはいても、勝利によって報われるのなら、喜びは一層大きくなるでしょう。皇帝が王妃の引き渡しに焦点を当てた単純な要求をされる場合、皇帝の威厳が損なわれることはありません。しかし、そのために王妃が助かるどころか害を加えられると考えれば、かように重大な目的のためには、すべてを犠牲にすることこそが美しく、高貴で、寛大だと言えないでしょうか。そして、こうした秘密ゆえに皇帝は沈黙を守っていたのだとヨーロッパ宮廷に説明がなされれば、その威厳も守られるのではないでしょうか。

王妃のフランス脱出のみがこちらの要求ですが、反乱分子たちは決して同意などしないでしょう。新聞が王妃の不幸に注目すれば、これまでの経緯や情報を引き出そうとし、復讐の念に燃えている様子を書き立てるでしょうから、我々の期待とは相いれません。だとすれば純粋に、こちらからの働きかけが及ぼす影響という観点から検討してみる必要があります。働きかけは有意義、有害、中立のいずれかです。過去を例にとっても、数少ない事例であるスペインの要求――結果として国王の破滅を早めただけでしたが――を見ても、こうした働きかけから期待できることはあまりにも少なく、王妃の運命を救うことができるのは武力のみという結論に達するのではないでしょうか。あまりにあからさまな働きかけをすれば、王妃裁判の議論が再燃してしまうのではないでしょうか。王妃裁判は、国王裁判と時期を同じくして決定したものの、具体化しておらず、一部にはこれを放念させようという動きもあります。そうした状況で要求を突きつければ、国王裁判のときと同様、列国の動きを牽制するために、かえって王妃裁判を早める口実に利用されてしまうのではないでしょうか。

皇帝が叔母君《アントワネット》のために積極的な姿勢を示すことで、反乱分子はこれを口実に国民の反オーストリア感情を煽り、外国人である王妃が国王の共犯者だと主張して、排除しようとするのではないでしょうか。いかに正当な論法を用いて、証拠不在と反乱分子の打算ゆえに裁判は成立しえないのだと証明してみせても、何の足しにもならず、彼らがひるみもしないことは、先刻ご承知の通りです。そうした輩が、今は少しは賢明になって、残虐さが抑えられているなどと考えられましょうか。

　完全に中立な働きかけが可能な場合、皇帝の威厳にかけてでもこれを実行すべきでしょう。しかし、功を奏さない働きかけなど無益だという意見や、逆に有害になりうるという意見もあるなか、中立な働きかけなどありうるでしょうか。何もしないことが、すなわち中立ということにならないでしょうか。より効果的な選択としては、イギリスの諜報員に金をばらまかせて、オルレアン公爵配下の首領たちから約束を引き出すことでしょう。ラクロ［ピエール・アンブロワーズ・フランソワ・コデルロス・ド・ラクロ。一七四一―一八〇三年。小説『危険な関係』の作者として名高い。オルレアン公爵に近く、革命を支持した。］、サンテール［アントワーヌ・ジョゼフ・サンテール。一七五二―一八〇九年。国民衛兵司令官。革命が進行するに従い、人気が高まった。］、デュムーリエなどですが、オルレアン公爵に話を持ちかけるのは禁物です。公爵は悪党や意気地なしどもと同じくらい無能で役立たずですから、ほかの者を介してのみ、公爵に働きかけるべきでしょう。閣下は私以上に、この方法の可能性を見極める目をお持ちでしょう。

　反乱分子どもの動きから推察するに、彼らは国王一家を破滅させることで、フランス王室に対する列国の関心をも打ち砕こうとしているのでしょう。列国の主な関心の的はフランス分断ですから、共和国を樹立できる時期が来たら、これらの領土を手放して、当然の報いをかわそうとするでしょう。したがって私は、列国の動向が反乱分子たちにこうした望みを抱かせることができるのであれば、彼らも不幸な国王一家の喉をかき切って無意味に罪を重ねることはないだろうと期待しております。以上の考察は、王妃への献身と忠誠のみに基づいており、閣下の豊かな経験を信頼して、お送りする次第でございます」

　ブルトゥイユやメルシーは、イギリスの諜報員を用いるという提案を支持したが、王妃のイギリスの友人たちの働きかけにもかかわらず、ウィリアム・ピットは完全にこれを黙殺した。ピットは、一七九二年八月にイギリスに派遣されてきたパミエ司教にも取りあわなかった。三月一三日、フェルセンはスウェーデン摂政から駐英大使の地位を提示された。「私にとっては雷の一撃だった。エル〈エレオノール〉と別れて、彼女《エル》〈アントワネット〉からも遠ざかり、彼女のために働くことも、解放に寄与することもできなくなってしまう」[15]。そこでフェルセンはルイ一七世付きスウェーデン大使の地位と、アントワネットを摂政として承認することを要求した。以下は、フェルセンがソフィーに宛てた手紙であり、「彼ら」とは王妃と王太子を指す。「彼らに負っている義務を、決して放棄などいたしますまい」と書かれている。フェルセンの仕える相手はスウェーデン王室のはずなのに、王妃とルイ一七世に義務を負っているとは、何を意味するのだろうか。

「一七九三年三月一四日

タウベが私の伝言をあなたに伝えるでしょう。力をお貸しください。愛しいソフィーよ、彼らから離れたり、見捨てたりすることなど、決してできませんし、したくもありません。名誉、忠誠、思いやり、そのすべてが彼らに仕えよと私に命じます。かならずや、やり遂げてみせましょう」

「一七九三年三月一五日

私の決意は不動です。彼らに負っている義務や、わずかでも彼らの助けになることを、決して放棄などいたしますまい。彼らが私を必要とする限り、彼らに仕え、すべてをささげましょう。感情と義務は私に道を示し、それに従わねば、私は手をこまねいていたことになるでしょう」[16]

フェルセンの日記

「三月一七日：パリのニコライから連絡があり、二六日に自治区がタンプル《に住む王妃とその一家》の処遇について審議した結果、ルイ・カペー《の息子、すなわちルイ一七世》は悪しき国民となるべく生まれてきたので、これを善き者とするために、矯正不可の二人の女性から引き離すこととされた。王妃裁判開廷に向けて、請願書が回っているそうだ。オルレアン公爵の徒党が強力に働きかけていることは確実だろう。彼らは困窮と飢餓に動揺する人々につけ込んでいるとか、国王の必要性を訴え、オルレアン公爵を国王に指名するよう煽っているという話だ。
三月三一日：ポリニャック公爵夫人からの手紙が届く。医師から王妃の近況を聞いたという。おそらくラ・カーズ《医師》だろう。ここに夫人からの手紙を添付する[17]」

この手紙も、ポリニャック夫人からのほかの手紙も、残念ながら国立文書館には保管されていない。一七九三年四月初旬、にわかに希望が戻ってきたかに見えた。ジャコバン派で元大臣のデュムーリエ将軍がプロイセンに寝返り、コーブルク大公の全軍をパリに進軍させ、王政を復活させるよう提案したのだ。フェルセンは狂喜し、活力を取り戻した。じっとしていられず、あちこちに書簡を送り、準備をし、まもなくパリに戻りアントワネットやルイ一七世と再会を果たす自分の姿を想像した。彼は摂政制について、「王妃宛ての覚書」を記し、解放され次第取るべき行動を段階別に指示している。かつてゴグラやグジュノを通して、テュイルリー宮の王妃と政治議論を交わしていた頃がよみがえったかのようだった。しかし覚書はついに完成することはなかった。
デュムーリエ配下の部隊は、上官に従うことを拒否したのである。

原注

（1）アルベール＝カジミール・ド・サクス＝テシェン、ドイツ語読みではアルベルト＝カジミール・フォン・ザクセン＝テシェン。一七三八－一八二二年。アントワネットの姉マリア＝クリスティーナの夫。オーストリア領ネーデルラント総督。
（2）Stafsund. SE/RA/720807/02/6/II/5.
（3）Löfstad. SE/VALA/02249/BXXVa/8. フイヤン修道院はサン・トノレ通りにあり、立憲君主派たちの会合場でもあった。
（4）Stafsund. SE/RA/720807/02/6/I/3.
（5）Stafsund. SE/RA/720807/02/6/II/5.
（6）*Ibid.*
（7）*Ibid.*
（8）Löfstad. SE/VALA/02249/BXXVa/8.
（9）Stafsund. SE/RA/720807/02/6/II/5.
（10）Löfstad. SE/VALA/02249/BXXVa/8.
（11）Stafsund. SE/RA/720807/02/6/II/5.
（12）Löfstad. SE/VALA/02249/BXXVa/8.
（13）*Ibid.*
（14）Stafsund. SE/RA/720807/02/6/II/5. サルペトリエールは、娼婦や精神を患う犯罪者を収容していたパリの悪名高き監獄。

（15）*Ibid.*

（16）Löfstad. SE/VALA/02249/BXXVa/8.

（17）Stafsund. SE/RA/720807/02/6/II/5.「矯正不可の二人の女性」とはアントワネットと彼女の義妹エリザベート王女を指す。

75 フェルセンからアントワネットへ

（一七九三年四月八日）

AN, 440AP/1. フェルセン直筆の覚書。デュムーリエ将軍の裏切りののちに、王妃に宛てて書かれたもので、フランスの摂政制について述べている。「あなたの権威確立」ではなく、「摂政としてのあなたの権威回復」という語は、フェルセンが以前からルイ一六世よりも、むしろ王妃を国の指導者と見なしていたことを示している。

「王妃宛ての覚書

一七九三年四月八日

あなたのこれからのお立場は非常に厄介なものになるでしょう。ならず者《デュムーリエ》に大きな恩を負うことになるからです。実際のところ、このならず者は必要に駆られて、これ以上抵抗できないとわかったときに、初めて行動を改めようとしたに過ぎません。それだけが彼の手柄です。しかしこの男は使えます。彼を利用し、過去は忘れねばなりません。あなたがお望みのもの、完全なる王政復古、あなたが思い描き、状況が許す限りの王政復古のためには、彼が好意から述べていると信じているふりをし、彼に対して率直に振る舞わねばなりません。デュムーリエには、何の危険もありません。目下彼の利益はあなたの利益と、摂政としてのあなたの権威回復に深く結びついているのですから。彼は王弟殿下《ムッシュー》の権威と、大公方や亡命貴族の影響を恐れているはずです。しかし彼にはあまり肩入れすべきでありませんし、特に彼が動かしたり指図したりしようとするあらゆる陰謀家たちとは、なるべく距離を置くよう心がけねばなりません。**【あなたには何の危険も及びません。】**こうした者たちは、あなたにとっては不都合です。彼らは自分にとっても不都合で、王妃が自分に負っている恩義を薄れさせてしまったり、王妃が自分のために何かしたいと思ってもそれを邪魔して、当然の報酬を目減りさせたりすることもありうると、彼自身に納得させることはそう難しくないはずです。浅はかで貪欲な男ですから、こう説得されれば脅威を感じるでしょう。あなたの才覚をもってすれば、彼に何を言うべきかは、私よりもおわかりになるはずです。しかし王政復古にかけるあなたの望みが、同盟国の影響により妨げられる**【可能性には備えておかねばなりません】**。

フランスの部分的分断が決定したことに、もはや疑いの余地はございません。プロイセン、ロシア、スペインを除く列強は、フランスが弱体状態にとどまるような政府の樹立を目指しています。メルシー氏はこの方針に沿ってのみあなたへ助言を送ることができ、それ以上踏み込むことは許されていません。**【そしてデュムーリエはある時点までは、この方針から離れることはできませんが、何とかこの状況を変えねばなりません。】**ですから、彼がこの件を持ち出してきたら、少し反論してみて、あなた同様、王政とあなたの権威復活を願う賢明な人々の意見を持ち出して対抗すべきです。こうした対立から、あなたにとって多少は有利な結果が生まれるはずです。**【フランスに残っている評定官たちをムティエに招集すべきでしょう。当分は亡命貴族を呼び戻すべきではありませんし、評定官たちには集団ではなく個別に面会し、彼らの威光をご自分のために利用するのです。こうした行動には何ら問題があるとは思えませんし、ひとつの意見を形成するという利点がございます。そうした意見と、下心を持つ列国を対立させることによって、彼らを抑え、あなた方にとって少しでも有利な結果がもたらされると期待できます。簡単ではありますが、以上が私見でございます。ご希望でしたら、司教がより詳しくご説明いたします**［覚書作成の時点で、フェルセンはパミエ司教を王妃のもとへ派遣することを考えていた。］**。この意見は、あなたの国外でのお立場についての私の認識に基づいています。あなたは国内の人物や物事をご存じですから、それを知らない私よりも、この意見がどれほど正当であるかをご判断できるでしょう。】**

大法官と高等法院への登録がなければ、あなたが摂政になることはできませんし、この点を強く要求すべきでしょう。むしろ、そのときまでなるべく動かないようにしてもよいでしょう。あなたには摂政評議会が必要になります。何もしないよりも、まずは評議会を招集せねばなりません。大公方やコンデ大公も招集すべきです。そうすれば大公を骨抜きにできるでしょう。デュムーリエが議長や評議員になろうなどという気を起こさないようにしなければなりませんし、少しでもその気を見せたら率直に説明すべきでしょう。とにかく、あなたが摂政として承認されるまで、あるいは評議会を構成するまでは、なるべく動かずに、誰に対しても愛想よく振る舞わねばなりません。

　司教とは長い時間をかけて話しあい、私見を伝えましたので、私の手紙よりも、直接説明差し上げるほうがより明確でしょう。司教の人柄や賢明さにはご満足いただけるかと思います。司教はあなたにすべてをお伝えいたします。司教は非常に道理をわきまえていらっしゃり、状況に適応する必要性を理解していらっしゃるとお見受けしました。デュムーリエや王弟殿下《ムッシュー》を評議会議長に任命する必要性が出てきた場合、あなたがそれを望まないならば、《ブルトゥイユ》男爵を議長に任命するのがよろしいでしょう。上記のような考察はあなたへの熱意から出ていますが、状況次第でいくらでも変わりますし、現在は検討だけにとどめるべきでしょう。

皇帝、プロイセンとイギリス国王にお手紙を書いていただく必要がございます。どちらも、特にプロイセン国王は、あなたのために完璧に立ち回ってくださいました。女帝にもお手紙を送らねばなりませんが、私は女帝の振舞いには満足しておりませんので、簡単で威厳あふれるお手紙がよろしいでしょう。女帝は決してあなたにお返事を寄こしませんでしたから」

　夫を亡くし幽閉されてはいても、アントワネットはつねに「殿方のなかでもっとも愛され、もっとも私を愛してくださる方」のことを考え続けていた。一七九三年四月、最後の救出作戦が失敗に終わり、フランスを去らざるをえなくなったジャルジェ騎士に、アントワネットはフェルセンへの伝言を託した。だが、フェルセンがジャルジェからの連絡を受けたのは、そのずっとあとの七月二一日のことであった。フェルセンは「大きな喜びを与えてくれた」と述べている。しかしジャルジェの手紙には、王妃からの伝言についての詳細は記されていなかった。

「去る四月末、パリを出発する際にお預かりした伝言をお渡ししようと、今日まで苦心してきました。貴殿が確実に伝言をお受け取りになれるよう、貴殿のお返事をいただいてからお送りいたします。この伝言を託された方は、私がパリを出立するときには、元気でいらっしゃいました(1)」

フェルセンの書簡記録簿には、七月二三日にジャルジェに「近況を知るための方法、あるいは何か案はないかと問い、連絡をよこすように(2)」という内容の書簡を送ったと記されている。おそらくタンプル塔の使用人の一人を、王妃との連絡の仲介役として使えないかと考えたのだろう。フェルセンはパリの情報に飢えており、新聞や、まだパリに残っているわずかな友人からの手紙に、端から端まで目を通していた。彼の日記やソフィーへの書簡からは、何カ月にもわたり、不安とむなしい期待に振り回され、何とかアントワネットをジャコバン派の毒牙から救い出そうとしていたことがわかる。四月二〇日、フェルセンは友人やメルシーと共に、フランスから解放されたブリュッセルに戻ってきた。パリからは毎日のように報せが届いた。

フェルセンの日記　（一七九三年）

「五月二二日：ラ・カーズがタンプルに行った。王妃はほとんど変わっていないが、エリザベート王女は変わり果てていて、王妃が『妹よ』と呼びかけたのを耳にして、ようやくそうとわかったほどだという。彼女はナイトキャップをかぶって部屋におり、ごく普通のインド更紗のドレスを着ていたそうだ。エリザベート王女《プティット・マダム》は体中が潰瘍に覆われていて、血が腐敗しかねなかったそうだが、若いことだし、きちんとした治療を受ければ治るだろう。パリからの報せでは、幼い国王《ルイ一七世》は病気なのに、コミューン［革命以降の自治体。］は王妃の指定した医師の派遣を拒否したそうだ。その医師は貴族だから、自分たちで選んだ医師を送るというのがその理由だ。

　六月三日：王妃とその家族を流刑に処すとの動議が、国民公会に出された。異議なしで受理され、予定議題に移った。これに異を唱えたルーはヴェルサイユ出身だ。軍の参謀部に所属したことがあり、カンパン夫人の愛人で、ジャコバン派になる以前は王妃をずいぶん慕っていた人物だ［カンパン夫人の愛人でルーなる人物が誰を指すのかは、不明である。］」

そして次のような可能性を探っている。

「六月八日：タウベからの手紙が届く。タウベが公爵に、ルイ一七世が解放され国外に脱出した場合、フェルセンはすぐに駆けつけるべきかと聞いたところ、その通りと答えたそうだ[3]」

フェルセンは決して、アントワネットとその息子を見捨てようとはしなかった。戦況は同盟軍には有利に、フランスには不利に見えた。六月九日にはソフィーに次のように書き送っている。

「あちこちから朗報が届いています。どうかこの状態が続いてくれますように。偉大なる囚われの方々については、非常に明るい情報が届いており、今までのところ不利になるような動議や動きは見られません。いつか、長い捕囚から解放されたあかつきにはお目にかかれるのではと、少し希望が湧いてきました。もしこうした僥倖を享受できたら、何と喜ばしいことでしょう！[4]」

現実は、専制を振るうパリコミューンを前にして、アントワネットやその息子に少しでも好意を示すことは、命の危険を意味していた。七月一〇日、フェルセンはパリから到着したある旅行者から、「王族の扱いに改善が見られ、王妃は散歩もしていること、彼女の姿が見えると拍手が起こり、『王太子万歳』の声さえ聞こえること」と聞いている。しかしその二日後に届いた報せは、残酷なまでにフェルセンを打ちのめした。

「七月一二日：〈コミューンにより〉王太子が王妃から引き離され、タンプル内の別室に移されたとのこと。非常に悪い報せだ。王妃にとってはどんなに耐え難い苦痛だろう。お気の毒な王妃！[5]」

フェルセンからソフィー・ピパーへ

（一七九三年七月二二日）

「パリから少しはましな報せが届きました。王妃は一日に二回、ご子息にお会いになっているそうです。お二人の別離にひどく心を痛めていたのですが、この報せを聞いて少し安心しました。長いこといろいろな報せを受けてきましたが、これほど動揺したことはありません。何と残酷で野蛮な仕打ちでしょう！　ご子息のお世話をすることだけが、王妃の唯一のなぐさめであり、喜びだったのです。あれほど悲惨な状況にあっても耐えることができたのは、ひとえにご子息ゆえなのです。彼女の不安、心痛を想像し、さぞおつらいだろうと察しては、胸が引き裂かれるような思いを味わっています。今さらながら、敬愛する不幸な君主〈グスタフ三世〉を失ったことが、一層悔やまれます。陛下の崩御と共に、極悪人どもに復讐を果たすあらゆる手段が失われてしまいました。彼らにとっては、どんなに過酷な責め苦も甘すぎます。今や私は、ご一家のために祈ることしかできない哀れな傍観者に成り下がってしまいました。ああ、愛しい優しい〈妹よ〉、私はあまりにも多くのものを失ってしまった。ときには、もうそのことを考える勇気さえありません[6]」

実際のところアントワネットは、「愛のキャベツ《シュー・ダムール》」と呼んでいた息子に会うことはできなかった。別離後、息子と再会することは決してかなわなかったが、母から引き離されて泣きじゃくる息子の嗚咽や叫び声は聞こえていた。その声はきっと、彼女の頭のなかで繰り返し響いていたことだろう。彼女は、次に何が自分を待ち受けているか、予測していたはずだ。八月一〇日に届いた王妃のコンシェルジュリー移送への報せは、彼を打ちのめした。

フェルセンの日記

「八月一〇日夜：メルシー伯爵が八月二日および三日付の新聞を持ってきた。王妃についての恐ろしい報せだ。新聞は凶報を報じている。私の心は張り裂けそうだ。彼女がどんな状態にあるか、どんなにつらい思いをしているか、どれほど苦しんでいるかを想像し、ヴァレンヌでの国王一家逮捕以来、いかに多くのものが失われたかが、痛いほど感じられた。エレオノールだけがわずかばかりのなぐさめを与えてくれるが、それでも苦しみを消し去ってくれるわけではない。何をすべきかわからず、さらに苦痛が増す。死が不可避だとは知りつつも、私はそれを見ないようにしてきた。残酷なまでの苦痛を押し隠すのは、至難のわざだった(7)」

翌日、フェルセンはラ・マルク伯爵と共にメルシーを訪ね、オーストリア軍をパリに進軍させることを提案した。しかしメルシーの態度は冷淡だった。

フェルセンからソフィー・ピパーへ

（一七九三年八月一四日）

「唯一無二の友人、親愛なるソフィー。最近王妃がコンシェルジュリー牢獄へ移送されたという恐ろしい報せは、そちらにも届いていることでしょう。憎むべき国民公会は、王妃を断罪するために革命裁判所へと送り込むことを決定しました。それを聞いた瞬間から、私は生きていないも同然です。今の私の状態では生きているとは言えませんし、私の味わっているような苦痛に苛まれることと、生きていることは同じではありません。あの方を救うために何かできることがあれば、きっと苦しみは減るでしょうが、人に請願して回る以外に何もできないとは、あまりに残酷なことです。タウベからあなたに、まだひとつだけ残されている希望について、そして、私の要求についてお伝えします。ただちにパリへの進軍を開始することが、あの方を救う唯一の道ですが、この案が採用され実行されるかは、恐るべきことにまたしても定かではないのです。ああ、愛しいソフィー。私の気持ちをわかってくれるのはあなただけだ。私にとって、すべては失われた。私は一八カ月のうちに、さまざまな意味で大切な三人の王と友人を失いました。私は永遠に悔やみ続け、死だけがこれを忘れさせてくれるでしょう。もう何も手につかず、哀れで立派な王妃の不幸のことしか考えられません。自分の感じていることを言い表す気力さえありません。あの方を救うためだったら命も惜しくありませんが、それさえできません。あの方のために死ぬことができたら、あの方を救うことができたら、それこそが最大の幸福です。卑怯者と極悪人どもが、最上の君主を我々から取り上げなければ［グスタフ三世の暗殺を指す。］、私はこの幸福を享受できたはずです。さようなら、愛しく優しいソフィー。彼女のために祈ってください。そして不幸な兄を愛してください」(8)

八月一九日、フェルセンはメルシーに、密偵をパリに送って、金銭と引き換えにアントワネットの解放を交渉するよう提案した。そのためダントン［ジョルジュ・ダントン。一七五九－九四年。革命家。ダントン派の首領として一時は革命を主導するも、ロベスピエールの粛正により処刑される。］の知人に当たるリッブなる男を推薦したが、オーストリアはいつもの二枚舌を使って、派遣を遅らせた。フェルセンは、皇帝の叔母に当たるアントワネットの、「単なる一個人」としての解放を模索していた。一方、オーストリアはフランスの分断を画策していた。オーストリアはアルザス＝ロレーヌ、フランス領フランドル地方のみならず、ピカルディー地方も狙っているのではないかと、フェルセンは危惧した。こうした状況ではアントワネットの命には何の値打ちもなく、厄介でさえあった。彼女は、オーストリアが領土奪取を狙っているフランスの国王の母なのだから。無駄な議論と変更を重ねた末、リッブはようやく八月二九日にパリへ出発した。フェルセンがソフィーに宛てた手紙は、日記よりも雄弁に彼の当時の状態を物語っている。

フェルセンからソフィー・ピパーへ

「一七九三年九月四日

不幸な王妃について何がどうなっているのかわからず、報せがないことが喜ばしいほどになってしまいました。何と耐え難い状況でしょう！　あの方のことを考えてばかりいます。彼女がぞっとするような監獄に閉じ込められていると考えると、この空気さえもいとわしく思います。こうした思いに私の心は引き裂かれ、一生が台無しにされ、苦痛と憤怒の間をいつまでもさまよっています」

「一七九三年九月八日
毎日のように、いつ果てるともない苦痛と不安に苛まれています。王妃や不幸なご一家の運命を考えると不安でたまらないのに、多くの人が安穏としているように見受けられます。彼らは非常に前向きな考え方で、私もそれを見習っています。そうあらねばならないのです。けれども、あの極悪人たちのような狂気じみて凶暴な者たちに、思慮分別など期待できましょうか。そう考えると、彼らが極悪非道や残虐行為以外の行動を取るだろうという期待は、消え去ってしまいます。
あなたは、パリには彼女を救おうとする善良な者はいないのか、とお尋ねになりました。確かに何人かはおります。もしかすると、多くの人が助けたいと思っているのかもしれません。しかし彼らは恐怖に支配されているのです。誰もが臆病風に吹かれているのです。極悪人どもだけが堂々と、多くの人々を独裁的に支配しているのです。私はそうした様子を革命当初から目にしてきました。
そうです、愛しい妹よ。私はすべてを失うでしょうが、惜しまれるのはご一家のことだけです。私に残されたのは、なすべきことをした、使命感に従ってご一家のためにすべてを犠牲にしたという満足だけです。今でもご一家のために我が命を投げ出すことができればと思いますし、彼らを救うためなら喜んで死にましょう。この世でもっとも大切な人々から引き離されて、汚らわしい牢獄に独りぼっちにされ、恐ろしい想念に悩まされている王妃のことを想像しないではいられず、打ちのめされるような思いです。我々は、彼女のためにいくつかの方面に働きかけました。どうか成果が上がりますように。このことについては、タウベがお伝えするでしょう。なぜ私は、彼らに仕えるためのあらゆる手段を失わねばならなかったのか。なぜ神は、このような大罪が犯されるがままになさっているのか。どうか、彼らを救いたいという私の願いと祈りが、神に届きますように。どうか、彼らに再会するという幸福を味わうことができますように。さもなくば、私にとってこの世に幸福は存在しないも同然で、不幸な我が身は後悔でいっぱいになってしまうでしょう(9)」

フェルセンの日記

「九月一三日：昨日、戦況報告と共にパリの近況が届いた。王妃にとって非常に悪い状況だ。王妃裁判を始めようとしているらしい。リッブが戻ってきた。リッブはダントンへ、彼にしか理解できない内容の手紙を書こうと決め、送付した。手紙が到着するのが遅すぎはしないかと心配だ。メルシー氏は自責の念に駆られないのだろうか。田舎に一週間も滞在した挙句、帰京後も難色を示しては、四日も遅れを生じさせたというのに。考えるだけでも不愉快だ。神よ、彼女をお守りください。そしていつか、彼女に会える喜びを私にお与えください[10]」

フェルセンからソフィー・ピパーへ

（一七九三年九月一五日）

「親愛なる妹よ、王妃のことを思うと不安でなりません。不安はこの三日間でさらに増しました。ミショニー[11]という名の男が、彼女を助けようと手紙を書いたかどで告発されました。それを聞いて恐怖に身も凍る思いで、一層の不安と苦痛を感じています。しかし実際には大したことにはならず、少しは安心しましたが、だからといって希望が増したわけではありません。この告発は、彼女の裁判を始めるための糸口に過ぎないと考えられるからです。そして裁判では、証拠などひとつもないことは確かでしょう。だが極悪人どもは証拠がないとなったら、自分たちででっち上げるのですから、何の意味もありません。

私は焦燥と恐怖だけを抱えて生きています。毎日のように新たな焦燥と恐怖が生じます。しかしご安心ください。ずいぶん以前から私はあらゆることに備えてきましたし、どんなつらい報せでも冷静に受け止めましょう。ひどい状況ではありますが、力の限りこれに耐えています[12]」

破滅が急速に迫っていた。リッブの派遣は何の結果ももたらさなかった。のちにフェルセンは、王妃がまだタンプル塔にいたときに、ジャルジェが救出計画を立てたことを知る。エスベック男爵［アメリカ独立戦争にも従軍したルイ・デスベック・エベルタール男爵を指すと思われるが詳細は不明。］も、コンシェルジュリー牢獄の監守を買収したし、ルージュヴィル(13)とパリコミューンのメンバーであるミショニーが計画した「カーネーション逃亡計画」も未遂に終わった。一七九三年秋、フェルセンはブリュッセルで死ぬほどの不安を抱えながら、パリからの新聞を待っていた。この時期、ドルーエがオーストリア軍に捕らえられたという報せがもたらされた。ドルーエはサント＝ムヌーの宿駅長だった時代に、逃亡を図った国王の正体を見破り、ヴァレンヌで逮捕しようと半鐘を鳴らした人物で、その後国民公会の議員となり、国王の処刑にも一票を投じていた［ジャン＝バティスト・ドルーエ。一七六三－一八二四年。経歴は本文の通り。一七九三年に北部戦線に送られ、捕虜となる。］。フェルセンはこの逮捕に大きく動揺し、獄中の彼に面会に行った。胸中では、ヴァレンヌ逃亡に失敗したことへの憤怒と復讐の念、そして苦痛が煮えたぎり、息苦しいほどだったが、かろうじて自制し、冷静さを保つことができた。一見氷のような外見とは裏腹に、心のうちには復讐の念が燃えさかっていた。

フェルセンの日記

（一七九三年）

「九月二二日：ツヴァイブリュッケンから興味深い手紙が届いた。フランス軍に囚われていたエスベック氏の帰還について述べた手紙だ。王妃を民衆に引き渡す計画があったことを知り、私は身の毛もよだつような思いだった。考えるだけで怒りと苦しみが湧き上がってくる。私は激しく動揺しているが、いっそ彼女の運命が何らかの方向に決まっていれば楽だろうにと思うこともある。だが同時に、彼女を失うことはすべてを失うも同然で、私はこの世に独りぼっちになってしまう。

九月二六日：八月二七日に出発したペレゴーの代理人が到着した。彼が聞いたところでは、王妃は革命裁判所で尋問を受けたそうだ。ルイ・カペーの未亡人かという問いに、『私があなた方の国王の未亡人であることはご存じでしょう』とお答えになったそうだ。次の問いには、『あなた方は私を処刑することも、命を奪うこともできますが、決して裁くことはできません』とお答えになっ

えない。私は友人たちやフィッツ＝ジェームズ夫人、〈ブルトゥイユ〉男爵とこの不幸について語ろうと外出し、会った。彼らと共に、とりわけフィッツ＝ジェームズ夫人と共に涙を流した。一七日付の新聞にも書かれている。この忌まわしい罪が犯されたのは一六日、一一時半のことだった。そして神は獣《けだもの》たちには何ら報復をくだされなかった！(15)」

衝撃のあまりフェルセンは数日間、激しく衰弱した。思い出、後悔、恨み、そして、もしやアントワネットはどれだけ自分が彼女のことを愛していたか理解していなかったのでは、という不安に苛まれた。エレオノールは決して彼女の代わりにはならない。突然、エレオノールへの嫌悪感が込み上げてきた。

「一〇月二〇日：もっと強烈な悲しみが襲ってこないことに、自分でも驚いている。何も感じていないようだ。彼女のこと、身の毛もよだつような状況、彼女の苦しみ、彼女の子どもたち、不幸なご子息と不充分であろう教育、ご子息に加えられているであろうひどい仕打ち、最期のときにもご子息に会うことのできなかった王妃の嘆き、私や私の忠誠心や好意について抱いたかもしれない疑惑のことを、絶えず考えている。そう考えるだけで、胸が引き裂かれる。すべてが失われてしまったと実感した。感情、好意、存在。すべては彼女の内でひとつに溶けあっていたのに、すべてが失われてしまった。そう、私はあらゆることを考え、そして何も考えていなかった。

エル〈エレオノール〉に嫌悪感を抱くときさえある。これは決して同じ感情ではなかったのだ。優しさ、思いやり、愛情。私に対する彼女の愛情にはかげりが見える。私は我が身の不幸を痛感した。すべては終わったかのようだ(16)」

フェルセンからソフィー・ピパーへ

（一七九三年一〇月二〇日）

「親愛なるソフィー。すべては終わったと伝える力しか残っていません。詳細はタウベが説明するでしょう。安心してください。心は無残なまでに引き裂かれていますが、この四年間で苦しむことを学びました。ですから安心してください。耐えてみせましょう。復讐への望みと欲求がこの身を支えてくれています。私はすべてを失いました。永遠に後悔は続くでしょうが、あなたと友人たちのために生きましょう。友人たちが残っていればの話ですが。さようなら。あまりに不幸な兄を愛し、憐れんでください[17]」

フェルセンの日記

「一〇月二一日：失われたもののことしか考えられない。詳細が一切わからないとは恐ろしいことだ。彼女は最期のときにも一人で、なぐさめを受けることもなく、話し相手も、最期の言葉を伝える相手もいなかった。何とむごいことだ。地獄の怪物どもよ！　復讐なくして、我が心は決して穏やかにはなるまい。

一〇月二二日：一日中話すこともなく、静かに過ぎていった。話したくもないのだ。脈絡もない考えを追うことしかできない。数え切れないほど多くの計画を立ててみた。もし健康であったなら、あの方に尽くし、あの方のために復讐し、あるいは殺されに行くだろうに。ああ！　不幸だ。そして不幸しか感じられない。手元には起訴状がある。彼女を殺した裁判官たちの名が連ねられている。私は永遠に彼らを憎悪する。この憎悪は尽きることがない。

一〇月二三日：驚愕と衝撃が弱まるにつれ、苦痛は和らぐどころか増すばかりだ。

一〇月二四日：あまりにも不幸な王妃の裁判記録の抄本が届いた。彼女の姿、苦しみ、死、私の想念が脳裏から離れない。ほかのことなど考えられない。おお！　神よ、どうして私は彼女を失わねばならなかったのです。この先どうなってしまうのでしょう。尋問調書に目を通したが、フランス王妃ともあろうお方が、この種のろくでなしや極悪人どもの尋問を受けるまでに貶められたかと思うと、はらわたが煮えくり返るようだ。彼女は優れて立派に受け答えされ、非の打ちどころがない。神よ、こんな凶悪な者たちが罰を受けないなどということがありえましょうか。それがあなたの正義なのでしょうか。せめて復讐が果たされ、彼女のために泣くというなぐさめを私にお与えください。

一〇月二六日：彼ら〈オーストリア〉は軍事作戦に失敗

した。ああ、何よりも非難すべきは、お気の毒な王妃を死なせてしまったことだ。カンブレーやペロンヌ［いずれもフランス北部の町。］へ進軍し、パリに脅威を与えていたら、彼女を救うことができたはずだ。毎日のようにそのことを考え、毎日のように悲しみが増す。私は不幸だ。〈メルシーが〉不幸な王妃を慕っていたと述べ、その運命をしきりに嘆いているが、それも女帝マリア＝テレジアへの忠誠心あってのことだ。王妃から善意と信頼を示されていたからこそ、献身すべきだったのに、彼女とメルシーを結びつけていたのは、ひとえに母君《女帝マリア＝テレジア》だったのだ(18)」

王妃をコンシエルジュリー牢獄から逃がそうとカーネーション事件を計画し、失敗したルージュヴィル騎士はパリを脱出し、ブリュッセルへとやってきた。王妃は健康を損ねていたらしいと聞いていたフェルセンは、一一月一八日、ルージュヴィルに会いに行き、彼女の牢獄での生活ぶりや救出作戦についての詳細を尋ねた。

フェルセンの日記

「一一月一七日：タンプル塔からコンシェルジュリー牢獄へ王妃を移送した馬車は、血だらけだったそうだ。御者は誰を乗せているのか知らなかったが、ずいぶんと長く待たされている間に薄々感づいたとのこと。コンシェルジュリー牢獄に到着しても、馬車から降りずにずいぶんと待たされ、最初に男たちが、次に一人の女性が降りたが、御者の腕に支えられて進んだそうだ。御者は馬車が血まみれだったと言うが、これらの話が真実かは定かでない［実際に王妃がコンシエルジュリーでたびたび不正出血に悩まされていたという証言はある。一例を挙げれば、Madame Simon-Viennot, *Marie-Antoinette devant le XIXe siècle*, Paris, Librarie d'Amyot, 1843, tome II, p. 367.］。

一一月一八日：王妃についての情報を入手した。彼女の部屋は建物に入って右側の三番目、キュスティーヌの独房の向かいにあった。一階だ。中庭に面した窓があったが、終日多くの囚人たちがたむろしていて、窓から彼女の様子をうかがったり、罵声を浴びせたりしていた。部屋は小さく、湿っていて、悪臭が漂っていた。ストーブもなければ暖炉もない。三つのベッドがあり、ひとつは王妃用、反対側のもうひとつは王妃の世話係の女用、三つめは二人の憲兵用だった。憲兵は決して部屋から出ることはなく、王妃に自然の欲求が生じたり、身支度をする場合でさえも同様だった。王妃のベッドはその他のベッドと同じもので、木製でわら布団が敷かれ、マットレスと、長いことほかの囚人たちが使ってきた穴の開いた汚らしい毛布が置かれていた。シーツはほかの囚人と同じく、ねずみ色の粗末な布でできていた。カーテンはなく、古びたついたてが置かれていた。

王妃は黒いカラコ［女性が着用していた腰までの上着。］を着て、額の部分や背中側で切られた髪は灰色だった。見分けがつかぬほどやせ細り、弱り切って、立っているのもやっとだった。三つの簡素な指輪をつけていた。世話係は下品な女で、王妃はずいぶん不満に思っていた。憲兵はミショニーに、マダムは何も食べず、このままでは死んでしまう、食事は非常に粗末で、四日前から鶏肉を出しているが、それにも手をつけないと語った。

憲兵たちは、王妃も同様のベッドに寝ているというのに、自分たちのベッドについて文句を言った。王妃はいつ殺されてもよいように、処刑場には喪服で行けるように、寝るときにも黒い服を着ていた。ルージュヴィルによると、ミショニーは王妃を不憫に思い、嘆いていたそうだ。ミショニーはルージュヴィルに、王妃の出血が止まらないので、タンプル塔に王妃の黒カラコや衣類を取りに行こうにも、評議会の許可が必要だと語った[19]」

愛する女性のあまりに悲惨な状況を知って、フェルセンは大きな衝撃を受け、一七九一年のヴァレンヌ逃亡計画から派生したエレオノールとの情事を激しく悔やみ、自責の念に駆られた。ヴァレンヌで捕らえられ、テュイルリー宮に幽閉された王妃は、自らの務めのために「愛しそしてこれからも愛し続ける方」をあきらめなければならなかった。だが日記や手紙からもわかる通り、フェルセンは決してあきらめることはなく、いつの日かきっと王妃と再会できると望み続けた。

「偉大で不幸だった王妃に、私の生涯の愛をささげ、どんなにささいなものでも集めたいと思う。私にとって、彼女に連なるものすべてが貴重なのだ。ああ、彼女に対して犯した我が罪を、どれほど悔いていることか。今さらながら、どれほど彼女への愛を痛感していることか。エル《エレオノール》は彼女の代わりにはならない。彼女は何と甘美で、優しく、善良さと思いやりにあふれ、愛情深く、感じやすい繊細な心を持っていたことか！　もう一人の女性〈エレオノール〉はまったく違うが、それでも私は彼女を愛している。彼女は唯一のなぐさめであり、彼女なしでは私はあまりに不幸になってしまう。ぶっきらぼうで愛想のない態度には困惑させられるし、なかなかなじめないが、そうした態度のなかに垣間見える思いやりや好意に目を向けねばならない。ああ、何と私の人生は変わり果てたことか。この世の誰よりも幸せで羨望の的だったのに、今となっては幸福など約束されていないも同然だ[20]」

フェルセンからソフィー・ピパーへ

「一七九三年一一月一七日

愛しく善良で優しいソフィー。タウベから諸々の報せを聞いているでしょうか。私からは話しますまい。話すことさえつらいのです。今となっては、そうした事柄への関心も失せました。私のただひとつの関心の対象は、もうこの世にはいません。私にとっては、すべてがあの方の内でひとつになっていたのです。あの方がどんなに大切だったか、真の意味でいかに自分があの方に結びついていたか、今さらながら痛感しています。あの方のことで心がいっぱいです。あの方の姿が脳裏を離れませんし、これからも、どこへ行こうとも、離れることはないでしょう。もうあの方のことしか語りたくありませんし、我が人生の幸せな時代のことしか思い出したくありません」

「一七九三年一一月二四日

大切なソフィー。私の心の状態についてはお話しいたしません。相変わらずの状態で、彼女への思いと後悔だけがこの心を占めています。彼女《エル》に関するあらゆるものを集め、大切に取っておくことこそが、私の関心事であり、喜びであり、彼女について語ることが唯一のなぐさめです。語ることで、ときには喜びを得ることもできますが、決して心ゆくまで語り尽くせるわけではありません。私にとって彼女を失ったことは、生涯続く悲しみであり、後悔の念は生ある限り続きます。自分が手にしていたものの値打ちをこれほど痛感したことはありませんし、今ほど彼女を愛したこともありません。健康には何の影響もなく、体調も変わりません。つまり無事ではありますが、三年続いた苦難のために弱って、調子が悪いのです。可愛いソフィー、私の今後について話すのはやめておきましょう。何の見通しもなく、計画を立てることさえできないのですから。

子ども〈ルイ一七世〉のことが気にかかっていて、その境遇に心を痛めております。ご不幸な姫君《マリー＝テレーズ王女》はどうなってしまうことか。この先、どのような悲惨さと屈辱が彼女を待ち受けているのでしょう。そう考えると、胸が引き裂かれます[21]」

フェルセンは諸事の清算に取りかかった。エレオノールについては、なかなか決断がつかなかった。そこには、「彼女《エル》」、すなわちアントワネットへの尽きることのない愛が、決定的な影響を落としていた。

フェルセンの日記

「一月八日：個人的用件でタウベに手紙を書く。ロンドンとイタリア、どちらにすればよいのか決めかねている。理由はエル《エレオノール》だ。話しあうこともできないから、何も決められない。それでも、彼女と一緒にいられたら幸せになれる気がする。ああ、彼女《エル》《アントワネット》を通していかに多くのものが失われたか、いかに彼女があらゆることにおいて完璧だったか、毎日のように実感している。彼女《エル》のような女性は今までも、そしてこれからも決して現れないだろう[22]」

そこに突然、フェルセンの苦悩を和らげてくれるような奇跡が起きた。傷心のフェルセンは、アントワネットにゆかりの品々や遺品をパリで間接的に購入することだけを生きがいとしていた。そんなある日、ジャルジェ騎士から一通の手紙が届く。それまでにフェルセンは三回、ジャルジェに手紙を書いて、アントワネットが四月に彼に託した伝言を受け取ろうと試みていた［四〇七ページ参照］。伝言は短く、簡単なメッセージで、「Tutto a te mi guida《すべてが我が身を御身に導く》」という銘が添えられていた。

「一七九四年一月二一日：ビュリー氏が（中略）ジャルジェ氏の手紙を届けてくれたが、私の期待していたことがすべて書かれているわけではなかった。R《王妃》の手紙の断片を彼から受け取った。以下その写しである。彼女自身の手によって書かれている。

『（前略）安全な場所に到着されましたら、昨年会いに来てくださった大切なお友達に、私の近況をお伝え願いたいのです。その方がどこにいらっしゃるかはわかりませんが、ゴグ氏かクロフォード氏がご存じでしょう。クロフォード氏はロンドンにいらっしゃると思います。私からお友達に手紙を書くことはできませんが、私の銘を押したものを同封いたします。どうかその方に、この銘の持ち主にとって、今ほどこの言葉が真実だったことはないとお伝えください』

　銘は空を飛ぶ鳩と共に、印章指輪に刻まれていた。『Tutto a te mi guida《すべてが我が身を御身に導く》』とある。当初、彼女は私の紋章を使おうと考えたが、本来の空を飛ぶ魚が鳥として描かれている。印章はカードに押されていたが、残念なことに暑さで完全に消えてしまった。それでも私は、これを小箱のなかに大切にとっておいてある。短信の写しと印章のデッサンと共に[23]」

　ジャルジェのメッセージは一部暗号化されていて、重度の鬱状態にあったフェルセンには解読しきれなかった。だが銘が添えられたこのカードこそは、予期せずして届いたもっとも美しい愛のメッセージだった。マリー・アントワネットはその生涯において初めて、何の束縛も受けず自らの気持ちを表現する自由を得たのだ。王の妃としての務めも果たした彼女は、かつてフェルセンに手紙を送るときに使っていた秘密の印章を押して、彼へ送った。彼女は幸せだった日々、こぼれ、消え去ってしまった幸福を思い出してほしいと、彼に語りかけていた。「Tutto a te mi guida《すべてが我が身を御身に導く》」という銘、「今ほどこの言葉が真実だったことはない」という言葉。アントワネットの目には、フェルセンとの未来が確かに見えていたのだ。一七九二年二月に容赦なく引き裂かれ、数々の苦難に見舞われながらも、アントワネットはフェルセンへの愛を貫き、フェルセンのものであり続けた。

　フェルセンのその後の「わびしくやつれはてた人生」

について、ここで触れる必要はないだろう。彼は決してエレオノールとの関係を断つことはなく、エレオノールもクロフォードを捨ててフェルセンのもとに走ることはなかった。彼はもはや、あの一七九一年六月二〇日の運命の夜、危険を顧みず国王一家をテュイルリー宮から脱出させた、魅力にあふれたスウェーデン士官ではなかった。打ちのめされ、エレオノールにも中途半端な愛しか示すことができず、つねに永遠の恋人アントワネットのことばかりを語り続ける一男性であった。フェルセンは父の死後、スウェーデンに帰国する。そして一七九五年三月、「ジョゼフィーヌ」からの最後の手紙が届いた。

原注

（1） Stafsund. SE/RA/720807/022/13.
（2） Stafsund. SE/RA/720807/02/6/II/5.
（3） *Ibid.*
（4） Löfstad. SE/VALA/02249/BXXVa/8.
（5） Stafsund. SE/RA/720807/02/6/II/5.
（6） Löfstad. SE/VALA/02249/BXXVa/8.
（7） Stafsund. SE/RA/720807/02/6/II/5.
（8） Löfstad. SE/VALA/02249/BXXVa/8.
（9） *Ibid.*
（10） Stafsund. SE/RA/720807/02/6/II/5.
（11） ジャン＝バティスト・ミショニー。一七三五－九四年。レモネード商人、パリコミューンのメンバー、監獄監督官。アントワネットに好意的だったため死刑に処される。
（12） Löfstad. SE/VALA/02249/BXXVa/8.
（13） アレクサンドル＝ドミニク＝ジョゼフ・ゴンス・ド・ルージュヴィル。一七六一－一八一四年。聖ルイ勲章シュヴァリエ受章者。王党派。カーネーション事件の首謀者。
（14） Stafsund. SE/RA/720807/02/6/II/5.
（15） *Ibid.*
（16） *Ibid.*
（17） Löfstad. SE/VALA/02249/BXXVa/8.
（18） Stafsund. SE/RA/720807/02/6/II/5.
（19） *Ibid.*
（20） *Ibid.*
（21） Löfstad. SE/VALA/02249/BXXVa/8.
（22） Stafsund. SE/RA/720807/02/6/II/5.
（23） *Ibid.*

76 アントワネットからフェルセンへ

（日付なし、一七九五年受領）

Stasfund, SE/RA/720807/02/6/II/5. アントワネットからフェルセンへ宛てた短信の末尾。フェルセンの日記の一七九五年三月一九日の欄に貼り付けられている。

「コルフ夫人が彼女《エル》から私宛ての短信の、末尾部分を送ってくれた。私は喜びでいっぱいになった。これは彼女の最後の言葉だったようだ。私は激しく感動している。どうしてこれが夫人のもとにあったのかはわからない。手紙を書いて聞いてみよう[1]」

「一七九五年三月一九日、コルフ夫人より受領

さようなら、私の心はあなたのものです」

原注

（1）*Ibid.*

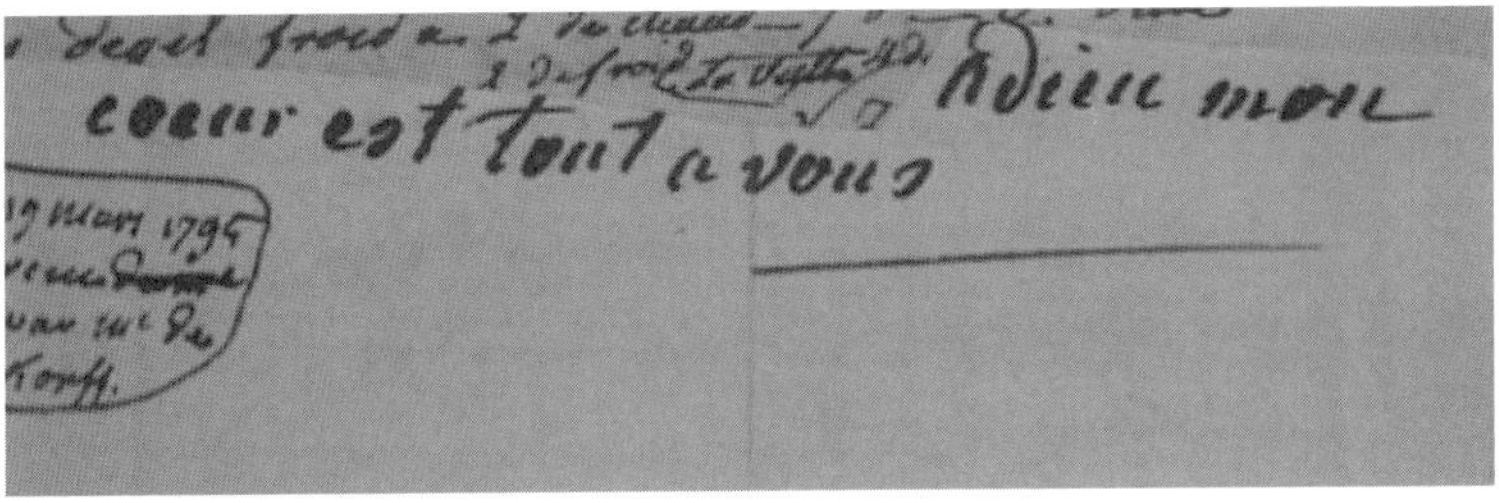
Adieu mon
coeur est tout a vous

資料15：アントワネットから届いた最後のメッセージ。

資料56
essayer de cette manière, mais **ma chère et tendre amie** j'y suis
décidé, rien au monde ne pourra m'engager à **m'éloigner de**
vous ni à tout abandonner en ce moment **Vous êtes encore plus que jamais**
tout pour moi. J'ai perdu un ami, un protecteur
「そうすると思います。けれども、**愛しい大切な方**、私は決意しました。この世の何ものも、**あなたから私を遠ざけ**たり、この時点ですべてを放棄させるよう仕向けることなどできません。**あなたはさらにかつてないほど、私にとってのすべてなのです。私は一人の友人を、庇護者を失いました**」

※第四章は、読みやすさを考慮し、横組みとしたため、450ページが第四章の冒頭となる。

41　フェルセンからアントワネットへ

（1792年3月6日）

この手紙でフェルセンは、暗号と特殊インクの使用法について記している。アントワネットのみへ宛てた手紙についての指示部分は、現在まで未公表だった。

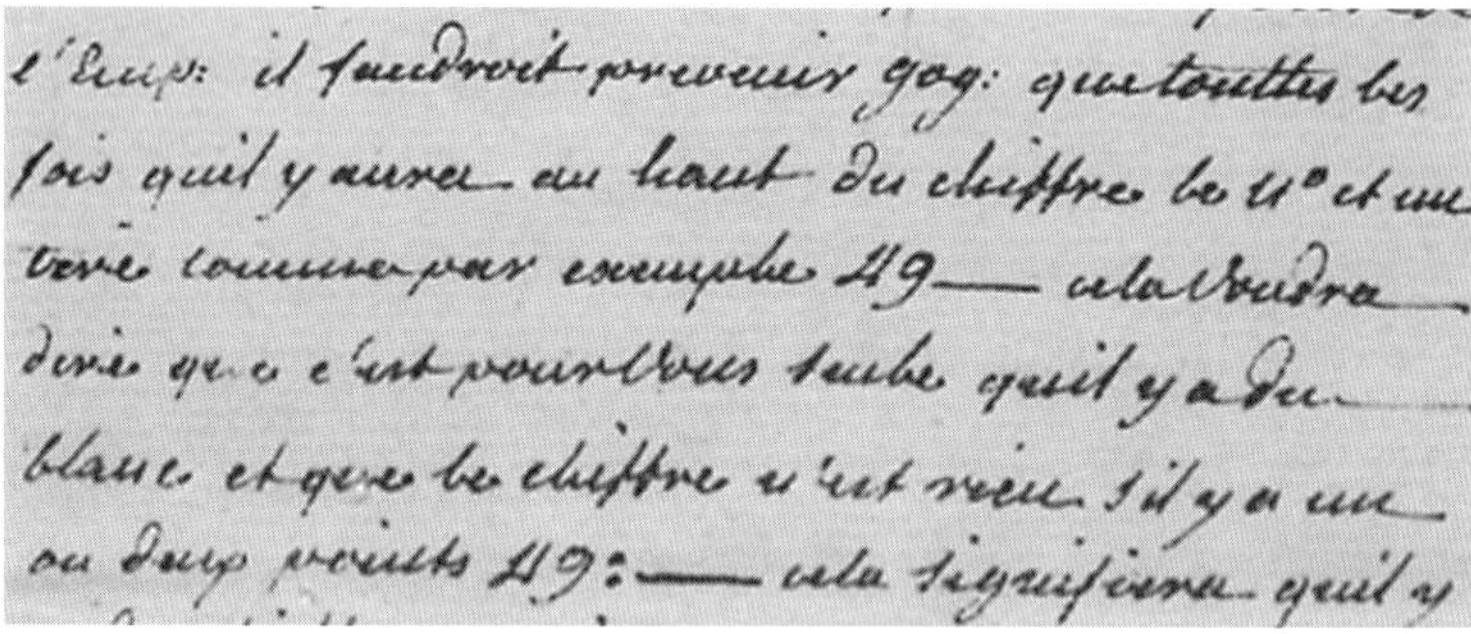

資料55
l'Emp：il faudroit prevenir gog：que touttes les fois qu'il y aura au haut du chiffre le N° et un tiree comme par exemple 49____ **cela voudra dire que c'est pour Vous seule, qu'il y a du blanc et que le chiffre n'est rien. S'il y a un ou deux points 49：** ____ cela signifiera qu'il y
「次のことをゴグラにお知らせください。49――のように、暗号文の上に番号と横線が書かれている場合、**あなたのみに宛てた内容で、特殊インクが使われており、暗号部分には何の意味もありません。49：――のように、ピリオドあるいはコロンがある場合は**」

50　フェルセンからアントワネットへ

（1792年4月24日）

クリンコウストレーム男爵版では、いくつかの言葉や、最後の10行が削除されているが、部分的に判読が可能である。

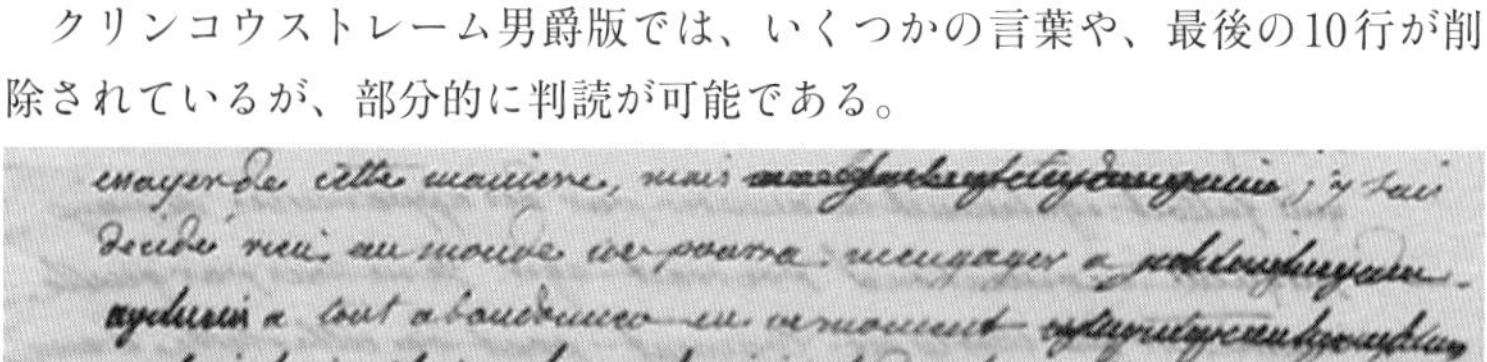

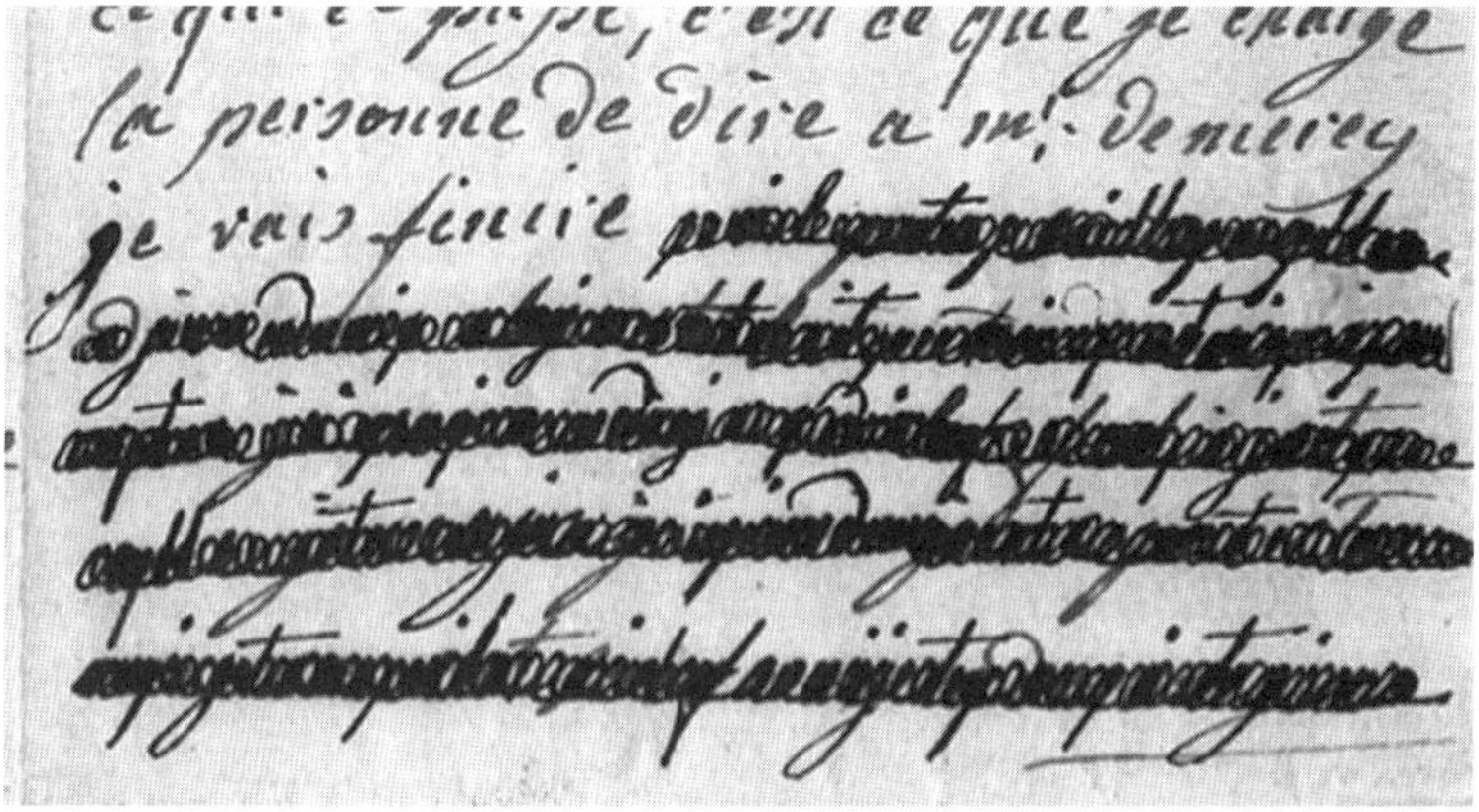

la persoune de dire a m.r de mercy
je vais finire [redacted]

資料53

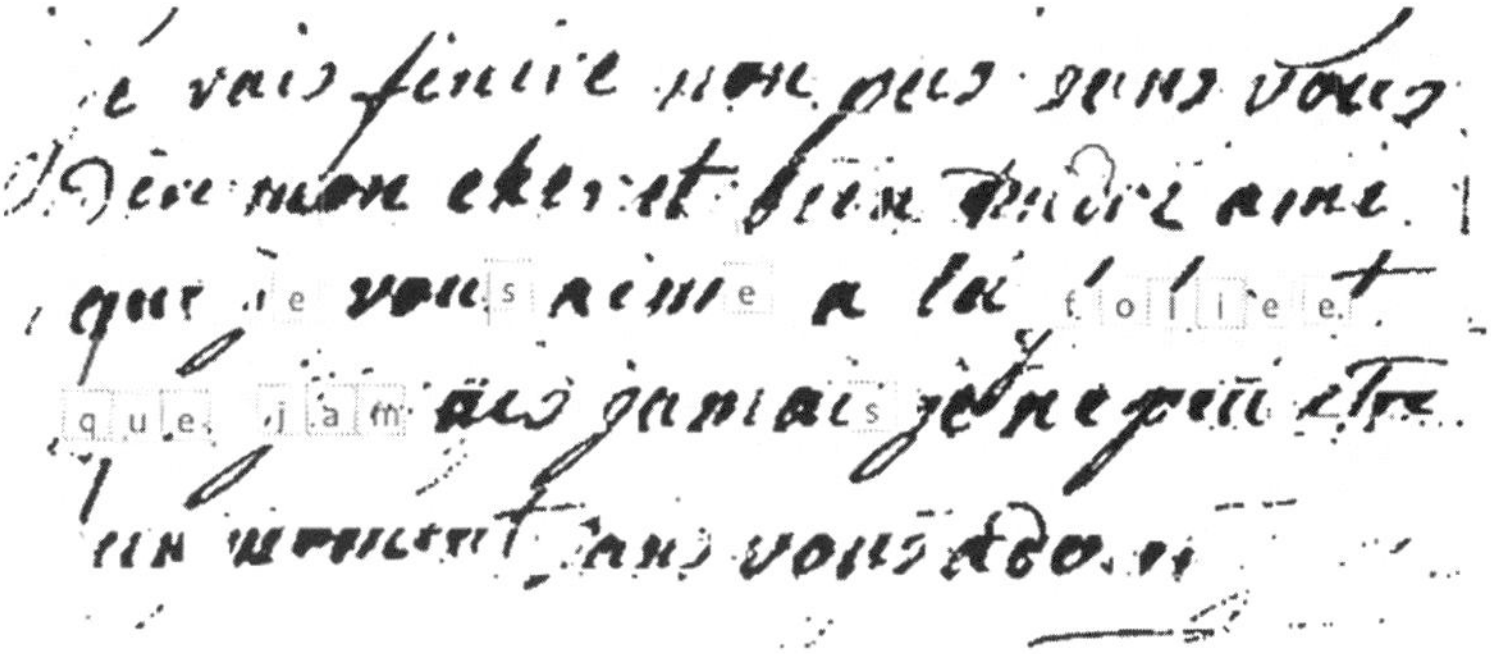

je vais finire non pas sans vous
dire mon cher et bien tendre aime
que je vous aime a la folie et
que jamais je ne peu être
un moment sans vous adorer

資料54
Je vais finire non pas sans vous
dire mon cher et bien tendre ami
que je vous aime à la folie
et que jamais jamais je ne peu être
un moment sans vous adorer.
「大切な優しい方、気も狂わんばかりにあなたを愛していること、そしてほんの一瞬たりともあなたを愛さずにはいられないことを記して、筆を置きます」

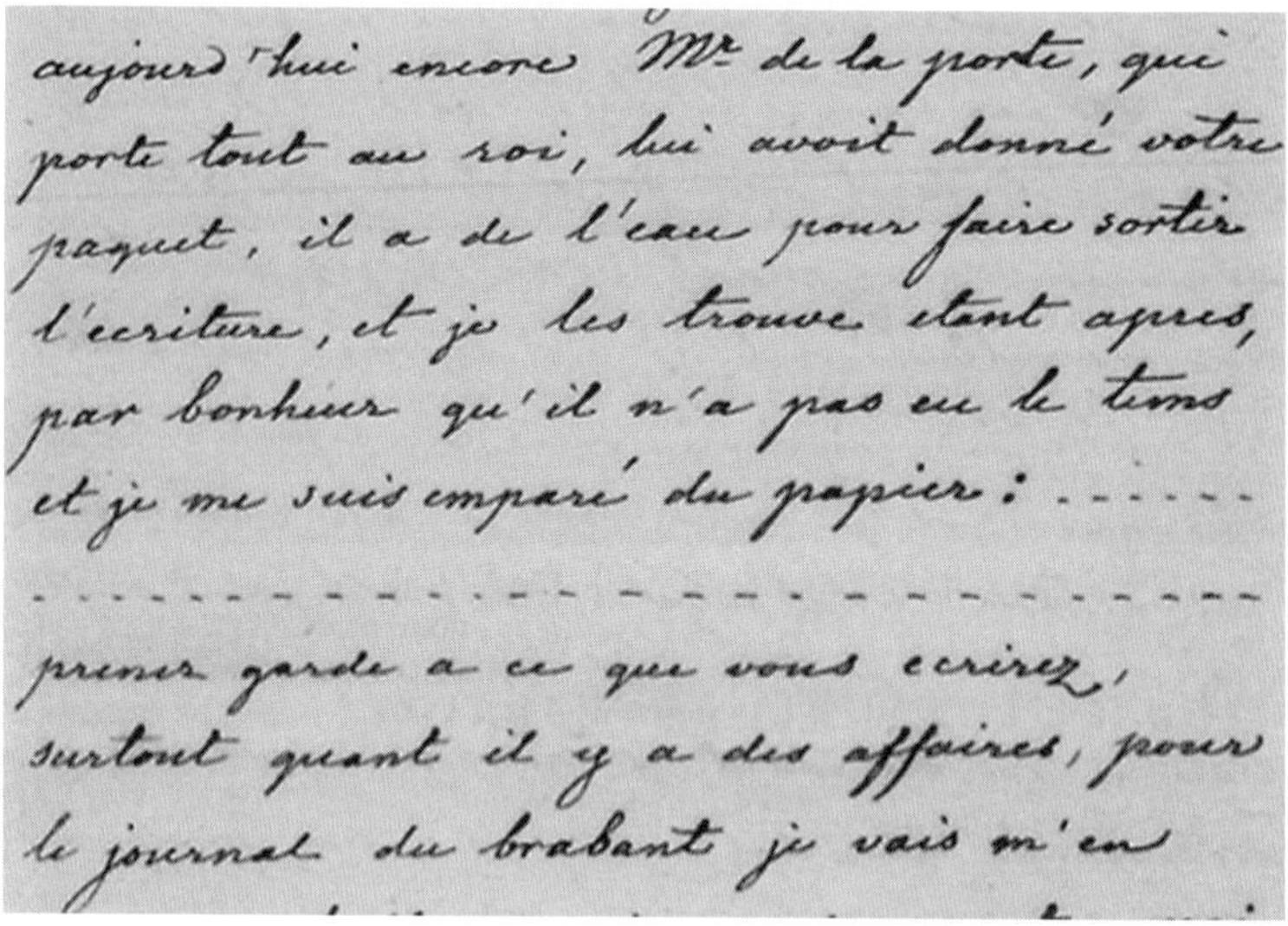
aujourd'hui encore Mr de la porte, qui
porte tout au roi, lui avoit donné votre
paquet, il a de l'eau pour faire sortir
l'ecriture, et je les trouve étant apres,
par bonheur qu'il n'a pas eu le tems
et je me suis emparé du papier : ......
----
prenez garde a ce que vous ecrirez,
surtout quant il y a des affaires, pour
le journal du brabant je vais m'en

資料48
Aujourd'hui encore M. de La Porte, qui porte tout au roi, lui avait donné votre paquet. **Il a de l'eau pour faire sortir l'écriture, et je les trouve étant après, par bonheur qu'il n'a pas eu le tems et je me suis emparé du papier : ……**
……………………………………………
prenez garde à ce que vous écrirez, surtout quant il y a des affaires. pour le journal de Brabant, je vais m'en

「いつも国王に送付物をお渡しするラ・ポルト氏が、今日あなたから送られてきた包みを持ってきました。**陛下はインクを読み出すための溶液をお持ちです。私が気付いたのはしばらくしてからのことでした。幸運にも陛下はまだ読み出していらっしゃらなかったので、私は素早く手紙を回収しました。………………………………………………手紙の内容には、くれぐれもお気を付けください。特に政治について書かれている場合です。**ブラバン新聞については、私のほうで手配します」

29　フェルセンからアントワネットへ

（1791年12月12日）

末尾の１行半に綴られている愛の言葉が、２回にわたって塗りつぶされている。

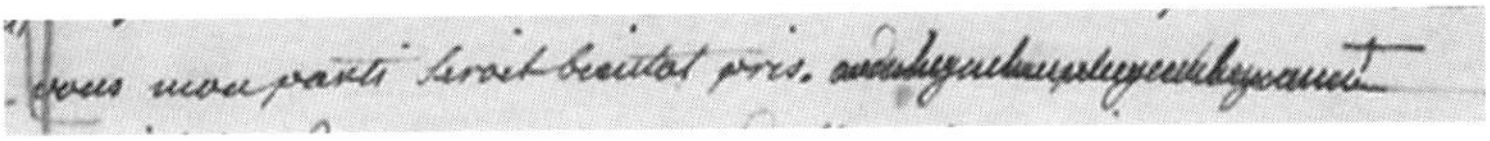

資料45
vous mon parti seroit bientôt pris. **Adieu ma plus chère amie**
「私はためらいもなく決断したでしょう。**さようなら、誰よりも愛しい方**」

28 アントワネットからフェルセンへ

（1791年12月7日、9日）

書簡4ページ目に、いつもの愛情あふれる言葉が綴られている。

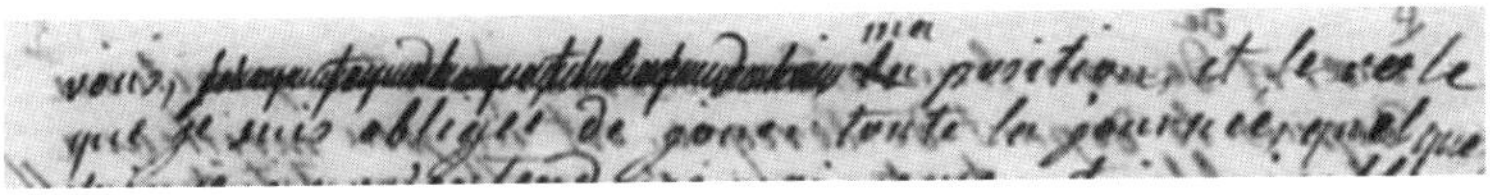

資料46
vous, **mon tendre et cher ami,** ma position et le rôle
que je suis obligée de jouer toute la journée, quelque
「**優しく愛しい方**、私が一日中どのような立場に置かれて、どんな役割を演じなければならないか」

2回にわたって塗りつぶしが施されている箇所の写真。まずフェルセンが数語を塗りつぶし、後年、クリンコウストレーム男爵がさらに濃いインクを使って4行塗りつぶしている。

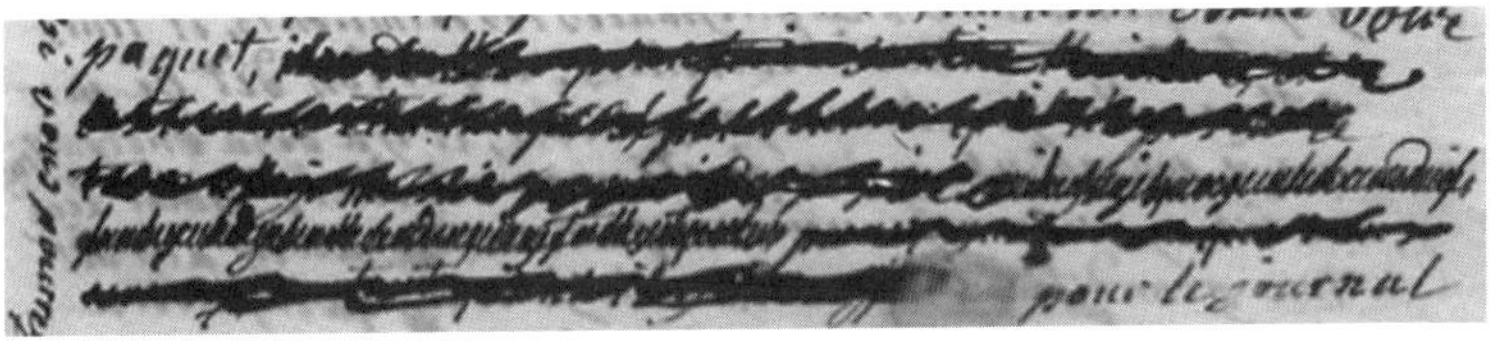

資料47

同じ箇所のクリンコウストレーム男爵による写し。原本では塗りつぶされている部分が、ここでは塗りつぶされていない（資料48）。

資料42
car la saison avance. J'ai reçu hier votre grande lettre, mais **ma chère amie** il vaudra M. de Mercy, croyant qu'elle était pour lui
「冬が近づいているからです。昨日、あなたの長いお手紙を受け取りました。しかし**愛しい方**、メルシー氏は自分宛てだと勘違いして」

第５段落では塗りつぶしのほかに、重大な省略が見られる。フェルセンが王妃に、アッシニア紙幣で送金してくれるよう依頼している箇所である。クリンコウストレーム男爵は、自分の大伯父がフランス王妃と金銭のやり取りをしていたことを公表するのは差し障りがあると考えて、この部分を省略した。

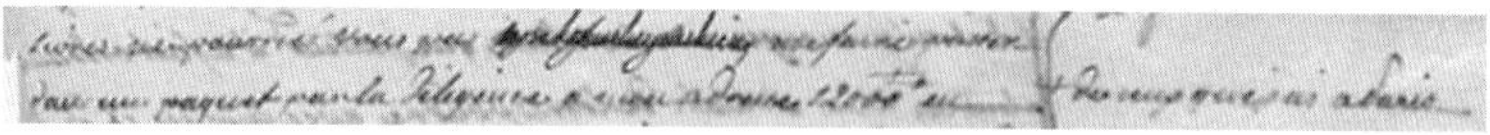

資料43
livres, ne pourriez-vous pas, **ma chère amie,** me faire passer dans un paquet par la diligence à mon adresse 12 000 # **de ceux que j'ai à Paris**
「**愛しい方**、どうか**私がパリに持っております**アッシニア紙幣から１万2000リーヴルを、包みに入れて私の住所宛てに、駅馬車で送ってくださいませんでしょうか」

第６段落にも塗りつぶしが見られる。

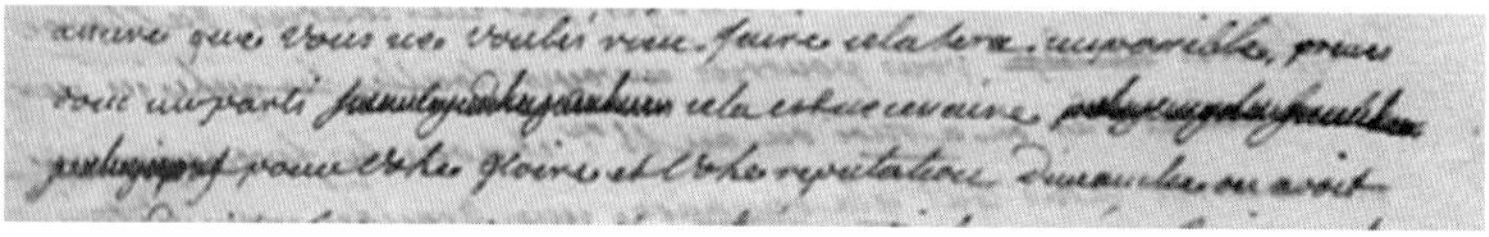

資料44
assuré que vous ne voulez rien faire, cela sera impossible. prenes donc un parti, **ma tendre amie**. Cela est nécessaire **pour notre bonheur ainsi que** pour votre gloire et votre réputation. dimanche on avoit
「ですから**愛しい方**、ご決断ください。**私たちの幸福のためにも、そして**あなたの栄光と名誉のためにも、決断が必要とされています」

末尾の３行半にわたる塗りつぶし箇所の大部分は判読不可であるが、結びの言葉のみは判読できる。

- - - - - - - - - - - - - - - - - - et je repartirois alors
on ne demande plus de passeports, d'ailleurs j'en ai **un**
de courier j'en porterois la marque comme si je venois
d Esp : cela me paroit faisable ce seroit dans le courant de
décembre.

「特に重要なことは、あなたに会って、喜び- -
- - -。**そのようなことも可能です。**私は、7月にそちらへ**私の**手紙をお持ちしたのと**同じ**士官と共に出発します。夏の間私の馬を預かってくれていた方にお会いするという口実です。- - - - - - - - - - -
- -夜に到着し、それから戻ります。もう旅券は必要ないのですが、手元には使者の旅券がありますので、スペインから来たかのようにスタンプを押しておきます。できないことではないでしょう。12月を予定しています」

26　フェルセンからアントワネットへ

（政治に関する覚書、1791年11月26日）

冒頭の挨拶の言葉が塗りつぶされている。

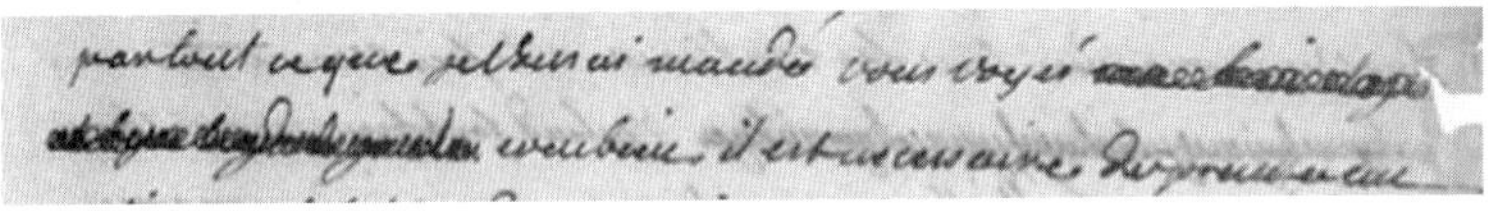

資料40
par tout ce que je vous ai mandé, vous voyés, **ma bien chère**
et très tendre amie, combien il est nécessaire de prendre un
「愛しく誰よりも大切な方、私が申し上げたことからも」

二つ目の段落にも塗りつぶし箇所がある。

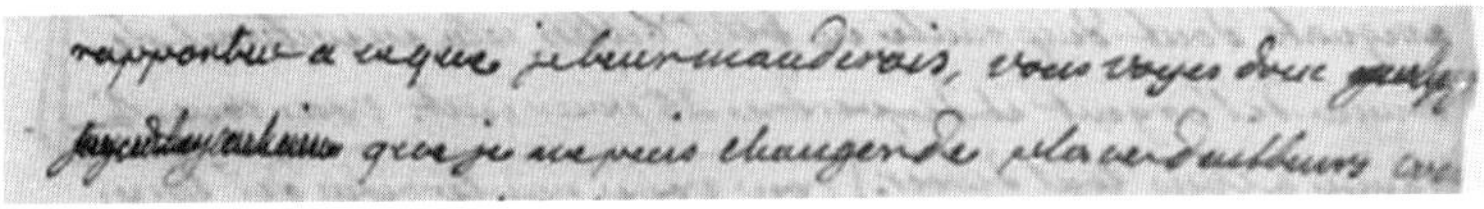

資料41
rapporter à ce que je leur manderois, vous voyez donc, **ma bien**
tendre amie, que je ne puis changer de place d'ailleurs
「私から彼らに書き送る内容に従って行動することと、陛下から命じられております。**心から大切なあなたでしたら、**私の立場をご理解できるでしょう。それに」

第3段落も同様である。

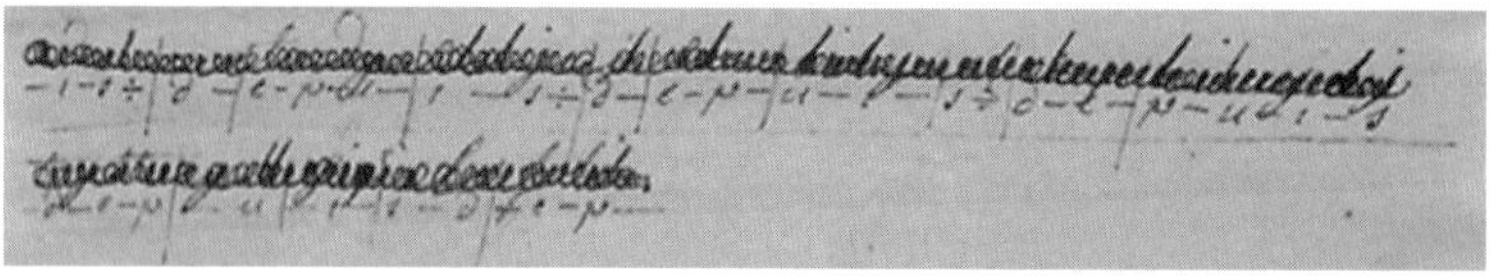

資料38
Adieu / ma / tendre / amie / je / vous / aime / et / vous / aimerai
toutte / ma / vie / à la / folie
「さようなら、優しい方。気も狂わんばかりにあなたを愛し、そして命尽きるまで愛し続けます」

この手紙の3ページ目は暗号化されていないため、塗りつぶし部分の解読は困難である。塗りつぶし部分は - - - - - - - - - で示してある。下線部分は推定される単語である(資料39)。

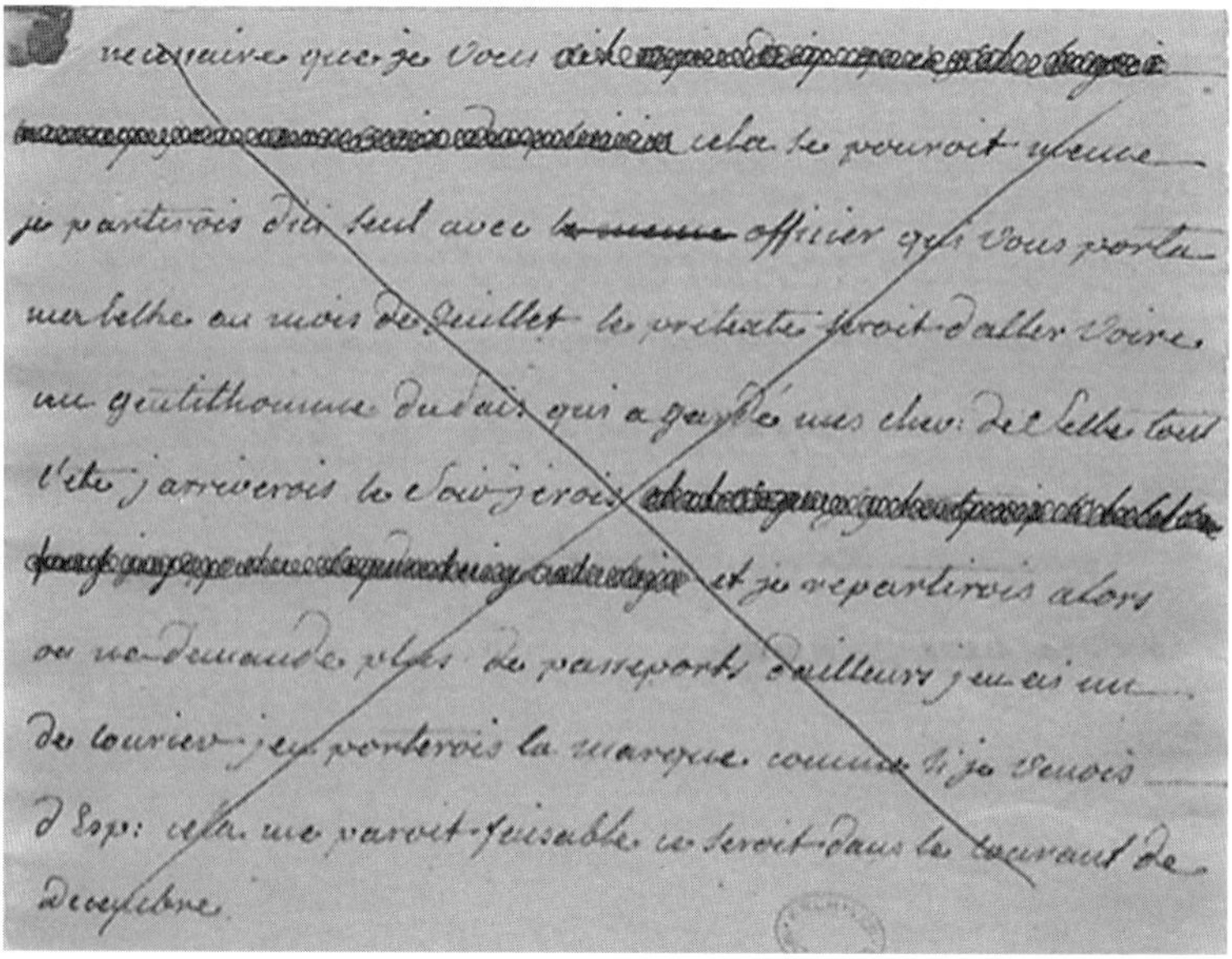

資料39
nécessaire que je vous visse -
- - - - - - - - - **de plaisir cela se pourroit même**
je partirois d'ici seul avec le **même** officier qui vous porta
ma lettre au mois de juillet le prétexte seroit d'aller voire
un gentilhomme du Pais qui a gardé mes chev : de Selle tout
l'été j'arriverois le Soir j'irois -

資料36
Ma / chère / et / bien / tendre / amie / mon / dieu / qu'il / est / cruel d'être / si / près / et / de / ne / pouvoir / se / voir / et / combien / nous / en / serions encore / probablement / plus / _ _ t _ _ / _ _ _ _ _ / _ _ _ _ / _ _ _ _ / dire combien / nous / nous / aimons. / Non / je / ne / vis / et / n'existe / que / pour vous / aimer / vous / adorer / est / ma / seule / consolation / et / éloigné / de / vous / _ _ _ _ _ _ _ / qu'il / n'y / a / pas / _ _ _ _ / que / le / sentiment / et _ _ _ _ / _ _ _ _ / _ _ _ / _ff _ _ _ _ _ / presses / toujours

「親愛なる大切な方、ああ、こんなにも近くにいるのに、会えないとは何という苦しみ。そしておそらくもっと私たちは_ _t_ _/_ _ _ _ _ /愛しあっていると言う_ _ _ _/_ _ _ _/。いいえ、私はあなたを愛するためだけに生き、存在しているのです。あなたを愛することは私の唯一のなぐさめ。そしてあなたから離れて_ _ _ _ _ _ _ /がなく/_ _ _ _/感情と/_ _ _ _/_ _ _ _/_ _ _ /_ ff _ _ _ _ _ /」

書簡2ページ目では2行が塗りつぶされており、その上から、さらに単語が記されている(資料37)。だがいくつかの単語が判読可能である。

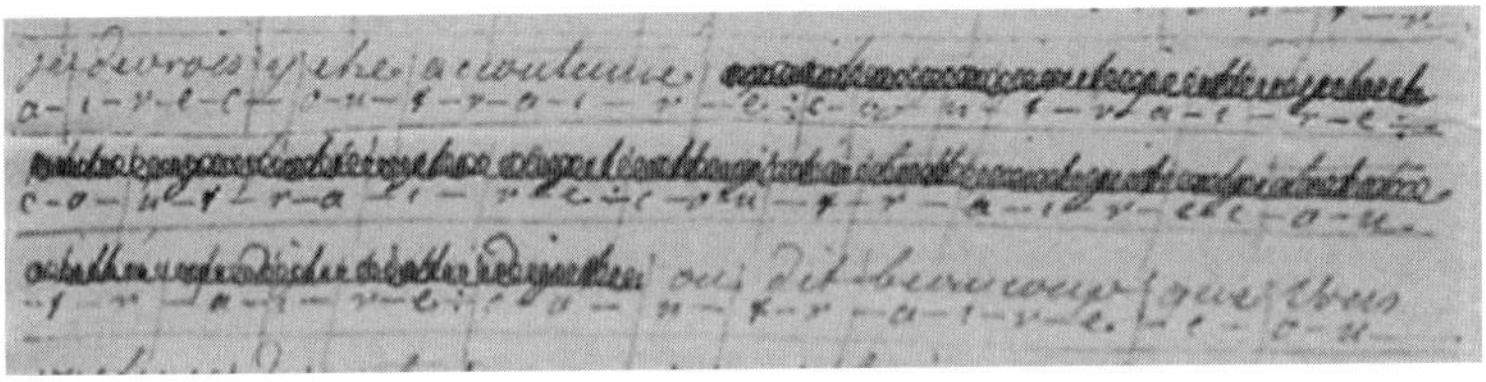

資料37
je devois y être accoutumé. Car / il / n'y / a / jamais / eu / detre / plus / parfait / que / vous / _ _ _ _ _ /_ é / _ _ _ / jamais /_ _ _ / t_ _ t / _ _ _é / _ _ _ / je vous aime.

「けれども私もこうしたことには慣れているはずです。と申しますのも、あなたほど完璧な方はかつて存在したことがありません_ _ _ _ _ / _é/ _ _ _ / 決して/ _ _ _/ t_ _ t/ _ _ _ é/ _ _ _/ あなたを愛しているのです」

1791年7月9日の手紙でアントワネットはフェルセンに、「愛する方」と呼びかけている。したがってここでも、上記下線部を「être《方》」と判読することは、妥当であろう。

20　フェルセンからアントワネットへ

(1791年10月29日)

この手紙の末尾、塗りつぶし部分には、フェルセンからアントワネットへの熱烈な愛の言葉が隠されている。

Roi / **adieu / je / vous / aime / à / la / folie / mon / amie / _ _ _ / _ _ / et / _ _ _ / _ _ _ _ _ _ _ _.**
「さようなら、愛しい方。気も狂わんばかりにあなたを愛します。_ _ _ / _ _ / そして / _ _ _ / _ _ _ _ _ _ _」

5行目には、明確に「lâche《臆病な》」という言葉が出てくるが、クリンコウストレーム男爵版でも、それ以降の書簡集でも、この言葉は省略されている。

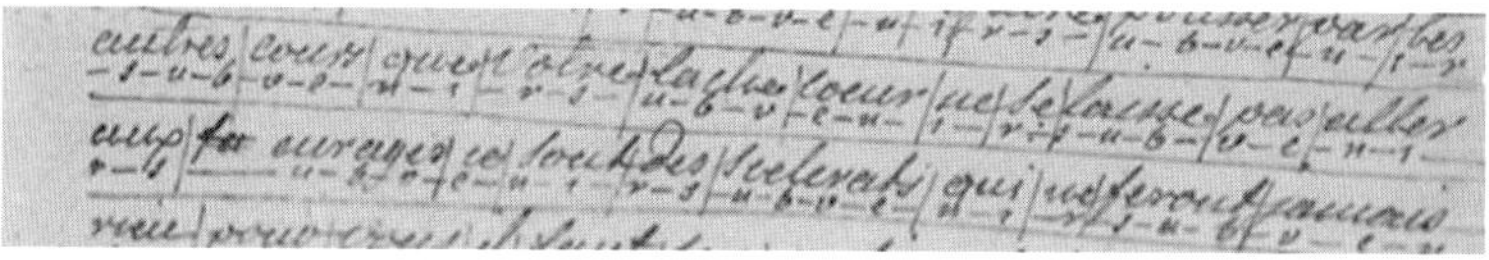

資料35
autres / cours / que / votre / **lâche** / cœur / ne / se / laisse / pas / aller
aux / enragés / ce / sont / des / scélérats / qui / ne / feront / jamais
rien / pour / vous
「あなたの**臆病な**お心が、過激派《アンラジェ》どもに振り回されませんように。彼らはあなたのためになるようなことなど、何ひとつしない極悪人どもです」

19　フェルセンからアントワネットへ

(1791年10月25日)

最初の6行は2回にわたり非常に力強く塗りつぶされているが、単語を区切る縦線と、フェルセンの手紙に頻出する単語、筆跡を手がかりとして、部分的ではあるが判読に成功した(資料36)。

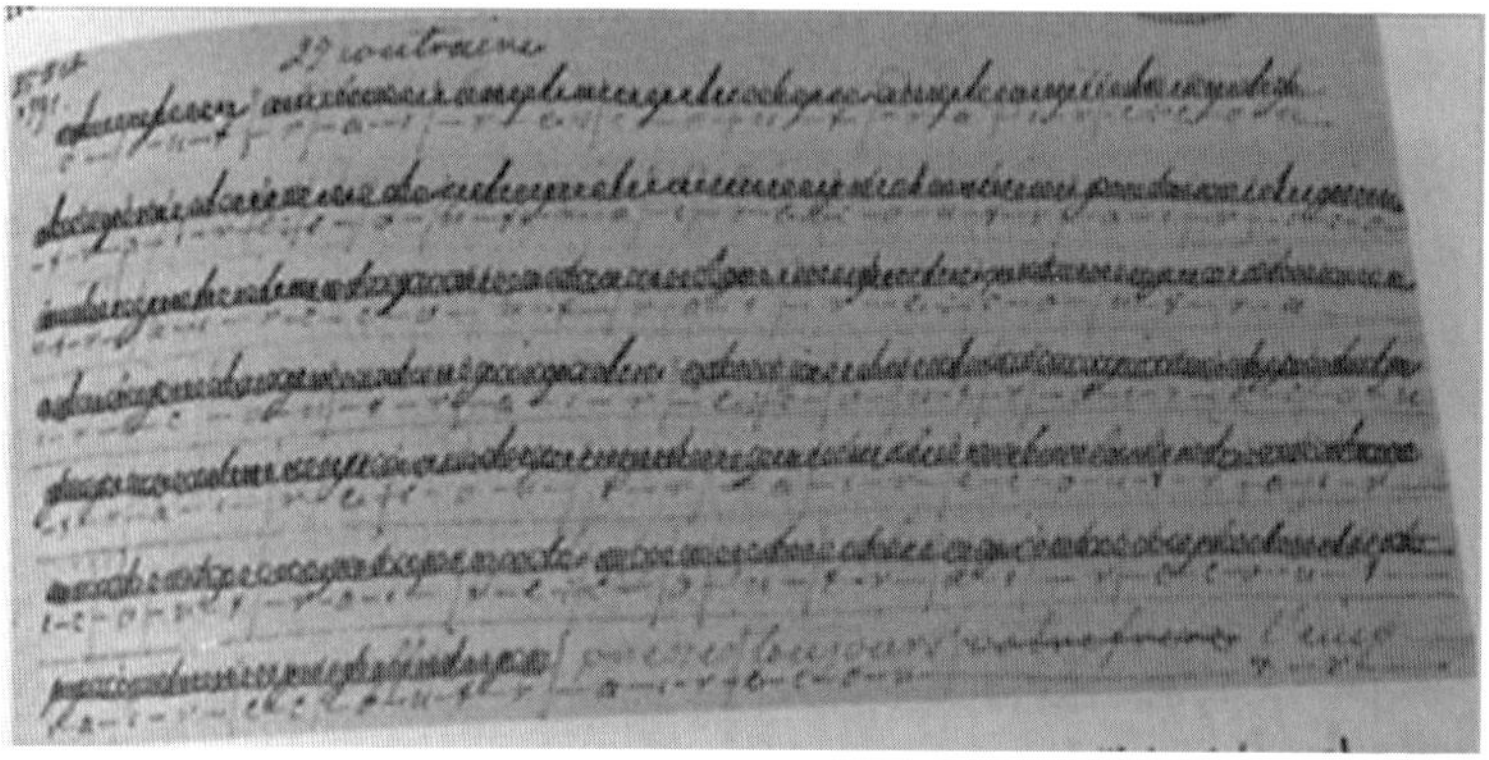

資料31

次の段落では以下のように塗りつぶし箇所が判読できる。

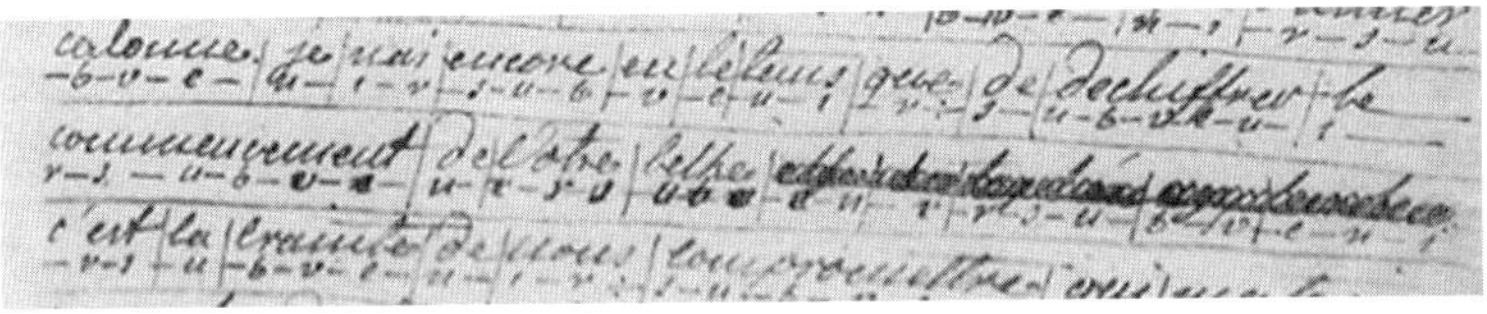

資料32

Calonne / je / n'ai / encore / eu / le / tems / que / de / déchiffrer / le / commencement / de / votre / lettre / **elle / m'a / touché / aux / larmes**
c'est / la / crainte / de / **nous** / compromettre / qui m'a toujours empêché de vous écrire.

「多忙なため、あなたのお手紙の冒頭しか解読しておりません。**涙が出るほど感動しました。**今まで私は、**私たちの**評判を気にして、あなたに手紙を書くことを躊躇してきました」

過去の書簡集では、以下の文章で「nous《私たち》」が「vous《あなた方》」という言葉に置き換えられており、ニュアンスに微妙な違いが生じている。

ここではフェルセンは結びの言葉を書いてから、さらに5行付け加えている。

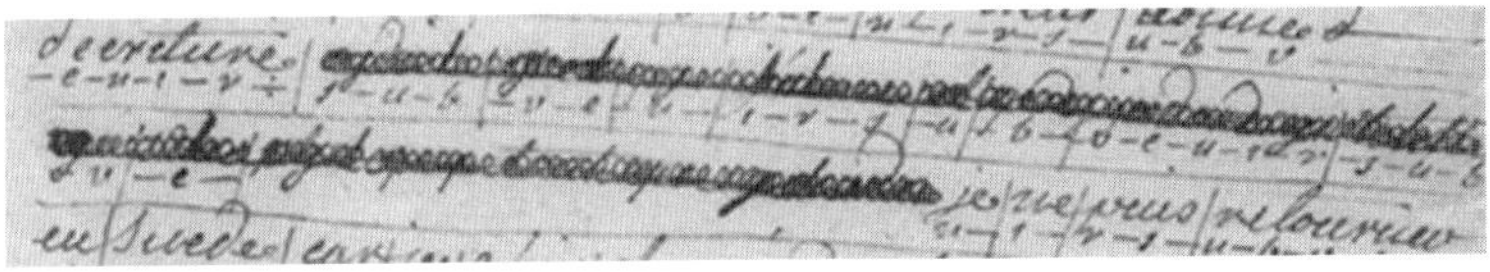

資料33

d'écriture / **adieu / nous / _ _ _ / j'é _ _ _ / et / que / j'adorerai / toutte / ma / vie /**

「さようなら、私たちは_ _ _ j'é _ _ _そして生涯あなたを愛します」

その後、最後から3行目にも塗りつぶしが施されている。「Roi《国王》」という言葉から先がそれに当たるが、愛情のこもった言葉が判読できる。

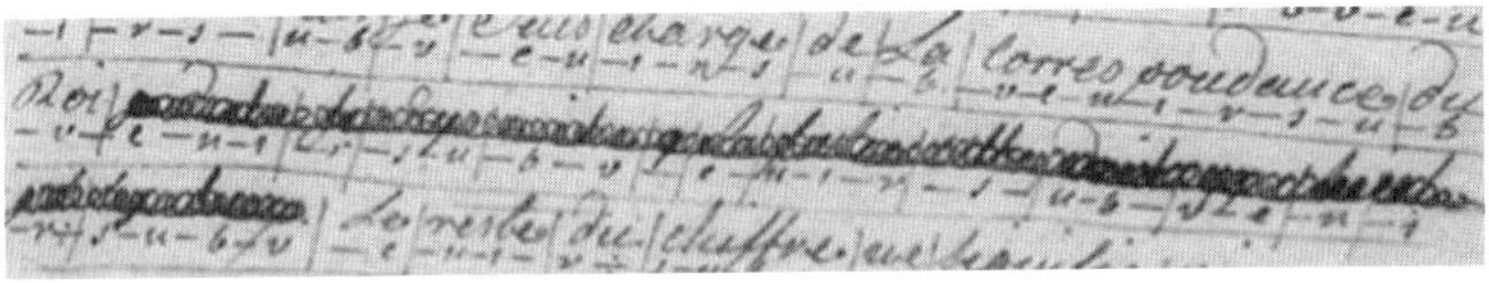

資料34

ma / bien / tendre / et / chère / amie / combien / je / vous / aime / c'est / le / seul / plaisir /que / j'ai / depuis / cette horrible / aventure / je / suis / encore / plus / triste / votre / situation / doit / être / terrible / et / p _ _ _ _ _ _ _ _ / _ _ _ _ / d _ g _ i _ _ / ma / tendre / amie / _ _ _ _ _ _ _ _ _ / y / sans / vous / il / n'est / point / de / bonheur / pour / moi / _ _ _ _ _ _ _ _ _ / n'est / rien / sans / vous / le / Roi / de / Suède / m'a / voulu / donner / la / place / de / Grand / Écuyer / et / un / Reg : / d'husssard / j'ai / tout / refusé / je / ne / veux / pas / être / lié / _ _ _ _ / voir / _ _ _ _ / _ _ _ _ _ / et / _ _ _ _ / _ _ _ _ _ _ _ _ _ / est / tout / ce / que / je / désire // que je vous plains…

「ようやく戻ってきました。優しくて愛しい方、心からあなたを愛していると申し上げます。身も凍るような事件以来、これこそただひとつの喜びです。私はさらなる悲しみを味わっています。あなたはひどい状況に置かれていることでしょう。そして/p _ _ _ _ _ _ _ _ / _ _ _ _ /d _ g _ i _ _ / 優しくて愛しい方/_ _ _ _ _ _ _ _ _ /あなたがいなければ幸せなどありえません。あなたなしでは何もなく/_ _ _ _ _ _ _ _ _。スウェーデン国王は、私を主馬頭兼軽騎隊長に任命しようとしてくださいました。私はすべてお断りしました。縛られたくないのです。/_ _ _ _ /見る/_ _ _ _ / _ _ _ _ _ / そして/_ _ _ _ /_ _ _ _ _ _ _ _ _ _ /私の望むことはそれだけです」

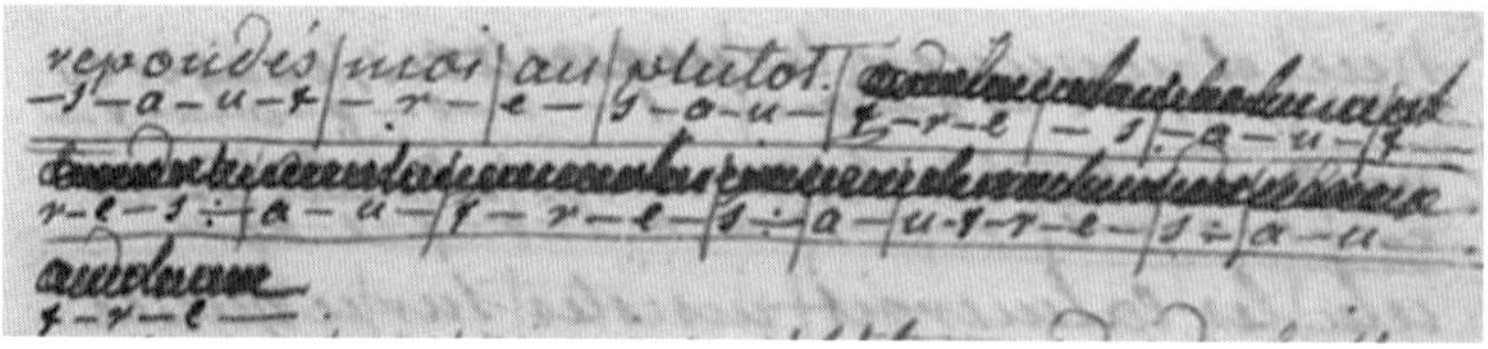

資料30

adieu / ma / chère / et / tendre / amie / jamais / je / ne / cesserai / de / vous adorer.

「さようなら、優しく愛しい方。いつまでもあなたのことを愛し続けます」

17　フェルセンからアントワネットへ

(1791年10月13日)

冒頭では二重に塗りつぶしが施されているものの、「ma tendre amie(優しい方)」という言葉が判読できる。

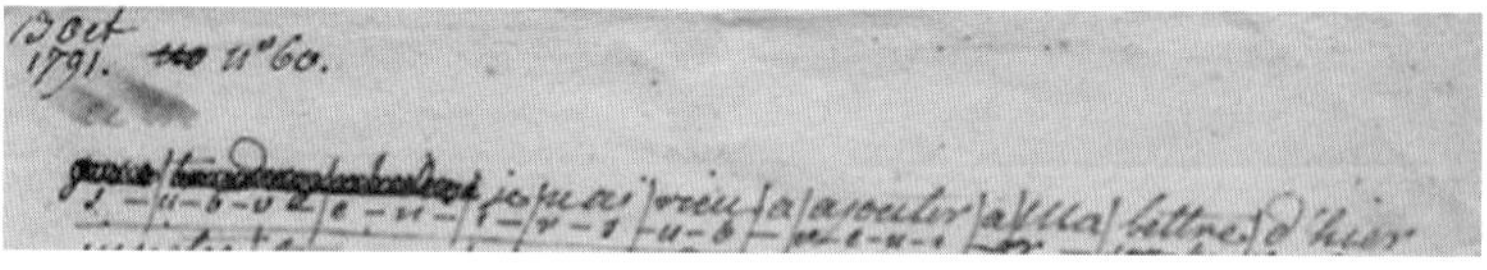

たの従僕**に書かせてください。**あなたに手紙を**書けたとしたら**、どちらへお送りすればよいか教えてください。**もう**私は、あなたなしでは生きることができません。さようなら、殿方のなかでもっとも愛され、もっとも私を愛してくださる方。心からの抱擁をあなたに送ります」

16　フェルセンからアントワネットへ

（1791年10月10日、12日）

この手紙では冒頭の10行半が塗りつぶされている。しかし単語と単語を区切る縦線が引かれており、かつ各単語の正確な文字数がわかるので、かなりの部分を判読することができた。

この手紙には数回にわたって、「優しく愛しい方」という言葉が出てくる。フェルセンからアントワネットへ宛てた書簡には、こうした言葉が頻出する（資料29）。

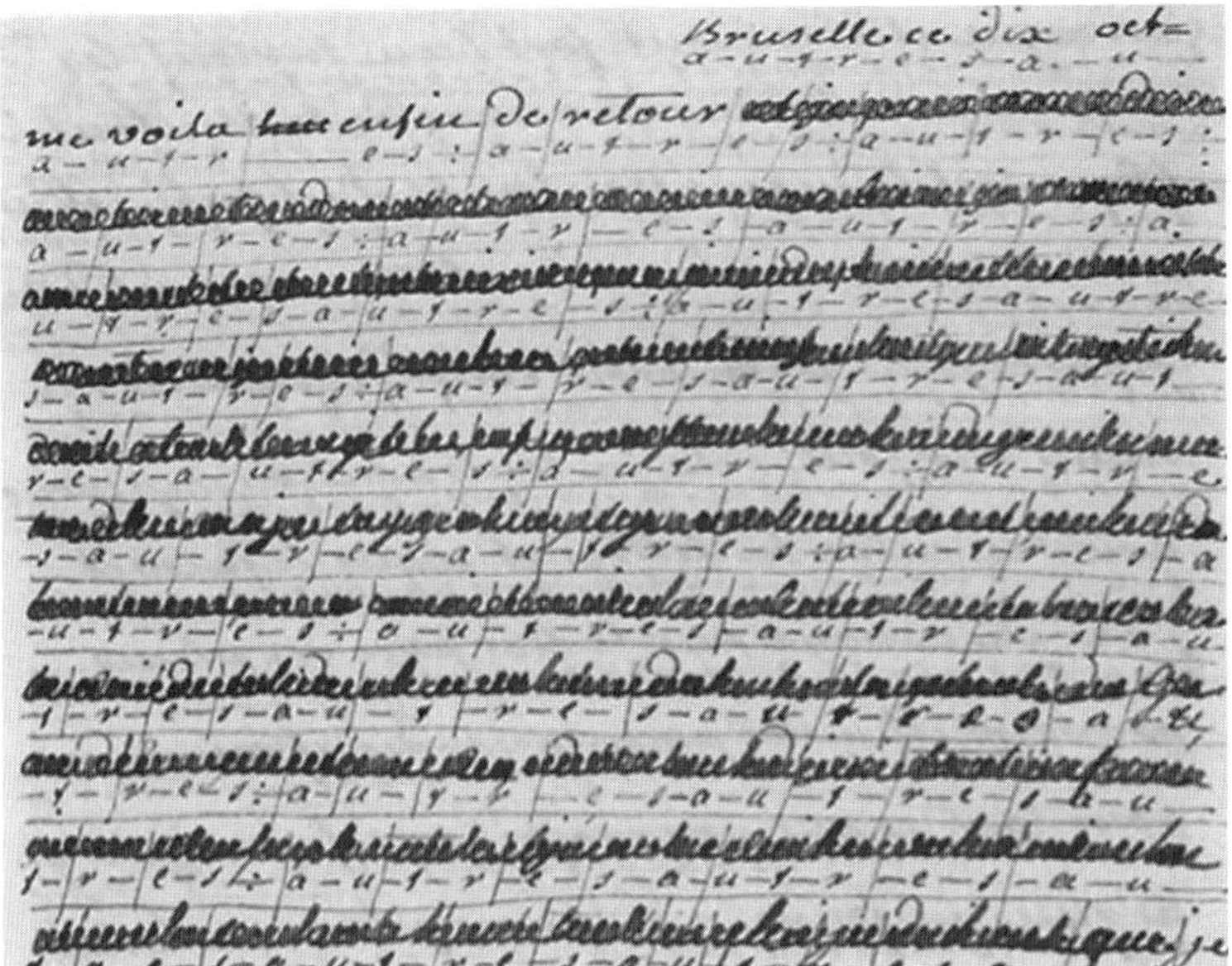
Bruxelles ce dix oct
me voila [redacted] enfin de retour [redacted]

資料29
Me voilà enfin de retour **et / je / puis / vous / dire /**

字部分は、過去に出版された書簡集において、ほかの言葉に置き換えられているか、省略されている(資料28)。

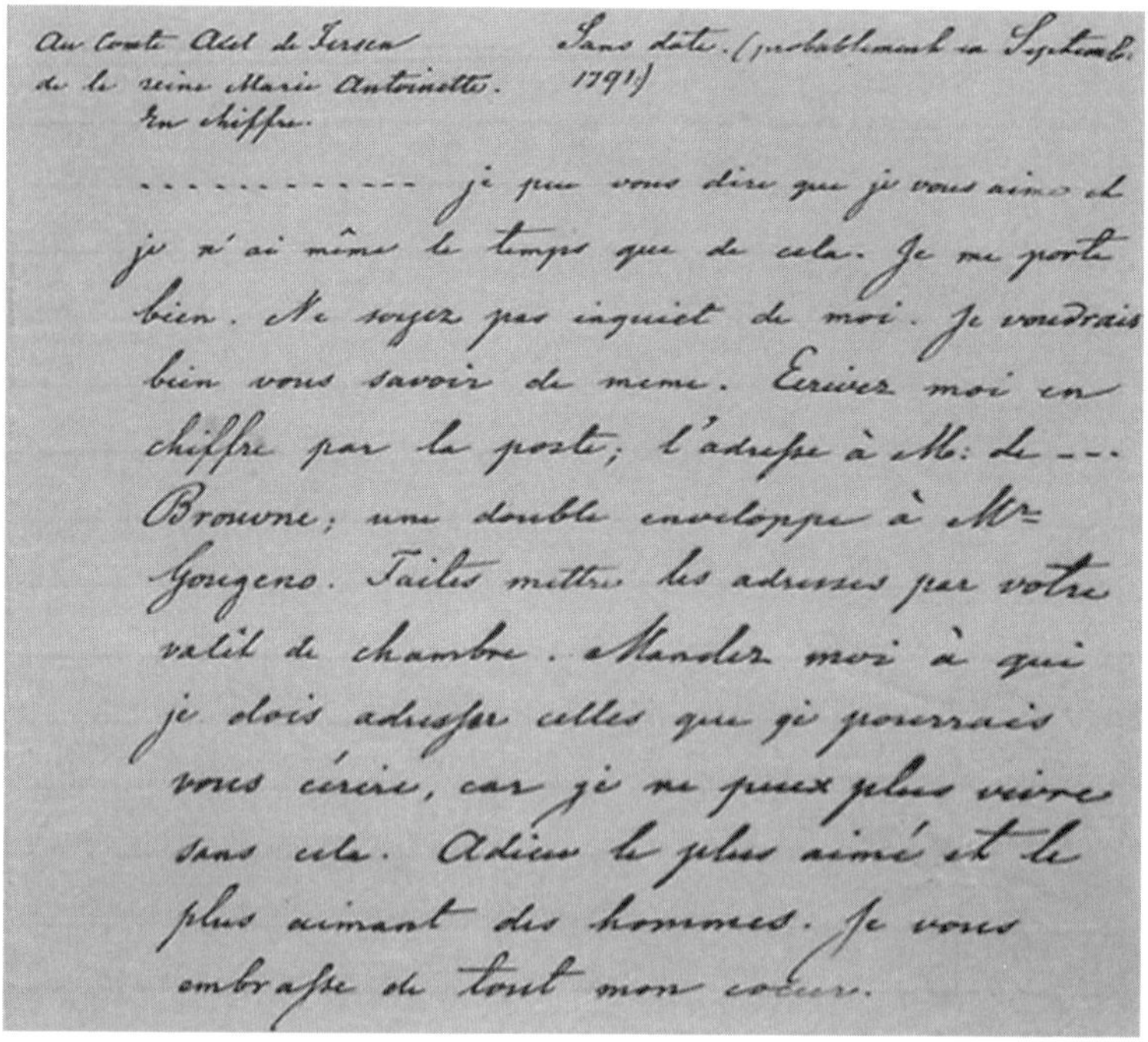
Au Comte Axel de Fersen
de la reine Marie Antoinette.
En chiffre.

Sans date. (probablement en Septembre 1791)

.... je peux vous dire que je vous aime et
je n'ai même le temps que de cela. Je me porte
bien. Ne soyez pas inquiet de moi. Je voudrais
bien vous savoir de meme. Ecrivez moi en
chiffre par la poste; l'adresse à M: de ...
Browne; une double enveloppe à Mr
Gougeno. Faites mettre les adresses par votre
valet de chambre. Mandez moi à qui
je dois adresser celles que je pourrais
vous écrire, car je ne peux plus vivre
sans cela. Adieu le plus aimé et le
plus aimant des hommes. Je vous
embrasse de tout mon coeur.

資料28

………… je **peux** vous dire que je vous aime et
je n'ai meme le temps que de cela. Je me porte
bien. Ne soyez pas inquiet de moi. Je voudrais
bien vous savoir de même. Ecrivez-moi en
chiffre par la poste；l'adresse à M：de…
Browne；**une double enveloppe à Mr**
Gougeno. Faites mettre les adresses par votre
valet de chambre. Mandez moi à qui
je dois adresser celles que je **pourrais**
vous écrire, car je ne peux **plus** vivre
sans cela. Adieu le plus aimé et le
plus aimant des hommes. Je vous
embrasse de tout **mon** coeur.

「…………あなたを愛していることは確かですが、それしか書く時間がありません。私は元気にしております。私のことは心配なさらないで。あなたも元気だと祈っております。暗号で手紙を書いて、郵便で送ってください。宛名はブラウン、**グジュノ宛ての二重封筒を使ってください。宛先は**あな

datte《日付》などである。

逆に文字を抜かす場合もある。temps《時間》という単語をtems、emballer《包む》と書くべきところをembaler、faire《おこなう》という単語をfairと書いているのが一例である。

動詞の綴りは18世紀特有であり、そこにフェルセンならではの特異性が加わることもある。例えば、aと書くべきところをoにしてj'iroi《行く》、j'avois《持っていた》、je devois《～しなければならない》としたり、j'écrirai《私は手紙を書く》をj'écrirés、vous écrirez《あなたが手紙を書く》をvous écrirés、vous avez《あなたは持っている》をvous avés、vous savez《あなたは知っている》をvous savés、je peux《私はできる》をje puis、répondez《お返事ください》をrépondés、devriez《すべきです》をdevriés、sauriez《おわかりになるでしょう》をsauriésと書くといった具合である。

略語では「：」あるいは「＝」記号が頻出する。例えば、Assemblée《議会》をass：、constitutionnels《立憲君主派》をconst：、Bruxelles《ブリュッセル》をBrux：、chevaux《馬》をchev：、Espagne《スペイン》をEsp＝、Autriche《オーストリア》をAut：、Garde《衛兵》をGd：、Angleterre《イギリス》をAng＝、régiment《連隊》をReg：、Ambassadeur《大使》をAmb：、Goguelat《ゴグラ》をGog：、Gougenot《グジュノ》をGoug：と書いている。

突然、大文字が出てくることもあれば、人名を小文字から始めたり、綴りがあやふやな場合もある。

また彼の手紙には句読点がほとんどない。暗号には不要だったためだ。だが平文においても、句読点が欠けている場合も多々ある。

初公表部分

ここでは、本書で判読に成功した塗りつぶし部分を紹介する。これらの箇所は過去に出版された書簡集では、削除されたり、ほかの言葉に置き換えられたりしている。特に注がない限り、判読は筆者の研究によるものである。〔下についている点線は＿＿＿＿＿＿は暗号文で、字数は判明しているが、塗りつぶしのため判読不可な箇所。中央の点線－－－－－－は、暗号はなく塗りつぶしのため、字数も文字も判読不可な箇所。中央の点……は、文字自体が点に置きかえられている箇所。〕

14　アントワネットからフェルセンへ

（日付なし、1791年8月初旬）

この有名な短信には複数のバリエーションがあるが、本章では、クリンコウストレーム男爵直筆の写しの写真を掲載する［クリンコウストレーム男爵自身は、この手紙を発表しなかった。］。太

ｉの点は比較的上のほうに打たれ、しばしば右側に寄っている。フランス語特有の、éやàなどアクサン記号が書かれていない場合もある。書かれている場合は、やはり上のほうに打たれている。文字同士や単語同士の間には、充分な間隔が開けられている。

例：

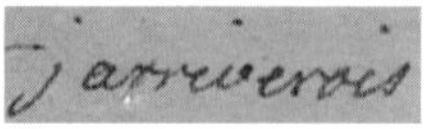
j'arriverois（到着します）

ma（私の）

sans（〜なしで）

vous êtes（あなたは）

c'est（これは）

si je venois（もし私が行けば）

courier（使者）

ce que je（私が）

il est bien（よろしいです）

avec vous（あなたと一緒に）

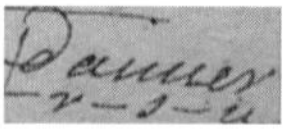
d'aimer（愛すること）

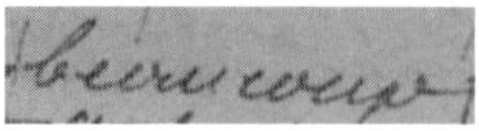
beaucoup（たいそう）

jamais（決して）

上部あるいは下部の環状部分は非常に重要である。環状部分のない文字よりも、塗りつぶしが甘いためである。ひとつの単語のなかにひとつ以上の文字が認識でき、文字が正確にいくつ含まれているかがわかれば（彼は暗号と線を組み合わせていた）、単語を判読あるいは推定することが可能となる。さらに、複数の関連する単語がこれを裏付けてくれる。

単語が２行にまたがっている場合もある。また、18世紀特有の綴りや文法にも注意が必要である。フェルセンは、多くの女性名詞において「ｔ」がひとつのところを「tt」と２回綴っている。例えばtoutte《すべて》、conduitte《振舞い》、faitte《完了した》、

q：下部分が短く、環状部分はない。

s：ばらつきあり。非常に細く、左側に線が伸びている。単語の末尾では丸みを帯びている場合もある。

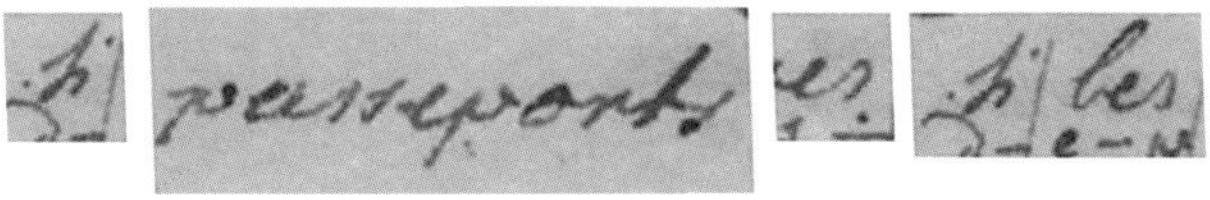

大文字のS：大きい。

t：横線が長い(単語末尾の場合は除く)。

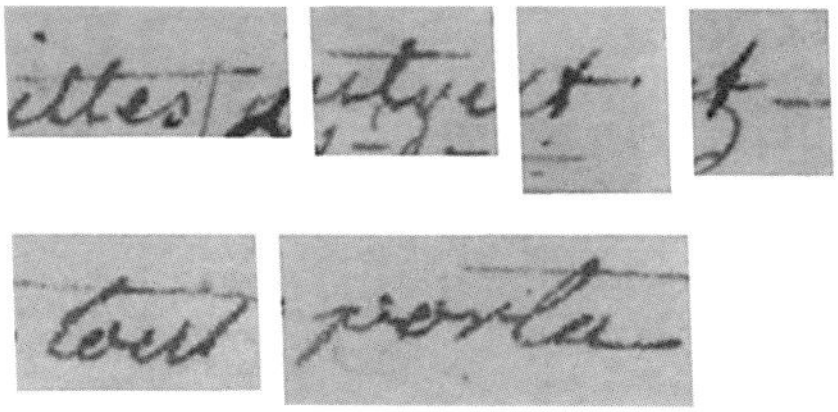

v：右側に環状部分がある。

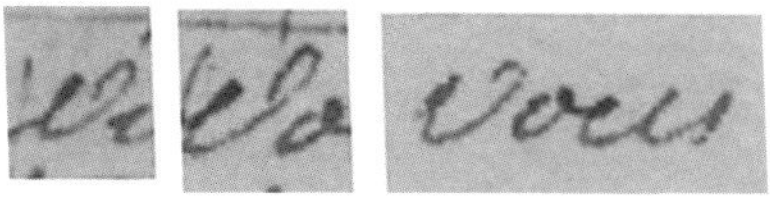

x：単語の末尾に来る場合、長く伸びている。

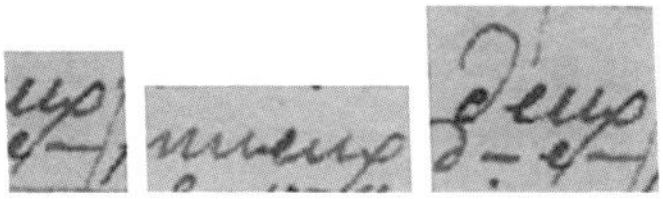

b：小さめで環状部分がある。

d：左側に環状部分がある。

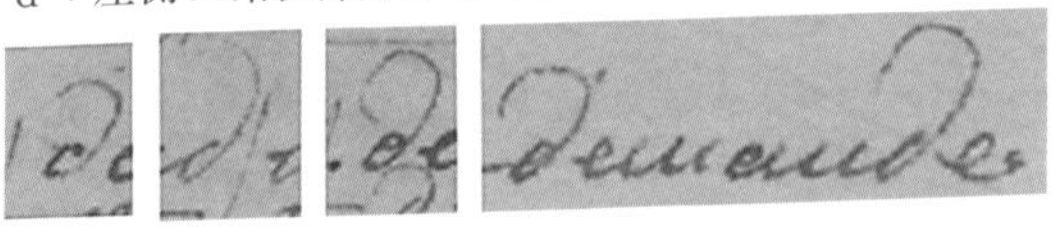

f：環状部分なし。

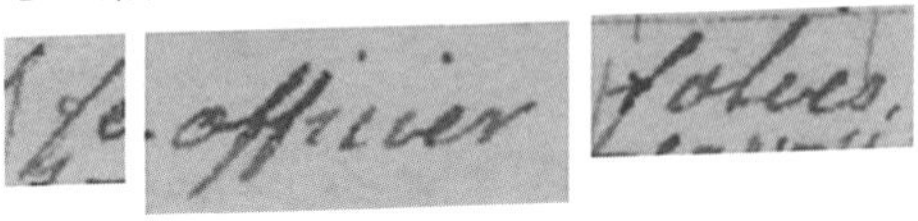

g：下部分が長く環状になっている。

j：環状部分がある場合とない場合があり、上部に点が打たれている。

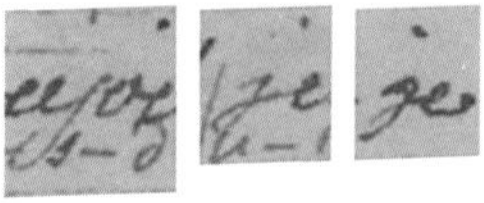

p：下部分は短く、環状部分はない。

判読方法について

塗りつぶし部分についての考察

本書に掲載した手紙のうち複数には、部分的に塗りつぶされている箇所がある。塗りつぶしは2回にわたっておこなわれたと考えられる。

革命中、フェルセンから王妃へ宛てた手紙のほとんどは暗号化されていた。したがって、現在、国立文書館に保存されている手紙の多くは、暗号化前に書かれた平文の写しである。フェルセンは各行の下にキーワードを書き込み、各単語の間に縦線を引いて区切っていた。そして暗号化を終えるとただちに、差し障りのある文章や単語を塗りつぶしていた。こうした部分は、実際の手紙を書くのに使用されていたのと同じインクで塗りつぶされている。しかし手紙によっては、もっとあとになってから塗りつぶされているものもあり、フェルセンの弟ファビアンやクリンコウストレーム男爵がさらに濃い黒インクを用いて塗りつぶしたと考えられる。単語が完全な形で原本に記されている場合もある。塗りつぶし部分を判読するには画像を拡大し、鮮明度を調整してから、ルーペを使って手紙のインクと塗りつぶし部分のインクを識別しなければならない。

アントワネットの書いた平文や、暗号書簡の解読文にも同じように、塗りつぶされた単語、行、文章が存在する。残念なことにあまりにも入念に塗りつぶされている部分は、判読が不可能である。暗号化前の手紙には、単語を区切る縦線が書き込まれているが、この線なくして塗りつぶし部分を判読することは不可能である。

文字分析

塗りつぶし部分の判読には、厳密な方法の確立が不可欠である。そのためにはまず、フェルセンの筆跡を熟知し、確認作業の一助とする必要がある。

フェルセンの筆跡は流麗で、大ぶりで、一定の特徴を備えている。

第四章

判読部分の写真

図版1：ピエール・ドゥルイヨンによる1793年のフェルセンの肖像画。

図版2：サン・シール道路から見たヴェルサイユ宮殿。中央に見えるのは100段階段《サン・スイス》と王妃の居室。右側の旧シューランタンダンス通り（現アンデパンダンス・アメリケーヌ通り）に、フェルセンが1785年から86年にかけて滞在したリュイーヌ邸が建っていた。

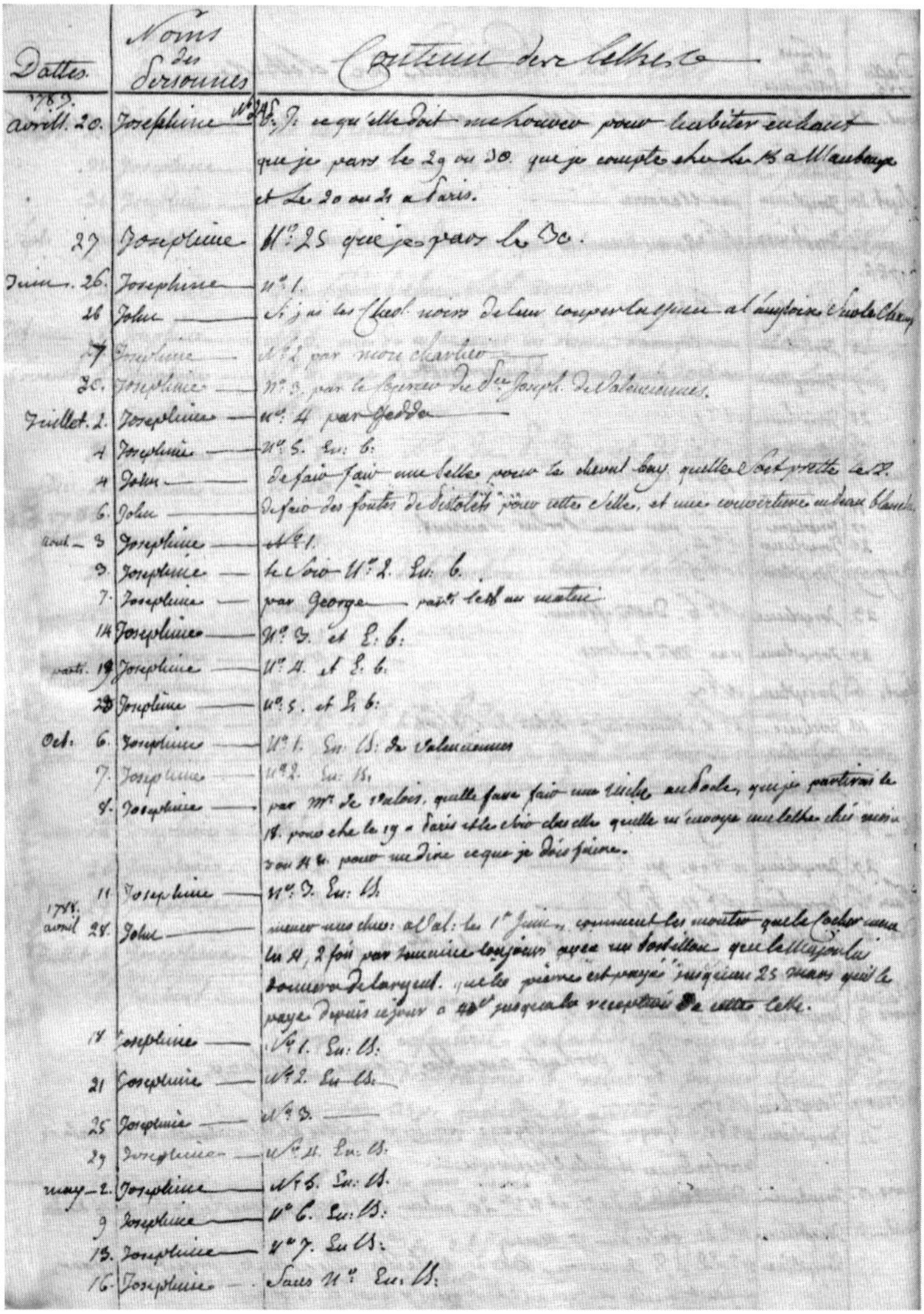

Dattes	Noms des Personnes	Contenu des lettres
1783. avril 20.	Josephine	N° 45. ce qu'elle doit me trouver pour habiter en haut que je pars le 29 ou 30. que je compte être le 15 a Maubeuge et le 20 ou 21 a Paris.
27	Josephine	N° 25 que je pars le 30.
Juin 26.	Josephine	N° 1.
26	John	[illegible]
27	Josephine	N° 2 par mon chasseur
30.	Josephine	N° 3. par le bureau de St Joseph de Valenciennes.
Juillet 2.	Josephine	N° 4 par [illegible]
4	Josephine	N° 5. En. 6:
4	John	de faire faire une selle pour le cheval bay qu'elle soit prette le 12.
6.	John	de faire des fontes de pistolets pour cette selle, et une couverture en peau blanche.
août 3	Josephine	N° 1.
3.	Josephine	le soir N° 2. En. 6.
7.	Josephine	par George — parti le 8 au matin
14	Josephine	N° 3. et E. 6:
19	Josephine	N° 4. et E. 6.
23	Josephine	N° 5. et E. 6:
Oct. 6.	Josephine	N° 1. En. 15: de Valenciennes
7.	Josephine	N° 2. En. 15.
8.	Josephine	par Mr de Valois, qu'elle fasse faire une niche au poele, que je partirai le 18. pour être le 19 a Paris et le soir chez elle qu'elle m'envoye une lettre chez moi rue N. 8. pour me dire ce que je dois faire.
11.	Josephine	N° 3. En. 15.
1788. avril 28.	John	[illegible]
18	Josephine	N° 1. En. 15.
21	Josephine	N° 2. En. 15.
25	Josephine	N° 3. —
29	Josephine	N° 4. En. 15.
may 2.	Josephine	N° 5. En. 15.
9	Josephine	N° 6. En. 15.
13.	Josephine	N° 7. En. 15.
16.	Josephine	Sans N°. En. 15.

図版3：フェルセンの書簡記録簿。「ジョゼフィーヌ」はアントワネットを指している。1787年10月8日の欄には、王妃の内殿の上階にある自分の居室用について、「ストーブ設置用に壁に場所を作るよう頼む」と書かれている。

図版4：後年のアクセル・フォン・フェルセン。

図版5：フェルセンは1784年10月8日付の書簡で王妃に、「ルダンゴトを着た女性のデッサンを送るよう依頼」している。それに対し王妃は自らの絵を送った。この絵は現在スウェーデンのレフスタードで保管されており、封筒に入れるために、王妃自らが16回折った跡が残っている。

図版6：アントワネットはフェルセンの印章にある空飛ぶ魚(鳥)を、自らの銘「Tutto a te mi guida」に使った。

図版7：ラ・ファイエットの風刺画「無謬の人《ル・サン・トール》」。フェルセンはこれをその他の書類とともに保管していた。アントワネットは1791年10月7日付のフェルセンに宛てた手紙で、この呼び名を使っている。

図版8：エバート＝ヴィルヘルム・タウベ男爵。グスタフ3世の重臣であり、フェルセンの親友であり、ソフィー・ピパーの愛人。

図版9：ソフィー・ピパー。フェルセンの妹であり、よき相談相手。

謝辞

二人の友人の励ましがなければ、本書は日の目を見ることはなかっただろう。

友情に篤く、鷹揚で、このテーマに限りない関心を寄せるジェローム・バルベ氏に心からの感謝を示したい。氏は一八世紀やマリー・アントワネット、フェルセンについて、多くの有用な助言を与えてくださり、フェルセンの筆跡に関する科学的な分析方法を通して、行き詰まっていた判読作業を後押ししてくださった。また塗りつぶし箇所の単語や文章の確認作業にも、多大な尽力をいただいた。何よりもこの長期にわたる研究の間、筆者を支え勇気づけていただいたことに、深く感謝したい。

ナタリー・コラ・デ・フラン女史にも心からの謝意を示したい。ポリニャック公爵夫人の伝記の著者であり、貴重な時間を割いて本書の原稿を添削いただいた。真摯な友情と感謝をささげるものである。

イギリスおよび各国に住む多くの友人たちにも謝意を表したい。彼らはアイディアを与えてくれたり、入院中の筆者を見舞ってくれたりして、その励ましと支えは大きな助けとなった。本書は彼らにささげられている。

セルジー＝ポントワーズ大学で教鞭をとるヴァレリー・ナシェフ女史にも、深くお礼申し上げたい。女史は自らが解読したアントワネットとフェルセン書簡の暗号部分(1)について、親切かつ鷹揚に詳細をご教示くださった。

スウェーデンのレフスタード城に快く迎えてくださった、マリー・オールセン夫人、アニカ・

カールソン夫人、モーガン・ブラリン氏にも深く感謝している。エステルイョートランド博物館館長オロフ・エルミン氏や、マリア・ノードマン夫人はじめ、レフスタード城の全職員にも謝意を示したい。皆さまのおかげで忘れ難い一日を過ごすことができた。

王妃とフェルセンの書簡で言及されている、ラ・ファイエットからジョージアナに一七九一年に送られた書簡については、デヴォンシャー公爵並びにチャッツワース・ハウス・トラストから引用許可をいただいた。ドーセット公爵やエリザベス・フォスターからジョージアナへ宛てた手紙についても同様である。この場を借りて、深くお礼申し上げたい。

一九世紀、フェルセンの資料を初めて刊行したルドルフ・フォン・クリンコウストレーム男爵の曾孫女マルガレータ・ロイテルスキオルド夫人にも、心から感謝している。一族の史料について詳しくご教示いただき、歴史家アルマ・セーデルイェルムの説について非常に興味深い情報をいただいた。ちなみにセーデルイェルム女史は、夫人のご祖母の友人だった。本書がご期待に添えるものであることを祈っている。

パリのフランス国立中央文書館、ストックホルムおよびヴァドステーナのスウェーデン国立文書館、イギリスのKHLCにも、謝意を表したい。

そして、ロンドンのユニバーシティ・カレッジ・ホスピタルの献身的な医師と看護師の皆さまには、言葉で言い表せないほど感謝している。研究を続行し、本書を上梓することがかなったのは、皆さまの治療と見識のおかげである。心からの感謝と賞賛をささげたい。

ロンドンにて

エヴリン・ファー

原注

（1） Nachef, Valérie et Patarin, Jacques, 《Marie-Antoinette, reine... de la cryptologie》, *Pour la science*, n°382, août 2009、および《Je vous aimerai jusqu'à la mort : Marie-Antoinette à Axel de Fersen》, *Cryptologia*, 34, n°2, 2010, p. 104-114.

訳者あとがき

フランス王妃マリー・アントワネットとフェルセン伯爵の関係は、二〇〇年以上にわたり謎、推論、論争を生んできた。本書（英題『I love you madly, Marie-Antoinette & Count Fersen, The secret letters』、仏題『Marie-Antoinette et le comte de Fersen, La correspondence secrète』）には、これまで未公表だった一七八八年から一七九〇年にかけての六通の手紙を含む、二人の現存する全書簡が収録されている。だが第一章で述べられている通り、九年にわたって交わされた書簡のうち現存するものはわずか一割強であり、そのほとんどが一七九一年から一七九二年に集中しているばかりか、この期間をとっても、約六割は紛失しているのである。

本書では革命の進行と諸外国との関係が一本の太い糸として通っており、原注、訳注で解説はされているものの、全体の状況の把握が必要とされる。したがって、ここでごく大まかにまとめてみたい。一七八九年にフランス革命が勃発すると、ルイ一六世の二番目の弟アルトワ伯爵、王妃の親友ポリニャック夫人はじめ、宮廷貴族は次々と国外へ亡命した。彼らの多くはのちに、ドイツのコブレンツを根城として、大公と呼ばれる名門貴族を中心に反革命運動を先導する。しかし革命家たちは、当初から王政の打倒を目指していたわけではない。一七八九年の封建制度廃止、人権宣言採択、国王一家のパリ連行、一七九〇年の聖職者民事基本法、ナンシー事件などが挙げられるものの、社会の流れはおおむね、穏健な立憲君主制の方向へと進んでいた。アントワネットから伯母さまと呼ばれたルイ一五世の王女たちが、一七九一年二月に議会の許可を取ってイタリアへ亡命したことも、国王一家がたびたびサン＝クルー宮殿に滞在を許されていたことも、そうした世情の一例である。しかし、一七九一年六月のヴァレンヌ逃亡事件は、大きな変化をもたらした。これを境に国王一家の監視が厳格化され、七月にはシャン・ド・マルスの虐殺、ピルニッツ宣言、一七九二年にはオーストリアへの宣戦布告、六月二〇日のテュイルリー宮侵入事件、八月一〇日のテュイルリー宮襲撃が起こり、王権は停止され、タンプル塔へ移送された国王一家は、外界から隔絶された囚人生活を送ることとなった。その直後に起こった九月虐殺では、主に監獄に収容されていた反革命容疑者が大量に惨殺された。亡命したものの、王妃のために帰国していたランバル公妃も、このときに虐殺されている。すなわち一七九一年六月から一七九二年八月がひとつの転換期となって、革命の先鋭化と王政の瓦解に拍車がかかったと考えられる。なお、ジャコバンという語は一般に急進左派を指すと考えられているが、それは一七九三年以降の話であり、一七八九年時点でのジャコバン・クラブは幅広い人材、思想を擁し、そこからミラボーやラ・ファイエットに代表される立憲君主派の八九年クラブ、バルナーヴやラメットを中心とする右寄りのフイヤン派、ロラン夫人で有名なジロンド派が分化していった。残ったロベスピエール、サン＝ジュストの指導するジャコバン派、コルドリエ・クラブが急進左派として恐怖政治を敷き、政争と粛清が繰り広げられることになる。ただ本書の書簡中では、彼らはほぼ一括りに「ジャコバン」とか「過激派《アンラジェ》」と呼ばれている。「過激派《アンラジェ》」は厳密には、急進左派のなかの過激一派であるが、おそらく王妃の目には、いずれもが多少の差はあれ、過激で軽蔑すべき一団に映ったのだろう。

　フランス革命の特徴として、国外の動向が密接に関連していることが挙げられる。王妃の母国オーストリアは、一七八七年からロシアとともに対トルコ戦争に従事していた（一七九一年終結）。一七九〇年、ヨーゼフ二世の跡を継いだレオポルト二世は、先代の自由主義的な改革による混乱を収めるため、特にボヘミア、ハンガリー地域において保守政策を敷いた。オーストリアと小競り合いを繰り返していたプロイセンは、一七九〇年にライヘンバッハ協定を結びオーストリアと和解、さらに一七九一年には反革命を謳ったピルニッツ宣言を共同で出した。一方ロシアを治めるエカチェリーナ二世は、啓蒙思想家たちと交流していたものの、フランス革命が勃発すると嫌悪と反発を示し、かつての敵スウェーデンのグスタフ三世と手を握るまでになった。しかしポーランド問題が持ち上がり、第二次ポーランド分割を優先したため、反革命運動はやや失速した。かつてはアメリカの独立をめぐってフランスと戦争を繰り広げたイギリスは、ヨーロッパのパワーバランスを保つことを目的に、一七八八年にプロイセン、ネーデルラント連邦共和国（本書ではオランダ）と同盟を結んでいたが、一七九一年七月に解消。革命当初は中立の立場を守っていたが、ルイ一六世の処刑を契機に、一七九三年、オーストリア、スペイン、プロイセン等とともに第一次対仏同盟に加わった。

非常に簡単ではあるが、以上が本書を取り巻く状況である。党派、国同士の力が複雑に拮抗し、敵味方の区別は曖昧だった。アントワネットとフェルセンの現存する書簡の大多数は、フランス王政にとって決定的なこの一七九一年から一七九二年——ヴァレンヌ逃亡事件の約三カ月前、つまり国王一家が革命への危機感を深刻に募らせ始める時期から、一七九二年八月一〇日のテュイルリー宮襲撃、すなわち王政が終焉を迎え、一家が外界から隔離されてしまう直前までの時期——に書かれたものである。

著者エヴリン・ファーは、二人がどのような方法で秘密書簡を交わしていたか、暗号のメカニズム、秘密の使者や印章について、さらに、なぜ書簡の大部分が紛失したのか、なぜ現存書簡の多くに塗りつぶしが施されているのかを詳細に解説したのちに、実際の書簡を掲載している。各書簡には解説が付され、さらにフェルセンの日記、書簡記録、友人や貴族たちの書簡や日記を引用し、手紙の背景をより掘り下げて紹介している。

書簡集には二つの重要な節目がある。ひとつはヴァレンヌ逃亡事件で、これを境にアントワネットの手紙は次第に短くなり、絶望感が増していく。もうひとつは一七九二年二月の二人の最後の逢瀬であり、著者エヴリン・ファーは、この逢瀬が二人の関係に決定的な影響を及ぼしたと主張している。また、フェルセンとアントワネットがどれほど親密だったのかという分析から、さらに一歩踏み込んで、ルイ一六世夫妻の末の二人の子の父親は本当に国王だったのかという疑問をも投げかけている。これはフランスでも意見の分かれるところで、未だに一部の人々の間では激論さえ引き起こしかねない。事実、本書がフランスで発売された当初、衝撃を受けた読者も一定数いた。少なくとも著者は、その調査過程において、これらの疑問を呈すだけの根拠を手にしたということである。だが、真実はおそらく謎のままだろう。

恋文を予想していらした読者の方は、その内容に驚かれるかもしれない。愛の言葉はそこかしこに綴られてはいるものの、主題は政治と外交である。立憲君主派にどう対応すべきか、憲法承認、ヴァレンヌ逃亡計画、列強の君主たちの思惑と狙い、外国宮廷をどう動かすか、亡命貴族たちの暴走をいかに抑えるか。そのためには、前述のような複雑極まる情勢と力関係を把握している必要がある。「マリー・アントワネット」と言うと、フランスでも日本でも、「贅沢三昧で、享楽を追い求めた女性」、あるいは「優雅で美貌の悲劇の王妃」といった切り口で語られがちだが(革命前後の風刺パンフレットの影響で、好色だったという説を未だに信じている人も多くいる)、この本に登場するのは、王政の存続をかけて必死に考え、策を弄し、戦う、たくましい女性である。しかもこれらの手紙と並行して、バルナーヴやメルシー伯爵、神聖ローマ皇帝らにも多数の手紙が書かれていたことを考えると、彼女の持つエネルギーには圧倒されざるをえない。

決して読みやすい書簡集ではない。ときに込み入った内容で、ときに一文が異様に長い。しかしそれこそ、フェルセンとアントワネットが直面していた困難と複雑さの証左であろう。

「ときどき、自分自身のことがわからなくなります。今口にしていることは、自分の思考なのかどうか、考えなければいけないときもあります」と書かれているように、読む側も、果たして手紙に綴られていることが真意なのか否か、しばしば困惑させられる。だがアントワネットの死後、フェルセンのもとに届いた二通の手紙はまぎれもなく「もっとも美しい愛のメッセージ」であり、あらゆる束縛や虚飾を排した真の言葉という意味で、義妹エリザベート王女に宛てた遺言と同じく、私たちの心を打つのである。

著者エヴリン・ファーは英国人であり、すでにフェルセンに関する著書もあるが、ほとんど手付かずのアーカイブを調査していくうちに、未知の要素が少なからずありそうだと感じ、書簡集編纂という壮大な研究に乗り出したとのことである。

先にフランスでは、本書に衝撃を受けた読者もいたと書いたが、最近はアレクサンドル・マラルやエマニュエル・ド・ヴァレスキエルといった歴史家の著作にも引用されている。また、ストックホルム宮殿では二〇一七年一〇月から二〇一九年一月までの期間、小規模ながら、本書をベースとした展覧会も開催されている。本書は最初にフランス語で、次いで英語で出版された。翻訳に際しては両方を原書とし、かつ片方のみに記述されている箇所もあるため、原則的にそれらを網羅している。読者のなかには、参考資料としてフイエ・ド・コンシュ編纂の書簡集が挙げられていることに気が付いた方もおられるだろう。フイエ・ド・コンシュは一九世紀に、アントワネットの「新たな手紙」を含めた書簡集を発行し世間をにぎわせたが、しばらくすると真正性が疑われ、書簡集中の一部の手紙はコンシュによる贋作であることが判明した。フイエ・ド・コンシュについての見解を著者にうかがったところ、真正性が確認されているその他の書簡集と突きあわせて、確かな書簡のみを資料として取り上げたということである。

末尾となるが、訳者の細かい質問に根気よく回答してくださったエヴリン・ファー氏、本書の翻訳という貴重な機会を与えてくださった渡辺史絵氏、橋渡しをしてくださった川地麻子氏、クロティルド・グラヴィシ氏に心からのお礼を申し上げる。そして何よりも、この本を手に取り、読んでくださった読者の皆さまに深く感謝し、結びとしたい。

二〇一八年初夏

ダコスタ吉村花子

翻訳に当たって利用した資料（刊行年順）

ここでは、著者の挙げている資料のほかに、翻訳に当たって利用した資料を挙げる。

邦訳されている資料

アンドレ・カストロ『マリ＝アントワネット』1・2、村上光彦訳、みすず書房、一九七二年

シュテファン・ツワイク『マリー・アントワネット』上・下、高橋禎二、秋山英夫訳、岩波文庫、一九八〇年

クレリー他著、ジャック・ブロス編『ルイ一六世幽囚記』、吉田春美訳、福武書店、一九八九年

パウル・クリストフ編『マリー・アントワネットとマリア・テレジア　秘密の往復書簡』、藤川芳朗訳、岩波書店、二〇〇二年

イネス・ド・ケルタンギ『カンパン夫人　フランス革命を生き抜いた首席侍女』、ダコスタ

ble bonheur, Paris, Lazarus, 1970.
KLINCKOWSTRÖM, baron Rudolf Maurits de, *Le Comte de Fersen et la Cour de France: extraits des papiers de Grand Maréchal de Suède, comte Jean Axel de Fersen*, 2 vol., Paris, Firmin-Didot, 1877-78.
LA ROCHETERIE, Maxime de, et BEAUCOURT, marquis de, *Lettres de Marie-Antoinette: recueil des lettres authentiques de la reine*, 2 vol., Paris, Alphonse Picard, 1896.
LESCURE, M. de (éd.), *Correspondance secrète inédite sur Louis XVI, Marie-Antoinette, la Cour et la ville*, 2 vol., Paris, Plon, 1866.
LEVER, Évelyne, *Marie-Antoinette: Correspondance*, Paris, Tallandier, 2005.
Liste générale et très-exacte des noms, âges, qualités et demeures de tous les conspirateurs qui ont été condamnés à mort par le Tribunal révolutionnaire établi à Paris par la loi du 17 août 1792 & par le second Tribunal établi à Paris par la loi du 10 mars 1793 pour juger tous les ennemis de la Patrie, Paris, Chez les citoyens Marchand, Berthé et Channaud, 1793.
LUNDBERG, Gunnar W., *Lavreince: Nicolas Lafrensen, peintre suédois, 1737-1807,* Paris, Bibliothèque nationale, mai-juin 1949.
MERCY-ARGENTEAU, Florimond, comte de, *Correspondance secrète entre Marie-Thérèse et le comte de Mercy-Argenteau avec les lettres de Marie-Thérèse et de Marie-Antoinette*, éd. Alfred Arneth & A. Geffroy, 3 vol., Paris, Firmin-Didot, 1874.
——, *Correspondance secrète du comte de Mercy-Argenteau avec l'empereur Joseph II et le prince de Kaunitz*, éd. Alfred Arneth & Jules Flammermont, 2 vol., Paris, Imprimerie nationale, 1889-91.
MORRIS, Gouverneur, *A Diary of the French Revolution*, ed. B. C. Davenport, 2 vol., Londres, Harrap, 1939.
NACHEF, Valérie et PATARIN, Jacques, «Marie-Antoinette, reine... de la cryptologie», *Pour la science*, n° 382, août 2009.
——, «Je vous aimerai jusqu'à la mort : Marie-Antoinette à Axel de Fersen», *Cryptologia*, 34, n° 2, 2010, p. 104-114.
NICOLARDOT, Louis (éd.), *Journal de Louis XVI*, Paris, E. Dentu, 1873.

BOMBELLES, Marc-Marie, marquis de, *Journal 1780-1789*, éd. J. Grassion & F. Durif, 2 vol., Genève, Librairie Droz, 1978-82.
BOUILLÉ, Louis Joseph Amour, marquis de, *Souvenirs et fragments pour servir aux mémoires de ma vie et de mon temps*, 2 vol., Paris, Picard, 1906.
CHAPMAN, Caroline et DORMER, Jane, *Elizabeth and Georgiana: the two loves of the Duke of Devonshire*, Londres, John Murray, 2002.
CHOISEUL, duc de, *Relation du départ de Louis XVI le 20 juin 1791*, Paris, Baudouin Frères, 1822.
CRAUFURD, Quintin, *Mélanges d'histoire, de littérature, etc., tirés d'un portefeuille*, 1809.
——, *Notice sur Marie-Antoinette: Reine de France*, Paris, J. Gratiot, 1819.
ÉLISABETH, Fille de France, *Correspondance de Madame Élisabeth*, éd. Feuillet de Conches, Paris, Plon, 1858.
ESTERHAZY, Valentin, comte d', *Lettres du comte Valentin Esterhazy à sa femme 1784-1792*, éd. Ernest. Daudet, Paris, Plon, 1907.
——, *Mémoires*, éd. Ernest Daudet, Paris, Plon, 1905.
FARR, Evelyn, *Marie-Antoinette and Count Fersen: the untold love story*, Londres, Peter Owen, 2013.
FEUILLET DE CONCHES, Félix-Sébastien(éd.), *Louis XVI, Marie-Antoinette et Madame Élisabeth: lettres et documents inédits*, 6 vol., Paris, Plon, 1864.
FOREMAN, Amanda, *Georgiana, Duchess of Devonshire*, Londres, Harper Collins, 1998.
GEFFROY, Auguste, *Gustave III et la Cour de France, suivi d'une étude critique sur Marie-Antoinette et Louis XVI apocryphes*, 2 vol., Paris, Didier, 1867.
GOGUELAT, François de, *Mémoire de M. le baron de Goguelat sur les événements relatifs au voyage de Louis XVI à Varennes*, Paris, Baudouin, 1823.
HUTTON, James, *Selections from the Letters and Correspondence of Sir James Bland Burges, Bart., Sometime Under-Secretary of State for Foreign Affairs with Notices of His Life, Londres,* John Murray, 1885.
JALLUT, Marguerite et HUISMAN, Philippe, *Marie-Antoinette, l'impossi-*

手紙、政治に関する覚書や、その他フランス革命に関する資料である。

イギリス
・チャッツワース、デヴォンシャー公爵アーカイブ
第5代デヴォンシャー公爵夫人ジョージアナと以下の人物との書簡が収められている。
－駐仏イギリス大使ドーセット公爵
－レディ・エリザベス・フォスター
－ラ・ファイエット侯爵
－ポリニャック公爵夫人
・KHLC (Kent History & Library Centre)、ドーセットアーカイブ
ケント州メードストンのKHLCには、第3代ドーセット公爵ジョン・サックヴィルアーカイブがあり、ドーセット公爵と以下の人物との書簡が収められている。
－クインティン・クロフォード
－イギリス外務大臣
－ブルトゥイユ男爵を含む駐ブリュッセル外交官(1791－93年)

2. 文献資料

Archives nationales et CRCC, «Les passages cachés des lettres de Marie-Antoinette au comte de Fersen livrent leurs premiers secrets», communiqué de presse, novembre 2015.

BACOURT, Adolphe Fourier de (éd.), *Correspondance entre le comte de Mirabeau et le comte de La Marck pendant les années 1789, 1790 et 1791*, Librairie Veuve Le Normant, 1851.

BIMBENET, Eugène (éd.), *Fuite de Louis XVI à Varennes*, 2e éd., Paris, Firmin-Didot, 1868.

——, *Relation fidèle de la fuite du roi Louis XVI et de sa famille à Varennes: extraite des pièces judiciaires et administratives*, Paris, G. A. Dentu, 1844.

BOIGNE, Adèle, comtesse de, *Récits d'une tante: mémoires de la comtesse de Boigne, née d'Osmond*, Paris, Émile-Paul, 1921.

出典一覧

1. 手稿資料

フランス

・フランス国立中央文書館(パリ)

AN, 440AP/1：アントワネットとフェルセンの往復書簡。原本および、クリンコウストレーム男爵による写しが含まれる

AN, 440AP/4：アントワネットからポリニャック公爵夫人に宛てた書簡

AN, O/1/1802：ヴェルサイユ宮殿の王妃の内殿におけるストーブ設置についての、ロワズルールによる覚書

スウェーデン

・スウェーデン国立文書館（ストックホルム）、スタフスンドアーカイブ

SE/RA/720807/022/11：1792年の、フランソワ・ゴグラの手によるアントワネットからフェルセン宛ての8通の手紙

SE/RA/720807/10/20：2人の暗号表

SE/RA/720807/02/6/III/10：フェルセンの書簡記録簿

SE/RA/720807/02/6/II/4－9：フェルセンの日記

SE/RA/720807/02/5/II/8－9：フェルセンから父への手紙

スタフスンドアーカイブには、ヴァレンヌ逃亡事件に関する文書も収められている。またグスタフ3世、ソフィー・ピパー、タウベ男爵、ジャルジェ騎士、ロイテルスヴァルトをはじめとする人々とフェルセンの往復書簡も保管されている。数多くの公用文書、ルイ16世夫妻からブルトゥイユ男爵やヨーロッパ各国に宛てた手紙の写し、クリンコウストレーム男爵が書簡集刊行のために記した原稿やメモもここに含まれる。

・スウェーデン地方文書館（ヴァドステーナ）、レフスタードアーカイブ

SE/VALA/02249/BXXVa/8－9：フェルセンからソフィー・ピパーへ宛てた手紙

SE/VALA/02249/BXXVa/10：ファビアンからソフィー・ピパーへ宛てた手紙

このアーカイブには、アントワネットがフェルセンに託した資料も含まれている。すなわち、バルナーヴとの往復書簡、レオポルト2世からの

8月13日	国王一家、タンプル塔に幽閉される。
9月2－7日	パリや主要都市の監獄において、囚人や8月10日以降に逮捕された人々が虐殺される。王妃の親友ランバル公妃も惨殺される。
9月22日	王政が廃止され、共和国が樹立される。
11月9日	フェルセン、フランス軍の侵攻前に、友人と共にブリュッセルを脱出する。
12月10－26日	国民公会にてルイ16世の裁判が開廷。
12月18日	フェルセン、デュッセルドルフに到着。1793年4月まで滞在する。

1793

1月20日	ルイ16世に死刑判決がくだされる。
1月21日	ルイ16世、革命広場[3]にて処刑。
4月8日	フェルセン、アントワネットへの最後の手紙をしたためる。当時フェルセンはまだ、王妃はデュムーリエ将軍により救出され、ルイ17世の摂政になると信じていた。
4月20日	フェルセン、親しい人たちと共にブリュッセルに戻る。
7月3日	アントワネットの息子ルイ＝シャルル《ルイ17世》、母から引き離される。
8月2日	アントワネット、コンシェルジュリー牢獄へ移送される。
10月15－16日	革命裁判所にてアントワネットの裁判が開廷。16日朝4時に死刑判決を受け、同日、革命広場にて処刑。

訳注

《1》グランドツアーとは、当時主にイギリスの貴族の子弟が、教育の仕上げとしてフランス、イタリアを中心とするヨーロッパ各国を巡る旅。

《2》本書での prince は狭義には亡命したルイ16世の弟たち、広義にはコンデ大公など王家に連なる男性名門貴族を指す。書簡7の冒頭解説(p143)を参照のこと。本書では「大公たち」とする。

《3》革命広場とは、現在のコンコルド広場。

	受け取ったフェルセンは、アーヘンやベルギーのスパ、ドイツのコブレンツに滞在するブルトゥイユ男爵、グスタフ3世、大公たちのもとを訪問し、次いで7月27日に密使としてウィーンへ向かう。
8月1日	フェルセン、頭を打ち数日間寝込む。日記に空白期間が生じる。
8月2日－9月26日	フェルセン、ウィーンおよびプラハで、オーストリア側と不毛な交渉を続ける。
8月20日	フェルセン、メルシー伯爵経由で王妃からの短信を受け取る。7週間中断していた王妃との私的往復書簡が再開する。
9月13日	ヴァレンヌ逃亡事件以降、権限を奪われていたルイ16世は、立憲君主派ラ・ファイエット将軍やバルナーヴらの作成した憲法を承認する。国王一家はわずかながらの自由を得るが、厳しい監視は続いた。
10月6日	フェルセン、ブリュッセルへ戻る。王妃との往復書簡が本格的に再開。パリへ会いに行く許しを、王妃に請う。
10月－1792年8月	フェルセン、ブリュッセルに滞在しながらスウェーデン国王と外交書簡を交わす。王妃とも書簡を交わし、ルイ16世とブルトゥイユ男爵による秘密外交を主導する。

1792

2月11日	フェルセン、パリに向けてブリュッセルを出発する。
2月13－14日	フェルセン、テュイルリー宮殿のアントワネットの部屋で一昼夜を過ごす。14日夜に国王に面会し、新たな逃亡計画を提案するが、国王はこれを退けた。
2月14－21日	フェルセン、イギリス人の友人クインティン・クロフォードとエレオノール・シュリヴァンのパリの邸宅の屋根裏部屋に身を隠す。その後、ブリュッセルへ向けて出発する。
3月1日	アントワネットの兄レオポルト2世急死。レオポルト2世の息子フランツ2世が跡を継ぐ。
3月16日	グスタフ3世、ストックホルムのオペラ座で銃撃され、重傷を負う。犯人アンカーストレムは過激派メンバー。
3月29日	グスタフ3世死去。息子アドルフがグスタフ4世として即位し、その叔父セーデルマンランド公爵が摂政となる。フェルセンはブリュッセルに残り、任務を続行した。
4月20日	フランス、オーストリアに宣戦布告。
6月20日	テュイルリー宮殿に民衆が押し寄せ、ルイ16世の命を脅かす。
8月10日	テュイルリー宮殿が襲撃され、虐殺がおこなわれる。国王一家は議会へ避難する。王妃とフェルセンの往復書簡に終止符が打たれる。

	にはパリに帰京する。
2月20日	アントワネットの兄、神聖ローマ皇帝ヨーゼフ2世死去。ヨーゼフ2世の弟レオポルト2世が戴冠する。アントワネットはヨーゼフ2世とは親しかったが、レオポルト2世とはほとんど交流がなかった。
2月－6月	フェルセン、テュイルリー宮殿の居室にて「自由に」王妃と面会する。
6月－10月	フェルセン、パリ西部オートゥイユに住み、郊外のサン＝クルー宮殿に一時滞在していた王妃のもとをしばしば訪ねる。
11月	宮廷、サン＝クルー宮殿からテュイルリー宮殿へ戻る。

1791

1月－6月	フェルセン、国王一家の逃亡を計画する。
4月18日	国王一家、復活祭を祝うためサン＝クルー宮殿に向かおうとしたところ、民衆によって阻まれる。
6月20日	フェルセン、国王一家をパリから脱出させ、パリ東郊のボンディまで同行するが、一行と離れ別ルートで逃げるよう国王から命じられる。
6月21日	国王一家、ヴァレンヌにて逮捕される。一家をパリへ連れ戻すため、議会から議員が派遣される。王権は失墜の一途をたどる。
6月22日	フェルセン、現在のベルギーのモンスにて王弟プロヴァンス伯爵に再会する。プロヴァンス伯爵は、国王一家と共にパリを脱出し、別ルートを取って亡命に成功した。
6月23日	フェルセン、ベルギーのアルロンにて国王一家逮捕の報を受ける。
6月25日	フェルセン、ブリュッセルに到着。王妃の腹心メルシー伯爵と、国王一家救出策を協議する。パリに連れ戻された国王一家は、議会の囚人として監視を受けながら、テュイルリー宮殿で暮らしていた。
6月27日	フェルセンの指揮する連隊の士官ロイテルスヴァルトにより、フェルセンからの手紙が王妃に届けられる。
6月28日	アントワネット、メルシー伯爵に手紙を送り、フェルセン宛ての短信を同封する。
6月29日－7月3日	フェルセン、アーヘンにてグスタフ3世から、ウィーンに赴き、アントワネットの兄レオポルト2世と交渉するよう、命令を受ける。
7月初旬	アントワネット、ジャルジェ騎士を通して、立憲君主派バルナーヴ、ラメット、デュポールらとの交渉を始める。
7月4日	フェルセン、ブリュッセルへ戻り、メルシー伯爵から王妃の手紙を受け取る。
7月17日	士官ロイテルスヴァルトへ託した王妃宛ての手紙への返信をようやく

1789

1月－6月13日	フェルセンの出費帳からは、彼がほとんどの時間をヴェルサイユで過ごしていたことがうかがえる。
3月16－22日	フェルセン、ヴァランシエンヌにて連隊を閲兵。
5月5日	ヴェルサイユにて三部会開会。
6月4日	王太子ルイ＝ジョゼフ、ヴェルサイユ近郊のムードン城にて結核のため死去。享年7歳。次男ノルマンディー公爵ルイ＝シャルルが王太子となる。
6月13日	フェルセン、ヴァランシエンヌにて連隊に合流する。
6月16日	アントワネットとの秘密書簡再開。
7月	フェルセン、ヴェルサイユ宮殿の警護のため、自らの連隊をヴェルサイユに駐留させることを希望する。ブログリ元帥は、武力による世情平定を提案したが、採用されなかった。
7月14日	バスティーユ襲撃。
7月16日	王弟アルトワ伯爵、王妃の親友ポリニャック夫人一族、王妃の朗読係ヴェルモン神父が亡命。
8月28日	フェルセンの書簡記録簿中に、アントワネットへ手紙を送った旨が記されている。これ以降、1791年まで手紙を送った記録はない。
9月24日	フェルセン、ヴァランシエンヌを出発し、ヴェルサイユへ戻る。今回は公式にヴェルサイユ宮殿に滞在する。
10月6日	民衆がヴェルサイユ宮殿を襲撃、王妃の命を狙う。近衛兵が虐殺される。フェルセンは、「すべてを目の当たりにした」。国王一家はパリのテュイルリー宮殿へと連行され、フェルセンもこれに従う。
10月6－27日	この時期、フェルセンは宮廷に伺候し、公式の場でのみ王妃に会うことができた。
10月27－28日	フェルセン、初めてテュイルリー宮殿の国王夫妻のもとを秘密裏に訪問する。また、国王夫妻と大公たち[2]、ブルトゥイユ男爵、諸外国との通信の仲介を引き受ける。
12月24日	国王一家がパリに移ってから初めて、フェルセンと王妃は2人きりで会う機会を得る。
12月29日	フェルセン、パリを出発。ヴァランシエンヌで数日を過ごしたのち、ドイツ西部アーヘンに向かう。グスタフ3世から、フランス国王夫妻のもとでスウェーデン宮廷密使として動くよう、指令を受ける。

1790

1月	フェルセン、アーヘンにて友人のタウベ男爵を訪問する。1月18日頃

1787

4月30日	フェルセン、フランスに向けてスウェーデンを出発。
5月15－20日	フェルセン、フランス北部モブージュにて連隊を閲兵する。
5月21日－6月	国王夫妻の次女で幼いソフィー王女が病気を患う。のちに夭折。当時フェルセンはヴェルサイユにおり、王妃の内殿の「上階」にひそかに滞在していた。
6月19日	ソフィー王女死去。
6月21日	アントワネット、娘の死を嘆き、プティ・トリアノンに供の者を連れずに、義妹エリザベート王女と共に引きこもる。
6月23日	フェルセン、モブージュに戻る。
7月4日	「ジョゼフィーヌ」との往復書簡で初めて暗号が使われる。
7月5－30日	フェルセン、王妃のもとへ戻る。
8月	フェルセン、モブージュに1カ月滞在する。
9月－10月5日	フェルセン、パリおよびヴェルサイユに滞在する。
10月5－18日	フェルセン、連隊配置のためにヴァランシエンヌに滞在する。
10月6日	フェルセンからアントワネットへ宛てた特殊インクの手紙が、初めて書簡記録簿に記録される。
10月19日	フェルセン、パリおよびヴェルサイユの王妃のもとへと戻る。王妃は宮殿内の自分の居室の「上階」にあるフェルセンの部屋用に、ストーブを注文する。
10月19日－1788年4月15日	フェルセン、パリおよびヴェルサイユに滞在する。ヴェルサイユでは、宮殿内の王妃の居室近くの部屋に、ひそかに滞在していた。

1788

4月18日	フェルセン、スウェーデンへ出発後、「ジョゼフィーヌ」との往復書簡を再開。
5月－10月24日	フェルセン、スウェーデンに滞在。頻繁にグスタフ3世の参謀本部に参上し、次いで対ロシア戦争に従事するため、フィンランドへと向かう。
10月13日	フェルセン、スウェーデン出発前の最後の手紙を王妃に送る。
11月6日	フェルセン、パリへ戻る。
11月－1789年6月	フェルセン、つねのごとくパリとヴェルサイユを行き来する。ヴェルサイユでは宮殿内の王妃の居室近くの部屋か、リュイーヌ公爵邸に滞在する。

	していたことがうかがえる。
6月22日	フェルセン、フランス北部ランドルシーに駐留中の連隊に合流する。「ジョゼフィーヌ」との往復書簡が再開。
7月25－31日	フェルセン、秘密裏に王妃のもとを訪ねる。
8月1日	フェルセン、ランドルシーへ戻る。王妃との往復書簡再開。9月27日まで連隊と共に駐留。
8月15日	首飾り事件が発覚し、ロアン枢機卿がヴェルサイユ宮殿鏡の回廊で逮捕される。
9月26日	フェルセン、王妃に手紙を送る。この後、1786年6月2日まで往復書簡は中断。
9月30日	フェルセン、ヴェルサイユ宮廷へと戻る。ヴェルサイユのシューランタンダンス通りにあるリュイーヌ公爵邸の一室に再び逗留し、同時にパリにも住まいを構える。
10月4日	フェルセン、「公式に」ヴェルサイユ宮廷へと戻る。
10月13日－11月12日	フェルセン、王妃と共にフォンテーヌブロー城に滞在する。
11月－1786年6月	フェルセン、ほとんどの時間をヴェルサイユ宮殿のアントワネットのもとで過ごす。

1786

1月	フェルセン、連隊で数日を過ごす。
3月	アントワネットの懐妊の報せがもたらされる。アントワネットからオーストリアの兄に宛てた手紙には、再び懐妊したことへの不安がにじみ出ている。フェルセンは5月にスウェーデンへ帰国予定だったが、6月末まで延期する。
6月2－10日	フェルセン、フランス北部ヴァランシエンヌで連隊と合流する。
6月11－25日	フェルセン、ヴェルサイユ宮殿のアントワネットのもとで過ごす。20日、ルイ16世は大西洋に面したシェルブール要塞視察のため、ヴェルサイユをあとにする。
6月25日	フェルセン、フランスを出発し、イギリス経由でスウェーデンへ帰国。
6月28日	「ジョゼフィーヌ」との往復書簡が再開。
7月9日	アントワネット、ヴェルサイユ宮殿にて次女ソフィー＝エレーヌ＝ベアトリス王女を出産。
7月26日	フェルセン、スウェーデンに到着。1787年4月まで滞在。

愛してくださる唯一の女性のものになれないのですから、誰のものにもなりたくないのです」

8月25日　アントワネットの懐妊の報せが宮廷にもたらされる。王妃は不満気で、居室に閉じこもってしまい、お付きの女官たちは入室することができなかった。

9月20日　フェルセン、アントワネットのもとを去り、スウェーデンに帰国する。

10月15日－1784年6月　フェルセン、スウェーデン国王グスタフ3世付き近衛隊長として、イタリア訪問に同伴する。

11月3日　アントワネット、パリ郊外のフォンテーヌブロー城にて流産する。

11月7日　フェルセン、「ジョゼフィーヌ」名でのアントワネットとの私的往復書簡を記録し始める(書簡記録簿)。冒頭には、11番目の手紙を送付した旨が記されている。

1784

5月25日　フェルセン、ヴェルサイユ帰還前の最後の手紙を王妃に送る。

6月7日　フェルセン、グスタフ3世と共にヴェルサイユ到着。

6月20日　フェルセン、病気を装いグスタフ3世のもとを離れ、ヴェルサイユ宮殿にて夕食をとる。

6月21日　アントワネット主催によるグスタフ3世と一行のための宴がプティ・トリアノンにて開かれ、フェルセンも出席する。

7月19日　フェルセン、ヴェルサイユを出発する。8月2日に母国に到着、6年ぶりに家族と再会を果たす。

7月20日　「ジョゼフィーヌ」との往復書簡が再開する。

8月17日　アントワネット、兄である神聖ローマ皇帝ヨーゼフ2世に宛てた手紙のなかで、懐妊を報告する。

秋　フェルセン、アントワネットの腹心として、政治的役割を担い始める。スヘルデ川の自由航行の件について、アントワネットに書簡を送る。

1785

3月27日　アントワネット、次男ノルマンディー公爵ルイ＝シャルルを出産。アントワネットは手紙のなかで、この息子を「愛のキャベツ《シュー・ダムール》」と呼んだ。

4月15日　フェルセン、再会前の最後の手紙を王妃に送る。

5月8日　フェルセン、フランスへ戻る。書簡記録簿からは、フェルセンがヴェルサイユで、宮殿の王妃の居室に近いリュイーヌ公爵邸に住まいを有マス・イブの集まりに呼ばれ、数日間ヴェルサイユに滞在したのちに、パリへと向かう。

1780

1月－3月　フェルセン、親しい友人として、再び王妃のそば近くに仕える。父に宛てた手紙のなかでは、王妃から示される好意に、ほかの若い取り巻きたちが嫉妬していると述べている。2人はオペラ座での舞踏会ではつねに一緒で、フェルセンは王妃の内殿で昼食をとっていた。王妃は、アメリカに派遣されるロシャンボー将軍の副官にフェルセンが任命されるよう尽力した。「王妃は魅力的なお方です」とフェルセンは述べている。宮廷人や駐仏スウェーデン大使の間では、フェルセンに対する王妃の恋愛感情が話題となる。

3月23日　フェルセン、ブレスト港に向けヴェルサイユを出発。

5月16日　フェルセン、数週間ジェーソン号に滞在したのち、フランス艦隊と共にアメリカへ向けて出港。

1780 - 1783

フェルセン、アメリカ独立戦争にて、ヨークタウンの戦いに参戦する。またロシャンボー将軍がジョージ・ワシントンやコーンウォリス卿と会談をおこなう際には、通訳も務めた。彼は副官の地位について王妃と書簡を交わし、彼女の後押しにより、ロワイヤル＝ドゥ＝ポン連隊の副連隊長の任命勅許状を得た。カリブ諸島での戦いに従事したのち、フランスへ帰国。

1781

10月22日　アントワネット、王太子ルイ＝ジョゼフ＝グザヴィエ＝フランソワを出産。

1783

6月23日　フェルセン、パリそしてヴェルサイユへと帰還する。父に、1784年春までフランスに滞在する許しを請う。アントワネットは、フェルセンがフランス軍ロワイヤル・スウェーデン連隊を購入し、連隊長となることができるよう、熱心に働きかけた。

7月15日　フェルセン、ノルマンディー地方ダンギュ城での夜会を退席し、アントワネットと密会する。

7月31日　フェルセン、妹ソフィーに、自分は決して結婚しないと書き送る。「私がその方のものになりたいと思っている唯一の女性、私を心から

	フランス王妃となる。ルイ16世は、アントワネットにプティ・トリアノンを贈った。
5月12日	フェルセン、パリを出発しイギリスに向かう。
12月	フェルセン、スウェーデンへ帰国。国王グスタフ3世の近衛隊長に任命される。

1777

8月	ルイ16世夫妻の結婚がようやく成就する。

1778

8月22日	フェルセン、ロンドンに数カ月滞在し、縁談が破談となったのちにパリへ戻る。この頃アントワネットは第一子を妊娠していた。
8月25日	フェルセン、ヴェルサイユに伺候。「魅力的な王妃は、私を認められると『ああ！　彼は古くからのお知り合いですわ』とおっしゃった。ほかの王族たちは、ひと言も私に声をかけなかった」
9月－1779年5月	フェルセン、王妃の内輪の集まりに加わり、ヴェルサイユやプティ・トリアノンで催される集まりに定期的に足を運ぶ。
11月15日	フェルセン、父に宛てた手紙のなかで、アントワネットについて「私が知りうる限りもっとも優しい王妃」と述べる。
12月19日	アントワネット、長女マリー＝テレーズ・シャルロット王女、通称マダム・ロワイヤルを出産。

1779

1月－6月	フェルセンとアントワネット、ヴェルサイユやオペラ座の舞踏会でたびたび会う。アントワネットは、イギリス上陸を計画するフランス軍に従軍したいというフェルセンの希望を後押しする。
4月	アントワネット、麻疹にかかる。4名の男性看護人に付き添われて、1カ月間、国王に面会することなくプティ・トリアノンで過ごしたため、宮廷は憤慨した。
6月28日	フェルセン、アントワネットに別れの挨拶をし、7月1日にパリを出発。ル・アーヴルにて連隊に合流。
7月	王妃付き侍女カンパン夫人や宮廷の有力者ヴェリ神父の回想録によれば、この時期アントワネットは流産を経験する。
12月23日	イギリス上陸計画が中止となったため、フェルセンはヴェルサイユに戻る。
12月24日	フェルセン、王妃の親友ランバル公妃が主催する王妃のためのクリス

時代背景

1755

9月4日	ハンス・アクセル・フォン・フェルセン、ストックホルムのフェルセン城にて、父フレデリック・アクセル・フォン・フェルセン、母ヘドヴィグ・カタリナの長男として生まれる。
11月2日	マリー・アントワネット、ウィーンにて神聖ローマ皇帝フランツ1世、女帝マリア＝テレジアの皇女として生まれる。

1770

5月16日	アントワネットとフランス王太子ルイ＝オーギュストが、ヴェルサイユにて結婚。
6月3日	フェルセン、グランド・ツアー[1]に向けてスウェーデンを出発。

1773

11月15日	フェルセン、ドイツとイタリアで修学ののち、パリに到着。
11月19日	フェルセン、公式にヴェルサイユ宮廷にお目見えし、王太子妃アントワネットと出会う。
11月－12月	フェルセン、アントワネットの舞踏会に定期的に出席する。ヴェルサイユにいた正確な日付は、11月18、19、24(舞踏会)、27日、12月4、6(舞踏会)、10(舞踏会)、11、21(舞踏会)、28日。

1774

1月1日	フェルセン、アントワネットの舞踏会に出席のため、ヴェルサイユに伺候。10、17、31日も同様。
1月30日	パリ・オペラ座で催された仮面舞踏会にて、アントワネットとフェルセンは長時間談笑するが、フェルセンは相手がアントワネットだと気がつかなかった。翌日、フェルセンはヴェルサイユ宮殿で開かれたアントワネットの舞踏会に出席。
2月	謝肉祭《カルナヴァル》が始まる。フェルセン、「私は王太子妃の舞踏会にのみ出席した」と日記に記す。
5月10日	ルイ15世死去。王太子はルイ16世として即位し、アントワネットは

ワ行

ヤ行

ラ行

マ行

ナ行

ハ行

タ行

サ行

人名索引

訳者より：頻出するマリー・アントワネット、フェルセン、ルイ16世は入っていない。

ア行

Evelyn Farr:
I LOVE YOU MADLY: Marie-Antoinette & Count Fersen –
The Secret Letters

This edition published by arrangement with
Peter Owen Publishers, London through Tuttle-Mori Agency, Inc., Tokyo

【訳者】ダコスタ吉村花子

翻訳家。明治学院大学文学部フランス文学科卒業。リモージュ大学歴史学DEA修了。18世紀フランスアンシャン・レジームを専門とする。翻訳書『カンパン夫人――フランス革命を生き抜いた首席侍女』(白水社)、『麗しのマリー・アントワネット――ヴェルサイユ宮殿での日々』(グラフィック社)など。

マリー・アントワネットの暗号
解読されたフェルセン伯爵との往復書簡

2018年8月20日　初版印刷
2018年8月30日　初版発行

著者　エヴリン・ファー
訳者　ダコスタ吉村花子
装丁　岡本洋平＋坂本弓華(岡本デザイン室)
発行者　小野寺優
発行所　株式会社河出書房新社
〒151-0051
東京都渋谷区千駄ヶ谷2-32-2
電話03-3404-1201(営業)
03-3404-8611(編集)
http://www.kawade.co.jp/
印刷　精文堂印刷株式会社
製本　小泉製本株式会社

Printed in Japan
ISBN978-4-309-22735-1